高等院校环境科学与工程专业"十二五"规划教材

土壤污染与防治

张颖 伍钧 主编

中国林业出版社

内 容 简 介

本书主要介绍了土壤污染与防治方面的相关内容。全书共分 12 章，依次介绍了土壤的基本特性、土壤环境的无机污染、土壤环境的有机污染、土壤环境的固体废物污染以及土壤环境与农业面源污染等土壤污染相关内容；同时，本书还对土壤环境污染监测和评价、重金属污染土壤和有机污染土壤的修复方法进行论述；最后，本书对土壤污染修复的相关工程实例进行了介绍。

本书为高等院校资源与环境领域相关专业本科生教材，也可作为其他专业的参考书或教材，还可作为农业、林业以及环境保护等领域科技人员的参考用书。

图书在版编目（CIP）数据

土壤污染与防治/张颖，伍钧主编. —北京：中国林业出版社，2012.8（2023.8 重印）
高等院校环境科学与工程专业"十二五"规划教材
ISBN 978-7-5038-6714-9

Ⅰ.①土… Ⅱ.①张… ②伍… Ⅲ.①土壤污染-污染防治-高等学校-教材 Ⅳ.①X53

中国版本图书馆 CIP 数据核字（2012）第 194402 号

中国林业出版社·教材出版中心

策划编辑：肖基浒　　　　责任编辑：丰　帆　肖基浒
电话：(010)83143555

出版发行	中国林业出版社(100009　北京市西城区德内大街刘海胡同 7 号) E-mail:jaocaipublic@163.com　电话：(010)83143500 http://www.forestry.gov.cn/lycb.html
经　　销	新华书店
印　　刷	北京中科印刷有限公司
版　　次	2012 年 8 月第 1 版
印　　次	2023 年 8 月第 6 次印刷
开　　本	850mm×1168mm　1/16
印　　张	21.5
字　　数	523 千字
定　　价	56.00 元

未经许可，不得以任何方式复制或抄袭本书之部分或全部内容。

版权所有　侵权必究

《土壤污染与防治》编写人员

主　　编　张　颖　伍　钧
副 主 编　单德鑫　赵中秋
　　　　　邹洪涛　祖艳群
编写人员（按姓氏笔画排序）
　　　　　王志刚（齐齐哈尔大学）
　　　　　王　博（东北农业大学）
　　　　　伍　钧（四川农业大学）
　　　　　张　迪（东北农业大学）
　　　　　张　颖（东北农业大学）
　　　　　杨　刚（四川农业大学）
　　　　　邹洪涛（沈阳农业大学）
　　　　　单德鑫（东北农业大学）
　　　　　孟庆娟（东北农业大学）
　　　　　侯红波（中南林业科技大学）
　　　　　祖艳群（云南农业大学）
　　　　　赵中秋（中国地质大学）（北京）
　　　　　梁利宝（山西农业大学）
　　　　　程红艳（山西农业大学）

前 言

PREFACE

随着经济和社会的发展，我国土壤污染问题日益严重。近年来，由于土壤污染而引发的农产品质量安全问题和群体性事件逐年增多。探索土壤污染的基本原理以及污染修复方法已经迫在眉睫。

土壤污染是指进入土壤中有害、有毒物质超出土壤的自净能力，导致土壤物理、化学和生物学性质发生改变，进而降低农作物的（生物学）产量和质量，并危害人体健康的现象。污染使土壤生物种群发生变化，直接影响土壤生态系统的结构和功能，导致土壤生产能力退化，并最终对生态安全和人类生命健康构成威胁。由于土壤污染具有缓慢性和隐蔽性等特点，不会马上引起人们的关注，其对土壤造成的不良影响要在几年、几十年甚至上百年后才能显现出来，又被称为"看不见的污染"。

近年来，随着工业化、城市化、农业集约化以及经济增长进程持续加快，资源开发利用强度逐步加大，人们生活方式迅速变化，各类土壤污染问题相伴产生。例如，重金属污染、非重金属污染和放射性元素污染等无机污染，农药、石油、多环芳烃和环境激素等有机污染，人类生产和生活过程中产生的固体废弃物对土壤的污染，以及由于农业的迅猛发展所带来的农业面源污染。据统计，每年因土壤污染而造成的各种农业经济损失合计约 200 亿元。土壤污染不仅严重地影响土壤质量和土地生产力，而且还导致水体和大气环境质量的下降，进而破坏农业可持续发展。

本教材作为高等院校环境科学与工程专业"十二五"规划教材，为了顺应我国培养创新型和社会实用型人才的要求，内容力求全面、翔实，涵盖了土壤的基本性质、各种污染物对土壤造成的污染及其修复方法等土壤污染的基本理论知识；同时，为了加深学生对知识的掌握程度及应用能力，还介绍了相关的污染修复工程实例。教材内容有一定的深度和广度，并结合具体的实例将理论和实践相结合，使其更加系统化，更有利于实践型人才的培养；旨在使学生通过本书的学习，能够全面系统地掌握土壤污染的基本原理以及修复方法。

本教材由张颖和伍钧任主编，单德鑫、邹洪涛和祖艳群任副主编。全书共分12章，第1章由张颖编写；第2章由程红艳编写；第3章由邹洪涛编写；第4章由赵中秋编写；第5

章由侯红波编写；第 6 章由伍钧编写；第 7 章由梁利宝编写；第 8 章由张迪（8.1）、王博（8.1）和孟庆娟（8.2，8.3，8.4）编写；第 9 章由杨刚编写；第 10 章由祖艳群编写；第 11 章由单德鑫编写；第 12 章由王志刚（12.1）和孟庆娟（12.2，12.3）编写。全书由张颖、伍钧统稿。

  本教材在编写和出版过程中，得到了编写老师所在院校领导的关心和支持。中国林业出版社的领导和编辑始终给予了极大的关心和帮助，并对全书的编写提出了许多宝贵的意见，在此表示衷心的感谢。

  本教材在编写过程中参考引用了一些从事土壤污染与防治教学、科研和生产工作同志的论文、专著和教材等相关资料，在此表示感谢。限于作者水平和学识有限，书中缺点错误在所难免，敬请读者批评指正。

编 者

2012 年 4 月

目 录
CONTENTS

前言
第1章 绪论 ·········· 1
  1.1 土壤环境的重要性 ·········· 2
    1.1.1 土壤环境的定义 ·········· 2
    1.1.2 土壤环境与农业生产 ·········· 2
    1.1.3 土壤环境与环境保护 ·········· 3
    1.1.4 土壤环境与人体健康 ·········· 3
  1.2 土壤污染问题 ·········· 4
    1.2.1 我国的土壤资源 ·········· 4
    1.2.2 土壤污染的危害 ·········· 6
    1.2.3 土壤污染现状 ·········· 9
  1.3 土壤污染防治的内容与任务 ·········· 11
    1.3.1 有机与无机污染物在土壤中迁移转化等的动态规律 ·········· 11
    1.3.2 土壤环境背景值与环境容量 ·········· 12
    1.3.3 土壤环境污染监测和评价 ·········· 13
    1.3.4 土壤污染修复技术与应用 ·········· 14
  思考题 ·········· 16
  推荐读物 ·········· 16
  参考文献 ·········· 16
第2章 土壤的基本特性 ·········· 18
  2.1 土壤的基本组成 ·········· 19
    2.1.1 土壤矿物质 ·········· 19
    2.1.2 土壤有机质 ·········· 20
    2.1.3 土壤水分 ·········· 23
    2.1.4 土壤空气 ·········· 29
    2.1.5 土壤生物 ·········· 30
  2.2 土壤性质 ·········· 32

2.2.1 土壤物理性质 … 32
   2.2.3 土壤生物学性质 … 46
  2.3 土壤环境的物质循环与能量转换 … 48
   2.3.1 土壤环境的基本特征 … 48
   2.3.2 土壤环境的物质循环 … 48
   2.3.3 土壤环境的能量转换 … 51
  思考题 … 53
  推荐读物 … 54
  参考文献 … 54

第3章 土壤污染概述 … 55
  3.1 土壤环境污染 … 56
   3.1.1 土壤污染的概念 … 56
   3.1.2 土壤污染的特点 … 56
   3.1.3 土壤污染的危害 … 58
  3.2 土壤环境背景值和环境容量 … 59
   3.2.1 土壤环境背景值 … 59
   3.2.2 土壤自净作用 … 62
   3.2.3 土壤环境容量 … 63
  3.3 土壤污染物与污染源 … 66
   3.3.1 土壤污染物 … 66
   3.3.2 土壤污染源 … 67
   3.3.3 土壤污染类型 … 69
  3.4 土壤污染物的迁移转化特征 … 70
   3.4.1 土壤环境污染发生的机制 … 70
   3.4.2 无机污染物的迁移转化 … 71
   3.4.3 有机污染物的迁移转化 … 72
  思考题 … 74
  推荐读物 … 74
  参考文献 … 74

第4章 土壤环境的无机污染 … 75
  4.1 土壤重金属污染 … 76
   4.1.1 土壤重金属污染概述 … 76
   4.1.2 土壤重金属污染的生态环境效应 … 78
   4.1.3 重金属污染物在土壤中的行为及影响因素 … 85

4.2 土壤的非金属污染 … 92
4.2.1 土壤非金属污染概述 … 92
4.2.2 土壤非金属污染物的生态环境效应 … 93
4.2.3 非金属污染物在土壤中的行为及影响因素 … 95
4.3 土壤的放射性元素污染 … 97
4.3.1 土壤中放射性元素污染概述 … 97
4.3.2 土壤放射性污染物的生态环境效应 … 98
4.3.3 放射性污染物在土壤中的行为及其影响因素 … 98
思考题 … 99
推荐读物 … 99
参考文献 … 100

第5章 土壤环境的有机污染 … 102
5.1 土壤的农药污染 … 103
5.1.1 农药的种类及性质 … 103
5.1.2 农药对土壤的污染 … 104
5.1.3 农药在土壤中的迁移转化 … 104
5.1.4 农药对土壤环境、生物的危害 … 108
5.1.5 农药与食品安全 … 109
5.2 土壤的石油污染 … 109
5.2.1 石油污染物的组成以及危害 … 109
5.2.2 石油在土壤中的迁移转化 … 110
5.3 土壤的多环芳烃污染 … 110
5.3.1 多环芳烃的结构和毒性 … 110
5.3.2 多环芳烃在土壤中的迁移转化 … 110
5.4 土壤环境激素污染 … 111
5.4.1 环境激素的种类和性质 … 111
5.4.2 环境激素在土壤中的迁移转化 … 111
思考题 … 112
推荐读物 … 112
参考文献 … 112

第6章 土壤环境固体废物污染 … 113
6.1 固体废物污染概述 … 114
6.1.1 固体废物的概念与特点 … 114
6.1.2 固体废物的来源与分类 … 115

6.1.3　固体废物对环境的影响 …… 117
6.2　城市生活垃圾对土壤环境的污染 …… 118
6.2.1　生活垃圾的产生与分类 …… 118
6.2.2　生活垃圾的组成与性质 …… 119
6.2.3　生活垃圾的危害与处理现状 …… 120
6.2.4　生活垃圾对土壤环境的影响 …… 123
6.2.5　生活垃圾的"三化" …… 125
6.3　污泥对土壤环境的污染 …… 126
6.3.1　污泥的分类及基本特性 …… 126
6.3.2　污泥施用对土壤环境的影响 …… 127
6.3.3　风险控制 …… 129
6.3.4　污泥农田施用准则 …… 133
6.4　粉煤灰对土壤环境的影响 …… 134
6.4.1　粉煤灰的来源与性质 …… 134
6.4.2　粉煤灰对土壤环境的影响 …… 135
6.4.3　粉煤灰土地施用的风险控制 …… 137
6.4.4　粉煤灰的资源化利用与处置 …… 138
6.5　农业固体废物对土壤环境的污染 …… 139
6.5.1　农业固体废物来源、分类及环境危害 …… 139
6.5.2　农作物秸秆的土壤环境效应 …… 141
6.5.3　畜禽粪便对土壤环境的影响 …… 143
6.5.4　塑料薄膜对土壤环境的影响 …… 146
6.5.5　农业固体废物的处理与处置 …… 148

思考题 …… 149

推荐读物 …… 149

参考文献 …… 150

第7章　土壤环境与农业面源污染 …… 152
7.1　农业面源污染概述 …… 153
7.1.1　农业面源污染定义、特点及来源 …… 153
7.1.2　农业面源污染的影响因素 …… 157
7.1.3　农业面源污染的控制措施及防治对策 …… 158
7.2　土壤磷素与农业面源污染 …… 160
7.2.1　磷肥利用概况 …… 160
7.2.2　农业面源磷素污染 …… 161

  7.2.3 磷素流失和迁移途径 ……………………………………………… 163
  7.2.4 农业面源磷素污染的防控措施 ………………………………… 164
 7.3 **土壤氮素与农业面源污染** …………………………………………………… 167
  7.3.1 氮肥利用概况 …………………………………………………… 167
  7.3.2 农业面源氮素污染的来源 ……………………………………… 168
  7.3.3 农业面源氮素污染的防控措施 ………………………………… 172
思考题 ……………………………………………………………………………… 174
推荐读物 …………………………………………………………………………… 175
参考文献 …………………………………………………………………………… 175

第8章 土壤环境污染监测和评价 …………………………………………… 177
 8.1 **土壤环境监测和土壤污染诊断** ……………………………………………… 178
  8.1.1 土壤环境监测概述 ……………………………………………… 178
  8.1.2 土壤环境监测技术路线与监测方案制定 ……………………… 180
  8.1.3 土壤污染诊断 …………………………………………………… 189
 8.2 **土壤环境质量评价** …………………………………………………………… 192
  8.2.1 土壤环境质量评价的原则 ……………………………………… 192
  8.2.2 土壤环境质量评价的工作程序 ………………………………… 192
 8.3 **土壤环境影响评价** …………………………………………………………… 197
  8.3.1 土壤环境影响评价概述 ………………………………………… 197
  8.3.2 土壤环境影响评价的工作程序 ………………………………… 198
 8.4 **土壤环境风险评价与管理** …………………………………………………… 200
  8.4.1 土壤健康风险评价 ……………………………………………… 200
  8.4.2 土壤生态风险评价 ……………………………………………… 202
  8.4.3 土壤环境风险管理 ……………………………………………… 203
思考题 ……………………………………………………………………………… 203
推荐读物 …………………………………………………………………………… 203
参考文献 …………………………………………………………………………… 204

第9章 土壤污染修复概述 ………………………………………………………… 205
 9.1 **土壤污染修复的概念** ………………………………………………………… 206
  9.1.1 土壤污染修复的概念 …………………………………………… 206
  9.1.2 土壤污染修复研究的内容 ……………………………………… 206
  9.1.3 土壤污染修复的目的和原则 …………………………………… 206
 9.2 **土壤污染修复技术分类** ……………………………………………………… 207
  9.2.1 分类 ……………………………………………………………… 207

9.2.2 污染土壤修复技术分述 …… 209
9.2.3 土壤污染修复技术选择的原则和策略 …… 230
9.3 土壤污染修复技术展望 …… 231
思考题 …… 232
推荐读物 …… 232
参考文献 …… 232

第10章 土壤重金属污染的修复与防治 …… 234

10.1 土壤重金属污染的生物修复 …… 235
  10.1.1 土壤重金属污染的植物修复技术 …… 235
  10.1.2 土壤重金属污染的微生物修复技术 …… 243

10.2 土壤重金属污染的物理修复 …… 249
  10.2.1 土壤重金属污染的物理分离修复技术 …… 249
  10.2.2 土壤重金属污染的电动力学修复 …… 251
  10.2.3 土壤重金属污染的农业工程改土修复技术 …… 255

10.3 土壤重金属污染的化学修复 …… 256
  10.3.1 重金属污染土壤的化学淋洗修复技术 …… 256
  10.3.2 土壤重金属污染的固定/稳定化修复技术 …… 258
  10.3.3 土壤性能改良修复技术 …… 261

思考题 …… 263
推荐读物 …… 263
参考文献 …… 263

第11章 土壤有机物污染的修复与防治 …… 268

11.1 土壤有机物污染的生物修复 …… 269
  11.1.1 土壤有机物污染的微生物修复 …… 269
  11.1.2 土壤有机物污染的植物修复 …… 273
  11.1.3 土壤有机物污染的微生物—植物联合修复 …… 274

11.2 土壤有机物污染的物理修复 …… 276
  11.2.1 改土法 …… 276
  11.2.2 原位土壤冲洗 …… 276
  11.2.3 电动修复 …… 277
  11.2.4 热处理法 …… 279
  11.2.5 冰冻法 …… 280

11.3 土壤有机物污染的物理化学修复 …… 281
  11.3.1 溶液浸提技术 …… 281

11.3.2 原位加热—真空提取 283
11.3.3 原位土壤气提 285
11.3.4 二阶段提取 286
11.3.5 化学氧化修复技术 288
11.3.6 光化学降解技术 289
11.3.7 原位覆盖技术 291
思考题 291
推荐读物 292
参考文献 292

第12章 土壤污染修复的工程实例 294

12.1 生物修复技术工程应用实例 296
12.1.1 植物修复技术应用实例 296
12.1.2 微生物修复技术工程应用实例 299
12.1.3 植物—微生物联合修复技术工程应用实例 302

12.2 物理修复技术工程应用实例 304
12.2.1 土壤蒸气提取技术工程应用实例 304
12.2.2 电动力学修复技术工程应用实例 306
12.2.3 固定化/稳定化技术工程应用实例 309

12.3 化学修复技术工程应用实例 311
12.3.1 土壤淋洗技术工程应用实例 312
12.3.2 原位化学氧化技术工程应用实例 314
12.3.3 化学脱卤技术工程应用实例 316
12.3.4 农业改良措施工程应用实例 318

思考题 323
推荐读物 323
参考文献 323

绪 论

本章提要

土壤污染是全球主要环境污染问题之一,它可引起和加剧水体、大气和生物等环境要素的污染,进而影响人类,并造成危害。本章介绍了土壤环境的定义及与农业生产、环境保护和人体健康之间的关系;详细阐述了我国土壤资源面临的问题、土壤污染现状与危害,以及土壤污染与防治的内容和任务。

土壤是指地球陆地表面具有肥力、能够生长绿色植物的疏松表层，其厚度一般在 2 m 左右。土壤不但为植物生长提供支撑能力，并能为植物生长发育提供所需要的水、肥、气、热等肥力要素。土壤环境是生态环境的重要组成部分，是人类赖以生存的主要资源之一，是地球上生命活动不可缺少的物质。

土壤污染是全球主要环境污染问题之一，它可引起和加剧水体、大气、生物等环境要素的污染，进而影响人类，并造成危害。土壤污染是环境污染的重要环节。主要通过改变土壤的组成、结构和功能，影响植物的正常生长发育，导致有害物质在植物体内累积，并通过食物链进入人体，最终危害人体健康。

1.1 土壤环境的重要性

1.1.1 土壤环境的定义

土壤是在地球表面生物、气候、母质、地形和时间等因素综合作用下所形成的能够生长植物、具有生态环境调控功能、处于永恒变化中的矿物质与有机质的疏松混合物。土壤处于大气圈、岩石圈、水圈和生物圈之间的过渡地带，是联系有机界和无机界的中心环节，是结合地理环境各组成要素的枢纽，它是运动着的物质体系和能量体系。

土壤环境是指岩石经过物理、化学、生物的侵蚀和风化作用，以及地貌、气候等诸多因素长期作用下形成的土壤生态环境。它由矿物质、动植物残体腐烂分解产生的有机物质以及水分、空气等固、液、气三相组成。土壤环境是构成生态系统的基本环境要素，是人类赖以生存的物质基础，也是经济社会发展不可或缺的重要资源。土壤环境是自然环境诸多要素长期、综合作用下的产物，因此，土壤环境的形成和发展、物质的组成、结构与功能都与地球表层自然环境系统的时空变化密切相连。正确地认识土壤环境，有利于人类充分利用土壤的净化功能，实施污染土壤的清洁生产，防治土壤污染，也有利于加强土壤肥力的培育，保障粮食安全与食品安全。

1.1.2 土壤环境与农业生产

"万物土中生，食以土为本"，土壤是农业生产的必要条件，是人类的衣食之源，是人类生存之本。土壤环境质量是农业可持续发展的基础，与微生物、植物、动物及人类健康息息相关。土壤环境的各种类型污染均会引起农产品质量下降，土壤污染和农产品质量安全问题一直成为人类高度关注的问题。只有清洁的土壤，人类才能有安全的食品。由于土壤环境污染具有高度的隐蔽性，同时也是水体和大气次生污染的重要来源，必须引起高度重视。

在农业生产上，为了提高农产品的产量，人们过多地施用农药、化肥，使土壤环境不同程度地遭受到了污染，农田生态平衡失调，病虫害越治越多，农产品质量下降等问题也日益严重。农药和化肥的超量使用，使得农药残留超标率和检出率很高，化肥的使用已使粮食增产出现了边际负效应。过量施用有机肥，特别是未经无害化处理的有机肥，会造成土壤的重金属、有机污染物和有害微生物污染。化肥过量和不合理施用会导致土壤环境退化，如有机质含量降低、有机污染物积累和养分失衡等问题。农膜在土壤中不断积累，破坏土壤结构，使微生物活性受到影响，阻碍植物根系生长发育和水肥运移，土壤环境恶化，造成农作物减产，成为土壤污染的极大隐患。

因此，应坚持走农业可持续发展道路，协调农业生产与土壤环境的关系，加强规范人类生产和生活对土壤环境造成危害的行为，积极研究土壤环境污染的控制与修复技术，使农业发展走向节约资源、提高效率、少污染、生产安全无公害农产品的绿色农业发展之路，确保粮食生产安全和农产品食用安全。

1.1.3 土壤环境与环境保护

环境保护是指人类为解决现实的或潜在的环境问题，协调人类与环境的关系，保障经济社会的持续发展而采取的各种行动的总称。环境保护是中国的基本国策，由于经济高速发展、人口过度增长、发展模式和某些政策不恰当、环境科技相对落后，我国的大气、水包括土壤污染都非常严重。土壤是人类赖以生存和发展的物质基础，它与环境之间不断地进行着物质、能量的交换和转化，是环境系统中最基本、最活跃的要素之一，是环境保护的重要内容。了解和认识土壤环境在地球系统中的地位和作用是保护地球表层环境系统和防治土壤环境污染退化的基础。

土壤环境污染已成为中国乃至全球性土壤退化的重要因素，土壤环境质量下降是当前实现可持续发展面临的严峻挑战。初步调查，因污水灌溉、农药和化肥不合理使用，工业废渣和城市生活垃圾随意堆放等因素，中国约有 $1\,000\times10^4\ hm^2$ 耕地受到不同程度的污染。这一状况直接影响着农产品安全和人民群众的身体健康。我国耕地人均数量少，总体质量水平低，保护土壤环境就是保护我们的生命线。加强土壤环境的保护，对农业生产条件和生态环境的改善，提高耕地质量及土地生产率，确保我国土壤环境资源的持续利用，农业持续发展和粮食安全生产有着重要意义。我国耕地资源极其匮乏，用占世界 7% 的耕地养活了世界 22% 的人口，所面临的粮食和土壤环境问题比其他任何国家都要严峻得多，因此加强土壤环境保护迫在眉睫。

1.1.4 土壤环境与人体健康

土壤圈处于水圈、大气圈、生物圈、岩石圈等各大圈层的交界面，是一个非常活跃的圈层，并不断地与各大圈层发生着物质、能量和信息的交换。土壤给人类提供了必要的维持生命的食物，土壤环境的好坏直接关系着人体健康。随着人口的增加和经济持续快速的发展，土壤受到前所未有的污染，土壤环境受到污染物的破坏，有毒有害物质超标，土壤板结，降低农产品质量，特别是通过农作物对有害物质的富集作用，危害人体健康。

1.1.4.1 直接影响

在人类的活动中会通过食物、呼吸和皮肤接触等方式使土壤中的有害物质直接进入体内，引起人体的病变，危害人体健康。土壤灰尘中含有细菌、病毒以及霉菌，并通过大气扩散，可以导致呼吸道疾病如哮喘病的急剧增加。土壤中还有一些有毒害的挥发性有机物，如土壤中残留的有机农药，进入人体后会引起急、慢性中毒、神经系统紊乱以及"三致"（致突变、致畸和致癌）作用。人体不可避免地暴露于土壤物质中，因此皮肤接触也成为土壤影响人体健康的一个重要途径。土壤中的有毒有害物质和皮肤接触后，严重时容易导致一些不良病症，如贫血、胃肠功能失调、皮肿等。

1.1.4.2 间接影响

土壤中的各种物质成分，经过雨水淋漓后会通过地表径流、渗流、地下径流，最终有一部分进入水体中。一些农用化学品如除草剂和杀虫剂等可以在土壤通过径流或者淋滤作用进入水体，引起水体污染；土壤中氮肥的大量使用，其主要污染物质硝酸盐和铵态氮就会进入地表水或渗入地下水，引起水质下降和硝酸盐污染；作为肥料的粪便，也会携带一些细菌和病毒进入水体，从而引起人体内肠道外感染和急性腹泻等症状。

在不同地域的土壤中，矿物质的含量各不相同，土壤中矿物元素的多少对人体健康有着重要的影响。一般来说，土壤中某种成分含量的高低会直接影响到植物生长及该元素在人体中的含量，而含量过高或缺乏都会引起一系列症状。如机体缺硒，则会使相关酶的合成受阻，造成代谢紊乱，出现一系列的病症，最终导致克山病、大骨节病的发生。此外，土壤中的难降解有机质如滴滴涕（DDT）和狄氏剂等农药，性质稳定、脂溶性很强，即使微量也能够通过动植物累积和生物放大作用在人体中富集，危害人体健康。可见，土壤中有害物质通过食物链的富集对人体健康产生的影响要比水和大气更严重。

土壤通过影响大气环境间接地影响着人体健康。在土壤中含有大量的有机物，这些有机物在好氧微生物以及甲烷菌的作用下分解释放出 CO_2、CH_4 和 NO_x 等温室气体，影响气候的变化，而气候的变化又会反过来影响有机质的分解速率，进而影响温室气体。"温室效应"是当今全球面临的主要环境问题之一，气温升高会引起海平面上升、气候异常、粮食减产以及生命损失等。

1.2 土壤污染问题

1.2.1 我国的土壤资源

人类主要的农业生产活动都是在土壤上进行，人类所需要的农产品均直接或间接从土壤中生产，所以土壤资源是农业的基础，是人类生存和发展所必需的自然资源。

1.2.1.1 我国土壤资源的现状

我国是以农业为主的大国，地大物博，总体上土壤资源丰富，适合农业、林业和畜牧业的综合发展。然而，我国也是世界上人口最多的国家，土壤资源受到严重制约的情况也不容忽视。其现状表现为以下3个方面：

（1）人均耕地面积占有量较少，空间分布不均衡

我国人均耕地面积远不及世界平均水平，人均耕地、林地、牧草地仅为世界人均数量的45.0%、25.9%和36.9%。2008年全国耕地面积 1.217×10^8 hm^2，人均耕地面积约为 0.092 hm^2，不到世界人均水平的40%。北京、上海、天津、浙江、福建和广东的人均耕地面积不到 0.06 hm^2。全国有20%以上的县级行政区划单位（含直辖市和县级市）人均耕地低于联合国粮食及农业组织（FAO）确定的 0.053 hm^2 警戒线，大多数分布在东南沿海地区。人均耕地低于 0.035 hm^2 就有463个县级行政区划单位，占警戒线以下总县数的2/3以

上。人均耕地面积较多的省份主要集中在东北、西北和西南地区，而自然条件好、生产力水平高的东部地区人均耕地却最少。

(2) 耕地损失不断增加，土壤资源整体质量下降

由于建设占用、退耕还林、农业调整、自然灾害等原因，全国耕地面积已从1996年的1.300×10^8 hm^2 减少到2008年的1.221×10^8 hm^2，12年间共减少耕地832.2×10^4 hm^2，减幅达6.4%；人均耕地面积从1996年的0.106 hm^2 下降到2008年的0.092 hm^2。我国由于生态环境恶化或土壤肥力偏低而导致土壤质量下降，很难再用于农牧林业，该土壤面积占总面积的1/4。现已经利用到农业生产活动的土壤肥力低下。现在土壤肥力尚没有衡量的指标，一般选用土壤有机质和土壤中养分含量对土壤肥力水平进行综合评价。根据全国第二次土壤普查的数据，我国耕地土壤有机质含量1%~2%的面积占35%以上，而低于1%的面积占25%以上。土壤养分中，氮、磷、钾素的含量普遍偏低，土壤全氮含量在0.075%~0.100%的面积约占21%，小于0.075%的面积约占33%；含量小于5 mg/kg的缺磷和极缺磷土壤面积约占50%；含量小于50 mg/kg的缺钾和极缺钾土壤面积约占12%。

(3) 土壤退化严重

土壤退化是指在各种不利自然因素及人类对土壤不合理的开发利用的影响下，土壤的质量和生产能力下降甚至丧失的过程。随着近年来工业的高速发展，工业"三废"的排放和大量农业化学物质的使用，使得耕地污染面积约占到10%。每年土壤侵蚀量约为45×10^8 t，流失的肥力要高于全国化肥的总产量。土壤盐渍化速度加快，已经盐渍化耕地面积达80×10^4 km^2，其中包括已形成的盐渍化土壤约37×10^4 km^2 和原生的盐渍化土壤约43×10^4 km^2，农产品产量大幅度降低，甚至放弃耕作。这样一来使得我国可利用土壤资源减少，质量也随之降低，生态环境被破坏。我国土壤污染退化的总体现状已从局部蔓延到区域，从城市城郊延伸到乡村，从单一污染扩展到复合污染，从有毒有害污染发展至有毒有害污染与氮、磷营养污染的交叉，形成点源与面源污染共存，生活污染、农业污染和工业污染叠加、各种新旧污染与二次污染相互复合或混合的态势。

1.2.1.2　造成我国土壤资源现状的原因

(1) 自然因素制约我国土壤资源的利用

地理方面，沙漠、戈壁、冰川、常年积雪、盐壳、石质地等难以利用的土地占全国土地总面积的19%，城市建设及工矿开采、交通运输用地占7%，可以用于农业、林业、畜牧业的土地仅占74%；但由于我国地形复杂，在这74%的土地中，仍有部分土地（山地、高原等）不便于利用。气候方面，我国处于高寒气候地带区域占总面积约1/4，干旱和半干旱气候总共占50%左右。以上自然因素制约着我国土地资源的利用。

(2) 人们对土壤资源保护的认识不足，缺乏投入和研究，法规不够健全

从水体、大气环境保护来看，我国对土壤资源保护的认识和重视不够。公民意识薄弱，主动性差，对土壤资源保护没有全面和充足的了解。目前我国农业利用土地以及培肥技术相对滞后，已经不适应现在散户经营的高投入、高产出的特点，造成的结果是化肥的过量使用，有机肥不能充分利用，土壤次生盐渍化扩展等问题，使得我国土壤退化不能得到很好的控制。现在我国没有针对土壤污染防治的法律与制度，这样使得环保部门很难在土壤污染防治上有实质性的作用。

1.2.1.3 改善我国土壤资源现状的战略对策

（1）加强法律法规建设，提高全民意识，严格实施土壤资源保护政策

在现有法律法规的基础上，加强和完善法律法规的建设，尽早建立与土壤资源保护密切相关的法律文件。加大执法力度，从严执法。通过学习，宣传土壤资源保护知识，提高全民保护土壤的意识和珍惜每一寸土地的自觉性。

（2）提高土壤资源保护的水平和科技含量，加大研究力度，增加投入

尽早建立我国土地资源综合信息库，进行全国土壤质量普查，掌握我国土壤资源质量现状以及变化趋势；强化土壤资源污染监测网络共享机制；深入研究修复技术体系，增加用于土壤资源保护相关的设施建设以及开发新技术，增加治理方法方面的投入。

1.2.2 土壤污染的危害

土壤污染是指污染物进入土壤经过长期的积累后，超出土壤自身的净化能力，导致土壤的性状和质量发生变化，对农作物产品和人体健康构成影响和危害的现象。具有隐蔽性、滞后性、长期积累性、不可逆性和难治理性等特点。

当今土壤污染已经成为世界性问题，我国的土壤污染问题也十分严重。据调查，我国受污染的耕地面积约为 $1\,000 \times 10^4\ hm^2$，污水灌溉的污染耕地面积约为 $216.7 \times 10^4\ hm^2$，固体废弃物堆积占用土地及毁坏田地面积约为 $13.3 \times 10^4\ hm^2$，总共占全国耕地总面积的 10% 以上。土壤污染不但直接表现在土壤生产力下降，而且也通过以土壤为起点的土壤、植物、动物、人体之间的链，使某些微量和超微量的有害污染物在农产品中富集起来，其浓度可以成千上万倍地增加，从而会对植物和人类产生严重的危害。同时，土壤污染又会成为水和大气污染的来源。

1.2.2.1 土壤污染导致农业产量品质下降

当农作物生长在受污染的土壤上，通过植物的吸收作用，经过长时间的积累富集，当含量达到影响农作物健康状况时，就会导致农作物的产量和品质下降。我国很多地区土壤受到不同程度的污染，农产品重金属含量超标，产量下降。具体表现有以下几方面：

（1）污水灌溉土壤

生活污水和工业废水中，除了含有农作物所需的营养元素氮、磷、钾外，还含有重金属、酚、氰化物等多种有毒有害物质。将未经过处理的污水直接灌溉农田，会使污水中的有害物质沉积到土壤中而导致土壤污染。农作物吸收这些物质，长期累积从而影响农作物的品质，人体食用这些农产品后会引起人体健康状况恶化。

（2）不合理施用化肥

化肥的施用是农业上常用的增产措施。根据土壤的质量、气候状况和农作物的生长特性，合理施用化肥可以提高土壤有机质的含量，增加土壤中农作物生长所必需的营养元素的含量，最终达到增产的目的。但是不合理地使用化肥，会导致农作物产量降低和质量下降。有研究表明，长期大量施用氮肥，会造成土壤板结，导致土壤生物学特性恶化，影响农作物的生长发育，直至产量降低。

（3）农药的大量喷施

农药能够防治农作物的病、虫和草害，合理喷施可以保证农作物产量，但农药中化学物

质危害性很大,如喷施不当,会引起土壤污染。喷施于农作物的农药,一部分被植物吸收或挥发到空气中,大部分会渗透到土壤中,农作物通过根系吸收富集这些化学物质,从而降低农作物的品质。

1.2.2.2 土壤污染严重危害人体健康

人类生存在地球上,不能离开空气、水和土地。人类的主要食物来源都直接或间接来自于土壤,可见土壤对于人类的重要性。土壤污染影响人体健康,主要是由于受污染的土壤中容纳了过多的污染物,其中包括固体废弃物,病原体污染物,放射性物质等,通过土壤迁移转化,植物吸收富集,食物链等过程影响人类的身体健康。土壤污染对于人类健康的影响是相当复杂的过程,一般是长期的累积性影响。

(1) 重金属污染对人类健康的影响

铬、镉、铅等重金属污染物进入土壤中,通过长期的存留、积累、迁移其含量和种类不断增多,通过食物链进入人体,从而引发癌症和其他疾病等,对人体健康造成危害。铅、铬、铜、汞、镉等重金属污染对人体健康造成的危害巨大,低量的污染物就能够导致机体代谢紊乱,甚至死亡。

锰中毒可以引发肺炎和相关疾病。据报道,在1941年日本的16人小团体饮用含有锰污染的水后引发中毒,其中3例死亡。铅对人体的神经系统、消化系统及心血管系统都有危害作用,尤其是神经系统更易造成铅中毒。过量铜可以引起血红蛋白变性,损伤细胞膜,抑制某些酶的活性,进而影响人体代谢功能。镉中毒可以引发尿蛋白症和糖尿病,进入呼吸系统引发肺炎和肺气肿,作用于消化系统可以引发肠胃炎,在骨骼中镉含量过高会导致骨质软化、变形、骨折、萎缩。砷中毒可以导致皮肤疾病和肺部疾病,如硬皮病、皮肤癌、肺炎和肺癌等。

(2) 农药化学物质污染对人类健康的影响

农药在土壤中残留,在植物中富集或者进入水体,通过消化系统进入人体,由于消化系统吸收农药能力最强,危害性也就越大。有机磷农药是一种神经性毒剂,它能够抑制人体胆碱酯酶的活性,造成乙酰胆碱的聚积,使含有胆碱能受体的器官功能发生障碍,导致神经功能紊乱等。急性中毒表现有恶心、呕吐、呼吸困难、瞳孔缩小、神志不清等;慢性中毒主要表现有头痛、头晕、乏力、食欲不振、恶心、气短、胸闷等。有机氯农药中毒引起损害中枢神经系统和肝、肾为主的疾病。主要症状有腰酸背痛、肝部肿大和肝功能减退等。有机氯农药的脂溶性特点决定了其能够在人体脂肪中的积累。轻度中毒表现为精神不振、头晕、头痛等;中度中毒表现为呕吐、出汗、流涎、视力模糊、肌肉震颤、抽搐、心悸等;重度中毒表现为呈癫痫样发作、昏迷,甚至呼吸衰竭或心室纤颤而致命,也会引起肝、肾损害。近年来,由于农药中毒而死亡的人数呈增长趋势,所以农药化学物质对人体健康的危害不容小视。

(3) 放射性物质污染对人类健康的影响

土壤中放射性元素主要来源于核原料和大气层核爆炸地区以及工业、科研和医用产生的废气、废水和固体废弃物,这些含有放射性元素的物质随自然沉降、雨水冲刷以及固体废弃物的堆积而进入土壤。放射性物质不易被土壤自身净化,只能自然衰变成为稳定元素,随食物链进入人体,形成潜在的危害。

在土壤中积累时间长的放射性元素以 Cs 和 Sr 等为主。^{90}Sr 和 ^{137}Cs 是核裂变产生的长半衰期放射性元素，半衰期分别为 28 年和 30 年，它们是对人体健康的损害较大且半衰期较长的放射性元素。空气中的 ^{90}Sr 可以随雨水进入土壤，土壤表层也存在着 ^{90}Sr，经雨水冲刷进入水体，其化学性质与 Ca 相似，参与骨组织的代谢功能。^{137}Cs 在土壤中存在稳定，植物通过根系吸收富集 ^{137}Cs 随植物进入人体造成危害。长半衰期的放射性元素通过食物链或呼吸进入人体后，通过放射性裂变产生 α、β、γ 射线，这些射线对人体持续性照射导致部分组织细胞被破坏或变异，造成损伤，可以引起头晕、乏力、脱发、白细胞异常变化，甚至发生癌变。

（4）病原体污染物对人类健康的影响

被病原体污染的土壤中含有病原体，如肠道致病菌、肠道寄生虫、钩端螺旋体、破伤风杆菌、霉菌和病毒等，主要来自医院废水、医疗用品废弃物、人畜粪便、生活垃圾和污水，能够传播很多种疾病，如伤寒、副伤寒、痢疾、病毒性肝炎等。病原体在土壤中存活时间最高达 1 年之久，如沙门菌在土壤中能够生存 35～70 d，痢疾杆菌在土壤中存活时间为 22～142 d，结核杆菌存活时间为 1 年左右。如果用有病原体的人粪便以及衣物、器皿的洗涤污水作为肥料和灌溉水而污染土壤，再通过雨水冲刷而带走病原体进入水体，这样就有可能引发流行疾病的暴发。

结核病人的痰液中含有结核杆菌，如果随地吐痰，结核杆菌就会渗透到土壤中，水分蒸发后，其可以在细小又干燥的土壤颗粒上附着，存活较长时间，当风吹过，附着结核杆菌的土壤微粒进入空气，通过呼吸，人体就会吸入病菌而感染疾病。有机废弃物污染的土壤是蚊蝇孳生和鼠类繁殖的主要场所，而蚊、蝇和鼠类又是多数传染病的媒介，在流行病学上被称作特别危险的物质。此外，人畜共患或与家禽有关的传染病或疾病，同样可以通过土壤在家禽间以及人禽之间传染。患钩端螺旋体病的家禽排泄粪便使病原体进入土壤中，其可以在土壤中存活几个星期，通过黏膜或伤口处进入人体，导致人患病，重症患者可能危及生命。

1.2.2.3 土壤污染造成生态环境恶化

（1）土壤污染对水体的影响

受污染土壤在水力的作用下，可溶性的污染物易被带入水体中，引起地下水、湖泊和河流水质恶化及水体富营养化等生态环境问题。一些悬浮性污染物，在降水或融雪冲刷的作用下，随地表径流进入水体，造成水体污染。

农药、化肥在降水和农田灌溉时，通过地表径流迁移至水体中，导致水体污染及水体富营养化。农业面源污染是典型的土壤污染对水体影响的问题。在 2008—2010 年，张颖教授等对兴凯湖沿湖地区农业面源污染调查统计资料表明，兴凯湖地区水环境的主要影响因素为 N、P 污染物，农业面源污染包括生活污水、生活垃圾、化肥污染、畜禽养殖污染等方面。COD、TN、TP 年流入水体量分别高达 1 161.03 t/a、2 606.36 t/a 及 1 383.53 t/a，分别占总流入水体量的 22.54%、50.60% 及 26.86%。从污染源来看，化肥污染是研究区农业非点源污染的主要来源。从污染物排放量来看，TP 的累计污染负荷率大于 90%，是兴凯湖地区农业非点源污染的主要污染物。兴凯湖的水体中 TP、COD_{Mn}、BOD_5、NH_4^+-N 浓度的年际变化呈递增趋势。重金属及放射性物质含量高的污染土壤，在水力的作用下进入水体中，由于其不易分解且长期积累导致水源严重污染。

(2) 土壤污染对空气质量的影响

土壤中的污染物如重金属、病原体、易挥发物质等，在风力的作用下使土壤表层中的污染物进入空气，随风扩散到其他区域，从而导致大气污染。可以说大气污染很大程度上是由于土壤污染引起的。

在土壤中汞等重金属可以直接以气态或者甲基化形态进入空气中，被人体吸入则危害人体健康。如果在人口密集的城市，在风力作用下，会导致大范围人群汞中毒。国外发达国家已经意识到土壤污染的严重性，而我国在近几年才开始予以重视。此外，部分有机污染物在土壤中被微生物分解后，其产物会有刺激性气味，如恶臭、腥味等，也会对空气造成污染。

1.2.2.4 土壤污染导致严重的经济损失

土壤污染给生态环境及人类带来巨大的危害，导致严重的经济损失。以土壤重金属污染为例，全国每年由于重金属污染而使粮食减产量为 $1\,000\times10^4$ t。此外，每年被重金属污染的粮食量也多达 $1\,200\times10^4$ t，两者加在一起，经济损失至少 200 亿元。

对于有机污染、放射性污染和病原菌污染等类型的土壤污染造成的直接或间接经济损失，目前很难估计。我们应该对土壤污染所带来的严重危害予以重视，并采取相应保护土壤措施，修复已被污染的土壤，让经济损失尽量减少。

1.2.3 土壤污染现状

1.2.3.1 土壤污染是全球性问题

从 1977 年开始，美国纽约腊夫运河周围的人们不断发生怪病，经过有关部门调查是由于当地的土壤中含有二恶英类污染物质，这就是著名的"腊夫运河污染事件"，这场事件引起了美国居民对土壤污染的重视，美国政府也认识到土壤污染带来的危害，随后美国颁布《超级基金法》并建立了相关的法律法规来防止土壤污染的发生。世界卫生组织在 2004 年 4 月 27 日发表的一份公告：每年由于环境污染导致全球 300 万 5 岁以下的儿童死亡。英国洛桑研究所的 Steve McGroth 教授（原国际土壤修复专业委员会主席）在 2004 年 11 月第二届土壤污染和修复国际会议中指出，从全球来看，土壤污染正在增加。土壤污染中有些污染物迁移性弱，会在土壤中停留且不断积累；有些污染物迁移性较强，能够在全球范围内迁移，所以土壤污染是全球性问题。全世界水土流失面积约占总面积的 16.8%，耕地流失面积约占总耕地面积的 2.7%，每年大约有 700×10^4 hm² 的土地沙漠化，次生盐渍化土地大约 12×10^4 hm²。来自土壤的温室痕量气体也在不断增加。

1.2.3.2 我国土壤污染现状

从 20 世纪 70 年代末至今，随着我国人口的不断增多以及经济的高速发展，在一些工农业集约化程度较高的地区，土壤的污染逐渐呈现出区域性的态势，经济发达地区如京津唐、东北老工业区、珠江三角洲、长江三角洲地区成为土壤污染的高风险区。

我国面临的土壤污染问题越来越严重。据统计，我国重金属污染的土壤面积约 $2\,000\times10^4$ hm²，占全国总耕地面积的 1/6。因工业"三废"污染的农田土壤接近 700×10^4 hm²，导致每年粮食减产 100×10^8 kg。2009 年，水利部副部长鄂竟平指出，中国是世界上水土流失最为严重的国家之一，中国每年因水土流失损失耕地约 6.7×10^4 hm²。"十五"期间，每年因生产建设活动新增的水土流失面积超过 1.5×10^4 km²，增加的水土流失量超过 $3.0\times$

10^8 t。调查表明，中国水土流失面积达 $356×10^4$ km²，占全国土地总面积的 37.1%，平均每年流失土壤 $45×10^8$ t。据专家分析，按照现在的水土流失速度，50 年后东北黑土区 $93.3×10^4$ hm² 耕地的黑土层将流失殆尽，粮食将减产 40%；35 年后西南岩溶区石漠化面积将翻一番，届时将有近 1 亿人失去赖以生存和发展的土地。

随着我国农业的快速发展，化肥和农药的施用量也不断增加，导致农业土壤的污染越来越严重。大量施用化肥被认为是提高农作物产量最直接的办法，但是在农业生产过程中由于施用过量和不当，导致土壤酸化，破坏土壤结构，降低了土壤质量。我国农药年产量达 $75.17×10^4$ t，农药总施用量达 $130×10^4$ t，平均施用量 14 kg/hm²，比发达国家高 1 倍，水稻过量施用达 40%，棉花达 50%，蔬菜和瓜果类作物较粮食作物高 1～2 倍。而农药的利用率只有 10%～20%，比发达国家低 10%～20%，残余部分直接对土壤造成污染，尤其是毒性大、难降解、高残留类农药，严重破坏生态环境。超负荷连年使用农药，残留量远远超过土壤的自净和降解能力，导致土壤生产能力、调节、自净和载体功能受到严重损害。我国已经长期严禁使用农药六氯环己烷（六六六）和 DDT，但是现在土壤中的可检出率依然很高。东南部沿海地区有些地方土壤也出现具有内分泌干扰作用的多环芳烃、多氯联苯、塑料增塑剂、农药甚至二噁英等复合污染。我国地膜一般相对分子质量在 20 000 以上，至少需要 200 年才能降解；农膜的一些添加物质对作物有毒害作用，农田大量使用农膜，清理不彻底造成农膜残留污染土壤。我国有 $2 000×10^4$ t 地膜用于 $6 000×10^4$～$7 000×10^4$ hm² 作物种植和农业生产的其他用途，回收率不足 30%，每年土壤中农膜残留量达 $1 000×10^4$ t，约 45 kg/hm²，而北京、天津、上海、哈尔滨等大城市郊区残留量高达 90～135 kg/hm²，新疆平均残留量 37.8 kg/hm²，最高可达 268.5 kg/hm²。用地膜 5 年的土壤，残留量可达 325.05 kg/hm²，作物减产 24.7%；土壤中残膜达 877.5 kg/hm² 时，蔬菜减产 14.6%～59.2%。

当前，我国土壤重金属污染已影响到经济的发展和资源的可持续利用。根据农业部的调查，$140×10^4$ hm² 的污水灌溉区域中有 64.8% 的土地面积被重金属污染，其中 46.7% 属于轻度污染，9.7% 属中度污染，8.4% 属重度污染；2000 年全国 24 个省（直辖市）320 个严重污染区域的 $555×10^4$ hm² 土壤中，20% 污染区域面积是因为大田类农作物产品污染超标，其中大部分面积属于重金属污染超标；在对全国 $2.2×10^8$ kg 粮食调查了解到，重金属 Pb、Cd、Hg、As 超标率达 10%。2009 年 9 月 2 日，环境保护部与发展和改革委员会等 8 部委正在抓紧制定《重金属污染综合整治实施方案》。2009 年 12 月 25 日《中国环境报》发表一篇特约评论员文章《防治重金属污染是地方政府的历史责任》。

近年来，长三角地区土壤污染日益严重，根据骆永明等 2004 年的一次检测表明，长三角地区已检测出的土壤污染物有 10 余种多环芳烃类，100 余种多氯联苯，10 多种有毒且持续性有机污染物及农药。有部分城市农田土壤成片受重金属污染，导致土壤质量下降甚至不能够生产。种植蔬菜的土壤 Cd 和 Zn 等重金属污染严重，部分大型蔬菜基地土壤中 Zn 含量超标近 5 倍以上。

近年来，我国在治理与防治土壤污染上做出了显著成绩，例如，工业"三废"的处理、生物肥料的开发、污水灌溉管理以及新型农药的研发，等等。土壤污染是一个长期的过程，其修复和治理也需要很长时间。预计在近期内，土壤污染问题，尤其是在城郊和乡镇企业密集区和化肥用量较大的地区仍将呈现加重的趋势。

1.3 土壤污染防治的内容与任务

1.3.1 有机与无机污染物在土壤中迁移转化等的动态规律

污染物以不同途径进入土壤后，一般会经历吸附—解吸、挥发、渗滤、溶解—沉淀、氧化—还原、络合—解离、降解和积累放大等一系列物理、化学以及生物作用的动态过程，完成其在土壤中的迁移转化。在这一过程中，土壤的系统功能、原始平衡以及物理化学性质都会发生改变，与此同时，污染物自身的物理化学性质及其毒性也会发生改变，这是土壤污染发生机理的一个重要环节。

土壤溶液与系统中的固相物质相互作用，进行物质交换、化学及生物反应。污染物质进入土壤后，会完成由气相、固相进入液相的过程，然后随溶质进一步运移，土壤溶液也是保证污染物被土壤生物相利用降解或发生物理化学反应而去除的关键。因此，对土壤污染物质迁移转化的研究，从某种意义上来说，主要是研究土壤溶质在土壤系统中运移转化的规律。溶质运移的物理作用主要是通过对流、扩散和弥散作用而实现的。

许多因素会影响土壤中溶质的迁移，其中包括一些物理化学过程以及其他过程。在对土壤中污染物质迁移机理的研究过程中，研究重点一度由介质的液相和固相之间的吸附和解吸的关系转到非平衡吸附和解吸问题，随着研究的不断深入，人们又开始了对包气带介质结构，可动水和不可动水，土壤的饱和带和非饱和带的相关研究，并提出有机污染物在土壤系统中的运动属多相渗流问题，除考虑水、污染物以及介质三相外，还要将土壤中的气相考虑在内。

了解污染物进入土壤后的转化和迁移规律对于防治土壤污染具有重要意义，也可为制定相关的法律、法规提供依据。

1.3.1.1 有机污染物在土壤中迁移转化等的动态规律

污染土壤环境的有机物主要有人工合成的有机农药、酚类物质、氰化物、石油、稠环芳烃、洗涤剂以及高浓度耗氧有机物等。污染土壤中的有机污染物质，其主要的存在形式有4种，即挥发态、自由态、溶解态和固态。有机污染物通过挥发、淋溶和扩散等行为在土壤中迁移，还会逸入空气和水体中，或通过生物体的吸收富集而迁移出土壤。有机污染物进入地下水系统要经过3个阶段：通过包气带的渗漏；由包气带进一步向包水带扩散；进入包水带中污染地下水。影响有机污染物环境行为的因素较为复杂，既包括化合物自身的理化性质，如有机污染物的挥发性、亲脂性和化学稳定性，也包括环境因素，如温度、降雨量、灌溉方式、地表植被状况等。

对有机物在土壤中的运移规律的理论研究，有观点认为其实质是水动力弥散问题。目前主要研究方向为有机污染物在多孔介质中迁移机理，构建有效的动力学模型。研究的内容包括有机污染物在多孔介质中的存在状态、运移方式、滞后效应、湿润性和入渗规律等。

土壤中的有机污染物多是长残留或是挥发性污染物，不但会给土壤带来长期的污染，影响土壤正常功能，还会通过各种迁移途径进入地下水或大气中，造成更大范围的污染。研究有机污染物在土壤中的迁移转化行为，对于了解其进入土壤后的归趋，评价土壤环境质量，进行污染防治具有重要意义。有机物在土壤中迁移转化的研究还有许多工作有待于完善，主要包括定量分析，机理研究，污染物、水、气及土壤颗粒耦合模拟，数学模型与电子计算机动态可视化模拟的结合。

1.3.1.2　无机污染物在土壤中迁移转化等的动态规律

土壤中的无机污染物包括重金属、F、Se、B、放射性物质、稀土元素等。重金属是土壤中主要的无机污染物，其毒性大，可以在土壤中迁移，进而污染地下水或通过生物富集作用，最终进入人体，危害较大。目前人们对土壤中重金属污染物运移与转化的研究较多。

重金属在土壤中的迁移是一个复杂的过程，涉及物理迁移过程，化学迁移过程以及生物迁移过程。土壤重金属的物理迁移是指土壤溶液中的重金属离子吸附于土壤矿物颗粒表面进行水迁移的过程，以及吸附和解吸作用。化学迁移过程实际上是重金属难溶电解质在土壤固相与液相之间的离子多相平衡，包括重金属与土壤胶体结合，发生非专性吸附或专性吸附，络合或螯合作用，以及重金属化合物的溶解和沉淀作用。生物过程是指土壤重金属污染对植物的影响或对植物的有效性。土壤中的重金属可能借助于植物根或土壤微生物随液体和悬浮液迁移。植物对离子的吸收可使离子从土壤下层向上层富集。重金属也可被土壤微生物吸收，因此微生物也参与重金属的迁移，通过机械的或生物的途径促进重金属的迁移。物理、化学和生物这三种过程共同作用，使重金属在土壤中得以迁移转化，但由于重金属离子易被土壤颗粒所吸附，其移动性主要受到土壤吸附特性的控制。因此，诸如 pH 值、Eh、有机胶体等能够影响土壤吸附特性的因素，也是影响重金属离子在土壤中吸附迁移的主要因素。

在污染土壤中重金属运移的动力学研究方面，对流弥散方程已得到了广泛的应用。CDE 方程常用来描述重金属在土壤中的迁移过程，根据土壤介质及吸附反应的不同，方程的具体形式不同，主要分为线性和非线性，平衡和非平衡 CDE 模型。对土壤中重金属污染物质迁移转化规律的研究，是制定土壤重金属污染控制措施的基础，是土壤污染与防治的关键所在。

1.3.2　土壤环境背景值与环境容量

土壤环境背景值是指在未受或者少受人类活动及工业污染影响的土壤环境中，各类化学元素的组成结构及其含量。土壤环境背景值由于受诸多因素的影响，差异性较大，其影响因素包括母岩、气候、地形、植被等。不同的自然条件和地质条件下形成和发育的不同类型土壤，以及在不同的母质母岩上发育形成的同种类型的土壤，其土壤环境背景值有明显的差异。在某一特定的区域内，在不同的时间段里，由于淋溶、沉积等迁移转化的过程，土壤环境中的各种化学组成成分及其含量也是不同的，但总体上来说处于一个相对稳定的状态。

由于土壤的结构以及化学组成成分的不均匀性，土壤的环境背景值是一个统计性的数据。按照统计学的要求进行采样设计与样品采集，分析结果经数学方法处理，可以得到土壤中特定元素背景值的范围，可以说土壤环境背景值是一个范围值，而不是一个确定值。进行土壤环境背景值的调查，可以为监测区域环境变化、评价土壤污染和土壤环境影响提供重要指标和基础资料，也是制定土壤环境质量标准和土壤环境质量管理的重要依据。

土壤环境容量指在一定区域与一定时限内，遵循环境质量标准，未造成环境污染时，土壤环境单元所容许承纳的污染物质的最大负荷量，其数量等于土壤污染物最大允许含量和本底值之间的差值。通常将土壤环境容量分为静容量与动容量。静容量即土壤的标准容量，是衡量土壤容许量时的一个基准含量水平，一般可以用相应的土壤环境质量标准值来确定。静容量可以反映土壤污染物生态效应和环境效应所容许的最大容纳量，但未能反映土壤中的污染物质输入，迁移与转化，积累作用，以及土壤的自净作用与缓冲性能对污染物的降解的动态过程。不同类型土壤的环境容量具有区域性特征，即不同地带性（或不同类型）土壤的酸碱度、质地、黏土矿物类型、腐殖质组成、有机质含量及阳离子代换量均不同。这些均直接影响土壤对不同元素的环境容量。

近些年来，由于污水灌溉、过量施用肥料与农药等使土壤环境问题日益凸显，使人们开始更多地关注土壤的环境容量。土壤环境容量的研究工作，包含土壤环境学的多方面内容，不仅涉及污染物质的生态效应以及环境效应，还能反映污染物进入土壤后的一系列动态转化过程和规律。因此它是联接土壤容纳污染物能力和污染源允许排放量的纽带，是土地处理系统中对污水净化能力、指定处理单元的水负荷、灌水量、重金属化学容量等数值计算的依据，通过对土壤环境容量的研究，我们可以制定出一系列土壤环境质量标准、农田灌溉水质标准以及污泥农田施用标准等，还可进行土壤污染预测，同时对于污染物总量控制方面也有重要意义。

1.3.3 土壤环境污染监测和评价

土壤环境污染监测的主要目的是了解土壤是否受到污染或受到污染的程度，分析土壤污染与粮食污染、地下水污染及对生长其上和周边生物的关系，尤其是对人体的危害关系。根据监测目的，土壤环境污染监测包括：区域土壤环境背景监测、农田土壤环境质量监测、建设项目土壤环境评价监测和土壤污染事故监测。

我国《土壤环境质量标准》规定的监测项目主要有重金属类、农药类以及pH值等共计11项。《农田土壤环境质量监测技术规范》中将监测项目分为规定必测项目、选择必测项目和选择项目。规定必测项目为《土壤环境质量标准》中要求测定的11个项目，包括镉、总汞、总砷、铜、铅、总铬、锌、镍、六六六、DDT、pH；选择必测项目包括：铁、锰、总钾、有机质、总氮、有效磷、总磷、水分、总硒、有效硼、总硼、总钼、氟、氟化物、氯化物、矿物油、苯并[α]芘和全盐量。

中国环境监测总站于2003年提出我国土壤环境监测的技术路线为：以农田土壤环境监测为主，以污灌农田为监测重点，开展农田土壤例行监测工作。对全国大型的有害固体废物堆放场周围土壤、污泥土地处理区域和对环境产生潜在污染的工厂遗弃地开展污染调查，并对典型区域开展跟踪监视性监测，逐步完善我国土壤环境监测技术标准和网络体系。

土壤环境评价、预测是以土壤的环境监测工作为技术基础的，土壤的环境质量现状评价工作包括评价因子、评价标准确定、评价模式确定和土壤环境质量等级划分。积极开展土壤环境质量评价有助于合理利用土地资源，修复和改善土壤环境，使经济实现可持续发展。

国外环境监测与评价体系的建立起步较早，20世纪60～80年代，美国、英国、日本以及罗马等国家相继在国内开展了土壤环境背景值的调查与监测工作，美国地质调查所历经20余年，共分两个阶段，于1988年完成了阿拉斯加州土壤环境背景值的调查研究报告，涉及35个元素的环境背景值。

我国的环境监测工作自20世纪70年代以后，逐步开展起来，并取得很大的进展与成就。1977—1979年的两年时间里，中国科学院有关研究所对北京、南京、重庆、广州等多个地区的土壤环境背景值展开了研究；80年代，中国环境监测总站会同多所大学及有关科研单位，分别承担了"六五"国家科技攻关项目"湘江谷地及松辽平原土壤背景值研究"以及"七五"国家科技攻关项目"中国土壤环境背景值研究"，范围涉及全国大部分地区，获得了大量的土壤环境信息和测试数据，建成了中国土壤元素背景值数据库系统，编辑出版了《中国土壤元素背景值》和《中华人民共和国土壤环境背景值图集》。研究开发了一批土壤微量元素测试的新技术、新方法，并建立了全程序的质量保证体系；1980—1990年，中国科学院地理科学与资源研究所联合多家科研机构，承担了"六五"国家科技攻关项目"土壤环境容量研究"专题和"七五"国家科技攻关项目"土壤环境容量研究"专题，完成了我国土壤环境容量的调查研究工作；1992年，国家环境保护总局南京环境科学研究所完成了"中国的农药使用情况调查"。1999年起，国土资源部组织有关部门陆续开展了中国东中部重点地区土壤地球化学调查工作。2003年，中国环境监测总站组织相关检测部门对38个重点城市和山东省寿光市的52个"菜篮子"基地、13个污灌区（分布在11个省份）和22个有机食品基地（分布在8省、11市）的土壤环境进行了调查监测，调查结果表明一些地区土壤中重金属及其他污染物质存在超标。

尽管我国的土壤环境监测体系已在逐步完善，监测评价的技术方法也已相对成熟，但整体上仍与先进国家有较大差距，存在着一定的问题，如土壤环境质量标准以及相关标准和规范并不完善，缺乏关于有机物污染的环境质量标准，关于土壤污染防治的法律法规还未制定，关于土壤污染的监督管理机制还不完善。环境影响评价工作中往往忽视了土壤质量的评价和预测，土壤质量的评价方法往往缺乏统一的标准和规范，给土壤环境质量评价工作带来了许多困难。因此，对于土壤质量的监测与评价的研究工作还有待进一步完善，有必要针对工作中的种种不足之处继续开展有益的探索和研究。

1.3.4　土壤污染修复技术与应用

近年来，点源污染逐渐得到有效控制，而土壤污染问题逐渐显现出其不可忽视的危害性，各国开始探寻污染土壤及污染地下水的修复技术，并取得了一定的成果，形成了一些较为成熟的方法与技术。目前，土壤污染的修复技术主要可分为物理修复技术、化学修复技术和生物修复技术。

1.3.4.1　物理修复技术

物理修复技术是指利用污染物与土壤颗粒之间、不同土壤颗粒之间物理特性的不同，采用不同的处理方法以实现污染物从污染土壤中的分离与去除。主要的物理修复技术包括基本的物理分离技术、土壤蒸气浸提技术、固化/稳定化土壤修复技术、玻璃化修复技术、电动力学修复技术、热力学及热解析修复技术等；物理修复也可以通过包括客土、换土和深耕翻土等措施在内的工程措施来实现降低土壤中重金属的含量，减少重金属对土壤-植物系统产生的毒害。

基本的物理分离技术包括粒径分离、密度分离和磁选分离等，这些技术大多工艺简单，费用低，但是选择性较差，适于初步分选。土壤蒸气浸提技术是较为典型的原位物理修复技术，必要时也可用于异位修复。它是通过提取井产生的真空向土壤里导入空气以产生驱动力，从而降低土壤空隙的蒸气压，使不饱和土壤中的挥发性组分以及半挥发性组分转化为气态形式，进入真空井而被排出。该技术可操作性及适用性较强，技术方法较为成熟，目前应用较为广泛。

固化/稳定化土壤修复技术指通过一定的物理或化学作用，固定污染物质形态，从而控制污染土壤中污染物质的释放对环境造成的危害，有原位固化/稳定技术和异位固化/稳定技术。分为固化和稳定化两个方面，其中固化是指添加黏结剂等物质，改变污染物的形态，使之呈固定的颗粒状或大块状形态，这一过程一般不发生化学反应；稳定化则是污染物与一定的化学物质发生反应从而减小其自身的溶解性、迁移能力或毒性的过程，降低污染物的泄露、淋失风险。该技术以其费用低廉和可处理多种复杂金属废物等优点，也已得到了较为广泛的应用。

电动力学修复技术是指在插入污染土壤中的两个电极所产生的直流电作用下，带电污染物在土壤中产生定向移动，富集在电极附近而被回收去除。电动力学修复技术包括电迁移、电渗析、电泳等过程；玻璃化修复通常为异位修复过程，指利用热能或高温使土壤熔化为玻璃状物质，而污染物质在这一过程中或通过挥发、热解而去除，或被固定在玻璃化的土壤中。

1.3.4.2　化学修复技术

化学修复技术是指通过化学修复剂与土壤污染物的化学反应，使污染物的溶解性、迁移性、毒性或可生物利用性发生改变，从而去除污染物或降低污染物毒性的一种技术手段。化学修复技术可分为原位化学修复和异位化学修复。原位化学修复是在污染现场投加化学修复剂，不需要将污染土壤或地下水转移至特定处理场所；而异位化学修复则通常需要将土壤污染物质富集转化为液态形式，然后转至特定场所进行处理。

目前应用较为广泛的化学修复技术主要有土壤化学淋洗技术、原位化学氧化修复技术、化学脱卤技术以及农业改良措施等。

土壤化学淋洗技术是在土壤中加入淋洗剂，使之与土壤中的污染物发生反应，从而去除污染物。分为原位化学淋洗和异位化学淋洗。原位化学淋洗即在污染现场直接将淋洗剂注入污染土壤中，使淋洗剂与土壤充分混合，污染物质溶解进入淋洗剂中，然后收集含有污染物的溶液，进行再处理；异位化学淋洗技术则是将污染土壤从污染现场转移出来，利用淋洗剂使污染物与土壤颗粒分离的一种技术。原位化学氧化修复技术是一种通过加入土壤中的化学氧化剂与污染物所产生的氧化反应，使污染物降解，从而成为低浓度、低毒性和低移动性的产物；化学脱卤修复技术又称气相还原技术，可用于原位修复，也可用于异位修复，目前研究重点多集中在原位修复上，大多是小规模实验。处理过程包括使用特殊还原剂，以零价铁作为还原剂，进行脱卤修复是研究热点，气态还原剂多用 H_2S。有时还使用高温和还原条件使卤化有机污染物还原；农业改良措施是原位修复技术，针对重金属污染土壤，采用施加改良剂改变土壤酸碱度或改变土壤的氧化还原电位，使重金属有效性和迁移性降低而从土壤中除去。以上几种技术措施都是目前较为常用的土壤化学修复技术，可针对不同的污染物质和实地情况加以选择应用。

1.3.4.3　生物修复技术

土壤修复技术中，生物修复技术具有其他技术所不可比拟的优越性，其原理是利用自然或人工培养的生物将土壤中的污染物分解并最终去除，这一过程快速安全，不产生二次污染，是一种新兴的环境友好替代技术，越来越受到人们的关注。

土壤生物修复技术可分为微生物修复技术、植物修复技术和植物—微生物联合修复技术。

目前，该项技术研究的重点在于利用分子生物学和遗传工程学等手段，培养与选育高效功能生物，以此强化生物修复系统，增强土著微生物的降解能力，达到更好的修复效果。

思考题

1. 土壤环境与农业生产的关系是什么？
2. 土壤环境污染对人类的危害表现在哪几方面？
3. 我国的土壤污染现状与发展趋势是什么？
4. 土壤污染防治的研究内容与任务主要有哪些？

推荐读物

土壤环境学．张辉．化学工业出版社，2006.
土壤资源概论．赵其国．科学出版社，2007.
土壤学．王果．高等教育出版社，2009.

参考文献

赵颖．2005．农药类化学物质在土壤中迁移转化的规律及数值模拟［D］．辽宁工程技术大学硕士学位论文．
赵其国．2005．我国土壤资源与耕地资源的现状、问题与对策［C］．中国土壤科学的现状与展望，3-15．
赵其国，史学正，等．2007．土壤资源概论［M］．北京：科学出版社．
赵其国，骆永明，等．2009．中国土壤保护宏观战略思考［J］．土壤学报，46（6）：1140-1145．
张征，沈珍瑶，等．2004．环境评价学［M］．北京：高等教育出版社．
张慧琴．2010．土壤环境污染与农产品质量［J］．中国农村小康科技，6：71-72．
张辉．2006．土壤环境学［M］．北京：化学工业出版社．
徐明岗，李菊梅，等．2005．从土壤环境改善和新型肥料研发看食品安全［J］．腐植酸，4：11-26．
夏增禄．1992．中国土壤环境容量［M］．北京：地震出版社．
王果．2009．土壤学［M］．北京：高等教育出版社．
王秉莲，李俊杰．2010．土壤污染现状分析及治理对策研究［J］．山西建筑，36（20）：354-355．
钱天伟，刘春国．2007．饱和—非饱和土壤污染物运移［M］．北京：中国环境科学出版社．
骆永明，滕应．2006．我国土壤污染退化状况及防治对策［J］．土壤，38：505-508．
刘延良，滕恩江，等．1997．土壤环境监测现存问题与展望［J］．中国环境监测，13（1）：46-51．
刘延良，王晓慧，等．1996．国内外土壤环境监测标准现状［J］．中国环境监测，12（5）：41-43．
刘晓红，虞锡君．2010．长三角地区重金属污染特征及防治对策研究［J］．生态经济，10：164-166．
刘道光．2010．浅谈当前土壤污染现状与净化［J］．安徽农业通报，16（10）：63-64．
李煜蓉．2010．土壤环境质量评价与污染预测实例研究［D］．吉林大学硕士学位论文．
李国刚．2005．中国土壤环境监测的现状——问题与对策［J］．环境监测管理与技术，17（1）：8-10．

李国刚. 2005. 中国土壤环境监测的现状——问题与对策[J]. 环境监测管理与技术（续），17（2）：9-13.

李东坡，武志杰，等. 2008. 土壤环境污染与农产品质量[J]. 水土保持通报，28（4）：173-177.

黄鸿翔. 2005. 我国土壤资源现状、问题及对策[J]. 土壤肥料，1：3-6.

胡枭，樊耀波，等. 1999. 影响有机污染物在土壤中的迁移-转化行为的因素[J]. 环境科学进展，7（5）：14-22.

郝亚琦，王益权. 2007. 土壤污染现状及修复对策[J]. 水土保持研究，14（3）：249-250.

崔峰. 2006. 浅谈农业面源污染的危害与治理[J]. 山西水土保持科技，2：7-9.

陈志良，仇荣亮. 2002. 重金属污染土壤的修复技术[J]. 环境保护，29（6）：21-23.

常学秀. 文传浩，等. 2000. 重金属污染与人体健康[J]. 云南环境科学，19（1）：59-61.

洪坚平. 2005. 土壤污染与防治[M]. 2版. 北京：中国农业出版社.

HUANG B，SHI X Z，I OBORN，K BLOMBACK P. 2006. Environmental assessment of small-scale vegetable farming systems in peri-urban areas of the Yangtze River Delta Region[J]. Agriculture，Ecosystems and Environment，122：391-402.

GAO G L，ZhOU Q X，et al. 2006. Availability and assessment of fixing additives for the insitu remediation of heavy metal contaminated soils[J]. Review. Environmental Monitoring and Assessment，116：513-528.

DACH J，STARMANS D. 2005. Heavy metals balance in Polish and Dutch agronomy：Actual state and previsions for the future[J]. Agriculture，Ecosystems and Environment，107：309-316.

土壤的基本特性

本章提要

本章重点介绍了土壤的基本组成，土壤性质以及土壤环境的物质循环与能量转换。

土壤的基本组成重点介绍了土壤矿物质的元素组成与矿物组成；土壤有机质的来源、形态、组成以及土壤腐殖质；土壤水分类型、性质，有效性，土壤水分能量状态；土壤空气的组成；土壤生物。

土壤性质重点介绍了土壤质地，土壤孔性、结构性和物理机械性，土壤通气性；土壤胶体特性、吸附性，土壤酸碱性，土壤氧化性和还原性；土壤酶特性以及土壤微生物特性。

土壤环境的物质循环与能量转换重点介绍了土壤矿物质的迁移转化，土壤有机质的转化；土壤能量转换的物理过程、化学过程与生物过程。

2 土壤的基本特性

土壤作为独立的历史自然体,被定义为位于地球陆地具有肥力、能够生长植物的疏松表层。因最早将其作为农业的主要生产资料、农业劳动的改造对象,土壤也就成为人类赖以生存的自然资源。以土壤的主要客观属性——肥力为中心,不断研究、探索有关土壤的发生、发展、分类、性质和地理分布规律,认识土壤与环境之间的内在联系,对合理利用土壤资源和保护土壤环境具有深远的意义。本章主要介绍土壤的基本组成、性质以及土壤环境的物质循环与能量转换。

2.1 土壤的基本组成

土壤位于岩石圈的最上层,即风化壳的表层。它是由固、液、气三相物质组成的自然体,其中,固相部分由矿物质颗粒、有机质颗粒及生活在土壤中的微生物组成。矿物质颗粒构成土壤的无机体,有机质颗粒及生活在土壤中的微生物构成土壤的有机体。土壤固相物质之间存在形状和大小不同的孔隙,孔隙中填充有水分和空气。

2.1.1 土壤矿物质

土壤矿物质是土壤的重要组成物质,是地壳岩石、矿物经过风化和成土过程作用的产物,它是土壤固相的主体物质,构成了土壤的"骨骼",占土壤固相总质量的90%以上。

2.1.1.1 土壤矿物质的主要元素组成

矿物是地壳中的化学元素在地质作用下形成的具有一定化学成分和物理性质的自然产物。地壳中化学元素种类繁多,主要有90多种。各元素的含量存在差异,其中氧(O)、硅(Si)、铝(Al)、铁(Fe)、钙(Ca)、钠(Na)、镁(Mg)、钾(K)约占98%,而一些植物生长所必需的重要元素,如磷(P)、硫(S)、氮(N)等含量很少,见表2-1。

表2-1 地壳中的主要化学元素

序列	元素	质量(%)	序列	元素	质量(%)	序列	元素	质量(%)
1	氧(O)	49.13	8	钾(K)	2.35	15	锰(Mn)	0.10
2	硅(Si)	26.00	9	氢(H)	1.60	16	氟(F)	0.08
3	铝(Al)	7.45	10	钛(Ti)	0.61	17	钡(Ba)	0.05
4	铁(Fe)	4.20	11	碳(C)	0.35	18	氮(N)	0.04
5	钙(Ca)	3.25	12	氯(Cl)	0.20	19	其他	0.22
6	钠(Na)	2.40	13	磷(P)	0.12			
7	镁(Mg)	2.35	14	硫(S)	0.10			

地壳中的化学元素多因受到内力地质作用(如岩浆活动导致的地壳运动、火山爆发等)或外力地质作用(如流水导致的侵蚀、风化、搬运、堆积等)而形成各种各样的矿物。目前已经发现的矿物有3 000多种,绝大多数是结晶质固态无机物。

2.1.1.2 土壤的矿物组成

按照矿物的来源,可将土壤矿物分为原生矿物和次生矿物。原生矿物是直接来源于母岩的矿物,其中岩浆岩是其主要来源。而次生矿物,则是由原生矿物分解、转化而成的。

(1)原生矿物

土壤原生矿物是指那些经过不同程度的物理风化,未改变化学组成和结晶结构的原始成岩矿物，主要分布在土壤的砂砾和粉砂砾中，其中硅酸盐和铝硅酸盐占绝对优势。常见的土壤原生矿物有石英、长石、云母、辉石、角闪石和橄榄石，以及其他硅酸盐和非硅酸盐类。影响土壤原生矿物种类和数量的因素有母岩的种类、成因类型、成土环境条件、风化和成土过程强度等，还与矿物的抗风化能力有关。R. L. Mitchell 于1985年提出了主要土壤原生矿物分解难易程度、常量和微量元素组成，见表2-2。

表 2-2　土壤中主要的原生矿物组成

原生矿物	分子式	稳定性	常量元素	微量元素
橄榄石	$(Mg,Fe)_2SiO_4$	易风化	Mg,Fe,Si	Ni,Co,Mn,Li,Zn,Cu,Mo
角闪石	$Ca_2Na(Mg,Fe)_2(Al,Fe^{3+})(Si,Al)_4O_{11}(OH)_2$	↑	Mg,Fe,Ca,Al,Si	Ni,Co,Mn,Li,Se,V,Zn,Cu,Ga
辉石	$Ca(Mg,Fe,Al)(Si,Al)_2(OH)_2$		Ca,Mg,Fe,Al,Si	Ni,Co,Mn,Li,Se,V,Pb,Cu,Ga
黑云母	$K(Mg,Fe)(Al,Si_3O_{10})(OH)_2$		K,Mg,Fe,Al,Si	Rb,Ba,Ni,Co,Se,Li,Mn,V,Zn,Cu
斜长石	$CaAl_2Si_2O_8$		Ca,Al,Si	
钠长石	$NaAlSi_3O_8$		Na,Al,Si	Sr,Cu,Ga,Mo
石榴子石		较稳定	Cu,Mg,Fe,Al,Si	Cu,Ga
正长石	$KAlSi_3O_8$		K,Al,Si	Mn,Cr,Ga
白云母	$KAl_2(AlSi_3O_{10})(OH)_2$		K,Al,Si	Ra,Ba,Sr,Cu,Ga
钛铁矿	Fe_2TiO_3		Fe,Ti	F,Rb,Sr,Ga,V,Ba
磁铁矿	Fe_3O_4		Fe	Co,Ni,Cr,V
电气石		↓	Cu,Mg,Fe,Al,Si	Zn,Co,Ni,Cr,V
锆英石			Si	Li,Ga
石英	SiO_2	极稳定	Si	Zn,Hg

（2）次生矿物

原生矿物在母质或土壤的形成过程中，经化学分解、破坏（包括水合、氧化、碳酸化等作用）形成次生矿物。土体中次生矿物的种类繁多，包括各种简单盐类、次生氧化物和铝硅酸盐类矿物。次生矿物是土壤矿物质最细小的部分，其中粒径小于 0.001 mm 的又称为次生黏土矿物或土壤矿物胶体，它们是土壤环境中矿物质部分最活跃的组成成分。

岩石矿物风化过程中形成的矿物颗粒直径大小相差很大，从几厘米大的岩石碎块，到几微米甚至百分之几微米的黏粒都有，不同大小的矿物颗粒在化学成分、物理化学性质上也存在着巨大差别。可以将粒径大小相近、性质相似的颗粒加以归类，称为粒级分级。各粒级在土壤中所占的相对比例或质量分数，称做土壤的机械组成即土壤质地，是影响土壤环境中物质与能量交换、迁移与转化的重要因素。

2.1.2　土壤有机质

土壤有机质是指存在于土壤中所有含碳的有机物质，是土壤的重要组成物质之一。自然土壤中有机质含量差异较大，高的可达 200 g/kg 或 300 g/kg 以上，如泥炭土和一些森林土壤等，低的不到 5 g/kg，如漠质土和砂质土等。在土壤学中，通常把耕层有机质含量大于 200 g/kg 的土壤称为有机质土壤，而将有机质含量低于 200 g/kg 的土壤称为矿质土。但耕作土壤中，表层有机质的含量通常在 50 g/kg 以下，虽然东北地区的黑土有不少超过此值，但华北、西北地区大部分土壤低于 10 g/kg，华中、华南一带的水田土壤一般约为 15～35 g/kg。

土壤有机质在土壤中的含量虽少，但对土壤肥力的作用却很大。

2.1.2.1 土壤有机质的来源、形态及组成

(1) 土壤有机质的来源和形态

土壤有机质是指土壤中各种含碳有机化合物的总称。在风化和成土过程中，最早出现于母质中的生命物质是微生物，所以对原始土壤来说，微生物是土壤有机质的最初来源。随着生物的进化和成土过程的发展，高等绿色植物就成了土壤有机质的基本来源，其次是生活在土壤中的动物和微生物。在农业土壤中，土壤有机质主要来源于每年施入土壤中的有机肥料、作物根茬和残落物，以及根系分泌物、生活垃圾及污泥等。通过各种途径进入土壤中的有机质，在微生物的作用下发生了一系列的分解和合成作用，大致分为以下3种形态：

新鲜的有机物质 指刚进入土壤中未受到微生物分解的动植物残体，属于新鲜的有机残体。

半分解的有机物质 指经微生物的分解作用，新鲜的有机残体失去了最初的结构，变成了分散的暗黑色的碎屑和小块物质。

土壤腐殖质 指经微生物彻底改造过的一种特殊类型的高分子含氮有机化合物，占土壤有机质85%~90%，是土壤有机质的主要存在形态。

(2) 土壤有机质的组成

土壤有机质的主要元素组成是C、H、O、N，分别占52%~58%、34%~39%、3.3%~4.8%和3.7%~4.1%；其次是P和S；此外，还有Ca、Mg、K、Na、Si、Fe、Zn、Cu、B、Mo、Mn等元素。

土壤有机质的主要化合物组成是类木质素和蛋白质，其次是半纤维素和纤维素，以及脂肪、树脂和蜡质等可溶于乙醚和乙醇的化合物。与植物组织相比，土壤有机质中木质素和蛋白质含量显著偏高，而纤维素和半纤维素含量则明显偏少。

2.1.2.2 土壤腐殖质

(1) 土壤腐殖质分离提取和组分

腐殖质是土壤有机质的主要存在形态，是通过微生物对有机残体的分解和合成作用重新形成的特殊有机质。要研究土壤腐殖质的性质，必须将它从土壤中分离出来，但这项工作是较困难的。目前一般所用的方法，是先把土壤中未分解或部分分解的动植物残体分离掉，然后用不同的溶剂来浸提土壤，把腐殖质划分为3个组分：黄腐酸（富里酸）、褐腐酸（胡敏酸）、黑腐素（胡敏素）。具体步骤如图2-1所示。

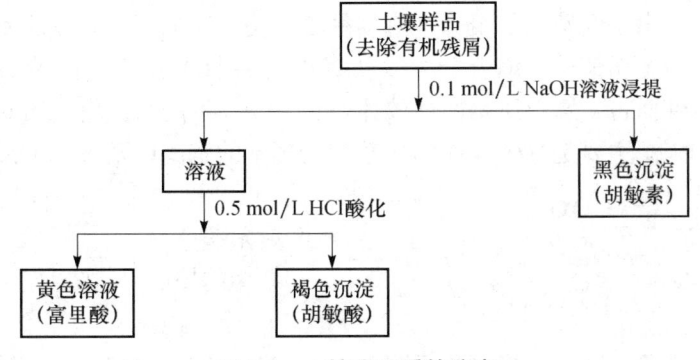

图2-1 土壤腐殖质的分离

上述浸提和分离不可能彻底，各组分中都有许多混杂物，如在黄腐酸组分中混有某些多糖类及多种低分子有机化合物；在褐腐酸组分中混有高度木质化的非腐殖质物质等。黑腐素是褐腐酸的同素异构体，它的分子量很小，并因其与矿物质部分紧密结合，以至失去水溶性与碱溶性，从化学本质看，它与褐腐酸无多大区别。黑腐素在腐殖酸中所占的比例不大，所以不是腐殖酸的主要组成部分。腐殖质的主要组成是褐腐酸和黄腐酸，一般占腐殖质的60％左右。

（2）土壤腐殖质的存在形态

土壤腐殖质大致以4种形态存在于土壤中：①游离状态的腐殖质，在一般土壤中极少存在，常见于红壤中；②与矿物成分中的强盐基化合成稳定的盐类，主要为腐殖酸钙和镁，常见于黑土中；③与含水三氧化二物如 $Al_2O_3 \cdot xH_2O$、$Fe_2O_3 \cdot yH_2O$ 化合成复杂的凝胶体；④与黏粒结合成有机无机复合体。

（3）土壤腐殖质的性质

腐殖质的元素组成 腐殖质主要由 C、H、O、N、S、P 等元素组成，还有少量 Ca、Mg、Fe、Si 等灰分元素。就腐殖质整体而言，含 C 量 55％～60％，平均 58％，因此测定土壤中有机 C 含量，乘以 1.724（100/58），即可换算出土壤有机质含量。腐殖质含 N 量 3％～6％，平均 5.6％，故其 C/N 比值平均为 10∶1～12∶1。褐腐酸的 C、N 含量一般高于黄腐酸，而 O 和 S 的含量则低于黄腐酸。

腐殖质的分子结构与功能团 腐殖质是高分子聚合物，分子结构非常复杂，其单体中有芳核结构，以芳香族核为主体，附以各种功能团。其中主要的功能团有：羧基、酚羟基、甲氧基等（表2-3），并连接着多肽或脂肪族侧链。

表 2-3　我国主要土壤中腐殖质的含氧功能团　　　　　　　　　　单位：mol/kg

含氧功能团	褐腐酸	黄腐酸
羧基	275～481	639～845
酚羟基	221～347	143～257
醇羟基	224～426	515～581
醌基	90～181	54～58
酮基	32～206	143～254
甲氧基	32～95	39

腐殖质的电性 由于腐殖酸的组分中有多种含氧功能团的存在，使腐殖质表现出多种活性，如离子交换、对金属离子的络合能力以及氧化-还原性等，这些性质都与腐殖质的电性有密切关系，就电性而言，腐殖质是两性胶体，在它表面上既带负电又带正电，而通常以带负电为主。电性的来源主要是分子表面的羧基和酚羟基的解离以及胺基的质子化，例如：

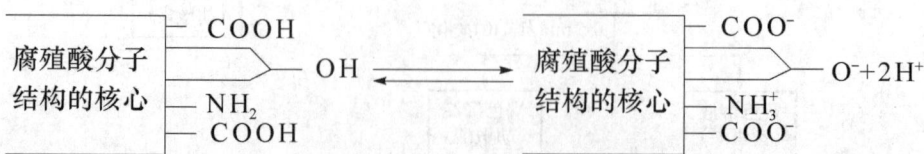

腐殖质的溶解性质和凝聚 褐腐酸不溶于水，能溶于碱，它与一价金属离子形成的盐类

溶于水，而与 Ca、Mg、Fe、Al 等多价离子形成的盐溶解度就大大降低。黄腐酸有相当大的水溶性，其溶液的酸性强，与一价及二价金属离子形成的盐也能溶于水。

腐殖酸具有一定的络合能力，可与 Fe、Al、Cu、Zn 等高价离子形成络合物，一般认为羧基、酚羟基是参与络合的主要基团。络合物的稳定性随介质 pH 值升高而增大（例如，腐殖酸在 pH 值 4.8 时能和 Fe^{3+}、Al^{3+}、Ca^{2+} 等离子形成水溶性络合物，在中性或碱性条件下会产生沉淀），但随介质离子强度的增大而降低。

腐殖质的稳定性 腐殖酸有很高的稳定性，包括化学稳定性和抗微生物分解的生物稳定性。在温带，一般植物残体的半分解期少于 3 个月，植物残体新形成的土壤有机质半分解期为 4.7～9 年，褐腐酸的平均停留时间为 780～3 000 年，黄腐酸为 200～630 年。腐殖酸的稳定性，除与本身分子结构复杂不易分解有关外，还与它和矿物质紧密结合，或处于微生物也难于进入的孔隙中有关，因而土壤开垦耕作以后，腐殖质的矿化率就大为增加，可从开垦前的矿化率不到 1‰ 提高到 1％～4％。

2.1.3 土壤水分

土壤水分是土壤的重要组成部分，水分直接参与了土体内各种物质的转化淋溶过程，如矿物的风化、母质的形成运移、有机质的转化分解等，从而影响到了土壤肥力的产生、变化和发展，对土壤形成有极其重要的作用。同时它也是作物吸水的最主要来源，是自然界水循环的一个重要环节，处于不断的变化和运动中，直接影响到作物的生长以及土壤中许多物理、化学和生物学过程的进行。

2.1.3.1 土壤水分类型及性质

土壤水的研究方法主要有两种，即能量法和数量法。能量法主要通过土壤水受各种力作用后自由能的变化，研究土壤水的能态和运动、变化规律。数量法是按照土壤水受不同力的作用而研究水分的形态、数量、变化和有效性。我国土壤水的研究长期以来由于受前苏联的影响一直沿用数量法，并广泛应用于农业、气象、水利等学科和生产实践。数量法根据土壤水分所受的作用力不同，把土壤水划分成 3 种类型：吸附水（或束缚水）、毛管水和重力水。其中吸附水又可分为吸湿水（紧束缚水）和膜状水（松束缚水）。

（1）吸湿水（紧束缚水）

由干燥土粒（风干土）的吸附力所吸附的气态水而保持在土粒表面的水分称为吸湿水。吸附力主要是土粒分子引力和胶体表面电荷对水的极性引力。

土粒对吸湿水的吸附力很大，最内层可高达 1 000～2 000 MPa，最外层约为 3.1 MPa，因此吸湿水被紧紧束缚于土粒的表面，密度高达 1.2～2.4，平均达 1.5，表现为固态水的性质。冰点下降到 −78℃，对溶质无溶解能力。在固体表面不能自由移动，只能在相对湿度较低、温度较高时转变为水汽分子以扩散形式进行移动。由于植物根细胞的渗透压一般为 1.5 MPa 左右，所以吸湿水不能被植物吸收，属于无效水。

吸湿水的含量与土壤质地、有机质含量、空气的相对湿度和气温有关。土壤质地越细，有机质含量越高，空气湿度越大，吸湿水数量越多。当空气湿度接近饱和时土壤吸湿水达到最大值，此时的土壤含水量称为最大吸湿量或吸湿系数。

吸湿水对作物来说虽属无效水，但在土壤分析工作中，必须以烘干土作计算基数，所以常需测定风干土的吸湿水含量。

(2) 膜状水（松束缚水）

土壤所吸附的水汽分子达到最大吸湿系数后，土粒仍具有剩余的分子引力，可继续吸收液态水分子，形成一层比较薄的水膜，称为膜状水（图 2-2）。

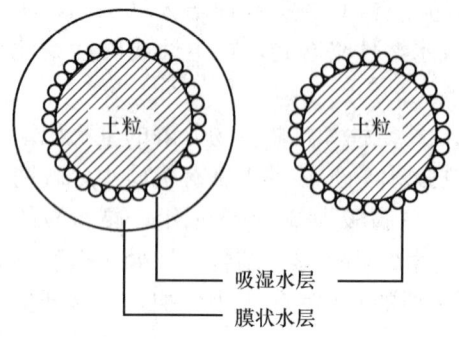

图 2-2 土壤吸湿水和膜状水示意图

膜状水在吸湿水的外层，所受吸力较小，吸力范围在 3.1～0.625 MPa。膜状水的性质基本上和液态水相似，但黏滞度较高，溶解能力较小。密度平均高达 1.25，冰点为 $-4℃$，它可沿土粒由水膜厚处向水膜薄处移动，但速度非常缓慢，一般 0.2～0.4 mm/h。膜状水数量达到最大时的土壤含水量称为最大分子持水量，它包括了吸湿水和膜状水。膜状水外层受力为 0.625 MPa，低于植物细胞的渗透压，可被作物吸收，属有效水。但移动缓慢，只有与植物根毛相接触的很小范围内的水分才能被利用，在可利用水未消耗完之前，作物就会因缺水而萎蔫。当作物因缺水而开始呈现永久凋萎时的土壤含水量称为凋萎系数（萎蔫系数）。一般土壤质地越黏，凋萎系数越大。

(3) 毛管水

土壤含水量超过最大分子持水量以后，就不受土粒分子引力的作用，所以把这种水称为自由水。毛管水是靠毛管孔隙产生的毛管引力而保持和运动的液态水。这种引力产生于水的表面张力以及管壁对水分的引力。

毛管水所受的引力为 0.625～0.008 MPa，低于植物根细胞的渗透压，可以被植物全部利用，是有效水分。毛管水受毛管引力的作用不但能够被土壤保持，而且在土壤中能向上下左右方向移动，速度快（10～30 mm/h），并且有溶解各种养分的能力和输送养分的作用。所以可不断地满足作物对水分和养分的需要，是土壤中最宝贵的水分。

根据毛管水是否和地下水面相连，可分为毛管上升水和毛管悬着水。

毛管上升水 是指在地下水位较浅时，地下水受毛管引力的作用上升而充满毛管孔隙中的水分。这是地下水补给土壤中水分的一种主要方式。土壤中毛管上升水的最大量称为毛管持水量。它包括吸湿水、膜状水和毛管上升水的全部。

毛管水上升高度对农业生产有重要意义。当表土水分被蒸发或蒸腾之后，地下水可沿毛管上升，使地表水不断得到补充。但在地下水含盐量较高的地区，毛管上升水到达表土，往往会造成土壤的盐渍化，在生产上必须高度重视，注意防范。

毛管悬着水 是指在地下水位较深时，当降雨或灌溉后，借毛管力保持在土壤上层未能下渗的水分。当毛管悬着水达到最大量时，此时的土壤含水量称为田间持水量或最大田间持水量。田间持水量是土壤排除重力水后，在一定深度的土层内所能保持的毛管悬着水的最大值，也是土壤中吸湿水、膜状水和毛管悬着水的总和。田间持水量是旱地灌溉水量的上限指标，当土壤含水量达到田间持水量时，如继续灌溉和降雨，超过的水分就会受重力作用而下渗，只能增加渗水深度不再增加上层土壤含水量。如果在地下水位较浅的低洼地区，田间持水量则接近于毛管持水量，因此田间持水量的概念也可以认为：在自然条件下，使土壤孔隙充满水分，当重力水排除后，土壤所能实际保持的最大含水量。

一般田间持水量的大小，主要取决于土壤孔隙的大小和数量的多少，质地越黏重，毛管孔隙的比例越大，则所蓄积的毛管水越多；结构良好的土壤，非毛管孔隙的比重增加，毛管水的数量相对减少；有机质疏松多孔，蓄水量也高。所以质地黏重和富含有机质的土壤抗旱性强。

（4）重力水

当土壤水分超过田间持水量时，多余的水分不能被毛管所吸收，就会受重力的作用沿土壤中的大孔隙向下渗漏，这部分受重力支配的水称为重力水。重力水由于不受土粒分子引力的影响，可以直接供植物根系吸收，对作物是有效水。但由于它渗漏很快，不能持续被作物利用；而且长期滞留在土壤中会妨碍土壤通气；同时随着重力水的渗漏，土壤中可溶性养分随之流失，所以重力水在旱作地区是多余的水。如果在水田中，重力水是有效水，应设法保持，防止漏水过快。

当土壤被重力水所饱和，即土壤中大小孔隙全部被水分充满时的土壤含水量称为饱和含水量，或称全蓄水量，它是水稻田计算淹灌的依据。

2.1.3.2 土壤水分的有效性

土壤水分有效性是指土壤水分能否被植物利用及其被利用的难易程度。在土壤所保持的水分中，可被植物利用的水分称为有效水，而不能被植物利用的称为无效水。土壤有效水范围的经典概念是从田间持水量到凋萎系数。凋萎系数是作物可利用水的下限，田间持水量是作物可利用水的上限。

$$土壤有效水范围(\%) = 田间持水量(\%) - 凋萎系数(\%)$$

土壤中的有效水对作物而言均能被吸收利用，但是由于它的形态、所受的吸力和移动的难易有所不同，故其有效程度也有差异。自凋萎系数至毛管断裂含水量，其所受的吸力虽小于植物的吸水力，但由于移动缓慢，植物只能吸收这部分水分以维持其蒸腾消耗，而不能满足植物生长发育的需要，故称为难有效水。自毛管断裂含水量到田间持水量之间的水分，因受土壤吸力小，可沿毛管自由运动，能不断满足植物对水分的需求，故称为易有效水。可见，田间持水量、毛管断裂含水量和凋萎系数就成为土壤有效水分级的3个基本常数。

土壤有效水的含量和土壤质地、结构、有机质含量等因素有关。土壤质地的影响主要是由比表面积大小和孔隙性质引起的。砂土的有效水范围最小，壤土有效水范围最大，黏土的田间持水量虽略大于壤土，但凋萎系数也高，所以有效水范围反而小于壤土（图2-3）。

具有粒状结构的土壤，由于田间持水量增大，从而扩大了有效含水量的范围。通常土壤中增加有机质，对提高有效水范围的直接作用是小的，但土壤有机质可以通过改善土壤结构和增大渗透性的作用，使土壤接收较多的降水，从而间接地改善土壤有效水的供应状况。

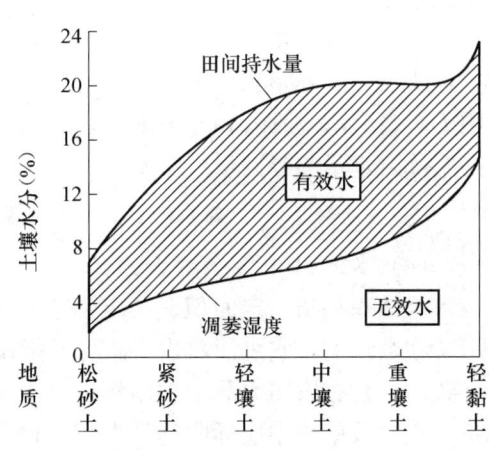

图2-3 质地对土壤有效水数量的影响

2.1.3.3 土壤水分含量的表示方法

土壤含水量又称土壤湿度，它是研究和了解土壤水分运动变化及其在各方面作用的基础。表示方法有多种，常用的有以下几种。

(1) 质量含水量

质量含水量是指土壤中水分的质量与干土质量的比值，因在同一地区重力加速度相同，所以又称为重量含水量，无量纲，常用符号 θ_m 表示。这是一种最常用的表示方法，可直接测定。定义中的干土一词一般是指在 105～110℃ 条件下烘干的土壤。

$$\theta_m = \frac{w_1 - w_2}{w_2} \times 100 \tag{2-1}$$

式中　θ_m——土壤质量含水量（%）；

w_1——湿土质量；

w_2——干土质量；

$w_1 - w_2$——土壤水质量。

(2) 容积含水量

容积含水量是指单位土壤总容积中水分所占的容积分数，又称容积湿度，无量纲，常用符号 θ_V 表示。θ_V 可用小数或百分数形式表达，百分数形式可由式 (2-2) 表示：

$$土壤容积含水量(\%) = \frac{土壤水容积}{土壤总容积} \times 100 \tag{2-2}$$

容积含水量可由质量含水量换算而得，如按常温下土壤水的密度为 1 g/cm³ 计算，土壤容重为 p，于是：

$$\theta_v = \frac{(w_1 - w_2)/1}{w_2/p} \times 100 = \theta_m \times p \tag{2-3}$$

容积含水量可表明土壤水填充土壤孔隙的程度，从而可以计算出土壤三相比（单位体积原状土中，土粒、水分和空气容积间的比）。土壤孔隙度减去 θ_V 就是土壤空气所占的容积百分数。(1-孔隙度) 就是土壤固相物质所占的容积百分数，这样即可得出土壤三相物质的容积比率。

(3) 水层厚度

水层厚度是指在一定厚度（h）一定面积土壤中所含水量相当于相同面积水层的厚度，用 D_W 表示，一般以 mm 为单位。它适于表示任何面积土壤一定厚度的含水量，便于使土壤的实际含水量与降雨量、蒸发量、灌水量互相比较。

$$D_W(\text{mm}) = 土层厚度(\text{mm}) \times 水容积 \% = h \times \theta_V \tag{2-4}$$

(4) 水体积

水体积是指一定面积、一定深度土层内所含水的体积，一般以 m³/667m²、m³/hm² 表示。在数量上，它可简单由 D_W 与所指定面积（如 1 hm²）相乘即可，但要注意二者单位的一致性。它在农田灌溉中常用作计算灌水量，但是绝对水体积与计算土壤面积和厚度都有关系，在参数单位中应标明计算面积和厚度，所以不如 D_W 方便，一般在不标明土体深度时，通常指 1 m 土深。

若都以 1 m 土深计,每公顷含水容量[以 V(m³/hm²)表示]与水深之间的换算关系可推知,如式(2-5)所示:

$$V(\mathrm{m^3/hm^2}) = D_W(\mathrm{mm})/1\,000 \times 10\,000(\mathrm{m^2}) = 10 D_W \qquad (2\text{-}5)$$

(5)土壤相对含水量

土壤相对含水量是指土壤实际含水量占该土壤田间持水量的百分数。可以说明土壤水分对作物的有效程度和水、气的比例状况等。土壤相对含水量是农业生产上应用较为广泛的含水量的表示方法。

$$\text{土壤相对含水量}(\%) = \frac{\text{土壤含水量}}{\text{田间持水量}} \times 100 \qquad (2\text{-}6)$$

2.1.3.4 土壤水分含量的测定

(1)烘干法

经典烘干法 这是目前国际上仍在沿用的标准方法。其测定的简要过程是,先在田间地块选择代表性取样点,按所需深度分层取土样,将土样放入铝盒并立即盖好盖(以防水分蒸发影响测定结果),称重(即湿土加空铝盒重,记为 W_1),然后打开盖,置于烘箱,在 105~110℃条件下,烘至恒重(需 6~8 h),再称重(即干土加盒重,记为 W_2)。则该土壤质量含水量可以按式(2-7)求出,设空铝盒重为 W_3:则

$$\theta_m = \frac{w_1 - w_2}{w_2 - w_3} \times 100 \qquad (2\text{-}7)$$

一般应取 3 次以上重复,求取平均值。

快速烘干法 包括红外线烘干法、微波炉烘干法和酒精燃烧法等。这些方法虽可缩短烘干和测定的时间,但需要特殊设备或消耗大量药品。同时,仍有各自的缺点,也不能避免由于每次取出土样和更换位置等所带来的误差。

(2)中子法

中子法是把一个快速中子源和慢中子探测器置于套管中(探头部分),埋入土内。其中的中子源(如镭、锎、铍)以很高的速度放射出中子,当这些快中子与水中的氢原子碰撞时,就会改变运动的方向,并失去一部分能量而变成慢中子。土壤水越多,氢越多,产生的慢中子也就越多。慢中子被探测器和一个定标器量出,经过校正可求出土壤水的含量。此法虽较精确,但目前的设备只能测出较深土层中的水,而不能用于土表的薄层土。另外,在有机质多的土壤中,因有机质中的氢也有同样作用而影响水分测定的结果。

(3)TDR 法

TDR 法是 20 世纪 80 年代初发展起来的一种测定方法,它首先发现可用于土壤含水的测定,继而又发现其可用于土壤含盐量的测定。TDR(time-domain-reflectometry),中文译为时域反射仪。TDR 在国内外已广泛使用。

TDR 系统类似一个短波雷达系统,可以直接、快速、方便、可靠地监测土壤水盐状况,与其他测定方法相比,TDR 具有较强的独立性,测定结果几乎与土壤类型、密度、温度等无关。将 TDR 技术应用于结冰条件下土壤水分状况的测定,可得到满意的结果。TDR 另一个特点是可同时监测土壤水盐含量,在同一地点同时测定,测定结果具有一致性。而二者测

定是完全独立的，互不影响。

2.1.3.5 土壤水分能量状态

前面介绍的土壤水分传统形态学分类的基本思想是，土壤中水分由于受到不同的作用力而形成各种不同的水分类型。但实际情况并非如此，各种类型的水分往往是受到几种力的共同作用，只是作用的强度不同。同时从形态观点很难对水分运动进行精确的定量。对于形态观点的这些弱点，都可用能量观点来解决。

（1）土水势及其分势

土水势的含义 物质在承受各种力后，其自由能将发生变化。土壤水在各种力（如吸附力、毛管力、重力和静水压力等）的作用下，与同样条件（如同一温度、高度和大气压力等）的纯自由水相比，其自由能必然不同。假定纯自由水的势值（或自由能）为零，而土壤水的自由能与它的差值就称为土水势，一般用 Ψ 表示。国际土壤学会土壤物理委员会给的定义是："每单位数量纯水可逆地等温地无限小量从标准大气压下规定水平的水池移至土壤中某一点，所做的有用功"。

用土水势来研究土壤水分问题，在不同的土壤-植物-大气间水分状态有了统一的标尺。以能量作为水分运动的推动力，才能说明含水量少的砂土（如10%）和含水量多的黏土（15%）接触时，水分却从砂土流向黏土，就是因为砂土的土水势高于黏土。只有当土水势达到平衡以后，土壤水才停止运动。而土壤水总是从土水势高处流向低处。

土水势的分势 由于引起土水势变化的原因或动力不同，所以土水势包括若干分势，如基质势、溶质势、压力势、重力势等。

基质势（Ψ_m）：由于土壤固体部分基质的特征（如质地、孔隙特征及表面物质的性质等）对水分的吸持而降低的自由能，即为基质势。

在土壤水不饱和状态下，水分受吸附力和毛管力的吸持，自由能降低，其水势必然低于参比标准（纯自由水）的水势。由于参比标准的水势为零，所以基质势总是负值。可见基质势与土壤的含水量紧密相关，当土壤水完全饱和时，基质势为最大值，即接近于零，随着水分的减少，基质势也减小（即绝对值增大）。

溶质势（Ψ_s）：由于土壤水中含有离子态或非离子态的溶质，它们对水分有吸持作用，因而降低了自由能，这种由土壤水中溶解的溶质所引起的水势变化称为溶质势（也称渗透势）。土壤水中溶解的溶质越多，溶质势就越低，其绝对值也就越大。溶质势在土壤水与植物的关系上起重要作用。如盐碱土中，由于土壤水中盐分浓度高，溶质势低，植物吸水非常困难。

压力势（Ψ_p）：由于土壤水在饱和状态下，所承受的压力不同于参照水面（自由水面）而引起的水势变化称为压力势。参照水面承受的是大气压，不饱和土壤中土壤水的压力势与参照水面是一致的，等于零。只有在水分饱和的土壤中，所有孔隙都充满水，土体内部的土壤水除承受大气压外，还要承受其上部水体的静水压力，由于压力势大于参比标准，故为正值。并且下部土体越往深层，压力势越大，即正值也越大。

重力势（Ψ_g）：由重力作用所引起的水势的变化称为重力势。确定重力势时，并不要求所受重力的绝对值，而是与参比平面相比较，并将参照面的重力势定为零（一般以地下水面作为参照面）。水分在参照面以上时，重力势为正，当水分在参照面以下时，重力势为负。

2 土壤的基本特性

因此,重力势与土壤性质无关,而只取决于研究点与参比点之间的距离。

土壤的土水势就是以上各分势的和,又称总水势($\Psi_总$),用数学表达为:

$$\Psi_总 = \Psi_m + \Psi_s + \Psi_p + \Psi_g \tag{2-8}$$

在不同的情况下,各分势所起作用是不同的。在饱和土壤水运动中决定土水势的是Ψ_p和Ψ_g,在不饱和土壤水运动中决定土水势的是Ψ_m、Ψ_g和Ψ_s,只有在盐碱土中才起作用。

(2) 土壤水吸力

为了避免应用土水势负值在研究土壤水时出现的增减上的麻烦,拉塞尔(E. W. Russel, 1950)提出了用土壤水吸力来表示水的能态。它并不是指土壤对水的吸力,而是指土壤水承受一定吸力的情况下所处的能态。所以它的意义和土水势一样,区别在于:土壤水吸力只包括基质吸力和溶质吸力,相当于基质势和溶质势,而不包括其他分势,但它通常是指基质吸力。对水分饱和土壤一般不用,因为此时的基质吸力为零。由此可见,对于基质势和溶质势而言,土水势的数值与土壤水吸力的数值相同,但符号相反。土壤水是由土水势高处流向低处,即从土壤水吸力低处流向水吸力高处。

从物理含义看,土壤水吸力不如土水势严格,但其比较形象易懂,使用较为普遍。特别是在研究土壤水的有效性、确定土壤灌溉时间和灌溉量以及旱作土壤的持水性能等方面均有重要意义。

(3) 土水势的测定

近几十年来,土水势的测定有很大的进展,已发展了许多种方法,如最常用的张力计法、压力膜法、压力板法都是测定基质势或基质吸力的,其中张力计法可广泛应用于田间试验、盆钵试验和室内研究;而冰点下降法、水汽压法则是测定土水势或土壤水吸力的,土水势较低时(低于张力计测定的范围)通常采用电阻法。

2.1.4 土壤空气

土壤空气是土壤的重要组成部分。它对作物的生长发育、土壤微生物的活动和各种营养物质的转化都有非常重要的甚至是决定性的作用,因此构成了土壤肥力四大因素之一。

土壤空气主要来源于大气,少量是土壤中生物化学过程所产生的气体。所以土壤空气与大气组成相似,但也存在差异(表2-4)。

表 2-4 土壤空气与近地面大气组成的比较 单位:体积%

气体成分	氧气	二氧化碳	氮气	惰性气体
近地面大气	20.99	0.03	78.05	0.938 9
土壤空气	18.00~20.03	0.15~0.65	78.08~80.24	

土壤空气与大气组成的主要差别有以下几方面:

土壤空气中 CO_2 含量高于大气 土壤空气中的 CO_2 含量通常比大气高5至数十倍,甚至百倍以上。主要原因有3种:①植物根系呼吸产生大量CO_2;②微生物分解有机质时产生大量CO_2;③土壤中的碳酸盐遇无机酸或有机酸的作用也可产生CO_2。一般前两种为主要原因。如果土壤积水而通气不良,或施用大量新鲜绿肥,则土壤空气中的CO_2积聚起来,其浓度可增加到1%以上。

土壤空气中 O_2 含量低于大气　这是土壤中植物、动物和微生物等生物消耗的结果。当土壤空气中 CO_2 含量增高时，O_2 的含量将因生物的消耗而相应的减少。这在严重情况下会对植物根系的呼吸和微生物的好氧活动产生不利的影响。

土壤空气中的水汽含量高于大气　土壤中的水汽几乎经常是饱和的，因为除表土层和干旱季节外，只要土壤含水量在吸湿系数以上，土壤水分就会不断蒸发，而使土壤空气呈水汽饱和状态，这对微生物活动有利。

土壤空气中有时含有少量还原性气体　主要是渍水土壤中，由于通气受阻，常有由于一些微生物活动而产生的还原性气体存在（如 CH_4、H_2S、NH_3、H_2 等），危害作物生长。

土壤空气成分随时间和空间而变化　大气成分相对比较稳定而土壤空气成分常随时间、空间而变化。CO_2 含量随土层加深而增加，O_2 则随土层加深而减少。在耕层土壤中，CO_2 含量以冬季最少，夏季含量最高；降雨或灌水后，CO_2 含量有所减少，O_2 含量有所增加。

2.1.5　土壤生物

土壤生物是栖居在土壤中的各种生物体的总称，是土壤具有生命活动的主要成分。在土壤形成、发育、土壤结构、肥力保持、有机质的转化、温室气体的释放以及高等植物生长方面起着重要的作用，同时土壤微生物对土壤环境起着天然的"过滤"和"净化"作用。土壤微生物在自然生态系统中扮演着消费者和分解者的角色，对全球物质循环和能量流动起着不可替代的作用。

土壤中生物种类繁多，数量巨大，主要包括土壤动物、土壤植物、土壤微生物三大部分。土壤生物量通常可占土壤有机质总量的 1‰～8‰。表 2-5 为土壤中常见生物的数量。

表 2-5　土壤中常见生物的数量

生物种类	土壤表层中的数量		生物量（kg/hm^2）
	个/m^2	个/g	
细菌	$10×10^{12}$～$100×10^{12}$	$1×10^8$～$10×10^8$	450～4 500
放线菌	$1×10^{12}$～$10×10^{12}$	$1 000×10^4$～$1×10^8$	450～4 500
真菌	$100×10^8$～$1 000×10^8$	$10×10^4$～$100×10^4$	562.5～5 625
藻类	$10×10^8$～$100×10^8$	$1×10^4$～$10×10^4$	56.25～562.5
原生动物	$10×10^8$～$100×10^8$	$1×10^4$～$10×10^4$	16.875～168.75
线虫	$100×10^4$～$1 000×10^4$	10～100	11.25～112.5
其他动物	1 000～$10×10^4$	—	16.875～168.75
蚯蚓	30～300	—	112.5～1 125

2.1.5.1　土壤微生物

土壤微生物是指土壤中借助光学显微镜才能看到的微小生物，是土壤具有生物活性的主要物质。土壤微生物种类多、数量大、繁殖快。据统计，1 g 土壤中微生物的数量可达 $1×10^8$ 个甚至更多，最多可达几十亿个。土壤越肥沃，微生物数量也越多。

根据土壤微生物的形态构造分为细菌、放线菌、真菌和藻类等。

（1）细菌

细菌是一类单细胞生物，是土壤微生物中种类最多、数量最大、分布最广的生物。据统计，生活在土壤中的细菌有近50属250种，占微生物总数量的70％～90％。细菌是单细胞生物，个体很小，较大的个体长度很少超过 5 μm，但它的比表面大，代谢强，繁殖快。据估计每克干土中细菌的总面积达 20 cm^2。因此，它是土壤中最活跃的因素。

细菌按个体外形可分为球菌、杆菌和螺旋菌等。按对能源的要求可分为光能营养型和化能营养型，分别以光和化学物质作为能量来源。按对碳源的利用情况又可分为无机营养型和有机营养型。

（2）放线菌

放线菌是单细胞生物，单细胞延伸成为菌丝体，个体大小介于细菌与真菌之间，数量上仅少于细菌，占土壤微生物总数的5％～30％。大部分为链霉菌属（70％～90％），其次是诺卡菌属（10％～30％）、小单胞菌属（1％～15％）。放线菌分解纤维素和含氮有机物的能力较强，对营养要求不甚严格，能耐干旱和较高的温度，对酸碱反应敏感，在pH值为5.0以下时生长即受到抑制，最适pH值为6.0～7.5，也能在碱性条件下活动。放线菌的代谢产物中有许多抗生素和激素物质，有利于植物抵抗病害并促进生长。放线菌多分布在耕层土壤中，仅少数几种寄生在植物上，而且通常都是寄生在植物根上，并随土壤深度而减少。

（3）真菌

真菌大多数为多细胞生物，在外形上多呈分支状的菌丝体，种类很多，约有170属690多种。数量是土壤菌类中最少的，但由于其个体较大，生物总量多于细菌和放线菌。常见的真菌有酵母、霉菌和蕈类，其中以霉菌为主。真菌广泛分布于耕作层，在潮湿、通气良好的土壤中生长旺盛，在干旱条件下生长受到抑制，但仍表现出一定程度的活力。它们分解有机残体的能力很强，纤维素、酯类、木质素、单宁等较难分解的有机质也能被其分解。真菌适宜于通气良好的酸性土壤，最适宜pH值为3～6，因此在酸性土壤中，在森林的残落物层，尤其是针叶林的残落物中占优势。

（4）藻类

土壤藻类是微小的含有叶绿素的有机体，主要分布在光照和水分充足的土壤表面，可进行光合作用，并从土壤中吸收硝酸盐或氨。光照和水分是影响藻类发育的主要因素，在温暖、水分充足的土面大量繁殖。在肥沃土壤中，藻类发育最为旺盛，但在轻质不肥沃的酸性土壤中数量则少。土壤藻类主要有蓝藻、绿藻和硅藻，部分蓝藻能固定空气中的氮素，所以对增加土壤有机质、促进微生物活动及土壤养分转化都有一定意义。

2.1.5.2 土壤动物

土壤动物是指在土壤中度过全部或部分生活史的动物。土壤动物种类多、数量大，常见的有鼠类、蛙类、蛇、昆虫、蜘蛛类、蜈蚣类、蚯蚓类、线虫、原生动物（根足虫类、鞭毛虫类、纤毛虫类）等。通过土壤动物的生命活动能疏松土壤，有助于土壤的通气和透水，有利于使土壤有机质和矿物质充分混合，可以机械地粉碎有机残体，便于微生物的分解。同时，动物的排泄物又是土壤有机质的来源之一。

2.1.5.3 土壤植物

高等植物的根系生长有利于富集土壤养分、疏松土壤及土壤团粒结构的形成。由于根系在生长过程中，不断分泌有机和无机物质，为微生物提供了充足的养分，加之根系的生长对水气状况的改善，使根系周围形成了一种特殊的生活环境，一般将距根表2 mm的土壤范围称为"根际"。土壤微生物大量集中在根际,直接影响着植物的营养和生长。

2.2 土壤性质

土壤性质包括土壤的物理性质和土壤的化学性质。

2.2.1 土壤物理性质

2.2.1.1 土壤质地

(1) 土壤机械组成和土壤质地的概念

自然界的土壤不是只由单一粒级的颗粒所组成,而是由大小不同的各级土粒以各种比例自然地混为一体。土壤中各级土粒所占的质量百分数称为土壤机械组成(土壤颗粒组成)。机械组成相近的土壤常常具有类似的肥力特性。为了区分由土壤机械组成不同所表现出来的性质差别,按照土壤中不同粒级土粒的相对比例归并土壤组合,称为土壤质地。

(2) 土壤质地分类

目前土壤质地分类标准各国不同。常用的质地分类标准与土壤粒级的划分标准相统一。

国际制 土壤质地分类称为3级分类法,按砂粒、粉粒、黏粒的质量百分数组合将土壤质地划分为4类12级,见表2-6。

表2-6 国际制土壤质地分类表

质地类别	质地名称	各级土粒质量(%)		
		黏粒(<0.002 mm)	粉粒(0.02~0.002 mm)	砂粒(2~0.02 mm)
砂土类	砂土及壤质砂土	0~15	0~15	85~100
壤土类	砂质壤土	0~15	0~45	55~85
	壤土	0~15	30~45	40~55
	粉砂质壤土	0~15	45~100	0~55
黏壤土类	砂质黏壤土	15~25	30~0	55~85
	黏壤土	15~25	20~45	30~55
	粉砂质黏壤土	15~25	45~85	0~40
黏土类	砂质黏土	25~45	0~20	55~75
	壤质黏土	25~45	0~45	10~55
	粉砂质黏土	25~45	45~75	0~30
	黏土	45~65	0~35	0~55
	重黏土	65~100	0~35	0~35

土壤质地分类的主要标准是以黏粒含量15%、25%作为砂土和壤土与黏壤土、黏土类的划分界限;以粉粒达到45%作为"粉质"或"粉砂质"土壤定名;以砂粒含量在55%~85%时,作为"砂质"土壤定名,85%以上的则作为划分"砂土类"的界限。例如,某土壤含砂粒50%,粉粒30%,黏粒20%,查表和图(A点)得知该土壤质地为"黏壤土"。

美国制 土壤质地分类标准为3级分类法,按照砂粒、粉粒和黏粒的质量百分数划分土壤质地,具体分类标准如图2-4所示。其应用方法同国际制三角坐标图。例如,某土壤砂

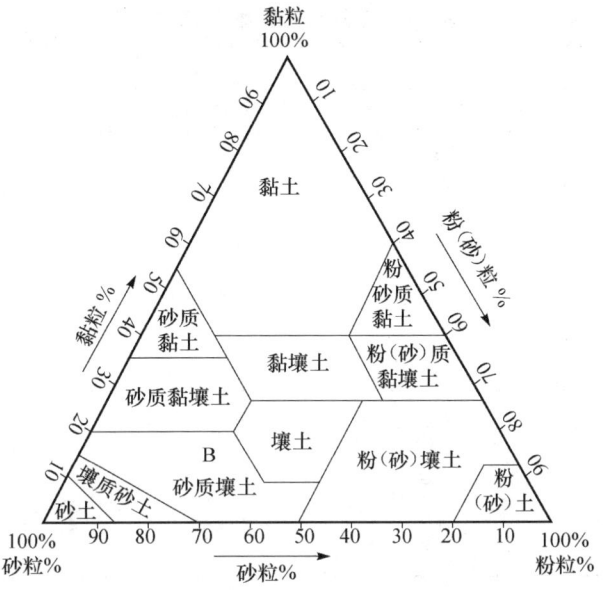

图 2-4 美国制土壤质地分类三角坐标图

粒、粉粒和黏粒含量分别为 65%、20% 和 15%，查图位于 B 点，得知该土壤质地为"砂质壤土"。

卡庆斯基制 前苏联 H. A. 卡庆斯基提出的质地分类简明方案应用广泛。其特点是考虑到土壤类型的差别对土壤物理性质的影响。划分质地类型时，不同类型土壤同一质地的物理性黏粒和物理性砂粒含量水平不等。仅以土壤中物理性砂粒或物理性黏粒的质量百分数为标准，就将土壤划分为砂土、壤土和黏土 3 类 9 级（表 2-7）。

表 2-7 卡庆斯基土壤质地分类（简明方案）

质地名称		物理性黏粒（<0.01 mm）（%）			物理性砂粒（>0.01 mm）（%）		
		灰化土类	草原土及红黄壤类	碱土及碱化土类	灰化土类	草原土及红黄壤类	碱土及碱化土类
砂土	松砂土	0~5	0~5	0~5	100~95	100~95	100~95
	紧砂土	5~10	5~10	5~10	95~90	95~90	95~90
壤土	砂壤土	10~20	10~20	10~15	90~80	90~80	90~85
	轻壤土	20~30	20~30	15~20	80~70	80~70	85~80
	中壤土	30~40	30~45	20~30	70~60	70~55	80~70
	重壤土	40~50	45~60	30~40	60~50	55~40	70~60
黏土	轻黏土	50~65	60~75	40~50	50~35	40~25	60~50
	中黏土	65~80	75~85	50~65	35~20	25~15	50~35
	重黏土	>80	>85	>65	<20	<15	<35

注：表中数据仅包括粒径<1 mm 的土粒，粒径>1 mm 的石砾另行计算，按粒径>1 mm 的石砾百分含量确定石质程度（0.5%~5% 为轻石质，5%~10% 为中石质，>10% 为重石质），冠以质地名称之前。

中国制 中国科学院南京土壤研究所等单位综合国内土壤情况及其研究成果，拟订出中国土壤质地分类的暂行方案，将土壤质地分为 3 类 12 级（表 2-8）。

表 2-8 我国土壤质地分类方案

质地类别	质地名称	不同粒级的颗粒组成（%）		
		砂粒（1~0.05 mm）	粗粉粒（0.05~0.01 mm）	细黏粒（<0.001 mm）
砂土	粗砂土	≥70	—	<30
	细砂土	60~70	—	
	面砂土	50~60	—	
壤土	砂粉土	≥20	≥40	
	粉土	<20		
	砂壤土	≥20	<40	
	壤土	<20		
黏土	砂黏土	≥50	—	≥30
	粉黏土	—	—	30~35
	壤黏土	—	—	35~40
	黏土	—	—	40~60
	重黏土	—	—	>60

中国土壤质地分类标准兼顾了我国南北土壤的特点。如北方土中含砂粒较多，因此砂土组将砂粒含量作为划分依据；黏土组主要考虑南方土壤情况，以细黏粒含量划分；壤土组的主要划分依据为粗粉粒含量。比较符合我国国情，但分类标准还有待于进一步补充与完善。

2.2.1.2 土壤孔性、结构性和物理机械性

土壤孔性、结构性和物理机械性是土壤重要的物理性质，常因自然因素和人为因素的影响而改变，是研究土壤肥力、培肥土壤首先探索的土壤基本性质。

(1) 土壤孔性

土壤孔性是土壤的重要物理性质，土壤孔隙是容纳水分和空气的空间，关系着土壤水、气、热的流通和贮存以及对植物的供应是否充分和协调，同时对土壤养分也有多方面的影响。土壤孔性的变化取决于土粒密度和土壤容重。

土粒密度 土粒密度是单位容积（不包括土粒间孔隙容积）的土粒的质量，土粒密度的大小取决于各种矿物的密度和腐殖质含量的多少，土壤中主要矿物及腐殖质的密度见表 2-9。除了腐殖质含量较高的土壤或泥炭土之外，绝大多数土粒密度在 2.6~2.7 g/cm³，常以平均值 2.65 g/cm³ 作为土粒密度。

表 2-9 土壤中主要矿物和腐殖质的密度　　　　　　　　　单位：g/cm³

矿物种类	密度	矿物种类	密度
石英	2.65	普通角闪石	3.40~3.30
正长石	2.55	褐铁矿	3.20
斜长石	2.60~2.76	方解石	2.71
白云母	2.76~3.00	高岭石	2.60
黑云母	2.79~3.16	腐殖质	1.40~1.80

土壤容重 土壤容重是指单位容积（包括孔隙在内）原状土壤的干重，单位为 g/cm³

或 t/m³。其含义是干土粒的质量与总容积之比，总容积包括固体土粒和孔隙的容积，大于固体土粒的容积，因此土壤容重必然小于土壤密度。

土壤孔隙的数量与类型 土壤是一个极其复杂的多孔体系，由固体土粒和粒间孔隙所组成。在土壤中土粒与土粒、土团与土团、土团与土粒（单粒）之间相互支撑，构成弯弯曲曲、粗细不同和形状各异的各种孔洞，通常把这些孔洞称为土壤孔隙。

土壤孔隙的数量：土壤孔隙的数量一般用孔隙度（简称孔度）表示。即单位土壤容积内孔隙所占的百分数，它表示土壤中各种大小孔隙度的总和。由于土壤孔隙复杂多样，要直接测定并度量它，目前还很困难，一般用土粒密度和土壤容重两个参数计算得出。

$$土壤孔隙度(\%) = 1 - \frac{土壤容重}{土粒密度} \times 100 \qquad (2-9)$$

土粒密度通常采用平均值 2.65 g/cm³ 来计算土壤孔隙度。

如：测得土壤的土壤容重为 1.32 g/cm³，则：

$$土壤孔隙度(\%) = 1 - \frac{1.32}{2.65} \times 100 = 50.2\%$$

一般土壤孔隙度在 30%～60%，对农业生产来说，土壤孔隙度以 50%，或稍大于 50% 为好。土壤孔隙的数量，也可以用土壤孔隙比来表示。它是土壤中孔隙容积与土粒容积的比值。其值为 1 或稍大于 1 为好。

$$土壤孔隙比 = \frac{孔隙度}{1-孔隙度} \qquad (2-10)$$

如土壤的孔隙度为 55%，即土粒占 45%，则：

$$土壤孔隙比 = \frac{55}{45} = 1.12$$

土壤孔隙的类型：土壤孔隙度或土壤孔隙比只说明土壤孔隙"量"的问题，并不能说明孔隙"质"的差别。即使是两种土壤的孔隙度和土壤孔隙比相同，如果大小孔隙的数量不同，它们的保水、透水、通气及其他性质也会有显著差异。为此，把孔隙按其作用分为若干级。

一般根据土壤孔隙的粗细分为非活性孔隙、毛管孔隙和非毛管孔隙。

非活性孔隙（无效孔隙）：是土壤中最微细的孔隙，当量孔径<0.002 mm，土壤水吸力在 150 kPa（1.5bar）以上。在这种孔隙中，几乎总是被土粒表面的吸附水所充满。土粒对这些水有极强的分子引力，使它们不易运动，也不易损失，不能为植物所利用，因此称为无效水。这种孔隙没有毛管作用，也不能通气，在农业利用上是不良的，故称为无效孔隙。

毛管孔隙：是指土壤中毛管水所占据的孔隙，其当量孔径为 0.02～0.002 mm。毛管孔隙中的土壤水吸力为 150×10⁴～15×10⁴ Pa。植物细根、原生动物和真菌等也难进入毛管孔隙中，但植物根毛和一些细菌可在其中活动，其中保存的水分可被植物吸收利用。

非毛管孔隙：这种孔隙比较粗大，其当量孔径>0.02 mm，土壤水吸力 15×10⁴ Pa（<150 mbar）。这种孔隙中的水分，主要受重力支配而排出，不具有毛管作用，成为空气流

动的通道，所以称做非毛管孔隙或通气孔隙。

通气孔按其直径大小，又可分为粗孔（直径＞0.2 mm）和中孔（0.2～0.02 mm）两种。粗孔排水速度快，多种作物的细根能伸入其中；中孔排水速度不如粗孔，植物的细根不能进入，常见的只是一些植物的根毛和某些真菌的菌丝体。

各种孔隙度按照土壤中各级孔隙占的容积计算如下：

$$非活性孔隙度(\%) = \frac{非活性孔容积}{土壤总容积} \times 100 \quad (2\text{-}11)$$

$$毛管孔隙度(\%) = \frac{毛管孔容积}{土壤总容积} \times 100 \quad (2\text{-}12)$$

$$非毛管孔隙度(\%) = \frac{非毛管孔容积}{土壤总容积} \times 100 \quad (2\text{-}13)$$

$$总孔隙度\% = 非活性孔隙度\% + 毛管孔隙度\% + 非毛管孔隙度\% \quad (2\text{-}14)$$

如果已知土壤的田间持水量和凋萎含水量，则土壤的毛管孔隙度按式（2-16）计算

$$非活性孔隙度(\%) = 凋萎含水量\% \times 容重 \quad (2\text{-}15)$$

$$毛管孔隙度(\%) = (田间持水量\% - 凋萎含水量\%) \times 容重 \quad (2\text{-}16)$$

过去习惯将土壤孔隙只分为两级：毛管孔隙和非毛管孔隙。这里的"毛管孔隙"实际上包括现在所理解的非活性孔隙和毛管孔隙，总称为小孔隙。非毛管孔隙则称为大孔隙。毛管孔隙度可用下式计算：

$$毛管孔隙度(\%) = 田间持水量\% \times 容重 \quad (2\text{-}17)$$

$$非毛管孔隙度(\%) = 总孔隙度\% - 毛管孔隙度\% \quad (2\text{-}18)$$

许多试验证明，作物对孔隙总量及大、小孔隙比例的要求是：一般旱作土壤总孔隙度为50%～56%，非毛管孔隙度即通气孔隙＞10%，大小孔隙比在1∶2～1∶4较为合适，无效孔隙尽量减少，毛管孔隙尽量增加，这样的孔径分布才有利于保证作物正常生长发育。因此，在评价其生产意义时，孔径分布比孔隙度更为重要。

（2）土壤结构性

土壤结构体与结构性 自然界中土壤固体颗粒完全呈单粒状况存在的很少。在内外因素的综合作用下，土粒相互团聚成大小、形状和性质不同的团聚体，这种团聚体称为土壤结构体。而土壤结构性是指土壤中结构体的形状、大小及其排列情况和相应的孔隙状况等综合特性。

土壤的结构性影响着土壤中水、肥、气、热状况，从而在很大程度上反映了土壤肥力水平。结构性与耕作性质也有密切关系，所以它是土壤的一种重要的物理性质。

土壤结构的类型 土壤结构类型的划分，主要根据结构的形状和大小，不同结构具有不同的特性。土壤中常见的结构有以下几种类型：

块状结构：块状结构边面与棱角不明显。按其大小，又可分为大块状结构轴长大于5 cm，北方农民称为"坷垃"，块状结构轴长3～5 cm和碎块状结构轴长0.5～3 cm。这类结构在土质黏重、缺乏有机质的表土中常见。

核状结构：核状结构其边面棱角分明，比块状小，大的直径10～20 mm，小的直径5～

10 mm，农民多称为"蒜瓣土"。核状结构一般多以石灰和铁质作为胶结剂，在结构上往往有胶膜出现，具有水稳性，在黏重而缺乏有机质的心土和底土中较多。

片状结构：片状结构体常出现在耕作历史较长的水稻土和长期耕深不变的旱地土壤中，由于长期耕作受压，使土粒黏结成坚实紧密的薄土片，成层排列，这就是通常所说的犁底层。旱地犁底层过厚，对作物生长不利，影响植物根系的下扎和上下层水、气、热的交换，以及对下层养分的利用。而水稻土有一个具有一定透水率的犁底层很有必要，它可起减少水分渗漏和托水托肥的作用。

柱状和棱柱状结构：棱角不明显的称为圆柱状结构，棱角明显的称为棱柱状结构。它们大多出现在黏重的底土层、心土层和柱状碱土的碱化层。这种结构体大小不一，坚硬紧实，内部无效孔隙占优势，外表常有铁铝胶膜包被，根系难以伸入，通气不良，微生物活动微弱。结构体之间常出现大裂缝，造成漏水漏肥。

团粒结构：团粒结构是指在腐殖质的作用下形成近似球形较疏松多孔的小土团，直径为 0.25～10 mm 称为团粒；直径<0.25 mm 的称为微团粒。近年来，有人将小于 0.005 mm 的复合黏粒称为黏团。

团粒结构一般在耕层较多，群众称为"蚂蚁蛋""米掺子"。团粒结构数量多少和质量好坏在一定程度上反映了土壤肥力水平。

(3) 土壤的物理机械性

土壤物理机械性是指外力作用于土壤后所产生的一系列动力学特性的总称。它包括黏结性、黏着性、可塑性、胀缩性以及其他受外力作用（农机具的切割、穿透和压板等作用）而发生形变的性质。

黏结性 土壤黏结性是指土粒与土粒之间由于分子引力而相互黏结在一起的性质。土壤黏结性的强弱，可用单位面积上的黏结力表示，单位为 g/cm^2。土壤黏结力包括不同来源的外力和土粒本身的内在力，如范德华力、库仑力、水膜的表面张力等物理引力，还有氢键作用力、化学键能以及各种化学胶结剂作用等，都属于黏结力的范围，但对于大多数矿质土壤来说，起黏结作用的力主要是范德华力。

黏着性 土壤黏着性是指在一定含水量条件下，土粒黏附于外物（农机具）的性能。土粒与外物的吸引力是由于土粒表面的水膜和外物接触而产生的。黏着力的大小以 g/cm^2 表示。黏着性的机理与黏结性一样，凡影响比表面积大小的因素也同样影响黏着性的大小，如质地、有机质含量、结构、代换性阳离子数量和类型、水分含量以及外物的性质等。

土壤可塑性 土壤可塑性是指土壤在一定含水量范围内，可被外力塑成任何形状，当外力消失或干燥后，仍能保持其形状不变的性能，如黏土在一定水分条件下，可以搓成条状、球状、环状，干燥后仍能保持条状、球状和环状。土壤会有这种可塑性是因为土壤中黏粒本身多呈薄片状，接触面大，在一定水分含量下，在黏粒外面形成一层水膜，外加作用力后，黏粒沿外力方向滑动。改变原来杂乱无章的排列，形成相互平行有序排列，并由水膜的拉力固定在新的位置上而保持其形变。干燥后，由黏粒本身的黏结力，仍能保持其新的形状不变。

土壤胀缩性 胀缩性只在塑性土壤中表现，这种土壤干时收缩，湿时膨胀。该特性不仅与耕作质量有关，也影响土壤水气状况与根系伸展。

胀缩性与片状黏粒有关，膨胀是由于黏粒水化及其周围的扩散层厚的原因，当土壤胶体被强烈解离的阳离子（如钠）饱和时，膨胀性最强，如交换性 Na^+ 被 Ca^{2+} 置换则膨胀性变弱。各种阳离子对膨胀作用的次序如下：

$$Na^+、K^+ > Ca^{2+}、Mg^{2+} > H^+$$

土壤质地越黏重，即黏粒含量越高，尤其是扩展型黏土矿物（蒙脱石、蛭石等）含量越高，则胀缩性越强。腐殖质本身吸水性强，但它能促使土壤结构的形成而保持疏松，因而土体胀缩不明显。胀缩性强的土壤，在吸水膨胀时使土壤密实且难透水通气，在干燥收缩时会拉断植物的细根和根毛，并造成透风散热的裂隙（龟裂）。

2.2.1.3　土壤水分特征

（1）土壤水分特征曲线的定义

土壤水分特征曲线就是以水的能量指标（土壤水吸力）与土壤水的容量指标（土壤含水量）做成的相关曲线，是研究土壤水分的保持和运动所用到的反映土壤水分基本特性的曲线。

（2）影响土壤水分特征曲线的因素

不同质地的土壤，其水分特征曲线差异很大。一般而言，土壤的黏粒含量越高，同一吸力条件下土壤的含水率越大，或同一含水率下其吸力值越高。水分特征曲线也受土壤结构的影响，在低吸力范围内尤为明显。土壤越密实，则大孔隙数量越减少，而中小孔径的孔隙越增多。因此，在同一吸力值下，容重越大的土壤，相应的含水率也要大些。温度对土壤水分特征曲线也有影响。温度升高时，水的黏滞性和表面张力下降，基质势相应增大，或者说土壤水吸力减少。在低含水率时，这种影响表现的更加明显。

2.2.1.4　土壤通气性

（1）土壤通气性的重要性

土壤通气性是泛指土壤空气与大气进行交换以及土体内部允许气体扩散和流通的性能。它的重要性在于通过和大气的交流，不断更新其组成，并使土体内部各部分的气体组成趋向均一。土壤具有适当的通气性，是保证土壤空气质量、提高土壤肥力不可缺少的条件。如果通气性极差，土壤空气中的 O_2 在很短时间内就可能被全部耗竭，而 CO_2 含量随之增高，作物根系的呼吸就会受到严重抑制。

（2）土壤通气性的机制

土壤是一个开放的耗散体系，时刻和外界进行着物质与能量的交换。土壤空气在土体内部不停的运动，并不断地和大气进行着交换。交换的机制有两种：即对流和气体扩散。其中气体扩散是主要的。

对流　又称质流，是指土壤空气与大气之间由总压力梯度推动的气体的整体流动。它使气流总质量由高压区向低压区运动。对流过程主要是受温度、气压、风、降雨或灌水的挤压作用等的影响而产生的。如土温高于气温，土内空气受热膨胀而被排出土壤。气压低，大气的重量减小，土壤空气被排出。灌水或降雨使土壤中较多的孔隙被水充塞，而把土内部分空气排出土体。反之，当土壤水分减少时，大气中的新鲜空气又会进入土体的孔隙内。在水分缓缓渗入时，土壤排出的空气数量多，但在暴雨或大水漫灌时，会有部分土壤空气来不及排出而封闭在土壤空气中,这种被封闭的空气往往阻碍水分的运动。地面风力也可把表土空气整体抽出。另外,翻耕或疏松土壤都会使土壤空气增加,而农机具的压实作用使土壤孔隙度降低,土壤空气减少。

气体扩散 气体扩散是指气体分子由浓度大(分压大)处向浓度小(分压小)处的移动。是气体交换的主要方式。混合气体中一个气体的分压就是这个气体所占容积产生的压力,例如,空气压力是 $10×10^4$ Pa,O_2 占空气容积的 21%,那么 O_2 的分压就是 $2.1×10^4$ Pa。由于土壤中植物根系的呼吸和微生物对有机残体的分解,使土壤中的氧气不断消耗,CO_2 不断增加,使土壤空气中 O_2 的分压总是低于大气,而 CO_2 的分压总是高于大气,所以 O_2 从大气向土壤扩散,CO_2 从土壤向大气扩散。二者之间不断地进行气体扩散交换,使土壤空气得到更新,这个过程也称为土壤的呼吸过程。

2.2.2 土壤化学性质

2.2.2.1 土壤胶体特性及吸附性

土壤胶体通常是指粒径在 1～100 nm(在长、宽、高 3 个方向,至少有一个方向在此范围内)的固体颗粒。也有文献称粒径为 1～200 nm 的土粒为土壤胶体。

土壤胶体是土壤中最活跃的部分,很多重要的土壤性质都发生在土壤胶体和土壤溶液的界面上。它们的行为影响着土壤的发生与发展、土壤的理化性质及保肥供肥性。

(1) 土壤胶体的种类

土壤胶体按其成分和来源可分为无机胶体、有机胶体和有机无机复合胶体。

无机胶体 无机胶体的组成复杂,包括层状硅酸盐黏土矿物和铁、铝、硅等的氧化物及其水合物。

黏土矿物:是土壤无机胶体中最重要的部分,有着特殊的构造,它们在肥力上的重要作用和构造有关。

黏土矿物都是由两个基本结构单位组成,即硅氧四面体和铝氧八面体。硅氧四面体是由 4 个氧原子和 1 个硅原子组成。在层状硅酸盐中,硅氧四面体以其底部的 3 个氧,分别与相邻的 3 个四面体共享,形成向二度空间延伸的片层,即硅氧片,成为晶层的基本单元。硅氧片上下面都具有六角形网孔,底面的六角网孔小些,且 6 个氧均不带电,而顶端的氧带负电荷。铝氧八面体为 6 个氧原子围绕 1 个铝原子构成。八面体中铝离子周围等距离地配上 6 个氧(氢氧),上下各 3 个,相互错开作最紧密堆积。相邻两个八面体通过共用棱边的 2 个 OH 联结形成八面体片。

自然界中,组成铝硅酸盐矿物晶层的硅氧四面体和铝氧八面体中的硅原子和铝原子可以被其他电性相同、大小相近的原子所取代,而晶格构造保持不变,这种现象称为同晶代换。

根据晶体内所含硅氧片和铝氧片的数目和排列方式不同,层状铝硅酸盐矿物主要分为 3 组:高岭石组、蒙脱石组、水化云母组、氧化物组等。

第一,高岭石组(1∶1 型矿物组)。包括高岭石、埃洛石、珍珠陶土、迪恺石等,以高岭石为最典型。这类矿物的共同特点是:晶层由 1 片硅氧片和 1 片铝氧片重叠组成;晶层重叠时,晶层一面是铝氧片上的 OH 基团,另一面则是硅氧片上的氧原子,晶层间通过氢键连接,层间距离固定而不易膨胀,水和其他阳离子都不能进入;晶片中没有或极少有同晶代换,阳离子交换量远远低于蒙脱石组和水云母组黏土矿物,一般为 3～15 cmol(+)/kg;比表面积小，黏结性、黏着性和可塑性比较低。高岭石在土壤中分布很广，尤其在湿热气候条件下的土壤中最多，是红壤与砖红壤的主要黏土矿物。

第二，蒙脱石组（膨胀型2∶1型矿物组）。包括蒙脱石、拜来石、绿脱石、皂石等，以蒙脱石为代表。这类矿物因同晶置换不同，化学成分稍有差异，如蒙脱石主要由 Mg^{2+} 代换铝氧片中的 Al^{3+}，拜来石主要由 Al^{3+} 代换硅氧片中 Si^{4+}。它们的共同特点是：晶层是由2片硅氧片夹1片铝氧片而成；晶层上下面都是氧原子，晶层间通过氧键联接，联结力弱，水和其他阳离子易进入晶层间，晶体胀缩性很强；晶层间普遍存在同晶置换，阳离子交换量较大，为 70~130 cmol(+)/kg，保肥力强；颗粒细小，比表面积大，为 700~800 m^2/g，黏结性、黏着性和可塑性强，对耕作不利。

第三，水化云母组（非膨胀性2∶1型矿物）。包括伊利石、海绿石和勒迪恺石，土壤中常见的是伊利石。其特点是：晶层构造与蒙脱石相同，为2∶1型矿物，但层间固定的是钾离子；层间由 K^+ 键合，结合力强，可塑性与胀缩性较低；同晶代换较普遍，阳离子交换量为 10~40 cmol(+)/kg，保肥力介于蒙脱石和高岭石之间；颗粒较大，比表面较小，并以外表面为主，黏结性、黏着性和可塑性等均介于蒙脱石和高岭石之间。

氧化物组：主要包括铁、铝、锰、硅的氧化物及其水合物，以及水铝英石类矿物。其中，有晶质矿物，例如三水铝石（$Al_2O_3 \cdot 3H_2O$）、水铝石（$Al_2O_3 \cdot H_2O$）、针铁矿（$Fe_2O_3 \cdot H_2O$）等；也有非晶质矿物，如水铝英石，它的特点是：有巨大的表面积，比表面为 300~700 m^2/g，且内外表面各占一半，同时带有正、负两种电荷。在热带亚热带土壤中，这类矿物占优势，对这些地区的土壤胶体性质影响很大。

有机胶体 有机胶体主要是各种腐殖质，还有少量木质素、蛋白质、纤维素等。腐殖质所含的官能团多，解离后所带电量也大，一般带负电荷，因而对土壤保肥供肥性影响很大。但易被微生物分解，稳定性较低，需通过施用有机肥、秸秆还田、绿肥等补充。

有机无机复合胶体 土壤有机胶体有 50%~90% 与无机胶体结合，形成有机无机复合胶体。土壤有机胶体和无机胶体可以通过多种方式结合，但大多数是通过二价、三价阳离子（如 Ca^{2+}、Fe^{3+}、Al^{3+} 等）或官能团（如羧基、醇羟基等）将带负电荷的黏土矿物和腐殖质连接起来。有机无机复合胶体主要以薄膜状紧密覆盖于黏土矿物表面，还可以进入黏土矿物的晶层之间。通过这样的结合，可形成良好的团粒结构，改善土壤保肥供肥性能及水、气、热状况等多种理化性质。

（2）土壤胶体的性质

土壤胶体的表面积 土壤胶体表面积通常用比表面积，即单位质量土壤或土壤胶体的表面积来表示，它是评价土壤表面化学性质的指标之一。土壤胶体的表面可以分为内表面和外表面。内表面是指膨胀性黏土矿物层间的表面；外表面是指黏土矿物的外表面以及由腐殖质、游离氧化铁、游离氧化铝等包被的表面。不同土壤胶体的比表面差异很大（表2-10）。

表2-10 土壤中常见黏土矿物的比表面积   单位：m^2/g

胶体成分	内表面积	外表面积	总表面积
蒙脱石	700~750	15~150	700~850
蛭石	400~750	1~50	400~800

续表

胶体成分	内表面积	外表面积	总表面积
水云母	0~5	90~150	90~150
高岭石	0	5~40	5~40
埃洛石	0	10~45	10~45
水化埃洛石	400	25~30	430
水铝英石	130~400	130~400	260~800

土壤胶体表面积的大小随胶体颗粒的不断破裂而逐渐增加。颗粒越细，比表面积越大，表面能越大，吸附能力也越强。

土壤胶体的电性 土壤胶体的组成特性不同，产生电荷的机制各异。根据电荷的产生机制和性质可以把土壤胶体电荷分为永久电荷和可变电荷。

永久电荷：它是由于矿物晶格内部的同晶置换所产生的电荷。在晶体形成过程中，由于低价阳离子置换了晶格中的高价阳离子，例如，Al^{3+}置换四面体中Si^{4+}或Fe^{2+}、Mg^{2+}置换八面体中的Al^{3+}，则造成正电荷的亏缺，产生剩余负电荷。由于同晶置换一般形成于矿物的结晶过程，一旦晶体形成，它所具有的电荷就不受外界环境（如溶液pH值和电解质浓度等）的影响，因此称作永久负电荷。同晶置换是2:1型层状黏土矿物负电荷的主要来源。

可变电荷：由胶体固相表面从介质中吸附离子或向介质中释放离子而产生的电荷，它的数量和性质随着介质pH值的变化而变化，所以称为可变电荷。产生可变电荷的主要原因是胶核表面分子（或原子团）的解离。

土壤胶体的基本构造 土壤胶体在分散溶液中构成胶体分散系，它包括胶体微粒和粒间溶液两大部分（图2-5）。胶体微粒由以下几部分构成。

第一，微粒核。微粒核（胶核）是胶体的固体部分，主要由黏粒、腐殖质、蛋白质及有机无机复合体组成。

第二，双电层。双电层包括决定电位离子层和补偿离子层两部分。

决定电位离子层是固定在胶核表面决定其电荷和电位的离子层，又称双电层内层。所带电荷的符号视组成和所处条件（如土壤溶液pH值等）而定。在一般土壤条件下带负电荷。

由于决定电位离子层的存在，必然吸附土壤溶液中相反电荷的离子，形成补偿离子层，又称双电层外层。根据被决定电位离子层吸着力的强弱和活动情况，补偿离子层又分为两部分，即非活性层和扩散层。

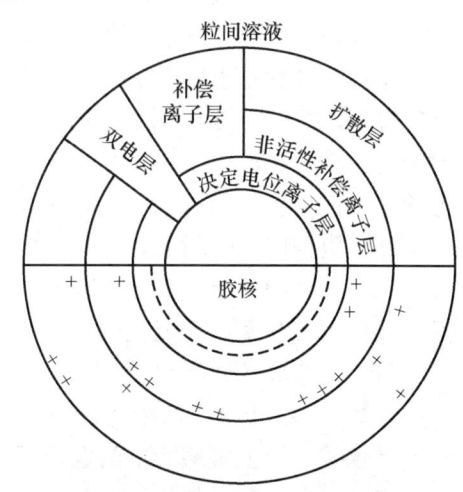

图2-5 土壤胶体的结构示意

非活性层紧靠决定电位离子层，不能自由活动，难以解离，基本上不起交换作用，所吸附的养分较难被植物吸收利用。扩散层分布在非活性层以外，离胶核较远，被吸附得较松，有较大的活动性，可与周围环境中的离子进行交换，即通常所说的土壤离子交换作用。

土壤胶体的凝聚性和分散性 土壤胶体分散在土壤溶液中，由于胶粒有一定的电动电位，有一定厚度的扩散层相隔，而使之能均匀地分散呈溶胶态，这就是胶体的分散性。当加入电解质时，胶粒的电动电位降低趋近于零，扩散层减薄进而消失，使胶粒相聚成团，此时由溶胶转变为凝胶，这就是胶体的凝聚性。胶体的凝聚性有助于土壤结构的形成。胶体的分散和凝聚主要与加入的电解质种类和浓度有关。

(3) 土壤胶体的吸附性能

土壤吸附的概念 土壤吸附性能是土壤的重要特性，它对于土壤的形成、土壤水分状态、植物营养与土壤肥力以及土壤污染自净能力等，均起着极为重要的作用。

土壤吸附性能是指分子和离子或原子在固相表面富集过程。土壤固相和液相界面离子或分子的浓度大于整体溶液中该离子或分子浓度的现象，称正吸附。在一定条件下也会出现与正吸附相反的现象，即负吸附，这是土壤吸附性能的另一种表现。

土壤吸附性能的类型 按照吸附机理可以把土壤吸附性能分为交换性吸附、专性吸附和负吸附等3种：

交换性吸附：靠静电引力（库仑力）从溶液中吸附带异号电荷的离子或极性分子，在土壤固相表面被静电吸附的离子可与溶液中其他的离子进行交换。

专性吸附：专性吸附是非静电因素引起的土壤对离子的吸附，它是指离子通过表面交换与晶体上的阳离子共享1个（或2个）氧原子，形成共价键而被土壤吸附的现象。

负吸附：负吸附是指土粒表面的离子或分子浓度低于整体溶液中该离子或分子的浓度现象。

从严格意义上来说，化学沉淀不是界面化学行为，因此不是土壤吸附。但化学沉淀常作为一种吸附机理，以补充土壤对磷酸根等阴离子吸附的解释，所以有时与土壤吸附难以区分，故可作为土壤吸附性能的次要类型。

2.2.2.2 土壤酸碱性

土壤酸碱性是土壤形成过程和熟化过程的良好指标。它是土壤溶液的反应，即溶液中H^+浓度和OH^-浓度比例不同而表现出来的性质。通常说的土壤pH值，就代表土壤溶液的酸碱度。土壤溶液中H^+浓度大于OH^-浓度，土壤呈酸性反应；OH^-浓度大于H^+浓度，土壤呈碱性反应；两者相等时，则呈中性反应。但是，土壤溶液中游离的H^+和OH^-的浓度又和土壤胶体上吸附的各种离子保持着动态平衡关系，所以土壤酸碱性是土壤胶体的固相性质和土壤液相性质的综合表现，因此研究土壤溶液的酸碱反应，必须与土壤胶体和离子交换吸收作用相联系，才能全面地说明土壤的酸碱情况及其发生、变化的规律。

(1) 土壤酸性的类型

根据H^+在土壤中所处的部位，可以将土壤酸性分为活性酸和潜在酸两种类型。

活性酸 指土壤溶液中的氢离子的浓度直接表现出的酸度。通常用pH值表示，pH值是氢离子浓度的负对数值。它是土壤酸碱性的强度指标。按土壤pH值的大小，可把土壤酸碱性分为若干级。《中国土壤》一书将我国土壤的酸碱度分为五级（表2-11）。

表2-11 土壤酸碱度的分级

土壤pH值	<5.0	5.0~6.5	6.5~7.5	7.5~8.5	>8.5
级别	强酸性	酸性	中性	碱性	强碱性

我国土壤 pH 值大多为 4~9，在地理分布上有"东南酸而西北碱"的规律性，即由北向南 pH 值逐渐减小。大致以长江为界（北纬 33°），长江以南的土壤多为酸性或强酸性，长江以北的土壤多为中性或碱性。

潜在酸 指土壤胶体上吸附的 H^+、Al^{3+} 离子所引起的酸度。它们只有通过离子交换作用进入土壤溶液时，才显示出酸性，是土壤酸性的潜在来源，故称为潜在酸。土壤潜在酸要比活性酸多得多，一般相差 3~4 个数量级。通常用 cmol（+）/kg 为表示单位。土壤潜在酸的大小常用土壤交换性酸度或水解性酸度表示，两者在测定时所采用的浸提剂不同，因而测得的潜在酸的量也有所不同。

交换性酸度：用过量的中性盐溶液（如 1 mol/L KCl、NaCl 或 0.06 mol/L $BaCl_2$）与土壤作用，将胶体表面上的大部分 H^+ 或 Al^{3+} 交换出来，再以标准碱液滴定溶液中的 H^+，这样测得的酸度称为交换性酸度或代换性酸度。

水解酸度：用弱酸强碱盐溶液（如 pH 值为 8.2 的 1 mol/L NaOAc）浸提土壤，从土壤中交换出来的 H^+、Al^{3+} 所产生的酸度称为水解酸度。由于醋酸钠水解，所得的醋酸的解离度很小，而且生成的 NaOH 又与交换性 H^+ 作用，得到解离度很小的 H_2O，所以使交换作用进行得更彻底。另外，由于弱酸强碱盐溶液的 pH 值大，也使胶体上的 H^+ 和 Al^{3+} 易于解离出来。所以土壤的水解酸度一般都高于交换酸度。

活性酸和潜在酸是一个平衡系统中的两种酸。活性酸是土壤酸性的强度指标，而潜在酸则是土壤酸性的容量指标，二者可以互相转化，潜在酸被交换出来即成为活性酸，活性酸被胶体吸附就转化为潜在酸。

$$\text{土壤胶体 } Ca^{2+} + 3H^+ \rightleftharpoons \text{土壤胶体 -}2H^+ + Ca^{2+} + H^+$$
（潜在酸）　　　（活性酸）

（2）土壤碱性反应

土壤碱性的来源 土壤碱性反应及碱性土壤形成是自然成土条件和土壤内在因素综合作用的结果。其中干旱的气候和丰富的钙质为主要成因，过量地施用石灰和引灌碱质污水以及海水浸渍，也是某些碱性土壤形成原因之一。

气候因素：在干旱、半干旱地区，由于降雨少，淋溶作用弱，使岩石矿物和母质风化释放出的碱金属和碱土金属的各种盐类（碳酸钙、碳酸钠等），不能彻底淋出土体，在土壤中大量积累，这些盐类水解可产生 OH^-，使土壤呈碱性。如：

$$Na_2CO_3 + 2H_2O \rightleftharpoons 2Na^+ + 2OH^- + H_2CO_3$$
$$CaCO_3 + H_2O \rightleftharpoons Ca^{2+} + OH^- + HCO_3^-$$

生物因素：由于高等植物的选择性吸收，富集了钾、钠、钙、镁等盐基离子，不同植被类型的选择性吸收不同地影响着碱土的形成。荒漠草原和荒漠植被对碱土的形成起重要作用。

母质的影响：母质是碱性物质的来源，如基性岩和超基性岩富含钙、镁等碱性质，风化体含较多的碱性成分。此外，土壤不同质地和不同质地在剖面中的排列影响土壤水分的运动和盐分的运移，从而影响土壤碱化程度。

土壤中交换性钠的水解：交换性钠水解呈强碱性反应，是碱化土的重要特征。

土壤碱性的表示方法 土壤碱性反应除常用 pH 值表示，总碱度和碱化度是另外两个反映碱性强弱的指标。

总碱度：指土壤溶液或灌溉水中碳酸根和重碳酸根的总量。即

$$总碱度 = CO_3^{2-} + HCO_3^- \; [cmol(+)/L]$$

土壤碱性反应是由于土壤中有弱酸强碱的水解性盐类存在，其中最主要的是碳酸根和重碳酸根的碱金属（Na、K）及碱土金属（Ca、Mg）的盐类，如 Na_2CO_3、$NaHCO_3$ 及 $Ca(HCO_3)_2$ 等水溶性盐类在土壤溶液中出现时，会使土壤溶液的总碱度很高。总碱度可以通过中和滴定法测定，单位以 cmol(+)/L 表示。亦可分别用 CO_3^{2-} 及 HCO_3^- 占阴离子的重量百分数来表示，我国碱化土壤的总碱度占阴离子总量的 50% 以上，高的可达 90%。总碱度在一定程度上反映了土壤和水质的碱性程度，故可作为土壤碱化程度分级的指标之一。

碱化度（钠碱化度：ESP）：指土壤胶体吸附的交换性钠离子占阳离子交换量的百分数，也叫做土壤钠饱和度、钠碱化度、钠化率或交换性钠百分率。

$$碱化度(\%) = (交换性钠 / 阳离子交换量) \times 100$$

土壤碱化度常被用来作为碱土分类及碱化土壤改良利用的指标和依据。我国则以碱化层的碱化度>30%，表层含盐量<0.5% 和 pH 值>9.0 定为碱土。而将土壤碱化度为 5%～10% 定为轻度碱化土壤，10%～15% 为中度碱化土壤，15%～20% 为强碱化土壤。

(3) 土壤酸碱性的环境意义

土壤酸碱性对土壤微生物的活性、矿物质和有机质分解起重要作用。它可通过对土壤中进行的各项化学反应的干预作用影响组分和污染物的电荷特性，如沉淀-溶解、吸附-解析和配位-解离平衡等，从而改变污染物的毒性；同时，土壤酸碱性还可通过土壤微生物的活性来改变污染物的毒性。

土壤溶液中的大多数金属元素（包括重金属）在酸性条件下以游离态或水化离子态存在，毒性较大，而在中、碱性条件下易生成难溶性氢氧化物沉淀，毒性大为降低。

土壤酸碱性也显著影响含氧酸根（如铬、砷）在土壤溶液中的形态，影响它们的吸附、沉淀等特性。

此外，有机污染物在土壤中的积累、转化、降解也受到土壤酸碱性的影响和制约。

2.2.2.3 土壤氧化性和还原性

土壤氧化还原反应是发生在土壤溶液中又一个重要的化学性质。氧化还原反应始终存在于岩石风化和母质成土的整个土壤形成发育过程中，对物质在土壤剖面中的移动和剖面的分异，养分的生物有效性，污染物质的缓冲性和植物生长发育等带来深刻影响。

(1) 土壤中的氧化还原体系

氧化还原反应中氧化剂和还原剂构成了氧化还原体系。氧化还原的实质是电子的转移过程，某一物质的氧化，必然伴随着另一物质的还原。一些物质失去了电子，它们本身被氧化；另一些物质得到电子，它们本身被还原，因此最容易发生氧化还原反应的是变价元素。

土壤中产生氧化还原反应的物质很多，有着多种氧化还原体系，主要有以下几种：

氧体系： $$O_2 + 4H^+ + 4e \rightleftharpoons 2H_2O$$

氮体系： $$NO_3^- + H_2O + 2e \rightleftharpoons 2OH^- + NO_2^-$$

铁体系： $Fe^{3+} + e \rightleftharpoons Fe^{2+}$

锰体系： $MnO_2 + 4H^+ + 2e \rightleftharpoons Mn^{2+} + 2H_2O$

硫体系： $SO_4^{2-} + H_2O + 2e \rightleftharpoons SO_3^{2-} + 2OH^-$

$SO_3^{2-} + 3H_2O + 6e \rightleftharpoons S^{2-} + 6OH^-$

氢体系： $2H^+ + 2e \rightleftharpoons H_2$

有机碳体系： $CO_2 + 8H^+ + 8e \rightleftharpoons CH_4 + 2H_2O$

有机体系包括各种能起氧化还原反应的有机酸类、酚类、醛类和糖类等化合物。

土壤中主要的氧化剂是大气中的氧，它进入土壤与土壤中的化合物起作用，得到两个电子而还原为 O^{2-}，土壤的生物化学过程的方向与强度，在很大程度上取决于土壤空气和溶液中氧的含量。当土壤中的氧被消耗掉，其他氧化态物质如 NO_3^-、Fe^{3+}、Mn^{4+}、SO_4^{2-} 依次作为电子受体被还原，这种依次被还原现象称为顺序还原作用。土壤中的主要还原性物质是有机质，尤其是新鲜未分解的有机质，它们在适宜的温度、水分和 pH 值条件下还原能力极强。土壤中由于多种多样氧化还原体系存在，并有生物参与，较纯溶液复杂。

(2) 土壤氧化还原电位

土壤是一个氧化物质与还原物质并存的体系，土壤溶液中氧化物质和还原物质的相对比例，决定着土壤的氧化还原状况。随着土壤中氧化还原反应的不断进行，氧化物质和还原物质的浓度也在随时调整变化，进而使溶液电位也发生相应的改变。这种由于溶液氧化态物质和还原态物质的浓度关系而产生的电位称为氧化还原电位（Eh），单位为 mV。

它们之间的关系为：

$$Eh = E_0 + RT/nF \lg[氧化态]/[还原态]$$
$$= E_0 + 0.059/n \lg[氧化态]/[还原态] \tag{2-19}$$

式中　E_0——标准氧化还原电位，指在体系中氧化剂浓度和还原剂浓度相等时的电位。各体系的 E_0 值可在化学手册中查到。

n——氧化还原反应中的电子转移数目。

方括号内表示两种物质的活度。

由上式可以看出，对于一个给定的氧化还原体系，由于 E_0 和 n 为常数，所以氧化还原电位主要由氧化剂和还原剂的活度比所决定。二者比值越大，即氧化剂的活度越高，则 Eh 值就越大，说明氧化反应越强烈。实际上土壤中氧化态和还原态物质的相对浓度主要取决于土壤溶液的氧压或溶解态氧的浓度，这就直接与土壤的通气性相联系。故氧化还原电位可以作为土壤通气性的指标。

知道一个体系中的氧化剂和还原剂的浓度，即可以计算出它的 Eh 值。

(3) 土壤氧化性和还原性的环境意义

从环境科学角度看，土壤氧化性和还原性与有毒物质在土壤环境中的消长密切相关。

有机污染物　在热带、亚热带地区间歇性阵雨和干湿交替对厌氧、好氧细菌的增殖均有利，比单纯的还原或氧化条件更有利于有机农药分子结构的降解。特别是有环状结构的农药，因其环开裂反应需要氧的参与，如 DDT 的开环反应，地亚农的代谢产物嘧啶环的裂解等。

重金属　土壤中大多数重金属污染元素是亲硫元素，在农田厌氧还原条件下易生成难溶性硫化物,降低了毒性和危害。土壤中低价硫 S^{2-} 来源于有机质的厌氧分解与硫酸盐的还原反应,水田土壤 Eh 低于 -150 mV 时 S^{2-} 生成量在 100 g 土壤中可达 20 mg。当土壤转为氧化状态如落干晒田或干旱时,难溶硫化物逐渐转化为易溶硫酸盐,其生物毒性增加。

2.2.3 土壤生物学性质

2.2.3.1 土壤酶特性

土壤酶是土壤中生物的体内、体外酶的总称,主要来自微生物、土壤动物和植物根系。来自微生物的酶是土壤酶的主要来源,几乎包括了所有与土壤中物质生物转化有关的酶类。植物根与许多微生物一样能分泌胞外酶,并能刺激微生物分泌酶,但微小动物对土壤酶的贡献十分有限。进入土壤中的酶,目前认为有 3 种存在状态:土壤微生物细胞内部的酶;与土壤胶体稳定结合的细胞外酶;土壤溶液中呈游离状态的细胞外酶。

土壤酶既是土壤的组分之一,又是存在于土壤中的生物催化剂,还是土壤新陈代谢的重要因素。土壤酶的活性反映了土壤中进行的各种生物化学过程的强度和方向,它是土壤的本质属性之一。土壤酶的重要作用,在于参与了土壤中的物质循环和能量代谢,并使作为陆地生态系统的重要组成部分的土壤与该生态系统的其他组分有了功能上的联系,使该生态系统得以生存和发展。

(1) 土壤酶的种类和功能

在土壤中已发现 50~60 种酶,按照酶促反应的类型,澳大利亚科学家赖特(N. Ladd)把与土壤肥力密切相关的土壤酶分为 4 大类。

氧化还原酶类 参与了氮素、硫素、铁、锰氧化物以及各种有机物的氧化还原过程。它们总是以质子的接受体或给予体而催化物质的反应,在一些重要的过程中有着决定性的作用。如硝酸还原酶催化 NO_3^- 为 NO_2^-,以致最后还原成 N_2 而自土壤中损失;硫酸还原酶促进 SO_4^{2-} 为 SO_3^{2-},再为硫化物;尿酸氧化酶催化尿酸为尿囊素;脱氢酶促进有机物脱氢,起传氢的作用。

水解酶类 包括许多复杂的和难分解物质的水解酶,如纤维素、植酸、果胶、葡聚糖、蛋白质等的水解酶。水解产物多为植物和微生物的直接营养。土壤中的氮、磷循环与有关的酶解作用直接相关。土壤腐殖质的重建,也需利用许多物质的水解产物。

转移酶类 主要是对多糖的转化产生单糖的催化反应,如葡聚糖蔗糖酶、果聚糖蔗糖酶、氨基转移酶、硫氰酸酶等。其催化产物基本上能直接被微生物利用,没有它的作用,许多微生物将无法生存。

裂解酶类 催化一种化合物分解为两种化合物或两种化合物合成为一种化合物的酶类,如天门冬氨酸脱羧酶裂解冬氨酸为 β-丙氨酸和 CO_2,谷氨酸脱羧酶裂解谷氨酸为 γ-氨基丙酸和 CO_2,芳香族氨基酸脱羧酶裂解芳香族氨基酸等。

(2) 环境条件对土壤酶活性的影响

土壤物理性质的影响 主要通过以下几方面影响土壤酶活性:①土壤质地,质地黏重的土壤比轻质土壤的酶活性强;②土壤结构,小团聚体的酶活性较大团聚体的强;③土壤水分,渍水条件降低转化酶的活性,但能提高脱氢酶的活性;④温度,适宜温度下酶活性随温度升高而加强。

土壤的基本特性

土壤化学性质的影响 主要通过以下几方面影响土壤酶活性：①土壤有机质的含量和组成及有机矿质复合体组成、特性决定着土壤酶的稳定性；②土壤pH值，在碱、中、酸性土壤中都可检测到磷酸酶的活性，最适pH值是4.0~6.7和8.0~10.0。脲酶在中性土壤中活性最高，而脱氢酶在碱性土壤中活性最大；③某些化学物质的抑制作用，许多重金属、非金属离子、有机化合物包括杀虫剂、杀菌剂均对土壤酶活性有抑制作用。

耕作管理的影响 合理的耕作制度能提高土壤酶活性，促进养分转化。水田免耕可增强土壤酶活性，特别是以脲酶的活性增加最多。实行轮作和连作对土壤酶活性的影响是不同的。通常轮作有利于土壤酶活性的增强，连作常引起土壤酶活性的减弱。但土壤酶活性除受耕作制度的影响外，还受到种植作物的生物学特征、土壤的物理化学性质、施肥制度等因素的影响。

土壤灌溉增加脱氢酶、磷酸酶的活性，但降低转化酶的活性。施用矿质肥料对酶活性的影响有增有降，有些则无影响，因土壤性质和酶的种类不同而异。例如，硝酸铵的施用能降低土壤过氧化氢酶、天冬酰胺酶和脲酶的活性，而硝酸钾则能在某种程度上提高天冬酰胺酶和脲酶的活性。有机物料对土壤酶活性也有明显的影响，如麦秸、马粪、牛粪等的施用能提高土壤蔗糖酶、脲酶、碱性磷酸酶、中性磷酸酶和过氧化氢酶的活性，并且随着有机物料的种类和施用方式不同而有所差异。

土壤环境质量的影响 当土壤受到农药、重金属等污染时，土壤酶的活性会被抑制或减弱。刘树庆（1996）等研究表明，土壤脲酶和过氧化氢酶活性随土壤Pb、Cd含量的降低而明显降低。Deng等人指出，L-谷氨酰胺酶（L-glutaminase）、纤维素酶（cellulase）和β-葡糖苷酶（β-glucosidase）被重金属元素Hg、Ag、Cr和Cd等强烈抑制。因此，土壤酶活性可用来判断土壤受到重金属污染的程度。

2.2.3.2 土壤微生物特性

土壤微生物是土壤有机质、土壤养分转化和循环的动力，同时土壤微生物对土壤污染具有特别的敏感性，它们是代谢降解有机农药等有机污染物和恢复土壤环境的先锋者。土壤微生物特性特别是土壤微生物多样性是土壤的重要生物学性质之一。

（1）土壤微生物营养类型的多样性

根据微生物对营养和能源的要求，一般可将其分为4大类型。

化能有机营养型 又称化能异养型，所需能量和碳源直接来自土壤有机物质，土壤中大多数细菌和几乎全部真菌以及原生动物都属于此类。

化能无机营养型 又称化能自养型，无需现成的有机物质，能直接利用空气中二氧化碳或无机盐类生存的细菌。这种类型的微生物数量、种类不多，但在土壤物质转化中起重要作用。根据它们氧化不同底物的能力，可分为亚硝酸细菌、硝酸细菌、硫氧化细菌、铁细菌和氢细菌5种主要类群。

光能有机营养型 又称光能异养型，其能源来自光，但需要有机化合物作为供氢体以还原CO_2，并合成细胞物质。

光能无机营养型 又称光能自养型，利用光能进行光合作用，以无机物作供氢体以还原CO_2合成细胞物质。藻类和大多数光合细菌都属光能自养微生物。

（2）土壤微生物呼吸类型的多样性

根据土壤微生物对氧气的要求不同，可分为好氧、厌氧和兼性3类。好氧微生物是指在生活中必须有游离氧气才能生长繁殖，氧化矿物质的微生物。土壤中大多数细菌如芽孢杆菌、假单胞菌、根瘤菌、固氮菌、硝化细菌、硫化细菌等，以及霉菌、放线菌、藻类和原生动物等属好氧微生物。在生活中不需要游离氧气而能还原矿物质、有机质的微生物称厌氧微生物，如梭菌、产甲烷细菌和脱硫弧菌等。兼性微生物在有氧条件下进行有氧呼吸，在微氧环境中进行无氧呼吸，但在两种环境中呼吸产物不同，这类微生物对环境变化的适应性较强，最典型的例子就是酵母菌和大肠杆菌。

2.3 土壤环境的物质循环与能量转换

2.3.1 土壤环境的基本特征

土壤是由固体、液体和气体组成的三相复合系统。每一组分都有其自身的理化性质，三者间处于相对稳定或变化状态。每种土壤都有特定的生物区系，如细菌、真菌、放线菌等土壤微生物以及藻类、原生动物、软体动物和节肢动物等区系。土壤具有3个基本特征。

（1）土壤作为生态系统的基本单元，具有SWP（土壤、水和植物）系统的整体性

土壤是自然环境要素的重要组成之一，它是处在岩石圈最外面的一层疏松的部分，具有支持植物和微生物生长繁殖的能力。土壤圈是处于大气圈、水圈和生物圈之间的过渡地带，是联系有机界和无机界的中心环节。

（2）土壤作为人类活动的主要资源，具有数量和质量的双重性

保证土壤质量的安全生产既要保证最大的生物量生产能力，更要保证最佳的生物学质量生产能力，包括农产品体内的营养元素（蛋白质、脂肪）、微量元素、维生素、激素和污染物的含量，同时还要保证土壤自身不致引发二次污染。

（3）土壤作为自然体和环境介质，是保护环境的重要净化剂

一方面，土壤具有多功能性，是人类生活的一种极其宝贵的自然资源；另一方面，土壤又具有同化和代谢外界进入其中的物质的能力，它承载一定的污染负荷，具有一定的环境容纳量，所以是保护环境的重要净化剂。土壤自净能力，一方面与土壤自身物化性质如土壤黏粒、有机物含量、温度、湿度、pH值、阴阳离子的种类和含量等因素有关，另一方面因受土壤系统中微生物种类和数量的制约，其净化强度是有限的。污染物一旦超过土壤的最大容量将会引起不同程度的土壤污染，进而影响土壤中生存的动植物，最后通过生态系统食物链危害牲畜乃至人类健康。

土壤环境与大气环境和水环境不同：水和大气环境是一个流动的介质，污染物在其中存在着迁移过程、价态、浓度的变化；土壤是一个复杂的环境介质，其中包含着复杂的生物、化学、物理过程，污染物在其中不仅存在价态、浓度变化，还存在吸附-解析、固定-老化、溶解-扩散、氧化-还原以及生物降解等复杂过程。

2.3.2 土壤环境的物质循环

2.3.2.1 土壤矿物质的迁移转化

土壤矿物质的迁移转化过程，就是原生矿物和次生矿物的风化分解，及其产物淋溶、迁

移和淀积的过程。

（1）物理崩解过程

物理崩解指岩石在外力影响下机械地破裂成碎块，仅改变大小与外形而不改变其化学成分的过程。产生物理风化的因素以地球表面的温度变化为主，其次有水分冻融、流水、风，另有冰川、雷电等。

（2）化学分解过程

化学分解包括矿物质的溶解、水化、水解、氧化等作用。

溶解作用　指矿物被水所溶解的作用。随温度增高，矿物盐类溶解度增大，水中溶有CO_2及酸性物时，溶解能力大大增强。据统计，每年被河流带入海洋的盐类达40×10^8 kg。

水化作用　指无水矿物与水结合成为含水矿物的作用。通常矿物水化后体积增大，硬度降低，并失去光泽，有利于进一步风化。

水解作用　是化学风化中最重要的方式。水解离后产生H^+从硅酸盐矿物中部分取代碱金属和碱土金属离子，生成可溶性盐类，使岩石、矿物分解。水中CO_2或酸性物多时，水解作用增强。土中各种生物学过程均增加CO_2含量，所以水解强度与生物活性密切相关。

氧化作用　在潮湿条件下含铁、硫的矿物普遍进行着氧化作用。如黄铁矿（FeS_2）氧化生成褐铁矿。即

$$4FeS_2 + 15O_2 + 14H_2O \longrightarrow 2(Fe_2O_3 \cdot 3H_2O) + 8H_2SO_4$$

2.3.2.2　土壤有机质的转化

土壤有机质的转化是在微生物的作用下进行的生物化学过程，主要向两个方向转化，即有机质的矿质化和腐殖化（图2-6）。

（1）土壤有机质的矿质化过程

土壤有机质的矿质化过程是指有机质在微生物的作用下，分解成简单的无机化合物（CO_2和H_2O），并释放出矿质养分和热量的过程。就矿化过程的总体而言，大约分三部分。最初是易分解的有机物，如单糖、氨基酸和多数蛋白质等迅速分解，它们可在几小时或几天内消耗殆尽，微生物从分解产物中获得能量和营养；其次是较难分解的有机物质，如多糖、纤维素等，它们首先转化成低聚糖，然后再转化成单糖；木质素是最难分解的，它主要靠真菌作用，先转化成苯基丙烷（C6—C3）单元结构，然后再分解成酚类

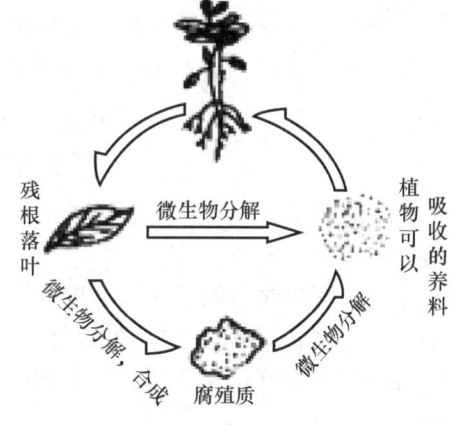

图2-6　土壤有机质的分解与合成示意

化合物，它是形成腐殖质的一种重要成分，也可以被继续分解。在矿质化过程中，有机质被微生物分解时，不是从一而终，而是由多种微生物相继作用共同完成。它们往往是食物链上的伙伴，但各自有其必需的活动条件。因此，不是所有的有机物都能在土壤中彻底分解，那些分解不彻底的物质，有些被其他微生物所利用，有些是形成腐殖质的原材料。

含碳化合物的分解　淀粉、纤维素、半纤维素等多糖化合物首先在微生物分泌的水解酶的作用下被水解成葡萄糖。

$$(C_6H_{10}O_5)n + nH_2O \longrightarrow nC_6H_{10}O_5$$

葡萄糖在通气良好的条件下分解迅速而彻底，最终形成 CO_2 和 H_2O，并放出大量热能。

$$C_6H_{10}O_5 + O_2 \longrightarrow CO_2 + H_2O$$

在嫌气条件下，葡萄糖分解缓慢，分解不彻底，形成 CH_4、H_2 等还原性物质和有机酸等，并放出少量热能。

$$C_6H_{10}O_5 + O_2 \longrightarrow CH_3CH_2CH_2COOH + CO_2 + H_2$$
$$CH_3CH_2COOH \longrightarrow CH_4 + CO_2$$
$$CO_2 + H_2 \longrightarrow CH_4 + H_2O$$

含氮有机化合物的分解　土壤中的含氮化合物主要是蛋白质、氨基酸、生物碱、腐殖质等。除腐殖质外，大部分容易分解。如蛋白质在微生物分泌的蛋白质水解酶的作用下，首先形成氨基酸，再进一步分解为氨或铵。

水解作用：蛋白质在蛋白质水解酶的作用下，分解成简单的氨基酸，即蛋白质→蛋白胨→多肽→氨基酸。

氨化作用：氨基酸在多种微生物及其所分泌的酶的作用下，进一步分解成氨或铵的过程。氨化作用在通气良好或嫌气条件下均可进行。

硝化作用：氨化作用形成的氨或铵，在通气良好的条件下，可发生硝化作用，氧化成硝酸盐，称为硝化作用。

反硝化作用：硝酸盐还原为 N_2O 和 N_2 的作用称为反硝化作用。

氨化作用所生成的氨或铵及硝化作用生成的硝酸盐可被植物直接吸收利用。反硝化作用导致氮素以气态形式从土壤中损失掉，也称反硝化脱氮作用。

含磷有机化合物的分解　土壤中的含磷有机化合物常见的有核蛋白、核酸、磷脂、腐殖质等。含磷有机物质在磷细菌的作用下，经过水解而产生磷酸。

$$核蛋白质 \rightarrow 核素 \rightarrow 核酸 \rightarrow H_3PO_4$$
$$卵磷脂 \rightarrow 甘油磷酸酯 \rightarrow H_3PO_4$$

在嫌气条件下，会引起磷酸的还原，产生亚磷酸、次磷酸、磷化氢等。这些产物都可被植物直接吸收利用。

含硫有机物质的转化　土壤中含硫有机物主要是蛋白质，在微生物作用下水解为含硫氨基酸（如胱氨酸等），再产生硫化氢。硫化氢在嫌气环境中易积累，对植物产生毒害。在通气良好的条件下，硫化氢氧化成硫酸，并和土壤中的盐基作用形成硫酸盐，成为植物能吸收的硫素养分。

脂肪、单宁、木质素、树脂、蜡质等的分解　这些物质的分解一般较缓慢，分解不彻底。除生成 CO_2 和 H_2O 外，常产生有机酸、甘油、多酚类化合物、醌类化合物等中间产物，是形成腐殖质的材料。

（2）土壤有机质的腐殖化过程

土壤腐殖化过程是指土壤中腐殖质的形成过程。它是一系列极端复杂过程的总称，其中最主要的是由微生物为主导的生物化学过程，但也不排除一些纯化学过程。一般认为腐殖质的形成可分为两个阶段：第一阶段是微生物将有机残体转化为合成腐殖质的原材料，如多元酚、含氮有机化合物（氨基酸、肽）等；第二阶段是在微生物分泌的多酚氧化酶作用下，将多元酚氧化为醌，醌与氨基酸或肽缩合形成腐殖质。

腐殖质的形成过程实际上是在土壤有机质矿质化作用的基础上进行的。矿质化作用提供的腐殖质的单元结构，经过聚合和缩合作用，形成腐殖质。缩合度越高的腐殖质相对分子质量越大，功能团和盐基越多，直观特征是颜色深暗，又称为褐腐酸；缩合度小者，相对分子质量小，但酸度高，其直观特征是颜色浅，为棕色或黄褐色，又称为黄腐酸。褐腐酸多在中性、盐基丰富、干湿适度或偏干燥的环境下形成。但两者总是相伴存在，可以从两者的比值看出环境条件的某些特征。

2.3.3 土壤环境的能量转换

土壤环境是一个能量系统，物质迁移转化必然伴随着能量的迁移转换。土壤能量转换是土壤物质迁移转化的热动力学基础，它影响着土壤中物质迁移转化的速度。土壤环境能量转换总体上可以分为物理过程、化学过程和生物过程。

2.3.3.1 土壤能量转换的物理过程

土壤能量的物理转换过程是指来自太阳辐射、地热、生物热能等的能量，被用来进行地面辐射、水分蒸发、大气交换，以及生物利用等活动，转换成热能、动能、势能等形式的能量的过程，也是其他能量转换过程的基础，决定着土壤的热状况。

（1）土壤的能源

土壤的能源有太阳辐射、地热、土壤中生物过程释放的生物能以及化学过程产生的化学能等。

太阳辐射能 太阳辐射能是土壤热量的主要来源。地球表面所获得的平均太阳辐射强度（指垂直于太阳光下 1 cm^2 的黑体表面在 1 min 内所吸收的辐射能，）为 8.148 $J/(cm^2 \cdot min)$，此值也称为太阳常数。由于大气层的吸收和散射，实际到达地面的辐射量仅为上述数值的 43% 左右。太阳辐射的强度依气候带、季节和昼夜而不同。我国长江以南地处热带和亚热带气候下，太阳辐射强度大于温带的华北地区，更大于寒温带的东北地区。

生物热能 土壤微生物在分解有机质的过程中常放出一定的热量，一部分被微生物自身利用，而大部分可用来提高土温。据估算，含有机质 4% 的土壤，每英亩*耕层有机质的潜能为 $62.8 \times 10^8 \sim 69.9 \times 10^8$ kJ，相当于 20~50 t 无烟煤的热量。可见土壤有机质每年产生的热量是巨大的。在保护地蔬菜栽培或早春育秧时，施用有机肥，并添加热性物质，如半腐熟的马粪等，就是利用有机质分解释放出的热量以提高土温，促进植物生长或幼苗早发快长。

地热 地球内部也向地表传热。但因地壳导热能力很差，全年每平方厘米地面从地球内部获得的热量总共不超过 226 J，比太阳常数小十余万倍。地球内热对土壤温度的影响很小，但在一些地热异常区，如温泉附近，这一因素则不可忽视。

化学能 指化合物的能量，它是一种很隐蔽的能量，它不能直接用来做功，只有在发生化学变化的时候才释放出来，变成热能或者其他形式的能量，如石油和煤的燃烧、炸药爆炸以及人类吃的食物在体内发生化学变化时都属于化学能。

---

* 1 英亩＝4 046.86 m^2。

(2) 土壤热量平衡

土壤表面吸收太阳辐射热后，大部分消耗于土壤水分蒸发与大气之间的湍流热交换上，另一小部分被生物活动所消耗，只有很少部分通过热交换传导至土壤下层。单位面积上每单位时间内垂直通过的热量叫热通量，以 R 表示，单位为 $J/(cm^2 \cdot min)$，它是热交换量的总指标。土壤的热量平衡是指土壤热量在一年中的收支情况，可以用下式表示：

$$S = Q \pm P \pm L_E \pm R \tag{2-20}$$

式中　S——土壤表面在单位时间内实际获得或失掉的热量；
　　　Q——辐射平衡；
　　　P——土壤与大气层之间的湍流交换量；
　　　L_E——水分蒸发、蒸腾或水汽凝结而造成的热量损失或增加的量；
　　　R——为土面与土壤下层之间的热交换量。

上式各符号之间的正、负双重号，表示它们在不同情况下有增温或冷却的不同方向。一般情况下，在白天，太阳辐射能被土壤吸收后便变成热能，土表温度上升，S 为正值，因此要将热量传给邻近的空气层及下层土壤；在夜间，S 为负值，土表由于向外辐射不断损失热量，温度低于邻近的空气层及下层土壤，从空气层及下层土壤有热量输送至地表。在农业生产上，常用中耕松土、覆盖地面、设置风障、塑料大棚等措施以调节土壤温度。

(3) 土壤的热性质

土壤温度的变化，一方面受热源的制约，即外界环境条件的影响；另一方面则主要决定于土壤本身的热特性。

土壤热容量　土壤受热而升温或失热而冷却的难易程度常用热容量表示。热容量是指单位重量（质量）或单位容积的土壤，当温度增加或减少 1℃ 时所需要吸收或放出的热量。土壤热容量有两种表示方法：

单位重量（质量）的土壤每增减 1℃ 所需要吸收或放出的热量，称为重量（质量）热容量，也称土壤比热。用 C 表示，单位是 $J/(g \cdot ℃)$。

单位容积的土壤每增减 1℃ 所需要吸收或放出的热量，称为容积热容量，用 C_V 表示，单位是 $J/(cm^3 \cdot ℃)$。重量热容量可以实际测定，而容积热容量不好实测，只能通过重量热容量来换算得到。两者的关系是 $C_V = C \times \rho$，ρ 是土壤容重。

热容量是影响土温的重要热特性，如果土壤的热容量小，即升高温度所需要的热量少，土温就容易升降，反之热容量越大，土温升高或降低越慢。在同一地区，砂土的含水量比黏土低，热容量比黏土小，因此，砂土在早春白天升温较快，称为"热性土"，而黏土则相反，称为"冷性土"。

土壤导热性　土壤吸收热量后，一部分用于它本身升温，一部分传送给邻近土层。土壤这种从温度较高的土层向温度较低的土层传导热量的性能，称为导热性，用导热率来衡量。土壤导热率是指单位厚度（1 cm）的土层，两端温度相差 1℃ 时，每秒钟通过单位断面（1 cm²）热量的焦耳数。一般用 λ 表示，其单位是 $J/(cm \cdot s \cdot ℃)$。

从物理学可知，物质导热率大小主要取决于物质本身性质和物态（固、液、气），土壤导热率的大小，同样也取决于土壤固、液、气三相组成及其比例。在土壤三相组成中，空气的导热率最低，水的导热率居中，土壤矿物质的导热率最大。虽然矿物质导热率最大，但它是相对稳定而不易变化的。水和空气虽然导热率小于矿物质，但土壤中的水、气总是处于变动状态。因此，土壤导热率的大小主要取决于土壤孔隙和含水量的多少。

土壤温度的变化规律 土壤热量主要来自太阳辐射能，辐射强度随昼夜和季节而变化，土壤温度也就相应地发生变化。

土壤温度的日变化：土温随昼夜发生的周期变化称为土温日变化。从表层几厘米的土温来看，早晨自日出开始，土温逐渐升高，14:00左右达到最高，以后又逐渐下降，最低温度在凌晨5:00~6:00。土壤表层温度变幅最大，而底层变化小以至趋于稳定。白天表层土温高于底层，夜间底层土温高于表层。

土壤温度的年变化：土温随一年四季发生的周期变化称为土温的年变化。土温和四季气温变化类似，通常全年表土最低温度出现在1、2月，最高温度出现在7、8月。随着土层深度的增加，土温的年变幅逐渐减小以致不变，最高、最低气温出现的时间也逐渐推迟。土温的年变化对安排作物播种、生长和收获时期极重要。

2.3.3.2 土壤能量转换的化学过程

土壤能量转换的化学过程是在风化过程中以及土壤三相物质之间的化学反应中进行的。化学反应都伴随着能量的变化，通常表现为热量的变化，即有放热或吸热的现象发生。土壤中进行的化学作用主要是吸热反应，如成土矿物的化学风化作用。土壤中也有放热的化学反应，如土壤中氨的硝化，硫、铁和锰的氧化反应。

在原生矿物和次生矿物的分解和形成过程中，伴随着能量的化学转换。次生黏土矿物具有较高能量，蕴藏着晶格能，其是在地面常温和常压下，原生矿物不断吸收太阳能的情况下形成的。因此，在次生黏土矿物的形成过程中，主要是对太阳能的吸收和积累过程。

2.3.3.3 土壤能量转换的生物过程

在土壤环境中，能量转换的生物过程是伴随着绿色高等植物和土壤微生物的活动而进行的。绿色植物通过光合作用把太阳能（光能）转变成化学能储存于有机质中。

植物光合作用每年制造的有机物可达 $1\,500 \times 10^8 \sim 2\,000 \times 10^8$ t，这些有机质就是绿色植物提供给消费者（动物）的营养源与能源。动植物遗体进入土壤后成为土壤有机质，在它们被土壤微生物分解的过程中，储存的能量大部分扩散到土壤环境中去，只有小部分转移给微生物。同时，生产者、消费者和分解者的呼吸作用要消耗一部分能量，进而使能量扩散到环境中。

思考题

1. 土壤的物质组成有哪些？
2. 什么是土壤腐殖质？其提取分组过程怎样进行？
3. 什么是土壤结构体和结构性？主要的结构体类型有哪些？
4. 土壤空气的组成特点是什么？
5. 土壤密度、容重和孔隙度之间有何关系？
6. 土壤胶体具有哪些性质？
7. 分析土壤酸碱性产生的原因。
8. 土壤环境有哪些基本特征？
9. 土壤环境的物质循环与能量转换包括哪些方面？

推荐读物

土壤学. 林大仪. 中国林业出版社,2011.
土壤环境学. 李天杰. 高等教育出版社,1996.
土壤环境学. 王红旗. 高等教育出版社,2007.

参考文献

王红旗,刘新会,等. 2007. 土壤环境学[M]. 北京:高等教育出版社.
孙铁珩,李培军,等. 2005. 土壤污染形成机理与修复技术[M]. 北京:科学出版社.
陈怀满. 2005. 环境土壤学[M]. 北京:科学出版社.
林成谷. 1996. 土壤学[M]. 2版. 北京:中国农业出版社.
黄昌勇. 2000. 土壤学[M]. 北京:中国农业出版社.
林大仪. 2002. 土壤学[M]. 北京:中国林业出版社.
李惠卓,王文全,等. 1999. 不同改土和栽培措施对沙质土颗粒组成及毛白杨根系状况的影响[J]. 河北林果研究,13(1):23-27.
谢德体. 2004. 土壤肥料学[M]. 北京:中国林业出版社.
朱祖祥. 1983. 土壤学[M]. 北京:农业出版社.
李天杰. 1996. 土壤环境学[M]. 北京:高等教育出版社.
林大仪,谢英荷. 2011. 土壤学[M]. 2版. 北京:中国林业出版社.
王荫槐. 1992. 土壤肥料学[M]. 北京:中国农业出版社.
仲跻秀. 1992. 土壤学[M]. 北京:中国农业出版社.
聂俊华. 1994. 土壤学[M]. 北京:北京农业大学出版社.

3 土壤污染概述

本章提要

本章主要介绍土壤环境污染概念、特点及危害，土壤环境背景值和环境容量，土壤环境污染物及其来源，污染物在土壤环境中化学行为。要求了解土壤环境污染特点、危害，土壤环境污染物及其来源；掌握土壤环境污染、土壤环境背景值、土壤环境自净作用的定义，土壤环境背景值的应用，污染物在土壤环境中迁移转化特征。

土壤是一个开放的生态系统，它与外界不断地进行着物质和能量交换。随着人类社会对土壤环境利用的不断增加，土壤的开发强度越来越大，向土壤中排放的污染物质也成倍增加。在进入土壤的物质中，植物枯枝落叶和动物残骸等在土壤微生物的作用下可以被分解，成为土壤组成的一部分；而有些化学物质如重金属、农药等可以被土壤颗粒吸附或降解，但其在土壤中积累达到一定的量，就会对土壤环境造成危害。当前，农田土壤受到有害物质的污染已经十分普遍，并由此产生农作物产量降低、品质下降，威胁人体健康，造成大气、水环境的次生污染等问题，已成为当今世界上人们普遍关注的环境问题。据统计，我国已有 $1\,000\times10^4 \ \text{hm}^2$ 的农田土壤遭受到不同程度污染，对农业生态系统已造成极大威胁。只有掌握土壤污染的现状、污染过程机理、污染物质来源以及污染物质在土壤环境中的化学行为，才能提出切实可行的土壤污染防治措施与对策。

3.1 土壤环境污染

随着经济的快速发展，工业化步伐的加快和城市化进程的推进，土壤污染问题日益严重。

3.1.1 土壤污染的概念

目前对土壤污染的概念有3种阐述：一种认为由于人类活动向土壤中添加有害物质或能量，此时称为土壤污染。可是，土壤对外来污染物质具有一定的吸附-固定能力、氧化-还原作用及土壤微生物分解作用，能够缓冲外来污染物质造成的危害，降低外来污染物对生态系统的风险，只有外来污染物质进入的量超过土壤自净作用能力，在土壤中积聚进而影响土壤的理化性质才能造成污染。这个定义的关键在于强调是否人为添加污染物，可视为"绝对性"定义；第二种是以特定的参照数据来加以判断的，以某种物质土壤背景值加2倍标准差为临界值，如超过此值，则称为土壤污染，可视为"相对性"定义。第三种定义是不但要看含量的增加，还要看后果，即当进入土壤的污染物超过土壤的自净能力，污染物在土壤中积累，对生态系统造成了危害，此时才能称为土壤污染，这可视为"综合性"定义。第三种定义更具有实际意义，得到了当前学术界的认可。这3种定义均指出由于人类活动导致土壤中某种物质的含量明显高于该物质的土壤背景值即构成了污染。综上所述，土壤污染是指人类活动产生的物质或能量，通过不同途径输入到土壤环境中，其数量和速度超过了土壤自净能力，从而使该种物质或能量在土壤中逐渐累积并达到一定的量，破坏土壤原有生态平衡，导致土壤环境质量下降，自然功能失调，影响作物生长发育，致使产量和质量下降，或产生一定的环境次生污染效应，危及人体健康和生态系统安全的现象。农田土壤污染最明显标志是土壤生产力下降，直观表现为农作物产量降低、品质下降。

3.1.2 土壤污染的特点

土壤处于大气、水和生物等环境介质的交汇处，是连接自然环境中无机界、有机界、生物界和非生物界的中心环节。环境中的物质和能量不断地输入土壤体系，并且在土壤中转化、迁移和积累，影响土壤的组成、结构、性质和功能。土壤因其具有特殊的结构和性质在生态系统中起着重要的净化、稳定和缓冲作用。因此，土壤污染相对于其他环境介质污染具有其自身的特点。

(1) 隐蔽性与滞后性

大气、水体和废弃物污染比较直观，容易被人们发现，而土壤污染则往往要通过对土壤中污染物监测、农产品产量测定和品质分析、植物生态效应及环境效应监测，来判断土壤是否污染，其危害要通过农作物的产量和质量以及长期摄食这些农作物的人或动物的健康状况来反映，从污染物进入土壤、在土壤中累积、土壤污染危害被发现通常会滞后较长的时间，所以土壤污染具有污染的隐蔽性和危害的滞后性。如20世纪50年代前后日本发生的"痛痛病"事件是一个典型的例证，由于当地居民长期食用含镉废水灌溉农田生产的"镉米"所致，这种污水灌溉经历了10~20年，造成的危害才显现出来。据报道，当时日本发生"痛痛病"重病地区大米含镉量平均为0.527 mg/kg。

(2) 累积性与地域性

污染物质在大气和水体中，随着大气运动和水体的流动，容易扩散和稀释；而污染物进入土壤后，由于土壤环境介质流动性很小，加之土壤颗粒对污染物的吸附和固定，这使得污染物质在土壤中不像在大气或水体中那样容易扩散和稀释，因此容易在土壤中不断积累而超标，尤其重金属类等无机污染物在土壤中的累积性更强；污染物来源和性质的不同，也导致土壤污染具有明显的地域性。例如，在有色金属矿的开采和冶炼厂周围的土壤往往是被重金属污染，在石油开采和炼油厂周围的土壤往往是被石油烃污染。

(3) 不可逆性与长期性

污染物进入土壤环境后，在土壤中迁移、转化，同时与土壤组分发生复杂的物理化学过程，使污染物的数量和形态发生变化，有些污染物最终形成难溶化合物沉积在土壤中，并且长久地保存在土壤里。土壤一旦遭到污染后很难将污染物彻底地从土壤中去除，尤其重金属元素和持久性有机污染物对土壤的污染不仅具有不可逆性，而且在土壤中存留时间很长，如果不进行人为治理的话，这些污染物能够长期地存留在土壤中，即使一些非持久性有机污染也需要一个较长的降解时间。例如，沈阳—抚顺污水灌溉区发生的石油、酚类污染以及后来沈阳张士灌区发生的镉污染，造成大面积的土壤毒化，致使水稻矮化、稻米异味、水稻含镉量超过食品卫生标准。另外，因土壤污染产生的土地荒芜、寸草不生，水和大气环境污染，生物体畸形等对生态系统和人体健康造成的影响和危害，是不可逆的和长期的。

(4) 后果的严重性

20世纪80年代末至90年代初，奥地利人W. M. Stigliani根据环境污染的延缓效应及其危害，用"化学定时炸弹"(chemical time bomb, CTB)的概念来形象化地描述土壤污染严重后果，其含义是指在一系列因素的影响下，使长期储存于土壤中的化学物质活化，而导致突然爆发的灾害性效应。化学定时炸弹包括两个阶段，即累积阶段（往往历经数十年或数百年）和爆炸阶段（往往在几个月、几年或几十年内造成严重灾害）。

土壤污染不但直接表现土壤生产力的下降，而且污染物容易通过植物、动物进入食物链，使某些微量和超微量的有害污染物质在农产品中富集起来，达到危害生物的含量水平，从而会对动植物和人类产生严重的危害。即便污染物质在土壤中没有达到危害的水平，但在其上生长的植物，被人、畜食用后，大部分污染元素在人或动物体内排出率较低，也可以日积月累，最后引起生物病变。大量资料研究表明，土壤污染与居民肝肿大之间有着明显的剂量-效应关系，污灌时间长、土壤污染严重地区的人群肝肿大发病率高。土壤污染严重影响了土地生产力，导致粮食产量下降、品质降低。例如，由于施用含有三氯乙醛的废硫酸生产的过磷酸钙肥料，造成小麦、花生、玉米等十多种农作物轻则减产，重则绝收，损失十分惨重。另外，土壤污染还会危害其他环境要素。例如，土壤污染后通过雨水淋洗和灌溉水的入渗作用，可导致地下水的污染，污染物随地表径流迁移造成地表水污染；污染物通过风刮起的尘土或自身的挥发作用可造成大气的污染。所以，污染的土壤又是水体和大气的污染源。

3.1.3 土壤污染的危害

土壤是人类农业生产的基地和珍贵的自然资源，是维持人类生存发展的必要条件，是社会经济发展最基本的物质基础，土壤遭受污染必然会对农业和人类健康带来一系列的危害。从已调查资料来看，我国土壤污染主要是由污灌引起的，其次是大气污染物引起的氟污染、矿区的重金属污染以及农田的化肥与农药所致的土壤污染。

土壤污染可使土壤的性质、组成及性状等发生变化，破坏了土壤原有的自然生态平衡，从而导致土壤自然功能失调，土壤质量恶化，影响作物生长发育。土壤污染的危害不仅导致农产品的产质产量下降、降低农业生产的经济效益，而且造成生态环境破坏，威胁人类的健康和生存。

3.1.3.1 土壤污染对农业的危害

土壤是农业最重要的生产资料，是人类的食物来源，农田土壤污染直接影响植物生长、人类健康与生存，所以农田土壤污染历来备受人们关注。

根据土壤污染定义可知，只有当污染物浓度达到一定水平时农作物才会遭受毒害，导致农作物大量减产甚至死亡。例如，铅被植物根系吸收后难以向地上部分输送，90%以上仍留在根系，过多的铅抑制或不能正常地促进某些酶的活性，从而影响光合作用和呼吸作用，不利于植物对养分的吸收。我国每年因重金属污染而减产粮食逾 $1\,000\times10^4$ t，被重金属污染的粮食每年多达 $1\,200\times10^4$ t，合计经济损失至少 200 亿元。

土壤化学肥料和农药污染是重要的土壤环境问题。在农业生产中使用农药必不可少，一部分农药经挥发、淋溶、降解会逐渐消失，但仍有一部分残留在土壤中，通过植物根系吸收进入植物体，并逐渐积累。同时，肥料的长期施入也会对土壤环境造成很大的影响。例如，施入氮肥可造成土壤中硝酸盐不断积累，通过地表径流、淋溶等使 N、P 等植物营养元素进入海洋、河流、湖泊中，造成水体富营养化。

对于一些固体废弃物，其在堆放或处理过程中都会伴随污染物的迁移，从而从多方面影响土壤环境。大量固体废弃物堆放不仅占用大量土地，对土壤也会造成严重污染，且对大气和水体的污染经由自然循环亦会对土壤的性质和功能造成一定影响。

如果土壤污染物质在植物可以忍受的限度之内，植物仍可以成熟，但植物的细胞、组织或某一器官已经遭到毒害，食用后会直接对人体产生毒害。

3.1.3.2 土壤污染对人类健康的危害

土壤环境污染一旦形成，对人类健康就会产生很大的影响，有的危害是直接的，有的是间接的。一方面，土壤中有机污染物分解时可能产生一些恶臭气体，而且有些有机物降解时会产生危害动植物和人类的有毒气体；另一方面，土壤中的重金属和某些有机物可以在植物体内富集，通过食物链影响动物和人类健康。例如，镉的化学毒性极大，对人体危害的典型症状是骨痛病；铅对人体神经系统、血液和血管有毒害作用；有机农药的残留具有严重的人体毒害效应等。目前应用的低毒、高效、低残留农药对污染问题有所缓解，但是随农药带入土壤中的重金属仍是一个不容忽视的问题。一些放射性金属对人类健康的危害非常严重，会引发一系列病症发生。

综上所述，造成土壤污染原因主要是重金属、农药、化肥、固体废弃物、工业"三废"等以各种形式进入土壤，化肥和农药在发挥农业效益的同时也污染了土壤和农业环境，造成了对植物、动物和人体的显著危害。

3.2 土壤环境背景值和环境容量

当人类发现环境受到污染和自身健康受到威胁时才意识到环境保护的重要，而了解某种元素土壤环境背景值与环境容量是做好环境保护工作的前提和基础。土壤元素环境背景值和土壤环境容量的研究是确定土壤污染、预测环境效应和制定土壤环境质量标准的重要内容和基础性研究资料。土壤环境背景值的研究始于20世纪70年代，它是随着环境污染的出现而发展起来的，美国、英国、德国、加拿大、日本等国已作了大量深入的研究工作，并公布了土壤某些元素背景值。我国在"六五"和"七五"期间将土壤背景值列入国家重点科技攻关项目，在全国范围内组织多家单位协作研究，先后开展了多个地区土壤背景值的研究，同时还开展了土壤背景值的应用及环境容量研究，并于1990年出版了《中国土壤元素背景值》一书，这是目前国内在土壤背景值方面研究最具权威的著作，为我国环境科学、土壤科学发展提供了重要的基础性资料。以正常条件下的物质浓度为背景状况，异常者为污染状况。土壤中从背景状况到引起动植物受害时的污染状况之间，其含量差异就是土壤对该污染的环境容量。土壤的环境背景值与环境容量是土壤环境质量的两个重要参数，是保护土壤环境必备的基础知识。

3.2.1 土壤环境背景值

土壤环境背景值在理论上应该是土壤在自然成土过程中，构成土壤自身的化学元素的组成和含量，即未受人类活动影响的土壤本身的化学元素组成和含量。但是，土壤环境背景值不是一个不变的量，而是随土壤因素、气候条件和时间因素的变化而变化，地球上的土壤几乎不同程度地受到人类活动直接或间接的影响，目前已很难找到绝对不受人类活动影响的土壤。土壤环境背景值与土壤自然背景值有所不同，它既包括自然背景部分，也包括微量外源污染物（如大气污染物输送沉降等）；或者说它是土壤当前的环境背景值或本底值，是维持当前土壤环境质量的目标。因此，土壤环境背景值一般是相对的和具有历史范畴的一组值，即严格按照土壤背景值研究方法所获得的尽可能不受或少受人类活动影响的土壤化学元素的原始含量。土壤环境背景值是在一定地理位置，一定时期内相对稳定的、保证生态条件正常的土壤元素含量及其赋存状态。

3.2.1.1 土壤背景值的测定

由于地球上很难找到绝对不受人类活动影响的土壤，因此要获得一个尽可能接近自然土壤化学元素含量的真值是相当困难的。土壤背景值的测定应建立在包括情报检索、野外采样、样品处理和保存、实验室分析质量控制、数据分析统计与检索、制图技术等工作系统上。土壤背景值的测定是一项相当复杂的系统工程，从情报收集、样品采集到数据处理都有着严格的要求。

（1）土壤环境特征资料收集

要了解待测区域土壤成土因素（包括气候、生物、母质、水文等）、土地利用类型、土壤剖面层次结构，这是做好区域土壤环境背景值测定的基本资料；进一步掌握目标土壤区域的面积、地理位置、气候、水文、地形地貌、地质、植被以及卫星像片等，相关资料全面、准确、翔实有助于研究工作的顺利开展。

（2）土壤样品的采集与制备

土壤样品的采集应对所研究的对象具有足够的代表性，以客观地反映土壤总体的实际情况。土壤样品采集要尽可能地远离已知的污染源，特别是污染源的下风口；土壤样品应代表研究区域主要土壤类型；根据区域面积大小要选取合适的采样点布置方法。所采集的样品应在通风的室内尽快自然风干，然后用木棒或塑料棍压碎，用四分法取样、过筛后装入广口玻璃瓶或塑料袋中贮存。贮存容器内外均应标明采样地点、土壤名称、深度、采样日期和采样者等。

（3）土壤背景值的分析

土壤背景值的分析除了常规分析元素以外，更主要的是微量元素。由于微量元素的含量很低，多为 10^{-6} 数量级和 10^{-9} 数量级甚至更低。土壤背景值的分析应在精确度、灵敏度和误差控制范围方面给予保证。同时，必须带有标准样品和必要数量的空白样品进行平行测定和回收检验，以及对空白值控制图、精密度控制图和准确度控制图的监控，以保证分析结果的精准性。按照各元素分析结果的频数分布规律进行统计，确定背景值。当数据分布符合正态分布时，可采用算术平均值与标准方差作为背景值，对于偏态分布的元素，需经过正态化处理后才能计算平均值和标准差。同时，为了保证土壤背景值的代表性和精确性，需要进行一系列的检验，包括样点数的检验、分析化验的质量检验、背景值结果的频数分布类型检验、含量分级的差异显著性检验等多角度分析与考证，方可确定背景值的可靠性。具体方法可参阅有关统计书籍。

3.2.1.2 土壤背景值的影响因素

（1）成土母岩和成土过程的影响

各种岩石的元素组成和含量不同是造成土壤背景值差异的根本原因，母岩在成土过程中的各种元素重新分配，是造成土壤背景值差异的重要原因。

（2）地理、气候条件的影响

地形条件对成土物质、水分等的重新分配有重要影响，影响土壤中元素的聚集和流失。气候条件对母岩风化、淋溶作用的影响导致在不同条件下形成的土壤元素背景值存在差异。

（3）人类活动的影响

人类的各种活动，特别是农业生产中的耕作方式和习惯、种植作物的品种、施入土壤的肥料等农业措施，都对土壤中某些元素或组分的含量和形态有显著影响。

3.2.1.3 土壤背景值与地方病的关系

土壤中各元素与生命活动的密切关系，是通过食物链（网）组建起来的。根据土壤元素含量及其对生物的作用，可将土壤元素分为两大类：生物必需元素与非必需元素。必需元素含量过低时，生命活动不能正常进行；含量过高时，对生命活动又不利，只能维持在一定浓度范围内。非必需元素在土壤环境中含量较低时，对生命尚无明显不利作用，但稍微升高就可导致严重的后果，如汞、镉等重金属。土壤中某些元素含量的巨大变化已经引起了明显的病变，即所谓的地方性疾病。目前已经基本明确病因的地方性疾病有甲状腺病、氟病、大骨节病及克山病等，这些病都是因土壤中某一种或几种元素背景含量过高或过低所引起的。甲状腺病是由地区性土壤中碘元素含量异常造成的；地方性氟病包括龋齿（主因缺氟）与氟中毒，由于氟的水迁移性强，所以高温多雨与淋溶性地区易于产生缺氟病；克山病为一种地方性心肌病，据研究这是与钼和硒有关的病害，尤其与缺硒关系最大。

3.2.1.4 土壤背景值的应用

土壤背景值为土壤环境质量评价，农、林、牧业生产的合理规划，微量元素肥料的合理施用，土壤环境污染评价，追踪污染源等提供基础数据和科学依据；同时在土壤环境质量评价、指导农田施肥、土地资源评价与国土规划以及环境医学和食品卫生等方面均有重要的实用意义。

(1) 土壤背景值是土壤环境质量标准制定和土壤环境污染评价的基础

土壤环境质量标准是指保护土壤环境质量，保障土壤生态平衡，维护人体健康而对污染物在土壤环境中的最大容许含量。在制定土壤环境质量标准时，首先要明确的就是该区域土壤环境背景值。在土壤环境质量评价和土壤环境污染等级划分上也必须以土壤环境背景值作为基础参数和标准，以此为基础标准进而对土壤环境质量进行分析、预测、调控及制定相应的防治措施等。

(2) 土壤背景值可作为挥发性污染物来源及其污染途径追踪的依据

当发现植物和动物因污染受到危害时，或是某些组分异常时，不能直接归咎于土壤污染。例如植株体内汞浓度的增高，很多情况下都不是因为土壤中汞直接污染造成的。如何来判断污染源呢？首先掌握该区域土壤汞元素背景值及其浓度分布与植物体内汞浓度的关系，再根据植株各个器官汞含量的分布状况，来判断汞元素的来源。研究发现，通过作物根系从土壤中吸收进入植株体内的汞，其分布为根＞茎＞叶；而通过叶片气孔进入植株体内的汞，其分布为叶＞茎＞根，就可以判断汞的污染来源与迁移渠道。

除汞之外，还有许多金属、挥发性化合物都有可能通过大气传播迁移到农田与植物体上，只有应用此法才能判断污染物的来源，从而提出防治对策。

(3) 土壤背景值反映区域土壤生物地球化学元素的组成和含量，是地方病诊断的基础

土壤元素背景值与人类健康密切相关。由于成土母质和成土条件等的影响，一些土壤元素表现异常，从而影响人类健康，引起地方性疾病。已证实，在低硒土壤背景区域，是克山病、大骨病及动物白肌病的发病区，这是由于土壤缺硒，使整条食物链缺硒，最终导致人体内硒营养失常，从而危害人体健康。

(4) 土壤背景值可以指导农业施肥

土壤环境背景值反映了土壤化学元素的丰度，是研究土壤化学元素，特别是研究微量和超微量化学元素有效性的基础，也是预测元素含量丰缺，制定施肥规划、施肥方案的基础，在农业生产上有着广泛的应用价值。土壤背景值作为一个"基准"数据，不仅仅在土壤学、

环境科学上有重要意义，在农业、医学、国土规划等方面都有重要的应用价值。

3.2.2 土壤自净作用

土壤自净作用，即土壤环境自然净化作用，是指在自然条件下，污染物在土壤环境中通过吸附、分解、迁移、转化等过程浓度降低、毒性或活性下降，甚至消失的过程。土壤环境的自净功能对维持土壤生态平衡起着重要作用，明确土壤环境自净作用及其机理对制定土壤环境容量，选择土壤环境污染调控与污染修复技术有重要的指导意义。

3.2.2.1 土壤环境的自净作用

土壤自净作用按照其作用机理的不同，可以分为物理净化作用、物理化学净化作用、化学净化作用和生物净化作用。

（1）物理净化作用

土壤是一个多相的疏松多孔体系，犹如一个天然过滤器，固相中的各类胶态物质——土壤胶体又具有很强的表面吸附能力，土壤对物质的滞阻能力是很强的。物理净化就是利用土壤多相、疏松多孔的特点，通过吸附、挥发、稀释、扩散、迁移等物理作用过程使土壤污染物趋于稳定，毒性或活性减小，甚至排出土壤的过程。

物理净化作用只能使土壤污染物的浓度降低或使污染物迁移，而不能使污染物从整个自然界中消失，如果污染物水分运动迁移进入地表水或地下水层，将造成水体污染，逸入大气则造成空气污染，同时难溶性固体污染物在土壤中被机械阻留，引起污染物在土壤中的积累，造成潜在的污染威胁。

（2）物理化学净化作用

土壤物理化学净化作用，是指污染物的阴、阳离子与土壤胶体的阴、阳离子发生离子交换吸附作用。例如：

$$\boxed{土壤胶体}\ Ca^{2+} + HgCl_2 \longrightarrow \boxed{土壤胶体}\ Hg^{2+} + CaCl_2$$

$$\boxed{土壤胶体}\ 3OH^- + AsO_4^{3+} \longrightarrow \boxed{土壤胶体}\ AsO_4^{3+} + 3OH^-$$

该净化作用为可逆的离子交换反应，且服从质量守恒定律，是土壤环境缓冲作用的重要机制。其净化能力的大小可用土壤阳离子交换量或阴离子交换量的大小来衡量。污染物的阳、阴离子被交换吸附到土壤胶体上，降低了土壤溶液中这些离子的浓（活）度，相对减轻了有害离子对植物生长的不利影响。但是，物理化学净化作用也只是相对地减轻危害，只能使污染物在土壤溶液中的离子浓（活）度降低，并没有从根本上将污染物从土壤环境中消除，相反却在土壤中"积累"起来，最终仍有可能被生物吸收，危及土壤生态系统。

（3）化学净化作用

化学净化作用主要是指通过溶解、氧化、还原、化学降解和化学沉降等过程，使污染物迁出土壤之外或转化为不被植物吸收的难溶物，并不改变土壤结构和功能的作用方式。污染物进入土壤后，可以发生一系列的化学反应。这些反应有凝聚与沉淀，氧化还原，络合-螯合，酸碱中和，同晶置换（次生矿物形成过程中），水解，或者发生由太阳辐射能引起的光化学降解等反应。通过这些化学反应，或者使污染物转化成难溶、难解离物质，使危害程度和毒性降低；或者分解为无毒物质或植物营养物质。例如，农药在土壤中可以通过化学净化

3 土壤污染概述

等作用而消除，但重金属在土壤中只能发生凝聚沉淀反应、氧化还原反应、络合-螯合反应、同晶置换反应等，活性可能会因此发生改变，但不能被降解。

(4) 生物净化作用

生物净化作用是指有机污染物在微生物及其酶作用下，通过生物降解，被分解为简单的无机物而消散的过程。从净化机理和净化结果来看，生物化学自净是自然界中污染物去除最彻底的途径。

土壤中的微生物种类繁多，各种有机污染物在不同条件下的分解形式也是多种多样的，包括氧化还原反应、水解、脱烃、脱卤、芳环羟基化和异构化、环破裂等过程，最终转变为对生物无毒的无机物、水和CO_2。在土壤中，某些无机污染物也可在土壤微生物的参与下发生一系列化学变化，以降低活性和毒性。但是微生物不能净化重金属，甚至会使重金属在土体中富集，这也是重金属成为土壤环境最危险污染物的重要原因。

土壤环境中的污染物质，被生长在土壤中的植物所吸收、降解，并随茎、叶、种子或果实而离开土壤，或者为土壤中蚯蚓等软体动物所食用，污水中的病原菌被某些微生物所吞食等，这些都属于土壤环境的生物净化作用。总之，土壤自净作用是物理、物理化学、化学和生物共同作用、互相影响的结果，土壤自净能力是有一定限度的，这就涉及土壤环境容量问题。

3.2.2.2 土壤环境的自净作用影响因素

(1) 土壤的物质组成

土壤环境的物质组成主要包括土壤矿质部分的质地、土壤有机质的数量、土壤的化学组成和土壤黏粒种类与数量。

(2) 土壤环境条件

土壤环境条件主要包括土壤的pH值与Eh条件，土壤的水、热条件等。

(3) 土壤环境的生物学特性

土壤中微生物种类和区系的变化，影响了土壤环境中污染物的吸收固定、生物降解和迁移转化。

(4) 人类活动的影响

人类活动也是影响土壤净化的重要因素，如长期施用化肥可引起土壤酸化而降低土壤的自净能力；施石灰可提高土壤对重金属的净化能力；施有机肥可增加土壤有机质含量，提高土壤净化能力。

3.2.3 土壤环境容量

土壤环境容量是针对土壤中有害物质而言，指在一定环境单元、一定时限内遵循环境质量标准，既能保证农产品产量和质量又不对周围环境产生次生污染时土壤所能容纳污染物最大负荷量。如从土壤圈物质循环角度来考虑，亦可简要地定义为"在保证土壤圈物质良性循环的条件下，土壤所能容纳污染物的最大允许量"。由定义可知，土壤环境容量实际上是土壤污染物的起始值和最大负荷量之差。如果把土壤环境标准作为土壤环境容量的最大允许极限值，则土壤环境容量的计算值是土壤环境标准值减去背景值（或本底值），即为土壤环境的基本容量，或称之为土壤环境静容量。土壤环境的静容量从理论上反映了土壤环境对污染物的最大容量，但没有考虑土壤环境自身的自净作用。因此，土壤环境容量应该是土壤静容量与土壤净化量之和，这才是实际的土壤环境容量或称土壤动态容量。

3.2.3.1 土壤环境容量的计算

土壤环境容量的数学计算模式，是土壤环境生态系统与其边界环境中诸参数构成的定量关系，用以表达土壤环境容量范畴的客观规律。

当土壤环境容量标准确定后，土壤的静容量可表示如下：

$$C_{so} = M(C_i - C_{bi}) \tag{3-1}$$

式中　C_{so}——土壤静容量；

　　　M——耕层土重（2 250 t/hm²）；

　　　C_i——i 元素的土壤环境标准（mg/kg）；

　　　C_{bi}——i 元素的土壤背景值（mg/kg）。

静容量表征土壤对某种污染物质的容纳能力，并不是实际的土壤环境容量。实际上，各种元素在土壤中都是处于一个动态的平衡过程，土壤环境容量是一个变动的量值。

3.2.3.2 土壤环境容量的确定

土壤环境容量是以生物反应状况为基础的污染物在土壤中的临界水平。所以要取得土壤环境容量值必须进行生物实验，对农作物而言多为盆栽实验。对于同一作物，以全量计，土壤临界浓度的含量随土壤类型而有很大差异，对于阳离子而言，土壤呈酸性的，其临界浓度低，而石灰性土壤临界浓度较高。因此，土壤一旦酸化，就会导致临界浓度降低，从而使土壤环境容量下降。不同作物的土壤临界浓度也有较大差异。例如，在四川酸性紫色土上，种植水稻土壤铜离子的临界浓度是 700 mg/kg，而种植莴笋土壤铜离子的临界浓度只有 20 mg/kg。因此，从整个生态系统出发，确定一个区域的土壤环境容量应以最敏感而常见的作物的实验结果为基础而确定。

利用生物实验取得土壤环境容量需要经历较长的时间，而且所得实验的结果是因土因作物而异。研究发现，用化学容量法代替生物学容量法获取土壤临界浓度是可行的。化学容量法是以有害物质在土壤中达到致害生物时的有效浓度为指标，来确定土壤环境容量。此方法的优点是简便易行，且指标易于统一。该方法不仅是经过大量生物实验证明其有效性，而且是对有害元素在土壤中的形态转化及其危害临界值进行的大量研究中逐渐总结出来的。

3.2.3.3 土壤环境容量的影响因素

土壤环境容量的大小受多种因素影响，包括土壤类型与性质、指示植物种类、污染物环境效应与污染历程及其污染物类型与性质等。

（1）土壤类型与土壤性质

土壤类型与性质对环境容量有显著的影响，不同土壤类型所形成的环境地球化学背景值不同，同时土壤的物质组成、理化性质和生物学特性以及影响物质迁移转化的水热条件也都因土而异，因而其净化性能和缓冲性能也不同。如土壤 Cd、Cu、Pb 容量大体上由南至北随土壤类型的变化而逐渐增大，而南方酸性土壤 As 的变动容量一般较高，北方碱性土壤一般较低。即使同一母质发育的不同地区的黄棕壤，对重金属的土壤化学行为的影响和生物效应均有显著差异。

(2) 指示植物的种类

用作指示植物的种类、部位不同，得到土壤环境临界含量有很大差异。例如，添加相同浓度的重金属时，麦粒中的 Pb 和 Cd 含量大于糙米，而糙米的 As 和 Cu 含量大于麦粒。

(3) 污染物环境效应与污染历程

土壤环境中污染物的累积量，除不能影响土壤生态系统的正常结构与功能外，还要求从土壤环境输出的污染物不会导致其他环境子系统的污染。因此，环境效应是确定土壤环境容量的重要方面，同时对土壤环境容量的研究确定提出更严格的要求。另外，污染物进入土壤后，可以溶解在土壤溶液中，或吸附于胶体表面，或与土壤中其他化合物产生沉淀等，这些过程均与污染历程有关，土壤中重金属的溶出量、形态和积累程度均随时间发生变化。

(4) 污染物类型和性质

污染物的类型及其性质是影响其在土壤环境中迁移转化的内因，研究污染物在土壤环境中的化学行为是揭示污染物的环境基准与环境容量及其区域分异的实质内容，并将其作为确定土壤环境基准的重要依据。化合物类型对土壤环境容量的影响较明显，如当红壤中添加浓度同为 10 mg/kg 的 $CdCl_2$ 和 $CdSO_4$ 时，糙米中 Cd 浓度分别为 0.65 mg/kg 和 1.26 mg/kg。

另外，环境因素（温度、pH 值等）、复合污染和农产品质量的标准对确定土壤环境容量均有明显的影响，国家制定的粮食卫生标准若发生变动，土壤环境容量也要作出相应的调整。

3.2.3.4 土壤环境容量的应用

(1) 土壤环境质量标准制定的依据

土壤环境质量标准的制定比较复杂，目前各国均未有完善的土壤环境质量标准。通过土壤环境容量的研究，在以生态效应为中心，全面考察环境效应，元素化学形态效应及其净化规律基础上提出了各元素的土壤基准值，可为区域性土壤环境标准的制订提供基础依据。

(2) 制定农田灌溉水质标准

制订农田灌溉水质标准、把水质控制在一定浓度范围是避免污水灌溉污染土壤的重要措施。用土壤环境容量制定农田灌溉水质标准，既能反映区域性差异，也能因区域性条件的改变而制定地方标准。以灌溉水质标准为例，未经处理或仅经初步处理的废水常常含有较高含量的重金属，过量或不合理使用将导致土壤污染。污灌水质标准因土壤环境容量、灌溉量、年累积率和时间而异，当预期的污灌时间越长，则允许的标准越低。

根据土壤本身的动容量以及计划的灌溉年限，可以确定灌溉水中污染物的允许浓度，计算式可表示为：

$$Cw = (Qd/t - q)/Mw \tag{3-2}$$

式中 Cw——灌溉水中某一重金属的浓度；

Qd/t——土壤中某一种金属元素的年动容量；

q——污染物通过降水、施肥等途径的输入量；

Mw——灌溉量。

(3) 土壤环境质量评价与土壤污染预测

在土壤环境容量研究中，获得了重金属土壤临界含量，在此基础上提出了建议的土壤环境质量标准，为准确评价土壤环境质量提供了依据。同时，土壤污染预测是制定土壤污染防治规划的重要依据，土壤环境容量是进行预测的一个重要指标。

（4）制定污染物总量控制的依据

土壤环境容量充分体现了区域环境特征，是实现污染物总量控制的重要基础。以区域能容纳某污染物的总量作为污染治理量的依据，使污染治理目标明确。以区域容纳能力来控制一个地区单位时间污染物的容许输入量。在此基础上可以合理、经济地制定总量控制计划，可以充分利用土壤环境的纳污能力。

（5）指导污染土壤治理与应用

根据土壤环境容量理论，选择合适的污染土壤治理技术，合理规划土地利用方式，筛选对各污染物忍耐力较强、吸收率低的作物，发展生态农业。另外，增施有机肥提高土壤有机质含量，提高土壤环境容量。

3.3 土壤污染物与污染源

土壤污染物的确定及对其来源的分析是保护土壤环境和防治土壤污染的重要依据，可以帮助我们确定土壤污染类型，污染程度，污染时间和主要污染物。

3.3.1 土壤污染物

土壤污染物是指由人为或自然因素进入土壤并影响土壤的理化性质和组成，导致土壤质量恶化、土壤环境系统自然功能失调的物质。随着工农业迅猛发展，产生污染土壤环境的物质种类越来越多，按其性质可分为以下几类：

3.3.1.1 重金属污染物

土壤中重金属元素主要是指相对密度大于 5 g/cm^3 的微量金属（或类金属）。较常见的一些重金属污染物有汞（Hg）、镉（Cd）、铬（Cr）、铅（Pb）、铜（Cu）、锌（Zn）、钴（Co）、镍（Ni）和类金属砷（As）等。其中，汞（Hg）、镉（Cd）、铬（Cr）、铅（Pb）、砷（As）等元素在环境科学上被称为"五毒元素"，说明这 5 种元素对生物体危害性很大；而铜（Cu）、锌（Zn）等元素是生物生长发育必需的微量元素，过多、过少都会对生物体产生危害。重金属污染物是土壤中最难以治理的一种污染物，其特点为形态稳定，潜伏性期长，隐蔽性强，难分解，易富集，危害大，可以通过食物链在动植物体内累积，最终危害人类。例如，"八大公害"中的"痛痛病"事件就是因为人类食用了含有镉（Cd）的大米所致。重金属元素污染的土壤，如果不进行人为干预治理的话，重金属很难从土壤环境中去除。

3.3.1.2 农药、化肥类污染物

在农业生产上人们为了追求粮食产量而大量地施用农药和化学肥料，导致这些化学物质在土壤中大量的残留，已成为当前重要的土壤环境问题。目前使用的农药种类繁多，主要分为有机氯农药如 DDT、六六六、狄氏剂，有机磷农药如马拉硫磷、对硫磷、敌敌畏等。农药主要包括杀虫剂、除草剂以及杀菌剂。在农药的使用中，除草剂所占的比例最大，杀虫剂其次，杀菌剂最少。由于农药本身性质和使用方法不当，在土壤中可以长期残留且呈现较高毒性，同时有些农药的靶向性较差而对农作物的生长造成影响。农药还可以通过食物链向更

高的营养级富集,从而造成更大的危害。尤其一些有机氯类农药在土壤中残留时间较长,危害大。尽管我国在20世纪80年代已经禁止使用有机氯类农药,但在这之前使用的农药在土壤中仍然存在,由于土壤对这类农药的降解能力很差,如除草剂2,4-D、2,4,5-T、苯氧羧酸类,杀虫剂DDT、六六六、马拉硫磷等。据国家环境保护部统计,我国化肥年施用量达$4700×10^4$ t,而利用率仅为30%左右。大量施用化肥、农药,造成耕地质量不断下降,而为了提高粮食产量,又要施用更多的化肥、农药,形成恶性循环,对土壤环境危害较大。尤其是氮素肥料的大量施用,造成了硝酸盐在土壤中大量积聚。

3.3.1.3 酸、碱、盐类污染物

随着工业的发展,工厂向大气中排放的废气不断增加,如二氧化硫、二氧化碳、氮氧化物等酸性气体,这些酸性气体通过干湿沉降进入土壤,使土壤酸化;另一方面,因碱法造纸、化学纤维、制碱、制革以及炼油等工业废水进入土壤,造成土壤碱化,又如,在石灰产业周边地区,大量碱性气体和烟尘进入土壤,导致土壤pH值偏高;酸性废水或碱性废水中和处理后可产生盐,而且这两类废水与地表物质相互反应也能生成无机盐类,所以土壤遭受到酸和碱的污染必然伴随着无机盐类的污染,另外,在蔬菜保护地生产上由于灌溉不合理,加之特殊的生产环境条件,保护地生产土壤盐渍化问题也日渐突出。当前,硝酸盐、硫酸盐、氯化物、可溶性碳酸盐等是常见的且大量存在的无机盐类污染物,这些无机污染物会使土壤板结,改变土壤结构,土壤盐渍化和影响水质等。

3.3.1.4 有机类污染物

土壤中的有机类污染物除农药外,还有石油、化工、制药、油漆、染料等行业排放的废弃物,其中含有石油烃类、多环芳烃、多氯联苯、酚类等,这些有机污染物性质稳定,能在土壤中长期残留,导致土壤的透气性降低,含氧量减少,影响土壤微生物活性和作物的生长,并在生物体内富集,危害生态系统。

3.3.1.5 放射性污染物

放射性污染物是使土壤的放射性水平高于自然本底值。放射性元素主要有Sr、Cs、U等,主要来自核工业、核爆炸以及核设施泄露,可通过放射性废水排放、放射性固体埋藏以及放射性飘尘沉降等途径进入土壤环境造成污染。放射性物质与重金属一样不能被微生物分解而残留于土壤造成潜在威胁,这些射线会对土壤微生物、作物以及人体造成伤害。土壤受到放射性污染是难以排除的,只能靠自然衰变转变成稳定元素而消除其放射性。

3.3.1.6 病原菌类污染物

土壤中的病原菌污染物,主要包括病原菌和病毒等。来源于人畜的粪便及未经处理的生活污水,特别是医疗废水。直接接触含有病原微生物的土壤或食用被病原微生物污染的土壤上种植的蔬菜和水果,土壤病原菌能够通过水和食物进入食物链,会导致牲畜和人患病。

3.3.2 土壤污染源

土壤污染源可以分为天然污染源和人为污染源。天然污染源是指自然界自行向土壤环境排放有害物质或造成有害影响的场所,比如火山爆发、地面尘暴。人为污染源是指人类在生产和生活过程所产生的污染源,如工矿企业三废物质的排放;人为活动是土壤环境中污染物最主要的来源,是土壤污染防治研究关注的重点。根据污染源的性质将其分为以下几类:

3.3.2.1 工业污染源

工业污染源是指工业生产中对土壤环境造成有害影响的生产设备或生产场所。主要通过排放废气、废水、废渣和废热污染土壤环境。工业生产过程排放的污染物，具有排放量大，成分复杂，对环境危害大等特点。如排出的烟气中含有硫氧化物、氮氧化物、甲醛、氟化物、苯并[α]芘和粉尘等，这些物质通过干湿沉降进入土壤环境；个别地区污水灌溉现象仍然存在，导致土壤中石油烃和重金属类污染物含量超标；工业废渣的任意排放也会造成土壤污染，废渣任意堆放，在雨水作用下会产生含有污染物的渗滤液，渗滤液会向深层土壤迁移造成更大的污染。此外，由于化学工业的迅速发展，越来越多的人工合成物质进入环境；矿山和地下矿藏的大量开采，把原来埋在地下的物质带到地上，从而破坏了地球物质循环的平衡。由于工业生产的发展把重金属和各种难降解的有机污染物带到人类生活环境中，对人体健康和生态系统安全构成了危害。

3.3.2.2 农业污染源

农业污染源是指农业生产过程中对环境造成有害影响的农田和各种农业措施，包括氮素和磷素等营养物质的施用、农药和农膜等农业生产物质的使用。农业生产造成的污染属于面源污染，是继工业点源污染又一重要污染源。化肥和农药的不合理使用，破坏土壤结构，危害土壤生态系统，进而破坏自然界的生态平衡，如喷洒农药时有相当一部分直接落于土壤表面，一部分则通过作物落叶、降雨等途径进入土壤。研究表明，大量施用氮肥会造成土壤酸化，长期施用磷肥可造成重金属镉元素在土壤中积累，这是因为磷肥的生产是通过磷矿石酸化制得，从而把磷矿石中的重金属元素带到土壤中。规模化养殖场也是重要的农业污染源，长期施用以规模化养殖场的畜禽粪便为原料做成的有机肥料，也会把饲料添加剂中的重金属元素带到土壤中。另外，当前地膜覆盖技术已被广大农民所接受，由于地膜难降解，残留在土壤中的地膜破坏土壤结构，影响作物生长。

3.3.2.3 生活污染源

生活污染源是指人类生活中产生污染环境物质的发生源，包括生活垃圾、生活污水和电子垃圾等。生活垃圾在土壤表面的堆积，生活污水在土壤表面的溢流，都会导致有机物、营养元素、病原菌等污染土壤。电子信息产品更新换代快，电子垃圾已成为生活污染新来源，这些电子垃圾成分复杂，重金属等有害物质含量多，如果不进行回收再利用或专门处理，可能成为更为严重的土壤污染物的来源。

3.3.2.4 生物污染源

生物污染源是指能够产生细菌和寄生虫等致病微生物引起土壤污染的污染源，包括由人畜禽代谢物、屠宰厂和医院排放的污水及产生的垃圾。这些污染源产生的垃圾一旦进入土壤就会带入细菌和寄生虫，引起土壤的生物污染。

3.3.2.5 交通污染源

交通污染源是指交通运输工具排放的尾气中含有的重金属和石油烃类物质通过大气沉降作用和汽车轮胎摩擦产生的含锌粉尘等造成土壤环境的污染。张玉龙等研究表明，交通运输线两侧的土壤中铅等重金属元素含量离公路越近、越靠近地表，其值越高，且沿交通干线呈线状分布。

3.3.3 土壤污染类型

由于土壤污染物种类繁多，污染物来源多途径，污染机理复杂，按照污染物属性和污染途径把土壤污染划分以下几种类型。

3.3.3.1 按照污染物属性划分

按照污染物属性一般可以把污染类型分为有机型污染、无机型污染、微生物型污染、放射型污染和复合型污染。

(1) 有机型污染

有机型污染主要是指工农业生产过程中排放到土壤中难降解的农药、石油烃、酚类、苯并芘、多环芳烃、多氯联苯、二噁英和洗涤剂等物质对土壤环境产生的污染。有机污染物进入土壤后，影响土壤理化性质，危及农作物的生长和土壤生物的生存，改变土壤微生物区系。研究表明，被二苯醚污染的稻田土壤可造成稻苗大面积死亡，泥鳅、鳝鱼等生物绝迹；长期施用除草剂阿特拉津的旱田土壤，影响作物的光合作用，改变土壤微生物区系。另外，随着地膜覆盖技术的迅猛发展，由于使用的农膜难降解，加之管理不善，大部分农膜残留在土壤中，破坏了土壤结构，已成为一种新的有机污染物。

(2) 无机型污染

无机型污染主要是指无机类化学物质对土壤造成的污染，包括自然活动和人类工农业生产过程中排放的重金属、酸、碱、盐等物质对土壤环境造成的污染。无机污染物通常会通过降水、大气沉降、固体废弃物堆放以及农业灌溉等途径进入土壤。由于重金属污染土壤危害大、面积广、治理难等原因，已经成为无机型污染中最主要的污染类型。工业排放的酸、碱、盐类物质通过干湿沉降和污水灌溉等途径进入土壤，加之农业不合理施肥、灌溉，土壤酸化、碱化和盐渍化已成为限制农业生产发展一大障碍。

(3) 微生物型污染

微生物型污染是指有害微生物进入土壤，大量繁殖，改变微生物区系，破坏原有的动态平衡，对土壤生态系统造成不良影响。造成土壤微生物型污染的物质来源主要是未经处理的粪便、医疗废弃物、城市污水和污泥、饲养场与屠宰场的污物等，尤其是传染病医院未经消毒处理的污水与污物危害更大。有些病原菌能在土壤中存活很长时间，不仅危害人体健康，而且容易导致农作物产生病害，影响作物产量和品质。

(4) 放射型污染

放射型污染是指人类活动排放出高于自然本底值的放射性物质对土壤造成的污染。放射性核素可通过多种途径进入土壤，如核实验、放射性物质的排放、核设施泄露和大气中放射性物质沉降等。放射性物质衰变后能产生放射性α、β、γ射线，这些射线能穿透生物体组织，损害细胞，对生物体造成危害。

3.3.3.2 按污染途径划分

按照污染途径，污染类型一般可以分为水体污染型、大气污染型、农业污染型和固体废弃物污染型。

(1) 水体污染型

水体污染型是指通过降水、污水排放和灌溉等途径使污染物进入到土壤，导致土壤污染。主要是工矿企业废水、城乡生活污水和受污染的地表水等。水体型污染是重要的土壤污染类型，占土壤污染的80%左右，污水灌溉是典型的水体型污染。这类污染的特点是土壤污染物沿河流、灌溉干、支渠等呈树枝状或片状分布。

(2) 大气污染型

大气污染型是指大气污染物通过干、湿沉降作用进入土壤并对土壤造成的污染。主要污染物是指大气中的三氧化硫、二氧化硫、氮氧化物，以及含有重金属的粉尘和放射性物质等。污染土壤主要表现为pH值变化，重金属和放射性元素含量增多等。这类污染的特点是污染土壤以大气污染源为中心，呈扇形或条带状分布，污染物主要集中于耕层土壤。

(3) 农业污染型

农业污染型是指在农业生产过程中，农药、化肥等的长期使用对土壤造成的污染。主要污染物为化学除草剂、土壤杀菌消毒剂和植物生长调节剂以及N、P等化学肥料和农膜等。其污染程度与化肥、农药的数量、种类、施用方式及耕作制度等有关，污染物主要集中于耕作表层。

(4) 固体废弃物污染型

固体废弃物污染型是指固体废弃物在地表堆放或处置过程中通过扩散、降水淋滤等途径直接或间接对土壤造成的污染。污染物主要包括工矿企业排放的尾矿、废渣、污泥和城乡生活垃圾等。固体废弃物污染属于点源污染，污染物的种类和性质较为复杂。

上述土壤污染类型之间是相互联系的，在一定条件下可以互相转化。土壤是一个开放的系统，可以接受一切来自外界环境的物质，所以土壤环境污染往往是一个由多种污染物综合作用的过程。

3.4 土壤污染物的迁移转化特征

3.4.1 土壤环境污染发生的机制

土壤环境污染意味着土壤正常功能遭到破坏，可以表现为物理破坏、化学破坏和生物破坏或土壤质量的下降。当外源污染物进入土壤后，其污染能力超出了土壤的自净能力，对土壤正常的代谢功能造成破坏称之为土壤污染的发生。土壤和污染物之间的接触主要由两个方面的因素造成：一种是由于自然原因造成，另一种主要是由于人类的活动造成，这种人为的异常活动反映的就是我们通常所说的"土壤污染"。

土壤作为一个开放的系统，污染物与土壤中各物质之间相互作用，被污染的系统之间也发生相互作用，整个污染的发生过程是动态的。土壤环境污染涉及很多因素，包括物理的、化学的、生物的因素。从土壤环境污染发生的基本过程的角度来阐述其发生的机制。土壤污染发生的方式有很多，包括直接的和间接的。污染物进入土壤系统，造成土壤环境污染，主要通过接触阶段、反应阶段、污染中毒阶段和恢复阶段来完成。

3.4.1.1 接触阶段

接触阶段是指污染物进入土壤的初始阶段。污染物和土壤环境的接触主要包括3种形式：

(1) 气体型接触污染

人类活动中尤其是工业活动中产生的有毒有害的废气和烟尘等，排入大气后，能够通过干沉降和湿沉降等途径进入土壤环境。如冶炼厂周围的土壤重金属大多是通过大气降尘进入土壤中的；又如公路两旁土壤中铅含量高，也是气体型接触造成土壤污染的典型案例。

(2) 固体型接触污染

工业垃圾、城乡生活垃圾和污泥等固体废弃物的堆放，使固体污染物与土壤密切接触从而导致土壤环境污染。

(3) 水体型接触污染

工业废水、生活污水会通过地面径流、污水灌溉等形式进入土壤环境，大气中的气态污染物通过降水进入土壤环境，进而造成土壤环境的污染。

3.4.1.2 反应阶段

以不同途径进入土壤环境的污染物，经过吸附-解吸、沉淀-溶解、氧化-还原、络合-解离等一系列物理化学过程参与土壤中的各种反应活动，在改变土壤的功能与性质的同时，自身的形态、性质等也发生变化。污染物与土壤环境中的物质之间相互作用，导致污染物在土壤环境中积聚，最终超出土壤环境的自净能力，造成土壤污染。

3.4.1.3 污染中毒阶段

污染物进入土壤并与土壤中各组分相互作用，使土壤环境物理、化学及生物学性质改变，打破土壤环境原有的生态平衡，导致土壤中生物数量减少、死亡或发生变异，致使农作物产量下降或品质降低，通常称之为污染中毒，分为急性中毒和慢性中毒两种形式。急性中毒是指污染物质高浓度、短时间内进入土壤对土壤环境生物及农作物产生直接毒害作用，后果严重；慢性中毒是指污染物质低浓度、长时间内进入土壤对土壤环境生物及农作物产生直接或间接毒害作用，危害时间长。由于土壤本身具有自净能力和环境容量，土壤环境污染大部分属于慢性中毒，所以土壤污染具有隐蔽性、长期性和难以恢复性的特点。在不同的尺度内，污染物都在或大或小地影响着土壤生态系统，长期的慢性中毒会对土壤环境以及作物造成巨大的危害。

3.4.1.4 恢复阶段

急性中毒后的土壤很难通过土壤的自净能力恢复到土壤环境污染前的状态，因为急性中毒的土壤一般污染物的毒性过大或浓度太高，使土壤的各项功能在短时间内造成不可逆的变化，只有借助人为的力量才能恢复到正常的状态，否则土壤将会丧失其正常的功能和理化性质。慢性中毒的土壤，对于一些易降解的或浓度很低的污染物，土壤会通过自身的净化能力，使污染物的毒性以及浓度慢慢降低直至消失，土壤环境也会恢复其原有的功能，而对于一些难降解的污染物，如重金属和一些持久性有机污染物，会在土壤中累积，长此以往会对土壤环境以及作物甚至人类健康造成重大危害。

3.4.2 无机污染物的迁移转化

土壤中无机污染物迁移转化主要包括物理过程、物理化学过程、化学过程和生物过程，迁移和转化过程往往都是相伴进行。土壤中无机污染物有重金属，酸、碱、盐以及营养元素等，其中污染面积最大、危害最大的是重金属类物质，而重金属类又不能被微生物所分解，在土壤中蓄积能力强，土壤一旦被重金属污染，很难彻底去除，是对人类潜在威胁较大的污染物。研究重金属在土壤中的迁移转化，对评价土壤环境质量、预测其变化发展趋势和控制重金属污染具有重要的意义。土壤中重金属污染，不仅要看它的含量，还要看其存在的形态，不同存在形态的重金属，其迁移转化和对植物的毒害也不同。本部分以重金属为例阐述其在土壤中的迁移转化行为。

3.4.2.1 物理过程

重金属进入土壤后一部分被土壤胶体所吸附，一部分溶解在土壤溶液中，在降水和灌溉水的作用下，土壤溶液中的重金属离子，或在土壤中迁移或迁移至地下水或径流到地表水体中；土壤颗粒吸附的重金属也可以随水冲刷、入渗或在风的作用下进行机械迁移。此外，具有挥发形态的重金属也可以通过挥发作用进入大气，如甲基汞。

3.4.2.2 物理化学过程

重金属在土壤中发生吸附-解吸，溶解-沉淀，氧化-还原，络合-解离等过程引起的迁移转化，使重金属离子的形态、毒性发生变化的过程，称为物理化学过程。溶解-沉淀是重金属迁移转化的主要形式，以氢氧化合物形式存在的重金属溶解性较低，土壤中重金属的溶解和沉淀也受到土壤pH值、Eh值和土壤中其他物质的影响，在酸性条件下，重金属阳离子比较活泼。土壤有机质可与重金属进行络合-螯合反应，重金属离子浓度较低时，以络合螯合作用为主，浓度高时以吸附交换作用为主。而土壤胶体对重金属离子吸附强度主要取决于土壤胶体的性质以及金属离子之间的吸附能，吸附能大的优先被吸附。土壤中胶体对重金属离子吸附顺序为 $Cu^{2+}>Ni^{2+}>Zn^{2+}>Ba^{2+}>Rb^{2+}>Sr^{2+}>Ca^{2+}>Mg^{2+}>Na^{2+}>Li^{2+}$。不同矿物胶体对重金属离子吸附能力也不同，蒙脱石的吸附顺序是：$Pb^{2+}>Cu^{2+}>Ca^{2+}>Ba^{2+}>Mg^{2+}>Hg^{2+}$，高岭石的吸附顺序是：$Hg^{2+}>Cu^{2+}>Pb^{2+}$。另外，土壤的机械组成、氧化-还原电位、温度、pH值也影响重金属离子在土壤中的物理化学过程。

3.4.2.3 生物迁移过程

生物迁移是指土壤中重金属等污染物进入生物体内富集、分散的过程。植物对土壤中重金属的吸附和吸收是土壤中重金属的重要生物迁移途径，也是治理重金属污染土壤最具有发展潜力的技术手段。此外，土壤微生物和土壤动物也通过不同途径吸附或吸收土壤中重金属，也是土壤重金属的生物迁移途径。影响重金属生物迁移的主要因素有，重金属在土壤环境中的形态和浓度、重金属种类和土壤环境性质以及生物种类等。

3.4.3 有机污染物的迁移转化

土壤中有机污染物包括农药、石油烃类和化工污染物等，这些污染物进入土壤后通过吸附-解吸、挥发、扩散、渗滤、径流、生物吸收、生物降解、化学降解和光降解等途径进行迁移转化。这些过程往往同时发生，相互作用，也可造成其他环境要素污染，通过食物链对人体产生危害。因此，了解有机污染物在土壤中的迁移转化规律对于防治土壤有机物污染具有重要意义。

3.4.3.1 有机污染物在土壤中的迁移

有机污染物在土壤中迁移的途径主要有分配作用、挥发、机械迁移等。

(1) 分配作用

有机污染物与土壤固相之间相互作用的过程，称为分配作用，包括吸附和土壤颗粒中有机质溶解两种机制。土壤颗粒越小、比表面能越大，土壤颗粒对有机污染物吸附性就越强；土壤对有机污染物的吸附有物理吸附和物理化学吸附，当有机污染物被吸附后，其活性和毒性都会有所降低。土壤颗粒中含有的有机碳越多，对有机污染物的溶解性就越强；土壤颗粒越小，有机碳含量越多对有机污染物的分配作用就越强。

(2) 挥发作用

挥发是土壤中有机污染物重要的迁移途径，是指有机污染物以分子扩散的形式从土壤中逸出进入大气的过程。有机污染物在土壤中挥发作用的大小取决于有机污染物的蒸汽压、土壤机械组成、土壤孔隙度、土壤含水量和温度等因素，如有机磷和某些氨基甲酸酯类农药蒸汽压高，而DDT、狄氏剂、林丹等则较低，蒸汽压大，挥发作用就强。研究表明，土壤温度升高、土壤含水量增大、地表空气流速快，有机污染物挥发作用强；土壤中有机污染物扩散挥发，是有机污染物向大气中扩散的重要途径。

(3) 机械迁移

机械迁移是指土壤中有机污染物随水分子运动进行扩散，包括有机污染物直接溶于水和被吸附在土壤固体颗粒表面随水分移动而进行机械迁移两种形式。水溶性有机污染物容易随着水分的运动进行水平和垂直方向的迁移，而难溶性有机污染物大多被土壤有机质和黏土矿物强烈吸附，一般在土体内不易随水分运动进行迁移，但因土壤侵蚀，可通过地表径流进入水体，造成水体污染。

3.4.3.2 有机污染物在土壤中的转化

有机污染物在土壤中的转化主要是降解作用，降解是有机污染物从环境中消除最根本的途径，包括化学降解、光降解和生物降解。

(1) 化学降解作用

有机污染物化学降解可分为化学水解和化学氧化两种形式。化学水解是有机污染在土壤中的重要转化途径，能够改变有机污染物的结构和性质，一般情况下水解导致产物的毒性降低，且水解产物一般比母体污染物更易于生物降解。化学氧化是指有机污染物在氧化剂的作用下，大分子氧化分解成小分子的过程，如林丹、艾氏剂和狄氏剂在臭氧的氧化作用下都能够被去除。

(2) 光降解作用

光降解作用是指吸附于土壤表面的有机污染物在光的作用下，将光能直接或间接转移到分子链上，使分子键断裂，大分子变成小分子最后降解为水、无机盐和二氧化碳的过程。光降解按其作用机理分为直接光解、间接光解和光氧化降解3种形式。土壤中有机污染物的光降解一般是直接光解，在有机物污染的土壤治理上提倡水田改旱田、增加耕翻次数和垄作等管理方式，主要是增强光降解能力。

(3) 生物降解作用

生物降解作用是指通过生物的生命活动将有机污染物去除的过程。参与降解的生物包括微生物、高等植物和动物，其中微生物以酶促、分解、解毒等多种方式代谢土壤有机污染物。按照微生物对有机污染物的降解方式可分为生长代谢和共代谢。生长代谢是指有机污染物本身能够为微生物生命活动提供能源和碳源，维持微生物的生命活动，这类污染物大多是易降解的有机污染物；共代谢是指微生物只有在初级能源物质存在时才能进行的有机污染物降解，主要是一些难降解的有机污染物，如DDT、六六六等。微生物对有机污染物的代谢受外部环境的影响很大，如土壤环境温度、水分、通透性、酸碱度等，主要在于为微生物提供其旺盛生长的环境条件，加快其对有机污染物的代谢过程。

思考题

1. 如何理解土壤环境污染的概念？
2. 简述土壤环境污染的危害与特点。
3. 何谓土壤背景值及其应用？
4. 简述土壤中污染物的化学行为。

推荐读物

土壤环境学．王红旗．高等教育出版社．2007．
环境土壤学．牟树森．中国农业出版社．1993．
环境保护概论．林肇信．高等教育出版社．1999．
土壤环境学．张辉．化学工业出版社．2005．
土壤学．黄昌勇．中国农业出版社．2000．
环境土壤学．陈怀满．科学出版社．2005．

参考文献

王红旗，刘新会，等．2007．土壤环境学［M］．北京：高等教育出版社．
牟树森，青长乐．1993．环境土壤学［M］．北京：中国农业出版社．
林肇信，刘天齐，等．1999．环境保护概论［M］．北京：高等教育出版社．
张辉．2005．土壤环境学［M］．北京：化学工业出版社．
黄昌勇．2000．土壤学［M］．北京：中国农业出版社．
陈怀满．2005．环境土壤学［M］．北京：科学出版社．
吕贻忠，李保国．2006．土壤学［M］．北京：中国农业出版社．
左玉辉．2002．环境科学［M］．北京：高等教育出版社．
孙向阳．2004．土壤学［M］．北京：中国林业出版社．
孙铁珩，李培军，等．2005．土壤污染形成机理与修复技术［M］．北京：科学出版社．
高拯民．1986．土壤—植物系统污染生态研究［M］．北京：中国科学技术出版社．
卢荣．2008．化学与环境［M］．武汉：华中科技大学出版社．
郑度，谭见安，等．2007．环境地学导论［M］．北京：高等教育出版社．
张锦瑞，郭春丽．2002．环境保护与治理［M］．北京：中国环境科学出版社．
吴燕玉，陈涛，等．1986．沈阳张士灌区镉的污染生态的研究［J］．生态学报，9（1）：21-26．
高翔云，李建和，等．2006．国内土壤环境污染现状与防治措施［J］．环境保护，19（2）：52-55．
夏家淇，骆永明．2006．关于土壤污染的概念和3类评价指标的探讨［J］．生态与农村环境学报，22（1）：87-90．
黄静，靳孟贵，程天舜．2007．论土壤环境容量及其应用［J］．安徽农业科学，35（25）：7895-7896．
周杰．2006．浅论土壤环境容量［J］．环境科学与管理，31（2）：73-76．

土壤环境的无机污染

本章提要

本章介绍3种常见的土壤无机污染类型,即重金属污染、非金属污染和放射性元素污染。土壤重金属污染主要介绍汞、镉、铅、铬、铜、锌、锰、镍钒、钼等常见重金属污染物的主要来源、污染特征、生态环境效益及其在土壤中的行为及影响因素;非金属污染主要介绍氟、碘、硒等常见非金属污染物的主要来源、污染特征、生态环境效益及其在土壤中的行为及影响因素;放射性污染主要介绍核试验、放射性矿物开采和冶炼等人为放射性污染的污染特征、生态环境效益及其在土壤中的行为及影响因素。

土壤无机污染是指有毒有害的无机物质因人为活动或自然因素进入土壤的数量和速度超过了土壤的净化能力,使无机污染物在土壤中逐渐积累,破坏了土壤生态系统的自然动态平衡,从而导致土壤生态系统功能失调,土壤质量下降,并影响到作物的生长发育,以及产量和质量下降,最终通过食物链危害人体和动物健康。本章主要介绍 3 类常见的无机污染物,即重金属污染、非金属污染和放射性元素污染的主要来源、污染特征、生态环境效应等。

4.1 土壤重金属污染

4.1.1 土壤重金属污染概述

土壤重金属污染是指由于人类活动将重金属加入土壤中,致使土壤中重金属含量明显高于其自然背景含量,并造成生态破坏和环境质量恶化的现象。重金属不能为土壤微生物所分解,而易于积累、转化为毒性更大的甲基化合物,甚至有的通过食物链以有害浓度在人体内蓄积,严重危害人体健康。

4.1.1.1 土壤重金属污染的来源

土壤中重金属的来源是多途径的,首先是成土母质本身含有一定量的重金属,即天然来源。不同的母质、成土过程所形成的土壤的重金属含量存在较大差异。其次,由于采矿、冶炼、电镀、化工、电子、制革等人类的各种工业生产活动排放大量的含重金属的废弃物,通过各种途径最终进入土壤,造成土壤重金属污染。此外,农药、化肥、垃圾、粉煤灰和城市污泥的不合理施用,以及污水灌溉等也会将重金属带入土壤,造成土壤污染(表 4-1)。概括起来主要有以下几个方面:

表 4-1 中国土壤重金属污染的主要来源

来源	污染物
矿产开采、冶炼、加工排放的废气、废水和废渣	铬、汞、砷、铅、镍、钼等
煤和石油燃烧过程中排放的飘尘	铬、汞、砷、铅等
电镀工业废水	铬、镉、镍、铅、铜等
塑料、电池、电子工业排放的废水	汞、镉、铅
汞工业排放的废水	汞
染料、化工制革工业排放的废水	铬、镉
汽车尾气	铅
农药	砷、铜

注:引自陈怀满等,1999。

(1)矿山开采

矿山开采尤其是金属矿山的开采、冶炼等产生的废弃物包括矿井排水、尾矿、废石、矿渣等,这些废弃物中均含有高浓度的有毒重金属,是造成矿区及其周围地区生态系统重金属污染的主要原因之一。这些废弃物被从地下搬运到地表后,在一系列物理、化学因素的作用下发生风化作用(Holmström and Öhlander, 1999; Benzaazoua and Kongolo, 2003),废物中重金属元素被释放、迁移,对附近土壤、水体及其沉积物等表土环境产生严重的重金属污染(Jung, 2001; Elberling et al., 2002)。这些酸性废水中通常含有较高水平的有毒重金属,如未经处理随雨水径流或直接进入土壤,都可以直接或间接地造成土壤重金属污染

 4 土壤环境的无机污染

(Adriano，1986)。

(2) 污水灌溉

污水按其来源可分为城市生活污水、石油化工污水、工业矿山污水和城市混合污水等。这些废水中往往含有多种重金属等有毒物质。由于我国是一个水资源紧缺的国家，一些水资源缺乏的地区尤其是北方干旱地区将这些城市、工矿业废水引入农田进行灌溉，导致了重金属汞、镉、铬、砷、铜、锌、铅等含量在农田土壤的积累。近年来污水灌溉已经成为农业灌溉用水的重要组成部分。据统计，我国自20世纪60年代至今，污灌面积迅速扩大，以北方旱作地区污灌最为普遍，约占全国污灌面积的90%以上（崔德杰和张玉龙，2004）。我国污水灌溉的土壤面积达 361.84×10^4 hm^2（孟凡乔等，2004）。

(3) 土壤增肥物料

有一些固体废弃物，如城市污泥、垃圾、磷石膏、煤泥等，除含有可作为作物养料的氮、磷及有机质外，还含有各种对作物和人类有害的重金属，被直接或通过加工作为肥料施入土壤，在增加土壤肥力的同时，也增加了土壤重金属的含量（赵中秋等，2005）。如磷石膏属于化肥工业废物，由于其有一定量的正磷酸以及不同形态的含磷化合物，并可以改良酸性土壤，从而被大量施入土壤，造成了土壤中铬、铅、锰、砷含量的增加。此外，随着我国畜牧生产的发展，产生大量的家畜粪便及动物加工产生的废弃物，这类农业固体废弃物中含有植物所需氮、磷、钾和有机质，因此作为肥料施入土壤的同时，也增加了土壤重金属元素的含量。

(4) 农药、化肥和地膜的使用

绝大多数的农药为有机化合物，少数为有机-无机化合物或纯矿物质，个别农药在其组成中还含有汞、砷、铜、锌等重金属，生产中过量或不合理使用农药将会造成土壤重金属污染。金属元素是肥料中报道最多的污染物质，氮、钾肥料中重金属含量相对较低，而磷肥中则含有较多的有害重金属。如商业磷肥中往往含有不同水平的镉，有些地区磷肥中镉的含量达到70~150 mg/kg，长期施用这种磷肥则会导致土壤中镉的积累（赵中秋等，2005）。肥料中重金属含量一般是磷肥>复合肥>钾肥>氮肥。近年来，地膜的大面积推广使用，造成了土壤的白色污染，同时，由于地膜生产过程中加入了含有镉、铅的热稳定剂，也增加了土壤重金属污染。

(5) 大气沉降

大气沉降也是土壤重金属来源的一个不可忽视的部分，目前也逐渐引起了人们的重视（赵中秋等，2005）。大气中的重金属主要来源于工矿业生产、汽车尾气排放等产生的大量含重金属的有害气体和粉尘等，主要分布在工矿区的周围和公路、铁路的两侧。大气中的重金属多数是经自然沉降和雨淋沉降进入土壤的。南京某生产铬的重工业厂铬污染已超过当地背景值4.4倍，污染以车间烟囱为中心，范围达 1.5 km^2，污染范围最大延伸下限 1.38 km（张孝飞等，2005）。公路、铁路两侧土壤中的重金属污染，主要是铅、锌、镉、铬、钴、铜等的污染为主，呈条带状分布，以公路、铁路为轴向两侧重金属污染强度逐渐减弱。

4.1.1.2 土壤重金属污染的特点

(1) 隐蔽性和滞后性

大气、水和废弃物污染等问题一般都比较直观，通过感官就能发现。而土壤污染则不

同，它往往要通过对土壤样品进行分析化验和对农作物的残留检测，甚至通过研究对人畜健康状况的影响才能确定，因此，土壤重金属从产生污染到出现问题通常会滞后较长时间。因此，土壤污染问题一般都不太容易受到重视，如日本的"痛痛病"10多年之后才被人们所认识。

(2) 累积性

重金属污染物在大气和水体中一般都比在土壤中更容易迁移，这使得污染物质在土壤中并不像在大气和水体中那样容易扩散和稀释，因此，重金属很容易在土壤中不断积累而超标，同时也使土壤污染具有很强的地域性。

各种生物对重金属都有较大的富集能力，其富集系数有时可高达几十倍至几十万倍，因此，即使微量重金属的存在也可能构成污染。污染物经过食物链的放大作用，逐级到较高级的生物体内成千上万倍地富集起来，然后通过食物进入人体，在人体的某些器官中积累起来，造成慢性中毒，影响人体健康。

(3) 不可逆转性

重金属对土壤的污染基本上是一个不可逆转的过程，许多有机化学物质的污染也需要较长的时间才能降解。如被某些重金属污染的土壤可能要100~200年才能恢复。

(4) 难治理性

对于大气和水体污染，切断污染源之后通过稀释和自净化作用有可能使污染得到不断逆转，而积累在土壤中的难降解污染物则很难靠稀释作用和自净化作用来消除。土壤污染一旦发生，仅仅依靠切断污染源的方法则往往很难恢复，有时要靠换土、淋洗土壤等成本高昂的方法才能得到较快解决，其他治理技术如植物修复技术虽然经济简单无二次污染，但需要的周期相对较长，需要几十年甚至上百年的时间。因此，治理污染土壤通常成本较高，或治理周期较长。

4.1.2 土壤重金属污染的生态环境效应

土壤生态系统是土壤矿物、水分、空气等土壤的无机环境与土壤生物及其上部生长的植物通过能量流动和物质循环过程形成彼此关联、相互作用的一个开放系统。作为全球生态系统的一个重要组成部分，土壤不仅是地球上植物初级生产力与生物生长生存的物质基础，人类一切食物的最终来源，还是连接水、大气、岩石和生物等有机界和无机界的重要枢纽，是进行许多地球表层重要的物理、化学和生命过程的场所，强烈地影响着水体和大气的化学组成。污染物一旦进入土壤，将首先通过直接影响土壤微生物群落，土壤酶活性，土壤代谢和生化过程等正常生理生态功能来降低土壤生态系统的生物多样性，造成植物生产力降低甚至死亡，最终导致生态系统平衡的破坏。更为重要的是，污染物通过食物链进入人及动物体内并在体内积累，直接危害人与动物的生长发育、繁殖和健康（Chen et al., 2000）。

从生物适应和进化的角度来看，生物长期经受污染胁迫，其反应或者发展方向只有2个：适应污染或不适应污染。生物不能适应污染，生物物种在长期污染胁迫下会逐渐减少，种群衰退，最终导致物种消亡，生物多样性下降，生态系统的结构和功能趋于简单化。生物如能适应污染，在强大的污染条件选择下，生物将产生快速分化并形成旨在提高污染适应性的进化取向，即适应污染的进化，进而使生物在形态、生理和遗传进化上发生了很大的变化

（王焕校，2000），这就可能降低和制约生物在其他方面的适应性，对其他环境胁迫因素的抵抗力下降，即适应代价（王映雪，1998），同样降低了生物多样性和生态系统的完整性。

土壤是连接水、大气、岩石和生物等有机界和无机界的重要枢纽，土壤系统和环境之间因物质和能量的交换使其相互作用，相互联系。土壤污染不仅对土壤生态系统本身造成破坏，受污染的土壤生态系统又会向环境不断输出物质和能量，引起大气、水体和生物的二次污染。

4.1.2.1 水环境效应

土壤环境受到污染后，污染物含量较高的污染表土容易在水力的作用下随地表径流进入地表水或渗入地下水中，导致地表水和地下水的污染。如由于城乡接合部普遍存在地表硬化和土壤压实现象，土壤水分入渗和短期储蓄缓冲功能减弱或消失，地表径流系数大幅度增加，径流携带的污染物（包括颗粒物、铵氮、有机污染物、重金属等）增加，导致地表水污染加剧（张甘霖等，2003）。

4.1.2.2 大气环境效应

土壤环境受到污染后，含污染物较高的表土容易在风力的作用下进入到大气环境中，导致大气污染及生态系统退化等其他次生生态环境问题。通过核探针对上海市大气颗粒物的指纹特征研究表明，大气颗粒物中大约有31%是来自土壤扬尘（仇志军等，2001）；表土的污染物质可能在风力的作用下以扬尘进入到大气环境中，而汞等重金属则直接以气态或甲基化形式进入大气环境，土壤有机污染物直接挥发或经过土壤生物分解，引起某些有毒气体排放到大气，并进一步通过呼吸作用进入人体，对人体健康有直接影响（周启星等，2004）。

在当前重金属污染研究中，研究较多的重金属主要有汞、镉、铅、铬、铜、锌、锰、镍、钒、钼等，类金属砷也包括其中。

(1) 汞（Hg）

汞蒸气是剧毒的，但是在土壤汞污染状况下，从土壤中挥发出来的微量汞蒸气是不会引起人、畜急性中毒的，慢性中毒的情况也很少见到。据有关资料说明，汞矿区的土壤空气中的含汞量最高的只有 $2\ \mu g/m^3$，经常使用有机汞杀菌剂的农田地区大气中汞的浓度可达 $10\ \mu g/m^3$。而只有当空气中汞含量达 $0.1\ mg/m^3$ 以上时，汞蒸气中毒现象才明显出现。但需要注意的是，长期吸入极微量的汞蒸气会引起累积中毒。

所有的无机汞化合物，除硫化汞之外，都是有毒的。通过食物链进入人体的无机汞盐，主要储蓄于肝、肾和脑内。其产生毒性的根本原因是：Hg^{2+}与酶蛋白的巯基结合，抑制多种酶的活性，使细胞的代谢发生障碍。Hg^{2+}还能够引起神经功能紊乱（张乃明等，2001）。

有机汞一般比无机汞毒性更大。其中毒性较小的有苯汞、甲氧基乙基汞；剧毒的有烷基汞等。在烷基汞中，甲基汞毒性最大，危害也最普遍。

土壤中的有机汞直接通过陆生食物链或水生食物链进入人体。在食物链中，低等动物靠直接同化作用而同时摄取和富集无机的和烷基化的汞化合物，较高的营养级依靠摄取这些动植物体，形成生物放大。进入体内的甲基汞很快地同血红素分子的巯基结合，形成非常稳定的巯基-甲基汞（R-S HgCH$_3$）成为血球的组成成分。体内的甲基汞约有15%积蓄在脑内，甲基汞一旦进入脑组织，衰减非常缓慢，侵入中枢神经系统，破坏脑血管组织，可引起神经系统的损伤及运动的失调等，如手、足、唇麻木和刺痛，语言失常，听觉失灵，震颤和情绪失常等，严重时疯狂痉挛致死。无机汞盐引起的急性中毒，主要表现为急性胃肠炎症状，如恶心、呕吐、上腹疼痛、腹泻等。此外，甲基汞还可通过胎盘对胎儿产生较大的毒性，导致流产、死胎、畸胎或出现先天性痴呆儿等（夏立江，2001）。

土壤汞污染对土壤微生物、土壤酶活性以及土壤的理化性质也有影响。受汞、镉、铅和铬污染土壤的细菌总数明显降低，汞和镉相比，汞的影响程度大于镉。铅和铬相比，铬的抑制作用更显著。随着培养时间的延长，汞、镉、铅的抑制作用力略有降低的趋势，而铬则相反，随着培养时间的延长，抑制作用更为明显。

土壤中一切生物化学过程都离不开土壤中各类酶的参与，实际上土壤酶活性可作为衡量土壤生物学活性和土壤生产力的指标，因此在研究重金属生态效应时常把对土壤酶活性的影响作为一个主要指标。汞对脲酶的抑制作用最为敏感，其余依次为转化酶、磷酸酶和过氧化氢酶，当加入土壤中的汞量为 30 mg/kg 时，脲酶活性降至原来活性值的 29%～47%，转化酶、磷酸酶和过氧化氢酶分别降至 50%～47%、80% 和 77%～92%。即使加入的汞量较少，脲酶活性也有明显的降低（张乃明等，2001）。

汞对脲酶的抑制作用持续时间也较长。至培养的第 45 d，脲酶活性才恢复了 33%～46%。有人建议用土壤脲酶活性作为指示土壤受汞污染程度的指标，因为脲酶随汞浓度的增加而活性明显降低，且受汞抑制的持续时间比较长，与其他土壤酶相比，能更可靠地表征土壤受汞污染的程度。

污灌使汞在土壤中的累积增加并下移对浅层地下水造成污染，地下水一旦遭到污染治理难度很大。对污灌区的浅层地下水监测结果显示，长期污灌可造成浅层地下水汞含量超标（表 4-2）。因此在地下水埋深浅的区域进行污水灌溉，应严格控制污水中汞含量。

表 4-2　不同灌区浅层地下水汞含量状况

灌　区	井灌区	城市污水渠	工矿污水区	河污混灌区
汞含量（mg/kg）	0.000 82	0.002 1	0.004 69	0.001 12
超标倍数	—	1.1	3.69	0.12

注：引自张乃明等，2001。

对大多数植物来讲，其体内汞背景含量为 0.01～0.2 mg/kg。而在汞矿附近生长的植物，含汞量可高达 0.5～3.5 mg/kg。汞是危害植物生长的元素之一，植物受汞毒害以后，表现为植物矮化、根系发育不良、植物的生长发育受到影响。受汞蒸气毒害的植物，叶子、茎、花瓣等可变成棕色或黑色，严重时还能使叶子和幼蕾脱落。不同植物对汞的吸收累积量是不同的，一般来说，针叶植物吸收累积的汞大于落叶植物，蔬菜作物是根菜＞叶菜＞果菜。这种差异主要与不同植物的生理功能有关。植物的不同部位对汞的累积量也不同，其分布是根＞茎、叶＞子实。

汞对作物生长发育的影响主要有抑制光合作用、根系生长和养分吸收、酶的活性、根瘤菌的固氮作用等。

植物根系和叶子均可吸收汞，比较容易吸收的汞有金属汞、Hg^{2+}、乙基汞和甲基汞。无机汞在土壤中的化学沉淀作用很强，因此，无机汞对植物的毒害不很明显。但汞的化合物被还原为金属汞，而以汞蒸气出现时，它就可以自叶面气孔进入植物体。

4 土壤环境的无机污染

无机汞化合物在嫌气细菌的作用下，可以转化为有机汞化合物，被植物吸收，增强其对植物的汞污染。

（2）镉（Cd）

镉在地壳中的平均含量为 0.18 mg/kg，在土壤中的含量为 0.01～0.70 mg/kg。我国主要农业土壤中镉的质量分数背景值在 0.01～1.34 mg/kg，平均为 0.12 mg/kg（赵中秋等，2005）。镉通常与锌共生，并与锌一起进入环境。环境中的镉大约有 70% 积累在土壤中，镉污染来源主要是铅、锌、铜的矿山和冶炼厂的废水、尾矿、粉尘和废渣，以及电镀、电池、颜料、塑料稳定剂、涂料工业废水等。农业生产施用含镉磷肥也会造成镉的污染。

镉元素不是植物生长所必需的元素，对植物仅具有低毒性，但是，镉可以通过土壤—植物—动物—人体的食物链系统迁移进入动物和人体从而引起严重的毒害。在自然界中没有单独的镉矿藏，镉是铅锌矿、铜铅锌矿的伴生元素，人类对含镉矿物的开采、冶炼是引起土壤镉污染的重要原因之一。各种铅锌矿的开采、冶炼等过程所排放的废水废气中均含有镉。此外煤、原油中均含有微量的镉，在燃烧过程中可以释放到大气中，最终沉入土壤。农业施肥所利用的过磷酸钙、混合磷肥和污泥也含有程度不等的镉，因此人类的活动也影响土壤中镉的变化。

镉对土壤的污染主要有气型和水型两种。气型污染主要由含镉工业废气扩散并自然沉降，蓄积于工厂周围的土壤中，可使土壤中的镉浓度达到 40 ppm。污染范围有的可达数千米。水型污染主要是铅锌矿的选矿废水和有关工业（电镀、碱性电池等）废水排入地表水或渗入地下水引起的。

土壤中的镉有水溶性及非水溶性两种，它们随环境条件的变动而互相转化。对作物起危害作用的主要是水溶性镉。在酸性条件下，镉化合物的溶解度增大，毒性增强；在碱性条件下，则形成氢氧化镉沉淀；在氧化条件下，镉的活性或毒性增强。

镉是毒性最强的重金属之一，镉的化合物毒性极大，而且具有积累性，引起慢性中毒的潜伏期可达 10～30 年之久。自从 1955 年日本发现二次大战后富山县出现的骨痛病为长期食用含镉食物和饮用含镉水所致以来，镉污染问题开始引起了人们越来越多的关注。土壤中的镉极易通过食物链在人体内积累，超过一定剂量即会导致各种疾病发生，如高血压、骨痛病、肾功能紊乱、肝损害、肺水肿、贫血等（Basta et al.，1998）。1971 年镉被列为环境污染中最为危险的 5 种物质之一，世界卫生组织提出每个成年人每天对镉可耐受的最大摄入量为 60～70 μg。肝脏是急性镉中毒的一个靶器官，给实验动物高剂量的镉可导致动物肝形态及其功能发生改变。肾脏是镉和一些必需元素（包括锌）之间发生相互对抗的主要位点，也是镉毒性的一个靶器官，长期接触镉，即使是低剂量也会导致肾小管功能不良性肾损害。不少研究报道，镉还是一种潜在的致癌重金属元素。慢性吸入镉可导致肺癌、睾丸癌、细胞腺癌和前列腺腹侧腺癌等。镉还可以对生殖功能产生毒副作用。长期接触低剂量的镉会在胎盘中蓄积，导致胎盘畸形、出生体重降低、胚胎发育迟缓及畸形等（韩军花，2002）。

镉污染对土壤生态系统具有破坏性影响，能够降低土壤微生物的数量和活性，改变土壤微生物的群落特性，影响土壤呼吸速率，进而对土壤的持续生产力产生负面影响。土壤镉浓度增高对土壤固氮菌、细菌都有明显的抑制作用。它可通过与金属敏感性基团如巯基或组氨酰基作用而使酶失活，抑制土壤微生物活性。另一方面，镉还能抑制土壤微生物的生长繁殖，减少微生物体内酶的合成和分泌量，最终导致土壤酶活性降低（郑国璋，2007）。

镉对作物的影响，除造成生育障碍使产量降低外，还更应注意其在作物可食部位中的残留。因为造成作物可食部位超过允许含镉量标准的土壤含镉量，往往低于使作物生长发育产生障碍的土壤含镉量。

（3）铅（Pb）

地壳中铅含量为 0.16 mg/kg。环境中铅污染绝大部分是由矿产开发、农用地的污灌、含铅污泥的使用以及汽车尾气排放而引起。

铅是主要的污染元素之一，一旦过量，会干扰人体亚铁血红素的合成，对卟啉转变、血红素合成的酶促过程有抑制作用，对中枢神经系统、血管、消化道和肾脏等器官有毒害作用。慢性中毒后，引起头痛、脑麻痹、失明、智力迟钝和肾功能受损等严重后果。铅急性中毒的症状为便秘，腹绞痛，伸肌麻痹等。从现有的资料来看，由于土壤的铅污染，经食物链而引起人体铅中毒的现象比较少见。这可能与铅在土壤中的主要存在形态是难溶性的铅化合物，而吸收进入植物体内的铅又主要在根部累积有关。

铅对植物的直接危害，主要是影响植物的光合作物和蒸腾作用强度。一般随铅污染程度的加重，光合作用和蒸腾作用的强度逐渐降低。对土壤脲酶和转化酶也有较强的抑制作用，长期施用含铅的污泥或污灌，有可能使土壤中氮的转化受到较为严重的影响（谭婷，2005）。在各类重金属中，铅对植物的生长和产量的危害最小，但其在植物体内的残留累积对动物和人体却危害极大。

铅对土壤微生物、土壤酶活性的影响，较 Hg^{2+}、Cd^{2+} 的影响小，持续时间也较短。铅对土壤脲酶和转化酶有较强的抑制作用，即使加入铅量较小，脲酶及转化酶活性仍有较明显的降低。长期大量施用含铅的污泥或污灌，有可能使土壤中氮的转化受到较为严重影响。

（4）砷（As）

天然存在含高浓度砷的土壤很少，一般每千克土壤中含砷约为 6 mg。被污染土壤中的砷来自含砷农药的施用，矿山、工厂含砷废水的排放以及燃煤、冶炼排出的含砷飘尘的降落。土壤中的砷多呈砷酸形态，包括砷酸盐（五价）和亚砷酸盐（三价）。无机或有机砷化合物都有毒性，但有机砷对植物的可给性与毒性较弱，且易在土壤中转化为无机态砷。无机态亚砷酸盐类的毒性比砷酸盐类强。

土壤中砷的可给性受 pH 值的影响很大，在接近中性的情况下，砷的溶解度较低。土壤中的砷酸和亚砷酸随氧化还原电位（Eh）的变化而相互转化。

砷和砷化物一般可通过水、大气和食物等途径进入人体，造成危害。元素砷的毒性极低，砷化物均有毒性，三价砷化合物比其他砷化合物毒性更强。这是由于亚砷酸盐可以与蛋白质中的巯基反应，而砷酸盐则不能。砷酸盐对生物体的新陈代谢产生影响，但毒性相对较低，而且只是在还原为亚砷酸盐后才明显表现出来。这里需要注意的是，在生物体内不同价态的砷之间可以互相转化，并且无机砷在生物体内还可以发生甲基化作用，生成毒性更大的三甲基砷。砷污染中毒事件（急性砷中毒或慢性砷中毒）屡见不鲜。在英国曼彻斯特因啤酒中添加含砷的糖，造成 6 000 人中毒和 71 人死亡。日本森永奶粉公司，因使用含砷中和剂，引起 12 100 多人中毒，130 人因脑麻痹而死亡。典型的慢性砷中毒在日本宫崎县吕久砷矿附近，因土壤中含砷量高达 300~838 mg/kg，致使该地区小学生慢性中毒。

砷对植物有一定毒性,对植物产生毒害作用的最低浓度为 3 mg/L。土壤中的重金属污染致使许多地方的作物减产。一般认为,砷危害作物的原因是由于砷阻碍了作物中水分的输送,使作物根以上的地上部分氮和水分的供给受到限制,造成作物枯黄。

砷对土壤微生物也有一定毒性,甚至可以引起主要生物种群的变化,以致使土壤生态系统的平衡遭到破坏。砷污染物对几种固氮菌、解磷细菌及纤维分解菌均有抑制作用,不同形态的砷化物对微生物的影响效应具有一定差异,以亚砷酸钠的抑制作用最为明显。

(5) 铬(Cr)

铬是动物和人体的必需元素之一,现已发现胰岛素的许多功能都与铬有密切关系。但是它在植物生长发育中是否必需还尚未证实。人体缺乏铬可引起粥状动脉硬化,还可使糖、脂肪的代谢受到影响,严重者可导致糖尿病和高血糖症。但是,土壤的铬污染过于严重,也会通过食物链而对人体和动物产生危害。金属铬无毒性,三价铬有毒,六价铬毒性更大,并有腐蚀性,因此,铬的毒性主要是六价铬引起。六价铬的毒性主要表现为引起呼吸道疾患、肠胃道疾患等,六价铬由呼吸道吸入时有致癌作用,通过皮肤和消化道大量吸收能致死。对皮肤和黏膜表现为强烈的刺激和腐蚀作用,还对全身有毒性作用。铬对种子萌发,作物生长也产生毒害作用。

土壤中高含量的铬(三价的或六价的),能引起植物中毒,特别是六价铬低浓度时对作物和土壤动物都是有毒的。因此,我国试行标准规定用于农田灌溉的水中总铬量(以六价铬计)不得超过 0.1 mg/L。另外,也有人建议土壤中的三价铬不得超过 500 mg/kg,而六价铬不得超过 100 mg/kg。

铬对植物的毒性主要发生在根部,吸收的铬约 98% 保留在根部。高浓度的铬不仅其本身对作物产生危害,而且能干扰植物对必需元素的吸收和运输。如在培养液中,0.1 mg/kg 的六价铬,可降低植物茎叶中钙、钾、磷、铁、锰的浓度,以及镁、磷、铁、锰在根系中的浓度。铬还干扰钙、钾、镁、磷、硼和铜在植物顶端的积累。三价铬干扰植物体内铁的代谢,可导致植物缺绿病。植物铬中毒的主要外观症状是根功能受抑制,生长缓慢和叶卷曲、褪色。由于铬在土壤中和植物体内移动的能力很小,因而对植物的危害性不像镉和汞严重。

(6) 铜(Cu)、锌(Zn)

土壤中正常含铜量为 2~200 mg/kg。我国土壤含铜量平均值为 22 mg/kg。铜可在土壤中富集并被农作物吸收。靠近铜冶炼厂附近的土壤中,往往含有高浓度的铜。岩石风化和含铜废水灌溉均可使铜在土壤中积累并长期保留。灌溉过程以及硫酸铜杀虫剂等农药的施用也使一部分铜进入土壤和植物体内。土壤中的锌可分为水溶态锌、交换态锌、难溶态锌(矿物中的锌)以及有机态锌。土壤中的锌来自各种成土矿物。风化的锌以 Zn^{2+} 形态进入土壤溶液中,也可能成为一价络离子 $Zn(OH)^+$、$ZnCl^+$、$Zn(NO_3)^+$ 等,有时则形成氢氧化物、碳酸盐、磷酸盐、硫酸盐和硫化物沉淀。锌离子和含锌络离子参与土壤中的代换反应,常有吸附固定现象。

铜和锌都是作物生长发育的必需营养元素,也是人体糖代谢过程中必需的微量元素。成人每日需要铜约 2 g,人体中有 30 种以上的酶和蛋白质中含有铜,主要存在于肌肉中,组成铜蛋白,促进血红蛋白的生成和细胞的成熟,铜还能促进骨折愈合和增长身高。锌是许多蛋白质、核酸合成酶的构成成分，至少有 80 种酶的活性与锌有关。锌在人体内的含量达 1.4～2.3 g，正常人血浆中锌在 1 200 μg/L 左右，正常发育儿童头发中的锌应在 60～120 mg/L，含量过低，可引起一系列病症。锌有助于男孩发育和帮助骨骼生长。

但铜和锌过量时又都是对人体有毒害作用的。铜过量达 100 mg，就会刺激消化系统，引起腹痛，呕吐，长期过量可促使肝硬化。值得注意的是，铜的需要量和中毒量非常接近，所以直接补充铜剂是非常危险的。锌过量时会引起发育不良，新陈代谢失调，腹泻等症状。一般说，锌的毒性比铜弱。

铜对植物产生毒害的原因，除了对其他营养元素的离子有颉颃作用之外，更主要在于它和酶的作用基（特别是巯基）结合，使酶失活，以及和细胞膜物质结合，破坏膜的结构与功能。

锌在土壤中的富集，必然导致在植物体内的富集，这种富集不仅对植物，而且对食用这种植物的人和动物都有危害。用含锌污水灌溉农田对农作物特别是对小麦生长的影响较大，会造成小麦出苗不齐，分蘖少，植株矮小，叶片发生萎黄。对植物起作用的锌主要是代换态锌。过量的锌还会使土壤酶失去活性，细菌数目减少，土壤中的微生物作用减弱。

（7）锰（Mn）

土壤锰的污染源主要是锰矿开采以及选矿和冶炼过程中排放的"三废"。例如，我国湖南湘中某锰矿区，由于长期引用来自锰矿电解锰厂和矿井排出的含锰量较高的废水灌溉农田，造成了严重的锰污染，土壤含锰量最高达 14 100 mg/kg。此外，不恰当地施用锰肥，也可能造成锰的污染。

锰是植物以及人体正常生长发育的必需微量元素之一。锰对光合作用，以及作物体内的氧化还原过程有重要作用，而且能活化作物体内许多酶系统。在人体内，锰是构成转氨酶和肽酶的成分，又能激活某些酶。但是，锰过量对植物及人体都是有害的。人体内摄入过多的锰，可导致运动失调，以及神经质、易激动、不安等神经系统损害，特别是在同时又低硒的条件下，可显著增加心肌坏死的可能性。土壤中含锰过高，可导致作物出现缺铁症。此外，土壤中锰过高可引起铁沉淀，降低有效铁的含量。铁和锰在自然环境氧化还原作用中除自身积极地进行氧化还原反应外，对其他物质氧化还原作用的进行起着一种催化剂的作用。如土壤和底泥中的有机质只有当大气中的氧存在的情况下，才能够被扩散到这些物质中，而同时又有铁、锰存在的情况下，才能被微生物迅速将其氧化为最后产物。

（8）镍（Ni）

镍是脲酶的组成成分，可能是某些作物的必需元素，镍又是温血动物必需的微量元素。但镍也是重要的环境污染物，对动植物以及人体具有毒性，尤其是对海生动物。现已证实镍及其某些络合物具有致癌作用和许多代谢症状。土壤和植物内含有大量的镍能导致植物体铁和锌缺乏，产生失绿病。有关学者认为镍对作物的毒害症状与缺铁症状极为相似，叶片边缘失绿并产生灰斑病。此外，镍过剩时，燕麦和马铃薯等高等植物叶脉发白，呈变性黄化病，而油菜发生特异性枯斑病症状，地上部分发生褐色斑点或斑纹。镍过剩还可抑制作物根系的生长，其症状是整个根系呈珊瑚状。

（9）钼（Mo）

钼是植物必需的微量营养元素。植物组织中的钼，就浓度而言，较植物所需要的其他任何元素约低一个数量级,然而含钼的酶则为微生物固氮和高等植物利用硝酸盐所必需。土壤含钼 0.5~5 mg/kg,而在某些受污染的土壤中其浓度可高达 200 mg/kg。土壤中钼的最大允许浓度为 5 mg/kg。植物缺钼多发生在排水良好的酸性土壤上。含钼量很高的植物一般仅在排水不良的土壤中出现。

植物对钼仅有少量的需要,过量会引起食草动物中毒。植物体内钼的含量依植物种类、部位、气候状况、成熟度和土壤性质而有相当大的变化,变化的范围以干重计,从大于 0.1 mg/kg 到小于 200 mg/kg,但是大多数在 1~10 mg/kg。豆科植物对钼的吸收累积比其他科植物有更大的能力。例如,在受钼污染的牧场上,梯牧草、牛尾草、鸭茅和黑麦草的干物质中含钼 4~8 mg/kg,而野生的白三叶草和红三叶草的干物质含钼 57~109 mg/kg。

其他植物种从同一土壤吸收累积的钼量也不同。一些十字花科植物,例如,硬花甘蓝和花椰菜含钼多于同一土壤上的其他植物种。番茄、南瓜、菠菜、长穗草含钼 0.15~0.5 mg/kg。甜菜、莴苣、洋葱和胡萝卜含钼多达 2.0 mg/kg。牲畜中毒的牧草临界钼浓度为 5 mg/kg。日本规定牲畜饲料中钼的允许含量<6 mg/kg。

4.1.3 重金属污染物在土壤中的行为及影响因素

土壤-植物(农作物)系统中的重金属元素的迁移转化机制是复杂多样的。(许嘉琳和杨居荣,1995)把重金属在土壤中的行为归纳为 4 个主要的物理化学过程,即溶解-沉淀作用、离子交换与吸附作用、络合-离解作用和氧化还原作用等。重金属在土壤-植物系统中的迁移转化,主要受土壤 pH、Eh、土壤质地、土壤有机质、植物种类等因素的影响。如土壤 pH 越低,以阳离子形态存在的重金属元素镉、铅、铬的迁移能力越强、活性越高;土壤 pH 值越高,以阴离子形态存在的重金属元素砷的迁移能力越强、活性越高。土壤-植物系统中重金属元素迁移转化的方式主要有 3 种:

物理迁移:指重金属离子或络合物被包含于矿物颗粒或有机肢体内,随土壤水分或空气运动而被迁移转化或沉淀。在干旱半干旱地区,土壤中含重金属的矿物颗粒或土壤颗粒在风力作用下以尘土的形式而被机械搬运。

物理化学迁移和化学迁移:指重金属污染物与土壤有机-无机胶体通过吸附与解离、沉淀与溶解、氧化与还原、络合与螯合、水解等系列物理化学和化学作用而迁移转化。①重金属与无机胶体的结合通常分为 2 种类型:非专性吸附,即离子交换吸附;专性吸附,是土壤胶体表面与被吸附离子间通过共价键、配位键而产生的吸附。②重金属和有机胶体的结合。重金属可被土壤有机胶体络合或螯合,或者吸附于有机胶体的表面。虽然土壤有机胶体的含量远小于无机胶体的含量,但是其对重金属的吸附容量远远大于无机胶体。③溶解和沉淀作用。这是土壤重金属在土壤环境中迁移的重要形式。物理化学迁移和化学迁移是重金属在土壤环境中迁移的最重要形式,它决定了土壤重金属元素的存在形态、富集状况和潜在危害程度。

生物迁移:主要是指通过植物根系从土壤中吸收某些化学形态的重金属,并在植物体中累积起来的过程。此外土壤微生物和土壤动物也可吸收富集重金属。生物迁移可使重金属被某些有机体富集起来造成土壤-植物系统的污染,再通过食物链的传递对人体健康构成威胁。

4.1.3.1 汞（Hg）

（1）汞在土壤环境中的迁移转化

土壤中的汞按其化学形态可分为金属汞、无机结合态汞和有机结合态汞。在各种含汞化合物中，以烷基汞化合物，如甲基汞、乙基汞的毒害性最强。

无机汞化合物有 $HgCl_2$、$HgCl_3^-$、$HgCl_4^{2-}$、$Hg(OH)_2$、$Hg(OH)_2^-$、$HgSO_4$、$HgPSO_4$、HgO、HgS 等。其中，可溶性的 $HgCl_2$ 易被植物吸收，其他无机汞化合物难以被植物吸收。与其他金属不同，汞的重要特点是，在正常的土壤 Eh 和 pH 范围内，汞能以零价（单质汞）存在于土壤中。这是由于汞具有很高电离势，转化为离子的倾向小于其他金属。金属汞在常温下有很高的挥发性，除部分存留于土壤中以外，还以蒸气形态挥发进入大气圈，参与全球的汞蒸气循环。

有机汞化合物主要以甲基汞、乙基汞等形式存在，易被植物吸收，通过食物链在生物体内富集，而且毒性很大，对生物和人体造成危害。

（2）影响因素

汞在土壤环境中的迁移转化，既受到汞自身化学性质的影响，也受到土壤环境因素的影响。

土壤 pH、Eh、土壤有机质含量等因素对汞在土壤环境中的迁移转化影响较大。土壤环境的 Eh 和 pH 值决定着汞以何种价态存在。如在淹水还原条件下，多种基质中的汞至少可以部分地转化为可溶性甲基汞或气态二甲基汞络合物，土壤汞的可给量增大，汞的生物迁移能力增强，使植物生长更易受害。相反在氧化条件下，汞可以以任何形态稳定存在，使土壤汞的可给量降低，迁移能力减弱，作物难以吸收土壤中的汞。土壤 pH 值的影响表现为在酸性环境中，土壤系统中汞的溶解度增大，因而加速了汞在土壤中的迁移。而在偏碱性环境中，由于汞的溶解度降低，土壤中汞不易发生迁移而在原地淀积。土壤中的汞化合物在某些情况下先转化为甲基汞或金属汞后才被植物吸收。

土壤中的各类胶体对汞均有强烈的表面吸附（物理吸附）和离子交换吸附作用。Hg^{2+} 可被带负电荷的胶体吸附。这种吸附作用是使汞以及其他许多微量重金属从被污染的水体中转入土壤固相的最重要途径之一。已有的资料表明，不同的黏土矿物对汞的吸附力有很大差别。一般蒙脱石、伊利石类对 Hg^{2+} 的吸附力相对较弱。当土壤溶液中有较高量的氯离子存在时，由于可形成 $HgCl_2$、$HgCl_3^-$ 等络离子，使得黏土矿物胶体对汞的吸附作用显著减弱。当土壤中铁、锰的水合氧化物含量较高时，则可增强对 $HgCl_3^-$ 等络阴离子的吸附作用。土壤对汞的吸附还受 pH 值以及汞浓度的影响。当土壤 pH 在 1~8 范围内，则随着 pH 值的增大而吸附量逐渐增大，当 pH>8 时，吸附的汞量基本不变。

土壤胶体对甲基汞的吸附作用与氯化汞的吸附作用大体相同。但是，其中腐殖质对 CH_3Hg^+ 离子的吸附能力远比对 Hg^{2+} 的吸附能力弱得多。因此，土壤中的无机汞转化成 CH_3Hg^+ 以后，随水迁移的可能性增大。同时由于二甲基汞（CH_3HgCH_3）的挥发度较大，被土壤胶体吸附的能力也相对较弱，因此，二甲基汞较易发生气迁移和水迁移。

土壤中的无机（OH^-、Cl^-）、有机配位体（如腐殖质中的羟基和羧基）对汞有很强的络合能力。OH^-、Cl^- 对汞的络合作用可大大提高汞化合物的溶解度。一些研究者曾提出应用 $CaCl_2$ 等盐类来消除土壤汞污染的可能性。

土壤中的汞在一定条件下还可以被甲基化。自1963年Fujiki为解释日本水俣病首先提出是由天然形成的甲基汞所致以来,许多学者对汞的甲基化作用进行了大量的研究。研究表明,淡水底泥中的厌氧细菌,可以将Hg^{2+}甲基化而形成甲基汞。汞除了可在微生物作用下发生甲基化外,还可在非生物因素作用下进行,只要存在甲基给予体,汞就可以被甲基化。土壤的温度、湿度、质地,以及土壤溶液中汞离子的浓度,对汞的甲基化作用都有一定影响。一般说来,在土壤水分较多、质地黏重、地下水位过高的土壤中,甲基汞的产生比砂性、地下水位低的土壤容易得多。甲基汞的形成与挥发度都和温度有关。温度升高虽有利于甲基汞的形成,但其挥发度也随之增大。

4.1.3.2 镉(Cd)

(1) 镉在土壤中的形态与迁移转化

镉在土壤溶液中可以简单离子或简单络离子形式存在。在土壤中$Cd^{2+}>Cd^0$的反应不存在,只能以Cd^{2+}和其化合物进行迁移、转化。一般当pH值小于8时为简单的Cd^{2+}离子;当pH为8时开始生成$Cd(OH)^+$;而$CdCl^+$的生成,必须在Cl^-的浓度大于35 mg/kg才有可能。与无机配位体组成的络合物的稳定性有以下顺序:

$$SH^- > CN^- > P_3O_{10}^{5-} > P_2O_7^{4-} > CO_3^{2-} > OH^- > PO_4^{2-} > NH_3 > SO_4^{2-} > I^- > Br^- > Cl^- > F^-$$

土壤中的难溶性镉化合物,在旱地土壤中以$CdCO_3$和$Cd(OH)_2$的形态存在,其中以$CdCO_3$为主(或以碳酸盐结合态存在),尤其是在pH值大于7的石灰性土壤中。而在水田则是镉多以CdS的形式存在于土壤中。

土壤中呈铁锰结合态、有机结合态的镉在总量中所占比例甚小。

(2) 影响因素

在土壤环境中,凡是能影响到镉在土壤中的赋存形态的因素,都可影响镉的生物迁移。土壤酸度的增大,水溶态镉相对增加,植物体内吸收的镉量也有所增加。有关的研究结果表明,尽管土壤Eh在+200～400 mv,pH为5～7的条件下,水稻的镉吸收量有衰减。但总的说来,水稻的总镉吸收和幼苗的镉吸收,均随Eh的增大和pH值的减小而增加。

土壤酸度的增大不仅可增加$CdCO_3$溶解度,也可增加CdS的溶解度,使水溶态的镉含量增大。此外,土壤pH值还可影响土壤胶体上吸附镉的量。一般随pH的下降,胶体上吸附镉的溶出率增加,当pH为4时,溶出率超过50%,而pH为7.5时,交换吸附态的镉则难被溶出。

此外,土壤增施石灰、磷酸盐等化学物质,可相对减少植物对镉的吸收。

当水田灌满水时,在水下形成还原环境,含硫的有机物以及施入土壤的含硫肥料都可产生H_2S。此时,水溶性的镉含量降低,而多以CdS沉淀的形式存在。所以,长年淹水的水稻田里,CdS的积累将占优势。但是,在土壤Eh较高的情况下,如当水稻田烤田时,非水溶的CdS可参与,但是,在土壤氧化还原反应。由于被氧化生成单质硫的形态沉淀从而使CdS溶解度增大,故可给态Cd^{2+}浓度增加。

对镉污染土壤的研究证明,镉和锌、铅等含量存在一定的相关性。镉含量高的地方,锌、铅、铜也相应地较高。而镉的生物迁移还受相伴离子,如Zn^{2+}、Pb^{2+}、Cu^{2+}、Fe^{2+}、Mn^{2+}等的交互作用的影响。

4.1.3.3 铅

(1) 铅在土壤中的形态与迁移转化

土壤中的铅主要以$Pb(OH)_2$、$PbCO_3$、$Pb_3(PO_4)_2$等难溶态形式存在，而可溶性的铅含量极低。这是由于铅进入土壤时，开始有卤化物形态的铅存在，但它们在土壤中可以很快转化为难溶性化合物，使铅的移动性和被作物的吸收都大大降低。因此，铅主要积累在土壤表层。土壤中的铁和锰的氢氧化物，特别是锰的氢氧化物，对Pb^{2+}有强烈的专性吸附能力，对铅在土壤中的迁移转化，以及铅的活性和毒性影响较大。它是控制土壤溶液中Pb^{2+}浓度的一个重要因素。

土壤中的铅也可呈离子交换吸附态的形式存在，其被吸附的程度取决于土壤胶体负电荷的总量、铅的离子势，以及原来吸附在土壤胶体上的其他离子的离子势。有关研究也指出，土壤对Pb^{2+}的吸附量和土壤交换性阳离子总量间有很好的相关性。

另外，铅也能和配位基结合形成稳定的金属络合物和螯合物。

(2) 影响因素

土壤pH值和Eh值对铅在土壤中的存在形态影响较大。一般可溶态铅在酸性土壤中含量较高。这是由于酸性土壤中的H^+可以部分地将已被化学固定的铅重新溶解而释放出来，这种情况在土壤中存在稳定的$PbCO_3$时尤其明显。随着土壤Eh值的升高，土壤中可溶性铅的含量降低，其原因是由于氧化条件下土壤中的铅与高价铁、锰的氢氧化物结合在一起，降低了可溶性的缘故。

研究表明，在施用污泥后的土壤中以碳酸盐形态存在的铅比例最高，其次为硫化物和有机态，而水溶性或交换态铅只占总量的1.1%～3.7%。

铅在土壤环境中的迁移转化和对植物吸收铅的影响，还与土壤中存在的其他金属离子有密切关系。研究表明，在非石灰性土壤中，铝可与铅竞争而被植物吸收。当土壤中同时存在铅和镉时，镉的存在可能降低作物（如玉米）体内铅的浓度，而铅会增加作物体内镉的浓度。当土壤中投加的铅量>300 mg/kg时，铜对植物吸收铅有明显的颉颃作用；铅的浓度相当于本底时，铜的颉颃作用不明显。

如前所述，土壤中铁、锰的氢氧化物对pb^{2+}有强的专性吸附能力，显然也能较强烈地控制植物对pb^{2+}的吸收。土壤缺磷对植物吸收铅显著增加，在供磷条件下，土壤及植物中形成磷酸铅沉淀，磷对铅有解毒作用，可与细胞液中极少量的铅形成沉淀。

4.1.3.4 砷（As）

在一般的pH和Eh范围内，砷主要以正三价态和正五价态存在于环境中。水溶性的部分多为AsO_4^{3-}、$HAsO_4^{2-}$、$H_2AsO_4^-$等阴离子形式，总量低于1 mg/kg，一般只占全砷的5%～10%。这是因为进入土壤中的水溶性砷很容易与土壤中的Fe^{3+}、Al^{3+}、Ca^{2+}、Mg^{2+}等离子生成难溶性砷化物；另一方面，土壤中的砷大部分与土壤胶体相结合，呈吸附状态，且吸附得牢固，这是因为砷酸根或亚砷酸根阴离子的相对吸附交换能力较大的缘故。也正是由于上述2个原因，含砷的污染物进入土壤后，主要积累于土壤表层，很难向下移动。我国土壤对砷的吸附能力顺序是：红壤＞砖红壤＞黄棕壤＞黑土＞碱土＞黄土。

土壤吸附砷的能力主要与土壤带正电荷的胶体，特别是游离氧化铁的含量有关。氢氧化铁吸附的能力等于氢氧化铝的2倍以上。此外，黏土矿物表面上的铝离子也可以吸附砷。但是，有机胶体对砷无明显的吸附作用，因为它一般带净负电荷。

土壤中溶解态、难溶态以及吸附态砷之间的相对含量与土壤 Eh 和 pH 值的关系密切。随着 pH 值的升高和 Eh 的下降，可显著提高土壤中砷的溶解性。这是因为，随着 pH 值的升高，土壤胶体上正电荷减少，因此对砷的吸附量降低，可溶性砷的含量增高。同时，随着 Eh 的下降，砷酸还原为亚砷酸：

$$H_3AsO_4 + 2H^+ + 2e \Longleftrightarrow H_3AsO_3 + H_2O$$

而 AsO_4^{3-} 的吸附交换能力大于 AsO_3^{3-}，所以砷的吸附量减少，可溶性砷的含量相应增高。土壤 Eh 的降低，除直接使五价砷还原为三价砷以外，还会使砷酸铁以及其他形式与砷酸盐相结合的三价铁还原为比较容易溶解的亚铁形式，因此，溶解性砷和土壤的 Eh 之间呈明显的负相关关系。但是当土壤中含硫量较高时，在还原条件下，可以生成稳定的难溶性的 As_2S_3。

砷是植物强烈吸收积累的元素。砷的植物积累系数（指植物灰分中砷的平均含量与土壤中砷的平均含量的比值）为十分之几以上。土壤含砷量与作物含砷量的关系因作物种类不同而有很大差异。如英国学者弗来明曾做过调查，当土壤施用同样量的砷酸铅时，豇豆、扁豆、甜菜、甘蓝、黄瓜、茄子、西红柿、马铃薯等作物中的含砷量最小，莴苣、萝卜等作物中的含砷量最多，而洋葱等作物中的含砷量居中。

4.1.3.5 铬（Cd）

铬在地壳中的平均含量为 200 mg/kg，土壤铬的平均背景值为 70 mg/kg，各类土壤的差异很大。土壤中铬的污染来源主要是某些工业的"三废"排放。通过大气污染的铬污染主要是铁铬工业、耐火材料工业和煤的燃烧向大气中散发的铬。通过水体污染的铬污染源主要是电镀、金属酸洗、皮革鞣制等工业的废水。皮革厂的铬鞣车间、染料厂的还原咔叽 2G 车间、制药厂的对硝基苯甲酸车间和香料厂等都是产生三价铬废水的主要来源。此外，城市消费和生活方面，以及施用化肥等，也是向环境中排放铬的可能来源。例如，垃圾焚烧灰中含铬约 170 mg/kg，煤灰中含铬达 900～2 600 mg/kg，某些磷肥中含铬达 30～3 000 mg/kg。

土壤中的铬主要是三价铬（Cr^{3+} 和 CrO_2^-）和六价铬（$Cr_2O_7^{2-}$ 和 Cr_4^{2-}），其中以正三价铬最为稳定。在土壤正常的 pH 和 Eh 范围内，铬能以 4 种形态存在。

在一般土壤中最常见的 pH 和 Eh 范围内，六价铬可以迅速还原为三价铬。在强酸性土壤中一般很少存在六价铬化合物，因为六价铬化合物的存在必须具有很高的 Eh 值，而这样高的 Eh 值一般是不多见的。但在弱酸性和弱碱性土壤中，可有六价铬化合物存在。如在 pH 为 8，Eh 为 0.4 V 的荒漠土壤中，曾发现有可溶性的铬钾石 K_2CrO_4 存在。

土壤中的三价铬和六价铬可以相互转化。六价铬可被二价铁离子、溶解性的硫化物和某些带羟基的有机化合物还原为三价铬。一般当土壤有机质含量大于 2% 时，六价铬几乎全部被还原为三价铬。根据标准电极电位的大小，从理论上讲，在通气良好的土壤中，3 价铬可被二氧化锰氧化，也可被水中溶解氧缓慢氧化而转变为六价铬。其相互转化的方向和程度主要决定于土壤环境的 pH 和 Eh 值。不同价态和形态铬之间的相互转化可用下列式子表示：

$$Cr^{3+} + 3OH^- + Cr(OH)_3 \downarrow \underset{H^+}{\overset{OH^-}{\Longleftrightarrow}} CrO_2^- + 2H_2O$$

↑还原剂   ↓氧化剂

$$Cr_2O_7^{2-} + H_2O \underset{H^+}{\overset{OH^-}{\Longleftrightarrow}} 2CrO_4^{2-} + 2H^+$$

土壤中三价铬化合物的溶解度一般都较低，而且不溶性的六价铬含量本来就很少，所以土壤中可溶性铬含量较低。含铬废水中的铬进入土壤后，也多转变为难溶性铬，大部分残留积累于土壤表层。研究表明，土壤中只有 0.006%～0.28% 的铬是可溶的，而且三价铬化合物的溶解度与土壤 pH 值的关系很密切，在土壤正常 pH 值范围内三价铬可达到其最低溶解度允许的含量。因此，土壤中为作物可吸收的铬一般很少。

土壤中的铬也可部分呈吸附交换态存在。土壤胶体对铬的强吸附作用是使铬的迁移能力和可给性降低的原因之一。带负电荷的胶体可以交换吸附以阳离子形式存在的三价铬离子 [Cr^{3+}、$Cr(H_2O)_6^{3+}$ 或 $Cr(OH)^{2+}$ 等]，甚至可置换黏土矿物晶格中的 Al^{3+}。而带正电荷的胶体可交换吸附以阴离子形式存在的铬离子（CrO_4^{2-}、$Cr_2O_7^{2-}$）。但是，六价铬离子活性很强，一般不会被土壤强烈地吸附，因而在土壤中较易于迁移。铬对地下水的污染已有报道，特别是在土壤溶液中有过量的正磷酸盐时，则可阻碍 CrO_4^{2-} 和 $Cr_2O_7^{2-}$ 的吸附，因为磷酸根的相对交换吸附能力大于六价铬离子，而 Cl^-、SO_4^{2-}、NO_3^- 离子的相对交换吸附能力小于六价铬离子，所以这些阴离子的存在对六价铬离子的交换吸附没什么影响。

土壤中的不同胶体，对铬的吸附能力有很大差异。如土壤中的氧化铁或氧化铁的水合物对铬的吸附能力很大，远非高岭石和蒙脱石可比。

土壤中有机质含量的多少，不仅对三价铬和六价铬的相互转化起重要作用，同时对它们的化学性质也有很大影响。例如，当三价铬吸附在动植物残体的分解产物上时，活性较强；当存在于矿物时，活性一般较低，其活性的大小有赖于所属矿物的风化度和溶解度。

受铬污染的土壤，其中的铬可借风力而随表层土壤颗粒迁移进入大气；也可被植物吸收进而通过食物链进入人体。曾有学者应用中子活化技术研究含铬废水在土壤和农作物中的变化规律，结果表明，在水稻盆栽试验条件下，灌溉水中 0.28%～15% 的铬为水稻吸收，85%～99% 的铬累积于土壤中，并几乎全部集中在 0～5 cm 的土壤表层。当灌溉水中铬的浓度分别为 10.25 mg/L 和 50 mg/L 时，上层土壤中铬的含量可分别增加 25%～243%。这说明，用含铬量在 10 mg/L 以上的工业废水灌溉农田，会迅速引起土壤耕作层中铬的积累。虽然迁移进入作物体内的铬量很少，但是毕竟有少量铬进入作物体内。此外，作物对六价铬和三价铬的吸收量、吸收速度及积累部位，因作物种类的不同而有所不同。如烟草对六价铬有选择吸收性，而玉米则有拒绝吸收六价铬。水稻对三价或六价铬都能吸收，但对六价铬的吸收远大于对三价铬的吸收，并且六价铬易于从茎叶转移到糙米中，而三价铬转移到糙米中的数量较小，这可能与三价铬较易于和蛋白质结合有关。国外的研究表明，三价铬的生物活性及毒性较低，这是因为它通过生物膜的运动常受到限制。即在生理 pH 范围内，三价铬易于与一些生物分子络合，与蛋白质强烈键合，或生成氢氧化铬凝胶，不易透过生物膜进入生物体内，而六价铬较易透过生物膜，所以，六价铬的生物活性和毒性大于三价铬。

4.1.3.6 铜、锌

土壤中可给态铜都是以二价状态出现，或者以简单的 Cu^{2+} 离子，或者呈 $Cu(OH)^+$ 络离子形式存在。但是土壤溶液中的铜 99% 以上可能都是和有机化合物络合的。铜和其他金属元素比较，具有较强的形成络合物的倾向，形成的螯合物具有较强的稳定性。以富里酸与多种金属元素所形成的络合物的稳定常数为例，在二价离子中，Cu^{2+} 与富里酸形成的络合物稳定常数最高，为 Zn^{2+} 的 3～4 倍，其稳定次序在 pH 为 3.5 时为

$$Fe^{3+} > Al^{3+} > Cu^{2+} > Fe^{2+} > Ni^{2+} > Pb^{2+} > Co^{2+} > Ca^{2+} > Zn^{2+} > Mn^{2+} > Mg^{2+}$$

在 pH 值为 5.0 时为

$$Fe^{3+} > Al^{3+} > Cu^{2+} > Fe^{2+} > Ni^{2+} > Mn^{2+} > Co^{2+} > Ca^{2+} > Zn^{2+} > Mg^{2+}$$

土壤中的铜能与有机质形成稳定的络合物，化学性质较为稳定，不易发生价态变化。土壤溶液中的有效铜含量一般很低，约占土壤总铜量的 10%，主要包括水溶态铜、交换态铜及部分专性吸附态、铁锰氧化物和有机质态铜。土壤中铜的迁移转化受土壤 pH 值、土壤有机质和铁锰氧化物、土壤 Eh 等因素的影响。pH 值对铜的土壤化学行为的影响包括吸附-解吸平衡和沉淀-溶解平衡。土壤中铜的溶解度、移动性和可给性随着 pH 值而变化，土壤溶液 pH 值下降两个单位，溶液中铜浓度可增加一个数量级。在 pH>7 的碱性土壤中，铜的可给性较低；酸性土壤特别是 pH<5 的土壤，铜的可给性大大提高。铁锰氧化物和有机质是控制土壤铜固定的主要成分。研究表明，可能除铅外，铜是所有二价过渡重金属元素中最能被强烈吸附于铁锰铝氧化物或氢氧化物上的金属离子。土壤各组分对铜的吸附能力是锰氧化物＞有机质＞铁氧化物＞粘土矿物。植物摄取过量的铜大部分积累在根部，向地上部分输送较少。植物地上部分的铜主要分布在植物生长活跃的组织，故种子和幼嫩叶片中铜含量较高，而老叶和茎则较低。不同生育期，植物铜含量不同，幼苗铜含量最高，随着成熟而降低。

土壤中可给态锌与铜相似，主要以简单的 Zn^{2+} 离子和 $Zn(OH)^+$ 络离子形式存在。但是，与铜不同的是，土壤溶液中的锌主要是以无机离子存在。土壤溶液中的 Zn^{2+} 在碱性条件下则形成氢氧化锌沉淀。但氢氧化锌不稳定，易分解为氧化锌，并形成碳酸锌和硅酸锌，在还原环境中则可产生 ZnS。此外，土壤中还可能形成 $ZnFeSiO_4$。现在一般认为，土壤中主要难溶性锌是锌和无定形二氧化硅起作用而产生的硅酸盐，并由这种硅酸盐控制着土壤溶液中锌的浓度。

4.1.3.7 锰（Mn）

土壤溶液中的锰系以 Mn^{2+} 离子（占 1%～15%）和有机质络合的二价锰（占 85%～99%）存在。我国南方砖红壤和红壤中锰有富集现象，而石灰性土壤中，锰的活性很低。土壤中锰的形态可以分为可给态的二价锰化合物和不易为作物吸收的高价锰的氧化物。高价锰的氧化物包括最稳定的 MnO_2、不活泼的 Mn_3O_4 和三价的 $Mn_2O_3 \cdot nH_2O$。三价锰的氧化物是易还原性锰，因此，可以看作可移动的，对作物是有效的。土壤中锰的氧化物依一定条件而相互转化：

$$Mn^{2+} \underset{还原}{\overset{氧化}{\rightleftharpoons}} MnO_2 \cdot nH_2O \rightarrow MnO_2 \downarrow$$
$$\uparrow$$
$$Mn_2O_3 \cdot nH_2O$$

影响这一转化的土壤条件主要是 pH 值和 Eh 值及有机质含量的多少。强酸性土壤中 MnO_2 减少，而二价锰明显增加。pH>8 时，$\overset{氧化}{\longrightarrow} Mn$。当土壤 Eh 下降，处于还原条件下，高价锰还原为低价锰，增加了锰的有效性（在锰的氧化物相互转化过程中，土壤微生物的参与，也是极其重要的条件）。因此，土壤中锰的毒害，最可能在酸性土壤，或含有机质高而 Eh 低的土壤中发现。一般认为在植物干物质中存在 1 000 mg/kg 锰时，有可能发生毒害作用。但各种植物之间差异很大，同时还与土壤环境条件有关。植物受锰毒害时，一般表现为根部变褐，叶上产生褐色斑点，叶缘白化或变成紫色，幼叶卷曲等。由于锰过多会阻碍钼和铁的吸收，故往往会使植物发生缺钼症或缺铁症。

4.1.3.8 镍（Ni）

土壤含镍一般为 20～50 mg/kg，有时大于 100 mg/kg。土壤溶液中的镍浓度大致为 0.005～0.5 mg/L。造成土壤环境镍污染的人为来源主要是镍矿的冶炼，以及工业和城市废物。

镍的碳酸盐、磷酸盐、硫酸盐以及卤化物在土壤溶液中易于溶解，因此它们不能在土壤固相中形成。当土壤 pH>9 时，镍的氧化物及其水合物才是稳定的。而 $NiFe_2O_4$ 溶解度较小，最有可能在土壤固相中形成。相对于 $NiFe_2O_4$ 来说，$NiAl_2O_4$ 和 Ni_2SiO_4 在土壤固相中是亚稳态的。当土壤 pH 值和 Eh 较低时，土壤中有 NiS 生成并调控着土壤液中镍的量。当土壤 pH>8 时，$Ni(OH)^+$ 和 Ni^{2+} 是土壤溶液中镍的主要赋存形态。在酸性土壤中镍主要以 Ni^{2+}、$NiSO_4$ 和 $NiHPO_4$ 等形式存在于土壤溶液中。

交换态镍是土壤镍较易活动的部分，并随土壤 pH 值的升高其占总量的百分率下降。碳酸盐结合态镍可溶于弱酸，随土壤 pH 值的减少对作物的可给性增加。铁锰氧化物结合态的镍被土壤束缚得很紧，但是在一定环境条件下，特别是在土壤 pH 值较低时，可转化为作物可利用的部分。

4.1.3.9 钼（Mo）

土壤中水化氧化铁和氧化铝对钼酸根阴离子的吸附和沉淀是形成难溶态钼的主要原因。土壤中其他难溶态钼是被结晶的次生矿物包被的钼和阴离子交换量高的胶体所牢固吸附的钼。钼酸铁、钼酸铝和交换性钼的溶解度随土壤 pH 提高而提高。因此，钼不同于其他重金属，在高 pH 值下对植物的可给性较大，施加碳酸钙可用于防治其他重金属污染，但却能增加植物对钼的吸收。

在通气良好的土壤中，钼的溶解度实际上被钼酸根与高铁离子间的反应所控制。这些反应包括吸附、交换和形成结晶的矿物，并且与土壤 pH 值有关。在受铅污染的土壤中，钼可与铅形成很稳定的钼酸铅，且其溶解度随土壤 pH 值的提高而迅速提高。

牛羊等放牧家畜的钼中毒多发生在过湿的草地上，在这样的草地上土壤黏重，排水不良，而且含有高水平的有机质。排水不良的土壤中钼的溶解度的提高很可能是土壤氧化还原电位降低的结果。在这种条件下发生高铁还原成亚铁的反应，钼酸高铁的化合物或螯合物的溶解也会增多。在同一 pH 值下，钼酸亚铁的溶解度比钼酸高铁大。排水不良的土壤的另一特点是深层渗漏水所溶解的钼不会发生损失。亚表土排水受不透水的底土层或高的永久水位的限制，任何可溶解的钼必然停留在根区直到被作物携走为止。在排水良好的土壤上，即使是在碱性土壤上，使用含钼较多的灌溉水也不会产生牧草含钼过多的危险。而在排水不良的土壤上，使用同样的灌溉水则可能使植物过量地吸取钼。

4.2 土壤的非金属污染

4.2.1 土壤非金属污染概述

土壤非金属污染主要指氟、碘、硒等非金属元素过量造成的污染。地壳中氟的平均含量在270～800 mg/kg之间，我国大部分土壤氟范围在191～1 012 mg/kg之间。地壳中硒的平均含量在0.05～0.09 mg/kg之间，我国大部分土壤的硒范围在0.047～0.993 mg/kg之间。地壳中碘的平均含量在0.3～0.6 mg/kg之间，我国大部分土壤碘范围在0.39～14.71 mg/kg之间。

土壤中的氟、碘、硒水平在很大程度上取决于成土母质的组成和性质。因此，不同地区由于地质过程与地质背景的差异造成了氟、碘、硒的含量水平差异较大。此外，氟、碘、硒的含量还与土壤的成土过程、土壤有机质含量、大气沉降等有密切关系。

氟、碘、硒均是人体必需的微量元素，摄入过量或过少都会影响人体的正常发育和健康。在地球地质历史的发展过程中，由于地壳的不断运动及各种地质作用，逐渐形成了地壳表面不同地域、不同地层和类型的岩石和土壤中矿物元素分布的不均一性，使某种地球化学元素在某一地区高度富集或极度缺乏，即正异常或负异常。地球化学元素的异常在一定程度上控制和影响着不同地区的人类、动植物的生长和发育，这些地区的人群因对个别微量元素长期的摄入过量或严重不足而直接或间接引起生物体内微量元素平衡严重失调，导致各种生物地球化学性疾病发生，即通常所说的"地方病"（周宗灿，2001）。

4.2.2 土壤非金属污染物的生态环境效应

4.2.2.1 氟（F）

绝大多数土壤中氟的最基本的来源是形成土壤的母质。成土母质由各种各样的岩石风化而来。许多种岩石中都存在一种或数种氟矿物。酸性火成岩、沉积岩是含氟较多的岩石，它们之中的合成矿物种类很多。各种含氟矿物的结构不同，含氟量和氟的存在形式也不同，因此，它们进入土壤的难易程度和在土壤中的稳定程度也出现差异，这就导致了地球表面各地各类土壤含氟量的原生差异或背景差异。与土壤氟关系最密切对土壤氟化学影响最大的重要的含氟矿物中首数氟石（又叫萤石，CaF_2）、冰晶石（Na_3AlF_5）、氟硅酸盐和氟磷酸盐。因为这几种矿物广泛存在于多种岩石中，所以分布面广，对土壤形成和土壤中氟的构成具有明显的意义。

这些存在于岩石中的氟随着岩石风化、矿物分解和母质成土过程，或以矿物颗粒形式直接参与构成土壤，或在土壤溶液中经各种反应分解成游离的氟离子或氟的络离子，被土壤胶体和其他矿物吸附、吸收而固定在土壤中。因此，母质是许多自然发育的原始土壤中氟的基本和主要来源。

大气降水是土壤氟的另一重要的天然来源。火山喷发、工厂排气、海水蒸发和挥发性氟化物的挥发以及地面的尘土飞扬等都是大气氟的来源。无论以何种形式从何种途径进入大气空间的氟，大多以气溶胶状态存在于空中。"扩散"是空气中的氟化物的基本运动形式，通过"扩散"使氟化物在"空中河流和海洋"中充分混合并分散到广阔的范围。这些氟不仅能在各种降水过程（雨、雪、雹等）中被淋洗到地面而进入土壤，而且，它们本身也能作为云核卷入云和各种形式降水的形成过程。大气中直接或间接来自地下各个具体部位的氟，由于降水而回到地面，显然已不是"物归原主"的简单归还，而是地表和地下的氟的一种复杂的再分配过程。因为，它们经过"空中—河流"的分散和"空中—海洋"的混合，分布到相当广阔的空间范围内又是相对均匀地撒向地面。火山爆发时，地壳深处埋藏的氟化物被剧烈喷射出来。一部分含氮气体和尘粒随着巨大的火山喷发气流腾入高空，经重力沉降和降水，再度分散到广大范围的地面，其中有些直接进入土壤。另一部分含氟的大块碎屑物质则直接而大量地累积在火山附近地区。这些物质（火山岩往往含有大量的氟）经风化、分解而使岩屑中固定的氟释放出来进入土壤。由火山灰发育起来的土壤中的氟，显然与火山喷发直接有关。

近代，由于人类的生产活动引起的人为氟源日益重要起来。在农业活动中，磷肥的施用和含氟农药如氟化钠、氟硅酸钠等的施用是土壤氟人为来源的主要方面。由于生产磷肥的原料氟磷灰石通常含有3.0%左右的氟，一般情况下，除了加工过程的挥发、逸散损失外，通常不经过脱氟处理，所以在磷肥成品中都含有相当数量的氟。我国中小磷肥厂生产的过磷酸钙和钙镁磷肥含氟量为1%～1.6%。所以说通过施用磷肥就成为土壤氟的一个不可忽视的来源。不过，迄今我国磷肥施用水平不高，使用范围还不普遍。因此，通过磷肥加进土壤的氟暂时还不具有普遍的突出意义。即使如此，在施用磷肥的局地土壤上，它仍然是一个重要的氟源。因为施肥带入土壤的氟与母质风化或大气降水带入土壤的氟相比，毕竟有效成分高（一般都是简单的易溶性氟化物；粒度小、分散度高），而且加入的速度快、强度大。如若是含氟农药，则因其多系纯化学品，因此，即使量小，其作用也可能较强烈。随着农业现代化的推进，磷肥和含氟农药施用水平必将大大提高。因此，这一土壤氟源势必在一些地方上升为突出因素。如以每年公顷施含氟量1%～1.6%的过磷酸钙150 kg计，则每年由施肥带进土壤的氟为每公顷1.5～2.4 kg。国外曾有人报道，因施肥带入土壤的氟可高达8～20 kg/(hm^2·a)。

工业生产活动，如炼钢、炼铝、砖瓦、磷肥等生产过程，将排出大量含氟气体、液体和废渣，它们直接或间接进入土壤，在某些情况下，特别是在那些产生氟的工厂附近一个有限的范围内，由于氟的连续、单向、集中地进入土壤，使之成为这种地区土壤氟的最大来源。这一类土壤氟源随着现代工业的飞速发展已变得日益突出。

土壤环境氟污染对作物的危害一般是慢性累积的生理障碍过程，主要表现为作物生育前期干物质累积量减少，成熟期谷粒和产量降低。此外，分蘖减少，成穗率也降低，并且营养吸收组织、光合成组织受到损伤，一般是出现叶尖坏死，受伤害组织逐渐退绿，很快变为红褐色或浅褐色，可造成水稻、小麦、大豆等作物减产，对桃、李等果树生长和发育也有不利的影响。

植物除了可由根部吸收F^-、AlF^{2+}等离子外，还可通过叶片直接吸收大气中的HF，特别是桑树、茶叶、牧草等植物，对大气中的HF非常敏感，易吸收且积累氟。而氟在桑树叶中的累积可引起家蚕中毒。尽管大气含氟量在卫生标准以下，桑叶、牧草中的氟也可超过允许的浓度。通常植物叶片中含氟5～25 mg/kg。水稻叶片中含氟70 mg/kg是临界值，超过70 mg/kg就会引起明显减产。茶叶的含氟量比一般植物高，每千克叶片含氟一般在数十至一二百毫克，甚至达到1 000 mg/kg，仍不表现症状（孙玉富和孙殿军，2002）。

氟是人体必需的微量元素，有助于羟基磷灰石的形成，促进骨骼生长。但过量的氟可使人体的钙、磷代谢平衡破坏，氟与钙结合形成氟化钙，沉积于骨骼和软组织中，妨碍牙齿、骨骼的钙化。环境中氟元素含量过高的地区，因居民长期摄入过量的氟，常流行如氟斑牙、氟骨症等地方性氟中毒慢性疾病。世界卫生组织（WHO）建议每人每日摄氟量不超过2 mg/kg。

4.2.2.2 碘（I）

碘是人体必需的微量元素，是甲状腺激素组成中必不可少的成分，甲状腺激素不仅能调节机体内许多物质的代谢，而且对机体的生长发育也有重要影响。食物是人体摄取碘的主要途径，约占总摄入量的80%以上，长期摄碘不足的低碘区域，常流行低碘性甲状腺肿，表现为甲状腺肿大，呼吸困难，声音嘶哑，饮食困难。碘摄入过量亦会导致高碘性甲状腺肿。我国的碘缺乏病比较严重，除北京、上海和一些高碘区外，我国其他省（自治区、直辖市）都有不同程度的碘缺乏病流行，约有4亿人生活在碘缺乏病区，因碘缺乏所导致的智残者达1 000万，而智商偏低者则难以估计（黄益宗等，2003）。

碘对植物的毒害首先影响植物的生理生化活性，然后出现生物量或产量减少等症状。水培条件下，当KI的浓度达到10～100 $\mu mol/L$ 时，菠菜的生长就受到抑制，表现为生长矮小、幼叶暗绿色、老叶叶尖枯死、产量下降等（Zhu et al.，2003）。碘的毒害还可以诱使植物病害的发生。在日本低洼地水稻田一种名为"Reclamation-Akagare"的水稻病的发生是由于碘的毒害引起的。

4.2.2.3 硒（Se）

土壤中的硒主要来自风化的岩石，也可来自大气（如降雨）、工业废弃物、火山喷发等。同时，生物体中的硒经代谢或死亡分解，又可回到土壤中。

硒是人体和动物必需的营养元素，一旦缺乏容易使人得病。但硒的作用范围很窄，过量的硒易引起中毒。我国规定饮用水及地面水中硒含量不得超过0.01 mg/L，动物饲料中含量不得超过3 mg/kg。在土壤硒高背景值区，人体吸收硒过量而中毒的现象较为常见，例如，我国湖北恩施地区曾发生硒中毒，其中毒症状是脱发、脱甲，部分病人出现皮肤症状，重病区少数病人出现神经症状，可能还有牙齿损害。在土壤硒低背景值区，如我国从东北到西南的低硒土壤带，广泛发生克山病，其主要症状有心脏扩大、心功能失代偿、心源性休克或心力衰竭、心律失常、心动过速或过缓，其特点是发病急、死亡率高。同时在这一低硒土壤带内，还伴有大骨节病，其症状表现为四肢关节对称性增粗、变形、屈伸困难和四肢肌肉萎缩，严重者可出现短指（趾）、短肢畸形，导致终生残疾。人体摄入硒的数量主要决定于食物中的含硒量，土壤硒背景值高、发生硒中毒区，粮食、蔬菜的含硒量远高于正常区；土壤硒背景值低、发生硒缺乏区，粮食、蔬菜中的含硒量则明显低于正常区。

马、牛、羊、猪等牲畜吸收硒过多会出现食欲不振、停止生长、蹄变畸形、体毛脱落和关节发炎等症状，如治理不及时，终至死亡。发生急性中毒时，出现中枢神经系统损伤的各种症状，最后麻痹而死。而动物吸收硒过少则会发生发育不良，一般多发生在幼龄家畜，常见症状是四肢僵硬、肌肉无力、不愿走动或不愿站立，有心肌营养不良现象，可出现突然死亡，生病的牛犊可突然发生精神沉郁和死亡。时间较长的可出现呼吸困难，呕吐和腹泻，还可能出现麻痹和轻瘫。

4.2.3 非金属污染物在土壤中的行为及影响因素

4.2.3.1 氟

（1）土壤中氟的污染来源

氟在自然界的分布主要以萤石（CaF_2）、冰晶石（Na_3AlF_6）和磷灰石 $Ca_5F(PO_4)_3$ 等

3种矿物存在。因此，土壤环境中氟的污染来源：①上述富氟矿物的开采和扩散；②在生产过程中使用含氟矿物或氟化物原料的工业，如炼铝厂、炼钢厂、磷肥厂、玻璃厂、砖瓦厂、陶瓷厂和氟化物生产厂的"三废"排放；③燃烧高氟原煤所排放到环境中的氟。所以，在这些矿山、工厂和发电厂附近，以及施用含氟磷肥的土壤中容易引起氟污染。此外，引用含氟超标的水源（地表水或地下水）灌溉农田；或因地下水中含氟量较高，当干旱时随水分的上升、蒸发而向表层土壤迁移、累积，也可导致土壤环境氟污染。例如，在我国的西北、东北和华北存在大片干旱的富氟盐渍低洼地区，表层土壤含氟量可达 2 000 mg/kg（是一般土壤背景值的 10 倍），即是由地下水含氟较高所致。

(2) 土壤中氟的迁移与累积

氟可在土壤-植物系统中迁移与累积。F^-相对交换能力较高，易与土壤中带正电荷的胶体，如含水氧化铝等相结合，甚至可以通过配位基交换生成稳定的配位化合物，或生成难溶性的氟铝硅酸盐、氟磷酸盐，以及氟化钙、氟化镁等，从而在土壤中累积起来。因此，受氟污染的地区，土壤中氟含量可以逐年累积而达到很高值。例如，浙江杭嘉湖平原土壤含氟量平均约 400 mg/kg，高出全国平均含量的 1 倍。

以难溶态形式存在的氟不易被植物吸收，对作物是安全的。但是，土壤中的氟化物，可随水分状况，以及土壤 pH 改变而发生迁移转化，有可能转化为植物易吸收的形式而转入土壤溶液中，提高活性和毒性。例如，当土壤 pH 值小于 5 时，土壤中的活性 Al^{3+} 量增加，F^- 可与 Al^{3+} 形成络合阳离子中的活性 AlF^{2+}，而这种离子可被植物吸收，并在植物体内累积起来。但是，当在酸性土壤中加入石灰时，大量的活动性氟将被 Ca^{2+} 牢固地固定下来，因而可大大降低水溶性氟含量。

在碱性土壤中，因为 Na^+ 含量较高，氟常以 NaF 等可溶盐形式存在，从而增大了土壤溶液中 F^- 的含量，并可引起地下水源的氟污染。当施入石膏后，可相对降低土壤溶液中 F^- 的含量。

4.2.3.2 碘

土壤中的碘主要以碘酸根离子（IO_3^-）、碘离子（I^-）和元素态碘（I_2）等形态存在。在不淹水的条件下，IO_3^- 为土壤中碘的最主要形态，尽管多数碘与土壤结合成难溶性的形式；而在淹水的条件下，由于有相当多的难溶性碘转变为水溶性的碘，因此 I^- 成为土壤中最主要的形态。但是也有人报道在温暖潮湿的地区，不淹水土壤中最主要的碘形态为 I^-。

土壤理化性质如土壤有机质、水分、温度、pH 值及黏土矿物等是影响碘的存在形态的主要因素。土壤有机质和黏土矿物含量较高的土壤对碘的吸附固定量就多，碘的生物有效性降低。pH 值与土壤水分对碘的形态影响与对重金属的影响相反，pH 值升高会促进土壤碘的溶解，提高碘的生物有效性；淹水条件下，难溶性碘向水溶性的碘转化，碘的生物有效性提高。

4.2.3.3 硒

土壤中硒有多种价态，包括元素态硒、亚硒酸盐、硒酸盐、有机态硒和挥发硒等。硒的化合物对人的毒性最强，其中以亚硒酸盐毒性最大，其次为硒酸盐，元素硒毒性最小。一般来说，元素硒在土壤中含量极低，很不活泼，不溶于水，植物难以吸收。而土壤中的亚硒酸盐和硒酸盐经细菌、真菌等微生物和藻类的还原作用也可以形成元素态硒。硒化物大多难溶于水，是普遍存在于半干旱地区土壤的形态，由于其难溶于水，植物难以吸收。硒酸盐是硒的最高氧化态化合物，可溶于水，能被植物吸收，在干旱、通气或碱性条件下、土壤水溶性硒多为硒酸盐形态，而在中性、酸性土壤中，硒酸盐则很少。亚硒酸盐是土壤中硒的主要形态，占40%以上，也是植物吸收土壤无机硒的主要形态。土壤中有机态硒化物在土壤硒的含量中占有相当大的比例，主要来自生物体的分解产物及其化合物，是土壤有效硒的主要来源。其中与胡敏酸络合的硒为不溶态，植物难以吸收，与富里酸络合的硒为可溶态，易为植物所吸收。挥发态硒是指土壤微生物可使部分无机硒和有机硒转化为气态的烷基硒化盐、硒酸盐和硒胱氨酸转化为硒化氢，碱性条件和有碳源加入可促进气态二甲基硒化物的生成。总之，土壤中硒的各种形态在一定条件下相互转化，从而改变土壤中硒的运动速度和方向。

铁、铝、锰的氧化物及其矿物是控制我国酸性土壤硒的主要因子，钙、镁、钾的化合物及其相应矿物是控制碱性土壤非闭蓄性硒的主导因子，而闭蓄性硒主要由铁、铝、锰的氧化物及其相应矿物所控制。黏土矿物中，特别是高岭石、水铝矿和氧化铁、铝吸持硒的能力强，各黏土矿物吸持硒的能力，一般是氧化铁＞高岭石＞蛭石＞蒙脱石。氧化铁不仅通过表面的交换反应吸附SeO_3^{2-}，同时SeO_3^{2-}还与黏土矿物分解的铁形成复合物发生沉淀反应，因为吸持硒的能力最强。土壤有机质与土壤硒在数量上关系密切，一般土壤有机质含量高，土壤中的全硒也高，但有机质与有效硒的关系决定于有机质分解的程度，如有机质未完全分解，可降低土壤硒的有效性。土壤的某些化学性质和组成也影响土壤中硒元素的迁移转化。磷、硅不仅以络合阴离子的形式参与土壤的固定和影响植物对硒的吸收利用，并以化合物或矿物的形式参与硒的循环。我国低硒带土壤中可利用的硒主要被钙、镁、钾等化合物或其矿物所控制。当土壤溶液呈酸性到中性时，土壤硒的有效性最低，随土壤pH增加，硒的有效性也提高。土壤Eh也影响土壤硒的价态变化：在氧化条件下，元素硒或硒化物可被氧化为SeO_3^{2-}或SeO_4^{2-}，而有机态硒分解后产生的H_2Se也可经氧化而形成SeO_3^{2-}或SeO_4^{2-}，从而提高土壤硒的有效性；在还原条件下，嫌气微生物可使氧化态的硒还原为硒化物，使硒的有效性降低。

4.3 土壤的放射性元素污染

4.3.1 土壤中放射性元素污染概述

土壤放射性元素污染是指人类活动排放出的放射性污染物，使土壤的放射性水平高于天然本底值。放射性污染物是指各种放射性核素，它的放射性与其化学状态无关。

放射性核素可通过多种途径污染土壤。放射性废水排放到地面上，放射性固体废物埋藏处置在地下，核企业发生放射性排放事故等，都会造成局部地区土壤的严重污染。大气中的放射性物质沉降，施用含有铀、镭等放射性核素的磷肥与用放射性污染的河水灌溉农田也会造成土壤放射性污染，这种污染虽然一般程度较轻，但污染的范围较大。

土壤被放射性物质污染后，通过放射性衰变，能产生α、β、γ射线。这些射线能穿透人体组织，损害细胞或造成外照射损伤，或通过呼吸系统或食物链进入人体，造成内照射损伤。

放射性污染是土壤污染的一个极为重要的类型，随着原子能工业的发展，核电站、核反应堆不断增加；放射性同位素在工业、农业、医学和科研等方面的应用；此外，核武器试验仍在继续，因此，控制和防止放射性物质对土壤的污染显得越来越重要。

土壤环境中放射性物质有天然来源和人为来源。自然界中天然放射性元素和同位素主要有 U、Th、Ra、Rn、^{40}K、^{14}C、^{7}B 等。地壳中 U 的含量为 $3.5×10^{-4}\%$，Th 的含量为 $1.1×10^{-3}\%$。土壤中 U 的含量为 $1×10^{-4}\%$，Th 的含量为 $6×10^{-4}\%$（董武娟和吴仁海，2003）。一般，由天然放射性元素所造成的人体内照射剂量和外照射剂量都很低，对人类的生活和健康的影响较小。因此，放射性污染多指人为活动排放放射性物质造成的污染。人为放射性物质的主要来源包括：①核试验。在核爆炸时大约有 170 种放射性同位素带到对流层中，其中主要是 U 和 Pu 的裂变产物。核爆炸后近期内主要裂变产物是 ^{89}Sr、^{131}I、^{140}Ba 在爆炸后较长的时期内，主要裂变产物是半衰期长、裂变产额高的 ^{90}Sr 和 ^{137}Cs。因此，^{89}Sr 和 ^{137}Cs 成了土壤环境中主要的长寿命放射性物质，它们的半衰期分别为 28 年和 30 年。②核反应堆、核电站、核原料工厂的核泄漏事故。如 1986 年切尔诺贝利核事故，释放的放射性核素达 $12×10^{19}$ Bq，比广岛原子弹爆炸释放的核素高 400 倍（杨俊诚等，2002）。③放射性矿物的开采和冶炼。放射性矿物在开采和冶炼过程中会排放大量放射性废物，如废水、废渣、尾矿等，经雨淋冲刷被带到土壤中。④放射性同位素的生产和应用。主要是 ^{198}Au、^{131}I、^{32}P、^{60}Co 等，用于工业、农业、医学和科研等方面。

放射性污染物不能自然降解或生物降解，而且在土壤中具有长期累积性，土壤一旦受到放射性污染清除是非常困难的，只能靠漫长的自然衰变过程达到稳定元素时才结束。这些放射性污染物会通过食物链进入人体，危害人类健康。

4.3.2 土壤放射性污染物的生态环境效应

土壤受到放射性物质污染后，使农产品放射性核素比活度上升，通过食物链进入人体和动物，危及人体健康；也可通过迁移至大气和水体，由呼吸道、皮肤、伤口或饮水而进入人体，参与体内生物循环，造成危害更大的内辐射损伤（Zhu and Shaw, 2000），引起很多病变，如疲劳、虚弱、恶心、眼痛、毛发脱落、斑疹性皮炎以及不育和早衰等。辐射还能引起肿瘤，特别是体内照射更易引起恶性肿瘤。发生肿瘤的器官和组织主要见于皮肤、骨骼、肺、卵巢和造血器官。有些研究者指出，人体内镭的总含量达 $1～2~\mu g$ 时，就会导致死亡，但这种情况往往是在镭进入人体内许多年后才发生，就是说放射性病症是有较长的潜伏期的，除非一次照射量过大（孙赛玉和周青，2008）。

土壤放射性污染危及农业生态系统的稳定。长期低剂量辐射的生态效应包括：引起物种异常变异，从而对生态系统演替产生影响；使农产品放射性核素比活度上升，危及食品安全和人体健康；引起土壤生物种群区系成分的改变、生物群落结构的变化，进而影响到土壤肥效和土壤对有毒物质的分解净化能力。土壤中放射性核素也会参与水、气循环，进一步污染水体和大气（孙赛玉和周青，2008）。

4.3.3 放射性污染物在土壤中的行为及其影响因素

放射性物质进入土壤后，不能通过土壤自净作用消除，亦很难通过人为措施清除，只有随时间的推移逐渐衰变至稳定元素。从土壤放射性污染治理技术研究现状来看，利用某些植物可从污染土壤中吸收积累大量的放射性物质或固定土壤中的放射性物质而发展起来的植物修复技术是目前治理放射性污染土壤最经济可行的方法（Entry et al.，1999；Chen et al.，2008）。

影响放射性污染物质在土壤环境中的积累、迁移的因素很多，最主要的是土壤理化性质。一般，有机质含量、土壤黏粒矿物含量、pH值、阳离子交换量和土壤水分状况是主要的影响因素。因此，不同类型的土壤对放射性物质的吸附能力有明显的差异。例如，中国东北地区的土壤对 ^{90}Sr 的吸附能力依次为：黑土黏粒＞白浆土黏粒＞暗棕色森林土黏粒。相对黏土和泥沙土而言，^{137}Cs 浓度比粗粒矿质土的低；土壤颗粒粒径越小，其有效比表面积越大，吸附能力也越强。但当颗粒粒径远小于土壤孔隙的直径时，其本身极易随水的流动而迁移。由于其对放射性物质有极大的吸着能力，这类细小颗粒成为核素迁移的载荷物，在孔隙较大的砂质土壤中，核素的这一迁移作用就更加明显（董武娟和吴仁海，2003）。水对许多放射性物质有一定的溶解作用，土壤水分含量高的土壤放射性物质随水的渗流而向土壤深层迁移的程度增加。此外，含水量对土壤中微生物、细菌的活动和有机物的分解、合成也有明显影响，从而间接影响放射性物质的吸附行为及其生物有效性。

施用化学添加剂可影响土壤中放射性污染物的生物有效性。例如，铵基铁（Ⅲ）六氰铁酸盐［AFCF，ammonium-ferric-hexacyano-ferrat，分子式：$NH_4Fe(Ⅲ)Fe(Ⅱ)(CN)_6$］的应用对减少放射性物质从土壤向植物体中的迁移有明显效果（Rosen，1995）。施加 $CaCl_2$、NaCl 等化学物质，可显著降低植物对 ^{60}Co 的吸收（Shor et al.，2000）。

施肥和农艺措施亦可影响土壤中放射性污染物的生物有效性。施加有机肥可增强土壤颗粒对放射性物质的吸附固定，从而影响其活性；施钾肥、磷肥及钙肥等可通过改变土壤溶液的阳离子交换量而抑制放射性物质向植物体的迁移（朱永懿等，1998）；农艺措施如深翻耕等也可以降低植物对放射性物质的吸收（朱永懿等，1998）。

植物种类不同对土壤中放射性核素的吸收能力存在较大差异（Ebbs，1999）。例如，豆科植物对 ^{90}Sr 的吸收能力比禾本科植物要强。向日葵（*Helianthus annuus*）和印度芥菜（*Brassica Juncea*）比其他植物积累铀的能力强。正是植物种类对放射性物质吸收积累能力的差异为植物修复技术在放射性污染土壤的治理中的应用提供了基础和依据。

思考题

1. 简述土壤重金属污染的主要来源与特点。
2. 土壤中的汞主要存在形态有哪些？其迁移转化主要受哪些因素影响？
3. 土壤非金属氟、硒、碘污染会产生哪些生态环境效应？
4. 简述土壤放射性污染的来源及其生态环境效应。

推荐读物

土壤污染及其防治. 洪坚平. 中国农业出版社，2005.
污染生态学. 第2版. 王焕校. 高等教育出版社，2002.
污染生态学. 孙铁珩. 科学出版社，2001.
土壤污染及其防治. 夏立江. 华东理工大学出版社，2001.

参考文献

陈怀满,郑春荣,等. 1999. 中国土壤重金属污染现状与防治对策 [J]. 人类环境杂志, 28 (2): 130-134.

仇志军,姜达,等. 2001. 基于核探针研究的大气气溶胶单颗粒指纹数据库的研制 [J]. 环境科学学报, 21 (6): 660-663.

崔德杰,张玉龙. 2004. 土壤重金属污染现状与修复技术研究进展 [J]. 土壤通报, 35 (3): 365-370.

董武娟,吴仁海. 2003. 土壤放射性污染的来源、积累和迁移 [J]. 云南地理环境研究, 15 (2): 83-87.

韩军花. 2002. 镉和锌在体内的相互作用 [J]. 国外医学卫生学分册, 29 (5): 264-268.

洪坚平. 2005. 土壤污染及其防治 [M]. 北京: 中国农业出版社.

黄益宗,朱永官,等. 2003. 土壤-植物系统中的碘与碘缺乏病防治 [J]. 生态环境, 2: 228-231.

孟凡乔,巩晓颖,等. 2004. 污灌对土壤重金属含量的影响及其定量估算-以河北省汊河和府河灌区为例 [J]. 农业环境科学学报, 23 (2): 277-280.

孙赛玉,周青. 2008. 土壤放射性污染的生态效应及生物修复 [J]. 中国生态农业学报, 2: 522-527.

孙玉富,孙殿军. 2002. 砖茶含氟量综述 [J]. 中国地方病学杂志, 21 (6): 515-518.

谭婷. 2005. 成都平原土壤铅污染及其评价 [J]. 长江流域资源与环境, 1: 72-75.

王焕校. 2002. 污染生态学 [M]. 北京: 高校教育出版社.

王映雪. 1998. 污染生态学的新发展——污染进化生态学 [J]. 云南环境科学, 17 (1): 19-21.

夏立江. 2001. 土壤污染及其防治 [M]. 上海: 华东理工大学出版社.

许嘉琳,杨居荣. 1995. 陆地生态系统中的重金属 [M]. 北京: 中国环境科学出版社.

杨俊诚,朱永懿,等. 2002. ^{137}Cs 不同污染水平在大亚湾、秦山、北京土壤-植物系统的转移 [J]. 核农学报, 16 (2): 93-97.

张甘霖,朱永官,等. 2003. 城市土壤质量演变及其生态环境效应 [J]. 生态学报, 23 (3): 539-546.

张乃明,张守萍,等. 2001. 山西太原污灌区农田土壤汞污染状况及其生态效应 [J]. 土壤通报, 32 (2): 95-96.

张孝飞,林玉锁,等. 2005. 城市典型工业区土壤重金属污染状况研究 [J]. 长江流域资源与环境, 14 (4): 512-515.

赵中秋,朱永官,等. 2005. 镉在土壤-植物系统中的迁移转化及其影响因素 [J]. 生态环境, 14 (2): 282-286.

郑国璋. 2007. 农业土壤重金属污染研究的理论与实践 [M]. 北京: 中国环境科学出版社.

周启星. 2004. 污染土壤修复原理与方法 [M]. 北京: 科学出版社.

周宗灿. 2001. 环境医学 [M]. 北京: 中国环境科学出版社.

朱永懿,杨俊诚,等. 1998. 施肥和翻耕措施对减少水稻吸收^{137}Cs的效应 [J]. 核农学报, 12 (3): 165-170.

Adriano D C. 1986. Trace elements in the terrestrial environment [M]. New York: Springer-Verlag.

Basta N T, Raun W R, Gavi F. 1998. Wheat grain cadmium under long-term fertilization and continuous winter wheat production [J]. Better Crops, 82: 14-15 (19).

Benzaazoua M, Kongolo M. 2003. Physico-chemical properties of tailing slurries during environmental desulphurization by froth flotation [J]. International Journal of Mineral Processing, 69: 221-234.

Chen B D, Roos P, Zhu Y-G, Jakobsen I. 2008. Arbuscular mycorrhizas contribute to phytostabilization of uranium tailing [J]. Journal of Environmental Radioactivity, 99: 801-810.

Chen H M, Zheng C R, Wang S Q. 2000. Combined pollution and pollution index of heavy metal in red soil [J]. Pedosphere, 10 (2): 117-124.

Ebbs S D, Brady D J and Kochian L V. 1999. Role of uranium speciation in the uptake and translocation of uranium by plants [J]. Journal of Experimental Botany, 49: 1183-1190.

Elberling B, Asmund G, Kunzendorf H, et al. 2002. Geochemical trends in metal-contaminated fiord sediments near a former lead-zinc mine in West Greenland [J]. Applied Geochemistry, 17: 493-502.

Entry J A, Watrud L S, Reeves M. 1999. Accumulation of ^{137}Cs and ^{90}Sr from contaminated soil by three grass species inoculated with mycorrhizal fungi [J]. Environ. Pollut, 104 (3): 449-457.

Holmström H, Öhlander B. 1999. Oxygen penetration and subsequent reactions in flooded sulphidic mine tailings: a study at Stekenjokk, northern Sweden [J]. Applied Geochemistry, 14: 747-759.

Jung MC. 2001. Heavy metal contamination of soils and waters in and around the Imcheon Au-Ag mine, Korea [J]. Applied Geochemistry, 16: 1369-1375.

Rosen K. 1995. Transfer of radiocesium from soil to vegetation and to grazing lambs in a mountain area in northern Sweden [J]. Environ mental Radioactivity, 26 (3): 237-257.

Shor, Joe T, Dial, et al. 2000. Volatilization of Cobalt, Technetium, and Uranium Isotopes from Soils through Salt Amendment and Calcination [J]. Environmental Radioactivity, 48: 35-48.

Zhu Y G, Huang Y Z, Hu Y, Liu Y X. 2003. Iodine uptake by spinach (Spinacia oleracea L.) plants grown in solution culture: effects of iodine species and solution concentrations [J]. Environment International, 29: 33-37.

Zhu Y-G and Shaw G. 2000. Soil contamination with radionuclides and possible remediation [J]. Chemosphere, 41 (1-2): 121-128.

5

土壤环境的有机污染

本章提要

  土壤中有机污染物主要有农药、石油、多环芳烃和环境激素。本章重点介绍了农药的种类和性质，农药对土壤的污染，农药在土体中迁移转化，农药对土壤环境、生物的危害及农药对食品安全的影响；石油污染物的组成和危害，石油污染物在土体中迁移转化；多环芳烃的结构和毒性，多环芳烃在土壤中的迁移转化；环境激素的种类和性质，环境激素在土壤中的迁移转化。通过本章的学习，了解土壤有机污染物的特点及其对土壤环境的影响。

5 土壤环境的有机污染

土壤有机污染是由有机物引起的土壤污染。土壤中主要有机污染物有农药、三氯乙醛、多环芳烃、多氯联苯、石油、甲烷等,其中农药是最主要的有机污染物。土壤中有机污染物按降解性难易分成2类:①易分解类,如2,4-D、有机磷农药、酚、氰、三氯乙醛;②难分解类,如2,4,5-T、有机氯等。在生物和非生物作用下,土壤中有机物可转化和降解成不同稳定性的产物,或最终成为无机物,土壤微生物起在其中着重要作用。土壤有机污染可造成作物减产,如用含三氯乙醛废酸制成的过磷酸钙肥料可造成小麦、水稻大面积减产;引起污染物在植物中残留,如DDT可转化成DDD、DDE,并成为植物残毒。

5.1 土壤的农药污染

5.1.1 农药的种类及性质

农药是指各种杀菌剂、杀虫剂、杀螨剂、除草剂和植物生长调节剂等农用化学剂的总称。施用农药是现代农业必需的技术手段之一。农药的成分主要是有机物。农药施用之后,只有10%~30%对农作物起保护作用,其余部分则进入大气、水和土壤。造成土壤农药污染的类型有有机氯、有机磷、氨基甲酸酯和苯氧羧酸类。

5.1.1.1 有机氯农药

有机氯农药主要结构是含有1个或几个氯代衍生物,在农业生产上主要用作杀虫剂。有机氯农药化学性质稳定,残留高,在环境中不易分解,而且具有高生物富集性,通过食物链危害人体的健康,因而有机氯农药污染成为一个全球环境问题。几种典型的有机氯农药性质如下:

(1) DDT

DDT又叫滴滴涕,化学名为双对氯苯基三氯乙烷,化学式$(ClC_6H_4)_2CH(CCl_3)$。几乎不溶于水,易溶于多数有机溶剂和油脂中。它对空气、光和酸均稳定。为20世纪上半叶防治农业病虫害、减轻疟疾伤寒等蚊蝇传播的疾病危害起到了不小的作用,但在土壤中残留期长。

(2) 林丹

林丹是六六六的异构体,六六六化学名1,2,3,4,5,6-六氯环己烷,一种有机氯杀虫剂,因分子中含6个碳、6个氢和6个氯原子而得名。工业产品为白色固体,是甲、乙、丙、丁等构象异构体的混合物,含丙体六六六在99%以上的六六六称为林丹。林丹的性质稳定,但遇碱易分解,在水中溶解度极微,可溶于有机溶剂。不易降解,在土壤和生物体内造成残留积累。

(3) 氯丹

氯丹是广谱性杀虫剂。不溶于水,易溶于有机溶剂,在环境中比较稳定,遇碱性物质能分解失效。在杀虫浓度范围内,对植物无药害。

(4) 毒杀芬

毒杀芬是一种杀虫剂,人们以前将其用于农业和蚊虫的控制。

5.1.1.2 有机磷农药

有机磷农药是为取代有机氯农药而发展起来的,有机磷农药比有机氯农药容易降解,所以对自然环境的污染及对生态系统的危害和残留没有有机氯农药那么普遍和突出。但是有机磷农药毒性较高,大部分对生物体内胆碱酯酶有抑制作用。随着有机磷农药使用量的逐年增加,其对环境的污染以及对人体健康等问题已经引起各国的高度重视。

有机磷农药大部分是磷酸的酯类或酰胺类化合物,按结构可分为如下几类:

(1) 磷酸酯

磷酸中 3 个氢原子被有机基团置换所生成的化合物,如敌敌畏、二溴磷等。

(2) 硫代磷酸酯

硫代磷酸分子的氢原子被甲基等基团所置换而形成的化合物称硫代磷酸酯,如对硫磷、马拉硫磷、乐果等。

(3) 磷酸酯和硫代磷酸酯类

酸中 1 个羟基被有机基团置换,即在分子中形成 C—P 键,称为磷酸。如果磷酸中羟基的氢原子被有机基团取代,即形成磷酸酯。如果磷酸酯中的氧原子被硫原子取代,即为硫代磷酸酯,如敌百虫。

(4) 磷酰胺和硫代磷酰胺类

磷酸分子中羟基被氨基取代的化合物,为磷酰胺。而磷酰胺分子中的氧原子被硫原子所取代,即成为硫代磷酰胺,如甲胺磷等。

5.1.2 农药对土壤的污染

土壤是接受农药污染的主要场所。农药通过各种途径进入土壤以后,在土壤中的长期残留导致土壤环境发生改变和农业作物产品中出现农药残留。20 世纪 60 年代广泛使用含汞、砷的农药,至今仍在我国部分地区土壤中起着残留污染的作用。

土壤中农药的主要来源有以下几个途径:

第一,将农药直接施入土壤或以拌种、浸种和毒谷等形式施入土壤,包括一些除草剂、防治地下害虫的杀虫剂和拌种剂。

第二,向作物喷洒农药时,农药直接落到地面上或附着在作物上,经风吹雨淋落入土壤中,按此途径进入土壤的农药百分比与农药施用期、作物生物量或叶面积系数、农药剂型有关。

第三,大气中悬浮的农药颗粒或以气态形式存在,经雨水溶解和淋失,最后落到地面上。

第四,死亡动植物残体或灌溉水将农药带入土壤。

5.1.3 农药在土壤中的迁移转化

5.1.3.1 土壤对农药的吸附

进入土壤的化学农药可以通过物理吸附、化学吸附、氢键结合和配价键结合等形式吸附在土壤颗粒表面。农药被土壤吸附后,移动性和生理毒性随之发生变化。在某种意义上,土壤对农药的吸附作用,就是土壤对农药的净化。土壤胶体的种类和数量,胶体的阳离子组成,化学农药的物质成分和性质等都直接影响到土壤对农药的吸附能力,吸附能力越强,农药在土壤中的有效性越低,则净化效果越好。

(1) 土壤胶体

进入土壤的化学农药,在土壤中一般解离为有机阳离子,故为带负电荷的土壤胶体所吸附,其吸附容量往往与土壤有机胶体和无机胶体的阳离子吸附容量有关,据研究,土壤胶体对农药吸附的顺序是:有机胶体＞蛭石＞蒙脱石＞伊利石＞绿泥石＞高岭石。譬如,林丹、西玛津和 2,4,5-T 等大部分都吸附在土壤有机胶体上。农药对土壤的吸附具有选择性,如高岭土对除草剂 2,4-D 的吸附能力要高于蒙脱石,杀草快和百草枯可被黏土矿物强烈吸附,而有机胶体对它们的吸附能力较弱。

(2) 胶体的阳离子组成

土壤胶体的阳离子组成,对农药的吸附交换有影响。如钠饱和的蛭石对农药的吸附能力比钙饱和的要大。K^+ 可将吸附在蛭石上的杀草快代换出 98%,而对吸附在蒙脱石上的杀草快,仅能代换出 44%。

(3) 农药性质

农药本身的性质可直接影响土壤对它的吸附作用。带 R_3H^+、—OH、$CONH_2$、—NH_2COR、—NHR、—OCOR 功能团的农药,都能增强被土壤吸附的能力,同一类型的农药,分子越大,吸附能力越强。在溶液中溶解度越小的农药,土壤对其吸附力越大。

(4) 土壤 pH 值

在不同酸碱度条件下农药离解成有机阳离子或有机阴离子,而被带负电荷或带正电荷的土壤胶体所吸附。例如,2,4-D 在 pH 值 3~4 的条件下离解成有机离子,被带负电的土壤胶体所吸附;在 pH 值 6~7 的条件下则离解为有机阳离子,被带正电的土壤胶体所吸附。

土壤吸附净化作用也是可逆反应,农药土粒吸附和释放是处于动态平衡中。因此,土壤对农药的吸附作用只是在一定条件下缓冲解毒作用,没有使化学农药彻底降解。

5.1.3.2 化学农药在土壤中的挥发、扩散和迁移

土壤中的农药,在被土壤固相物质吸附的同时,还通过气体挥发和水的淋溶在土体中扩散迁移,导致大气、水和生物的污染。

大量资料证明,不仅非常易挥发的农药,而且不易挥发的农药(如有机氯)都可以从土壤、水及植物表面大量挥发。对于低水溶性和持久性的化学农药来说,挥发是农药进入大气中的重要途径。

农药在土壤中的挥发作用大小,主要取决于农药本身的溶解度和蒸汽压,也与土壤的温度、湿度等有关。

农药除以气体挥发形式扩散外,还能以水为介质进行迁移,其主要方式有 2 种:①直接溶于水中,如敌草隆、灭草隆;②被吸附于土壤固体细粒表面上随水分移动而进行机械迁移。如难溶性农药 DDT。农药在吸附性能小的砂性土壤中容易移动,而在黏粒含量高或有机质含量多的土壤中则不易移动,大多积累于土壤表层 30 cm 土层内。因此,有的研究者指出,农药对地下水的污染不大,主要由于土壤侵蚀,通过地表径流流入地面水体造成地表水

5.1.3.3 农药在土壤中的降解

农药在土壤中的降解,包括光化学降解、化学降解和微生物降解等。

(1) 光化学降解

光化学降解指土壤表面接受太阳辐射能和紫外线光谱等能引起农药的分解作用。由于农药分子吸收光能,使分子具有过剩的能量,而呈"激发状态"。这种过剩的能量可以通过荧光或热等形式释放出来,使化合物回到原来状态,但是这些能量也可产生光化学反应,使农药分子发生光分解、光氧化、光水解或光异构化。其中光分解反应是其中最重要的一种。由紫外线产生的能量足以使农药分子结构中碳—碳键和碳—氢键发生断裂,引起农药分子结构的转化,这可能是农药转化或消失的一个重要途径。如对杀草快光解生成盐酸甲胺,对硫磷经光解形成对氧磷,对硝基酚和硫己基对硫磷等。但紫外光难于穿透土壤,因此光化学降解对落到土壤表面与土壤结合的农药的作用,可能是相当重要的,而对土表以下的农药的作用较小。

(2) 化学降解

化学降解以水解和氧化最为重要,水解是最重要的反应过程之一。有人研究了有机磷水解反应,认为土壤pH值和吸附是影响水解反应的重要因素,二嗪农在土壤中具有较强的水解作用,而且水解作用受到吸附催化。二嗪农的降解反应如下:

$$\begin{array}{c} R-O \\ \diagdown \\ P-O-R' \\ \diagup \\ R-O \end{array} \xrightarrow[H^+ \text{或} OH^-]{H_2O} \begin{array}{c} R-O \\ \diagdown \\ P-OH+HO-R' \\ \diagup \\ R-O \end{array}$$

(上式中P=S键)

(3) 微生物降解

土壤中微生物(包括细菌、霉菌、放线菌等各种微生物)对有机农药的降解起着重要的作用,在国外已有文献报道,发现假单胞菌对于 4 mg/kg 的对硫磷的分解只要 20 h 即可全部降解。我国专家实验证明,辛硫磷在含有多种微生物的自然土壤中迅速降解,14 d 后消退 75%,38 d 可全部降解,而在无菌的土壤中 38 d 后仅有 1/4 消失,同时土壤微生物也会利用这些农药和能源进行降解作用。但由于微生物的菌属不同,破坏化学物质的速度也不同,土壤中微生物对有机农药的生物化学作用主要有:脱氯作用、氧化作用还原作用、脱烷基作用、水解作用、环裂解作用等。

脱氯作用 有机氯农药 DDT 等化学性质稳定,在土壤中残留时间长,通过微生物作用脱氯,使 DDT 变为 DDD,或是脱氢脱氯变化 DDE;而 DDE 和 DDD 都可进一步氧化为 DDA。再如林丹,即高丙体666,经梭状芽孢杆菌和大肠杆菌作用,脱氯形成苯与一氯苯。

林丹   苯   一氯苯

5 土壤环境的有机污染

[马拉硫磷降解反应图]

氧化作用 氧化是微生物降解农药的重要酶促反应，其中有多种形式，如：羟基化、脱羟基、β-氧化、脱氢基、醚键开裂、环氧化、氧化偶联等。以羟基化为例，微生物转化农药的第一步往往引入羟基到农药分子中，结果这种化合物极性加强，易溶于水，就容易被生物作用。如绿色木霉及一种假单胞菌对马拉硫磷的分解。另外，羟基化过程在芳烃类化合物的生物降解中尤为重要，苯环的羟基化常常是苯环开裂和进一步分解的先决条件。

还原作用 微生物的还原反应在农药降解中非常普遍。如把带硝基的农药还原成氨基衍生物，在氯代烷烃类农药DTT、BHC的生物降解中发生还原性去氯反应等等。

脱烷基作用 如三氯苯农药大部分为除草剂。微生物常使其发生脱烷基作用。不过这作用并不伴随发生去毒作用，例如，二烷基胺三氯苯形成的中间产物比它本身毒性还大，只有脱氨基和环破裂才转变为无毒物质。

水解作用 在氨基甲酸酯，有机磷和苯酰胺一类具有醚、酯或酰胺键的农药类群中，水解是常见的。有酯酶、酰胺酶或磷脂酶等水解酶类参与。由于许多非生物因子，如pH值、温度等也可引起这类农药水解，因此微生物的酶促水解作用一般只有在分离到这类酶后才能确认。

环裂解作用 许多土壤细菌和真菌都能使芳香环破裂，这是环状有机物在土壤中彻底降解的关键性步骤。如2,4-D在无色杆菌作用下，发生苯环破裂。

[2,4-D 降解反应式]
$$\longrightarrow CO_2 + H_2O + Cl^-$$

在同类化合物中影响其降解速度的是这些化合物取代基的种类、数量、位置,以及取代基团分子大小的不同。取代基的数量越多,基团的分子愈大,就越难分解。

土壤和农药之间的作用性质是极其复杂的,农药在土壤中的迁移转化不仅受到了土壤组成的有机质和黏粒、离子交换容量等的影响,也受到了农药本身化学性质以及微生物种类和数量等诸多因素的影响,只有在一定条件下,土壤才能对化学农药有缓冲解毒及净化的能力,否则,土壤将遭受化学农药的残留积累及污染毒害。

5.1.4 农药对土壤环境、生物的危害

5.1.4.1 农药对土壤微生物群落的影响

研究发现,不同农药对微生物群落的影响不完全相同,同一种农药对不同种微生物类群的影响也不同。例如,3 mg/kg 的二嗪农处理 180 d 后细菌和真菌数量没有改变,而放线菌数量增加了 300 倍;5 mg/kg 甲拌磷处理土壤,细菌数量增加,而用椒菊酯处理则使细菌数量减少。

5.1.4.2 农药对土壤硝化和氨化作用的影响

氨化作用、硝化作用都必须在微生物的作用下才能完成。硝化作用对大多数农药敏感,某些杀虫剂当按一定浓度使用时对硝化作用影响较小或没有影响,而另一些杀虫剂则会引起长期显著抑制硝化作用。异丙基氯丙胺灵在 80 mg/kg 时起安全抑制作用,而灭草降在 40 mg/kg 时硝化作用仍未受影响。杀菌剂和熏蒸剂对硝化作用影响较大,如代锰和棉降分别以 100 mg/kg 和 150 mg/kg 施入的大多数除草剂和杀虫剂对硝化作用没有明显的影响。一般说来,除草剂和杀虫剂对氨化作用没有影响,而熏蒸剂消毒和施用杀菌剂通常会导致土壤中铵态氮的增加。在对矿化作用和硝化作用的比较研究中,Caseley 发现,10 mg/kg 的壮棉丹在一个多月的时间内完全抑制了硝化作用,而在 100 mg/kg 时对氨化作用却只有轻微影响。现在普遍认为氨化作用或矿化作用对化学物质的敏感性要比硝化作用小得多。

5.1.4.3 农药对土壤呼吸作用的影响

部分农药对土壤微生物呼吸作用有明显的影响。Bartha 等的研究结果表明:高度持留的氯化烃类化合物对土壤作用的影响极小,氨甲酸酯、环戊二烯、苯基脲和硫氨基甲酸酯虽然持留性小,但却抑制呼吸作用和氨化作用。具有这种抑制作用的农药还有杀菌剂敌克松及除草剂黄草灵、2,4-D 丙酸等。

5.1.4.4 土壤中农药对农作物的影响

土壤中的农药对农作物的影响主要表现在 2 个方面,即土壤中的农药对农作物生长的影响和农作物从土壤中吸收农药而降低农产品质量。其影响因素主要有 4 种:①农药种类。水溶性的农药植物容易吸收,而脂溶性的被土壤强烈吸附的农药植物不易吸收。②农药用量。植物从土壤中吸收农药与土壤中的农药量有关,一般是浓度高吸收的药量也多,有时甚至呈线性关系。③作物种类。不同作物吸收的药量是有差异的,据研究表明,胡萝卜吸收农药的能力相当强,而萝卜、烟草、莴苣、菠菜、青菜等都具有较强的吸收能力。蔬菜从土壤中吸收农药的一般顺序是根菜>叶菜>果菜。④土壤性质。农作物易从砂质土中吸收农药,而从黏质土和有机质土中比较困难。

5.1.5 农药与食品安全

5.1.5.1 农产品的农药污染

中国是农业大国,每年均有大面积的病虫害发生,需施用大量的农药进行病虫害防治,由此可挽回粮食损失 $200\times10^8 \sim 300\times10^8$ kg。但由于过量和不当使用对农产品造成的污染也不可忽视。使用农药可造成农产品中硝酸盐、亚硝酸盐、亚硝胺、重金属和其他有毒物质在农产品中的积累,造成动植物产品质量与安全性降低。

在我国,由于农药污染的不断加剧,以致出现农产品中农药超标而使农产品的国际竞争力下降的现象。例如,我国苹果产量居世界第1位,但目前苹果出口量仅占生产总量的1%左右,出口受阻的主要原因是农药残留超标。中国橙优质率为3%左右,而美国、巴西等柑橘大国橙类的优质品率达90%以上,原因是中国橙的农药残留量等超标。我国加入世贸组织后,一些国家对我国出口的茶叶允许的农药残留指标只有原来的1%。因此,农药残留已成为制约农产品质量的重要因素之一(郑世英,2002)。

农药对农作物污染程度与作物种类、土壤质地、有机质含量和土壤水分有关。砂质土壤要比壤土对农药的吸附弱,作物从中吸取农药较少。土壤水分因减弱土壤的吸附能力,从而增加了作物对农药的吸收。根据日本各地对污染严重的有机氯农药进行的调查,马铃薯和胡萝卜等作物的地下部分被农药污染严重,大豆、花生等油料作物污染也较严重,而茄子、番茄、辣椒、白菜等茄果类、叶菜类一般污染较少。

5.1.5.2 减少农药对农产品污染的措施

农药的使用一定要讲究科学,严格按照操作规程进行。农作物病虫害的防治,应采取化学和生物相结合的措施,利用抗病品种、间种套种、合理施用微肥及生长调节剂等来增强植物的抗病虫能力;使用昆虫天敌,施用生物农药,选择高效、低毒、低残留化学农药等多项措施,降低农药用量,减轻农药对农产品的污染;根据防治对象和农作物生长特点,选择合适的农药和施药方法(如土壤处理、拌种、喷雾、喷粉、熏蒸等),利用合格的喷药器械,掌握最佳的防治时期,进行有效防治。施药时严格控制用药量和施药次数,特别是几种农药混合使用时注意浓度、确保农产品上农药残留量在有关允许标准之下。杜绝在蔬菜上使用剧毒、高毒农药,注意蔬菜采收时的安全间隔期。

5.2 土壤的石油污染

5.2.1 石油污染物的组成以及危害

石油是一种液态的、以碳氢化合物为主要成分的产品,最少时仅含有1个碳原子,如甲烷;最多时碳链长度可超过24个碳原子,这类物质常常是固态的,如沥青。从气体、液体到固体,各种组分的物理、化学性质相差很远。同时,不同物质的生物可降解性也相差很大,有的物质很难降解,进入土壤中可残留很长时间,造成一种长期污染。

石油污染中最常见的污染物质称为 BTEX(benzene, toluene, erhyl-benzene, xzylene),即苯、甲基苯、乙基苯和二甲苯。BTEX是有机污染中很重要的污染物质,环境中的一部分可能是石油中的某些物质经过转化而形成的。石油浸染物中芳香烃物质对人及动物的毒性较大，特别是多环和三环为代表的芳烃。

石油的开采、冶炼、使用和运输过程的遗漏事故，以及废水的排放、污水灌溉、各种石油制品挥发、不完全燃烧物飘落等是引起一系列土壤污染的重要来源。许多研究表明，一些石油烃类进入动物体内后，对哺乳动物及人类有致癌、致畸、致突变的作用。土壤的严重污染会导致石油烃的某些成分在粮食中积累，影响粮食的品质，并通过食物链危害人类健康。

5.2.2 石油在土壤中的迁移转化

石油烃类在土壤中以多种状态存在：气态、溶解态、吸附态、自由态（以单独的一相存留于毛管孔隙或非毛管孔隙）。其中被土壤吸附和存留于毛管孔隙的部分不易迁移，从而影响土壤的通透性。由于石油类物质的水溶性一般很小，因而土壤颗粒吸附石油类物质后不易被水浸润，形不成有效的导水通路，透水性降低，透水量下降。能积聚在土壤中的石油烃，大部分是高分子组分，它们黏着在植物根系上形成一层黏膜，阻碍根系的呼吸与吸收功能，甚至引起根系的腐烂。以气态、溶解态和单独的一相存留于非毛管孔隙的石油烃类迁移性较强，容易扩大污染范围。此外，石油烃类对强酸、强碱和氧化剂都有很强的稳定性，在环境中残留时间较长。

5.3 土壤的多环芳烃污染

5.3.1 多环芳烃的结构和毒性

多环芳烃（简称 PAHs）是分子中含有 2 个以上苯环的碳氢化合物。根据苯环的连接方式分为联苯类、多苯代脂肪烃和稠环芳香烃 3 类。多环芳烃的形成机理很复杂，一般认为多环芳烃主要是由石油、煤炭、木材、气体燃料等不完全燃烧以及还原条件下热分解而产生的，人们在烧烤牛排或其他肉类时也会产生多环芳烃。多环芳烃是最早发现且数量最多的致癌物，目前已经发现的致癌性多环芳烃及其衍生物已超过 400 种。

5.3.2 多环芳烃在土壤中的迁移转化

多环芳烃大都是无色或淡黄色的结晶，个别具深色，熔点及沸点较高，蒸汽压很小。由于其水溶性低，辛醇/水分配系数高，因此，该类化合物易于从水中分配到生物体内或沉积于河流沉积层中。土壤是多环芳烃的重要载体，多环芳烃在土壤中有较高的稳定性。当它们发生反应时，趋向保留它们的共轭环状系，一般多通过亲电取代反应形成衍生物。

多环芳烃是一类惰性较强的碳氢化合物，主要通过光氧化和生物作用而降解。低分子量的多环芳烃如萘、苊和苊烯均能快速降解，初始浓度为 10 mg/L 的溶液 7 d 内可降解 90% 以上，而大分子量的多环芳烃如荧蒽等很难被生物降解。多环芳烃在土壤中也难以发生光解。

多环芳烃在环境中的行为大致相同，但是每一种多环芳烃的理化性质差异较大。苯环的排列方式决定其稳定性，非线性排列比线性排列稳定。多环芳烃在水中不易溶解，但是不同种类的多环芳烃的溶解度差异很大，通常可溶性随着苯环数量的增多而减少，挥发性也是随着苯环数量的增多而降低。

多环芳烃对土壤的污染极其严重，主要在表中富集。使土壤中多环芳烃消失的因素有挥发作用、非生物降解作用和生物降解作用，其中生物降解起着主要的作用。在对两类土壤中的 14 种多环芳烃的研究发现，除了萘以及其取代物之外多环芳烃的挥发作用很低。

5.4 土壤环境激素污染

5.4.1 环境激素的种类和性质

环境激素是指外因性干扰生物体内分泌的化学物质，这些物质可模拟体内的天然荷尔蒙，与荷尔蒙的受体结合，影响本来身体内荷尔蒙的量，以及使身体产生对体内荷尔蒙的过度作用；或直接刺激，或抑制内分泌系统，使内分泌系统失调，进而阻碍生殖、发育等机能，甚至有引发恶性肿瘤与生物绝种的危害。

常见的环境激素包括有机锡、多溴联苯醚（PBDEs）、二恶英、双酚 A 与其衍生物、多氯联苯、Methomyl、烷基酚聚氧乙烯醚、壬基酚等。

多数环境激素属于持久性有机污染物，在环境中十分稳定而难以分解，因此可存在更长的时间，不易清除。持久性有机污染物由于具有毒性、难降解与生物累积性，加上可怕的"蚱蜢跳"效应增强其传递性。

5.4.2 环境激素在土壤中的迁移转化

目前，全世界针对环境激素对土壤污染研究着重在多氯联苯、二恶英等。

多氯联苯（PCB_s）又称氯化联苯，是一类具有 2 个相连苯环结构的含氯化合物，由于这类物质具有许多优良的物理化学性质，如高化学稳定性、高脂溶性、高度不燃性、高绝缘性和高黏性等，使其在工业上有广泛的用途。

土壤中的多氯联苯主要来源于颗粒沉降物，有少量的多氯联苯来源于用污泥作肥料、填埋场的渗漏以及在农药配方中的多氯联苯的使用。

在实际环境中，污染源多氯联苯进入到环境土壤中后，受自然环境的影响其组成会发生明显的变化。首先是多氯联苯中不同化合物在常温上具有不同的挥发性。从一氯到十氯取代的多氯联苯具挥发性相差 6 个数量级，因此，这些在空气中具有较高挥发性的多氯联苯很容易随着空气迁移。土壤中 PCBs 的挥发除与温度有关外，其他环境因素也有一定影响。实验研究表明，PCBs 的挥发速率随着温度的升高而升高，但随着土壤中黏粒含量和联苯氯化程度的增加而降低。其次，各种多氯联苯具有不同的水溶解性，各种多氯联苯的同族物在土壤中的吸附能力也由于其氯的取代位置的不同而相差很大。因此，进入到土壤中的多氯联苯将按其在水中溶解性的吸附性能的不同而以不同的速率随降雨、灌溉等过程随水流流失，造成其组成和污染源的明显不同。另外，互不干涉中不同分子质量的多氯联苯的光降解、微生物降解等速率也不相同，这就造成了环境中的多氯联苯和污染源组成的不同。通常在试验条件下高氯代的多氯联苯不能随滤过的水从土壤中渗漏出来，而低代多氯联苯可缓慢地被去除，特别是从含黏土成分高的土壤中去除。

二恶英类是对性质相似的多氯代二苯并二恶英和多氯代二苯并呋喃两组化合物的统称，主要来源于焚烧和化工生产，属于全球性污染物质，存在于各种环境介质中。在 75 个 PCDDs 和 135 个 PCDFs 同系物中，侧位（2,3,7,8-TCDD）被氯取代的化合物（PCDD）对某些动物表现出特别强的毒性，有致癌、致畸、致突变作用，引起人们的广泛关注。

目前发现含有二恶英类化合物的农药主要有除草剂、杀菌剂和杀虫剂。2,4,5-T 和 2,4-D 是主要用于森林的苯氧乙酸除草剂。

大气迁移与尘埃沉降也是土壤中二恶英类污染物的重要来源。有的学者认为，大气降尘向土壤输入的 PCDDs/PCDFs 远比施用污水和污泥重要。亚热带和温带区域土壤中的大气沉降量可达 610 $\mu g/(m^2 \cdot a)$。全球总沉降量估计为 12 500 kg/a。

思考题

1. 土壤中主要的有机污染物有哪些？
2. 农药污染土壤的途径有哪些？
3. 农药在土壤中迁移转化的途径有哪些？
4. 有机污染物降解的方式有哪些？

推荐读物

空气和土壤中持久性有机污染物监测分析方法. 李国刚. 中国环境科学出版社，2008.
环境土壤学. 陈怀满. 科学出版社，2005.

参考文献

陈怀满. 2005. 环境土壤学［M］. 北京：科学出版社.
洪坚平. 2005. 土壤污染与防治［M］. 2 版. 北京：中国农业出版社.
熊楚才. 1988. 环境污染与治理［M］. 北京：北京理工大学出版社.
赵振华. 1993. 多环芳烃的环境健康化学［M］. 北京：中国科学技术出版社.
孙清，陆秀君. 2002. 土壤石油污染研究进展［J］. 沈阳农业大学学报. 33（5）：390-393.
苏永兰，莫汉宏. 1999. 土壤中结合态农药环境毒理研究进展［J］. 环境科学进展. 7（3）：45-51.

6

土壤环境固体废物污染

◆ ◆ ◆ ◆ ◆ ◆ ◆ ◆ ◆ ◆

本章提要

  本章主要介绍了固体废物的概念、特点、来源、分类及其对环境的影响；重点阐述了城市生活垃圾、污泥、粉煤灰、农作物秸秆、畜禽粪便、塑料薄膜等常见固体废物的组成、特性、危害及处理现状，着重分析了这些固体废物对土壤环境的影响及其风险控制；同时简要介绍了城市生活垃圾、污泥、粉煤灰、农作物秸秆、畜禽粪便、塑料薄膜等固体废物的处理、处置及资源化利用途径。通过本章的学习，要求掌握固体废物的概念及其特点，了解固体废物来源、污染途径及其对环境的影响，重点掌握城市生活垃圾、污泥、粉煤灰、农作物秸秆、畜禽粪便、塑料薄膜对土壤环境的影响及其污染控制措施，了解固体废物资源化利用的途径。

◆ ◆ ◆ ◆ ◆ ◆ ◆ ◆ ◆ ◆

固体废物污染已成为当今世界各国所面临的一个共同的重大环境问题，1983年联合国环境规划署将其与酸雨、气候变暖和臭氧层破坏并列为"全球性四大环境问题"。固体废物特别是有害固体废物，如露天堆放或处置不当，其中的有害成分可通过环境介质——大气、土壤、地表或地下水体等直接或间接传至人体，对人体健康造成潜在的、近期的和长期的极大危害。固体废物种类繁多，性质各异，主要来源于工业生产、日常生活、农业生产等领域。随着我国经济社会的高速发展、城市化进程的加快以及人民生活水平的不断提高，固体废物的产生量逐年增加，大量固体废物露天堆置或填埋，其中的有害成分经过风化、雨淋、地表径流的侵蚀很容易渗入土壤中，引起土壤污染。土壤是许多真菌、细菌等微生物的聚居场所，在大自然的物质循环中这些微生物担负着碳循环和氮循环的一部分重要任务，固体废物中的有害成分能杀死土壤中的微生物和动物，降低土壤微生物的活性，使土壤丧失腐解能力，从而改变土壤的性质和结构，破坏土壤生态环境，致使土壤被污染。因此，了解不同类型固体废物的特性及处理处置过程对土壤可能造成的污染，掌握其控制对策措施，将有利于固体废物的处理、处置和资源化循环利用。

6.1 固体废物污染概述

6.1.1 固体废物的概念与特点

6.1.1.1 固体废物的概念

（1）基本定义

固体废物的基本定义：人类生产、生活活动中，因无用或不需要而排入环境的固态物质。

由人类活动产生，是对固体废物的根本界定。同样的物质，由于来源不同，定义范畴也会不一样，比如原始森林中植物的残枝落叶、动物的排泄废物等均不属于固体废物，而因为人类观赏、生活等需要而种植树木、豢养家畜产生的落叶、排泄物等则属于固体废物范畴。

无用或不需要，是对物质是否废弃的界定。固体废物可用性随时间、地点会发生变化，因此固体废物具有鲜明的时间和空间特征。

固态，是对物质状态的界定。从广义上讲，根据物质的形态，废物可以分为固态、液态、气态废物3种，其中不能排入水体的液态废物和不能排入大气的置于容器中的气态废物，由于多具有较大的危害性，在我国归入固体废物管理体系。因此，固体废物不只是指固态和半固态物质，还包括部分液态和气态物质。

（2）法规公约定义

《控制危险废料越境转移及其处置巴塞尔公约》（以下简称《巴塞尔公约》），是各国建立废物管理法规的基础。《巴塞尔公约》对"废物"给出了比较确切的定义："废物"是指处置的或打算予以处置的或按照国家法律规定必须加以处置的物质或物品。该定义强调了"拥有者的态度决定了废物的生产量"，同时考虑废物可能造成的危害，将处置的行为分为自愿处置和强行处置。

我国在《固体废物污染环境防治法》中规定：固体废物是指在生产、生活和其他活动中产生的丧失原有利用价值或者虽未丧失利用价值但被抛弃或者放弃的固态、半固态和置于容器中的气态的物品、物质以及法律、行政法规规定纳入固体废物管理的物品、物质。通过法规定义，细致地规定了固体废物的来源限制，以起到界定管理对象、确定产生者责任的目的。

6.1.1.2 固体废物特点

（1）来源广、数量多

固体废物来源于人类生产、生活的每一个环节。在当今技术条件下进入经济体系中的物质，仅有10%～15%以建筑物、工厂、装置、器具等形式积累起来，其余都变成了废物，所以物质和能源消耗量越多，废物产生量就越大。

（2）种类繁杂、成分多变

由于固体废物的界定具有很大的主观性以及产生源的多途径，因此其种类构成繁杂，有人说："垃圾为人类提供的信息几乎多于其他任何设备。"同时受来源、季节、生产方式、生活习惯等多种因素的影响，固体废物的成分不仅复杂，而且多变。

（3）错位性

固体废物是一种"摆错位置的财富"。如冶炼厂生产过程中产生的灰渣，是用来生产砖、矿渣棉和其他建筑砌块的良好材料，这不仅节省了土地资源，更是工业废渣的妥善去处。

（4）危害特殊性与严重性

固体废物污染具有长期性、间接性　固体废物不易流动，难以扩散，挥发性差，因而很难为外界所自净或同化。堆放场中的垃圾一般需要10～30年的时间才可趋于稳定，长期堆积，必然对周围环境带来持续污染和破坏。另外，固体废物通常很少直接对环境进行污染，大多数情况下是通过物理、化学、生物及其他途径，转化为其他污染形式而对环境进行污染和破坏的，固体废物是各种污染的"源头"。

固体废物污染的严重性　由于固体废物种类繁多，且具有易燃性、易爆性、腐蚀性、有毒性、反应性等特点，在固体废物的收集、运输、处理处置过程中固体废物各种污染因子会通过环境介质进入人体，对人体健康带来极大危害，其化学污染途径如图6-1所示。

6.1.2 固体废物的来源与分类

6.1.2.1 固体废物的来源

人类历史是一部能与质转换应用的历史，自有人类活动以来，这种能与质的转换过程便有固体废物的产生。固体废物的种类、数量随着人类历史发展的不同阶段，发生不同的变化。通过图6-2则能直观体现固体废物的产生过程。

6.1.2.2 固体废物的分类

固体废物有多种来源，根据其组成、形态、污染特性等，对废物有不同的划分标准与体系。依据《中华人民共和国固体废物污染环境防治法》，将固体废物分为城市生活垃圾、工业固体废物和危险废物3大类。

（1）城市垃圾

《中华人民共和国固体废物污染环境防治法》规定：生活垃圾为在城市日常生活中或者为城市日常生活提供服务的活动中产生的固体废物以及法律行政法规规定视为城市生活垃圾的固体废物。城市生活垃圾来源广泛，成分复杂，主要包括厨余物、废纸、废塑料、废金属、废旧电池、废家用电器、建筑废料等。

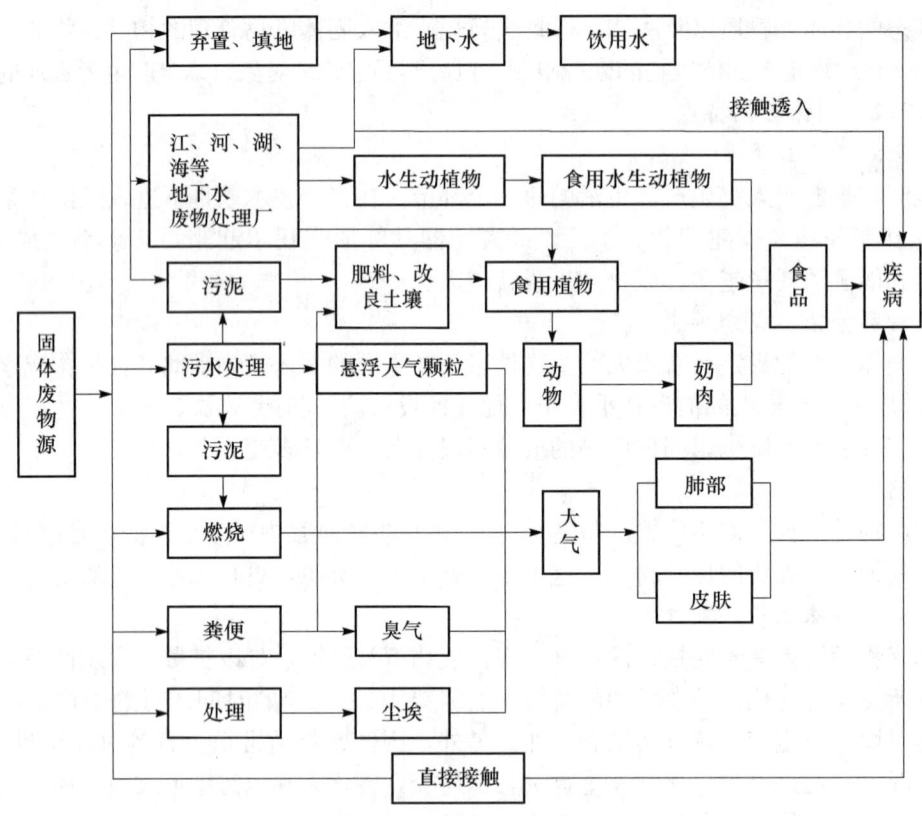

图 6-1　固体废物的化学污染途径

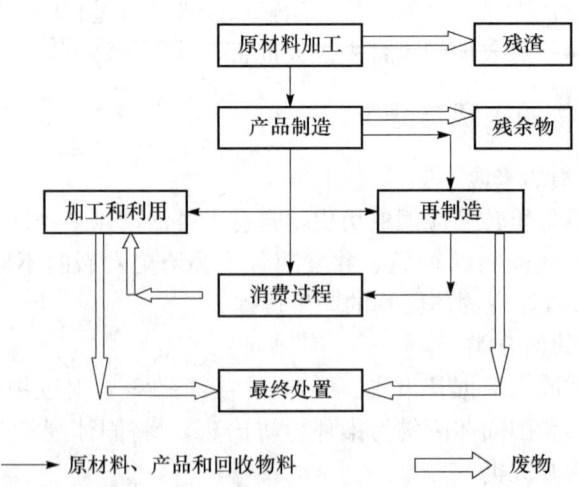

图 6-2　人类物质利用与固体废物的产生（引自何品晶，2004）

（2）工业固体废物

工业固体废物是指在工业、交通等生产活动中产生的固体废物。按工业固体废物的产生行业来划分，工业固体废物主要有冶金、能源、石油化工、矿业、轻工业固体废物等。

（3）危险废物

危险废物是指列入国家危险废物名录或者根据国家规定的危险废物鉴别标准和鉴别方法认定的具有危险特性的废物。主要来源于化学工业、炼油工业、金属工业、采矿工业、机械工业、医药行业以及日常生活活动过程中，各行业中危险废物的有害特性不尽相同，且成分也很复杂。根据《国家危险废物名录》规定，我国危险废物共分为47类。

6.1.3 固体废物对环境的影响

6.1.3.1 侵占土地

固体废物产生以后，占用大量土地进行堆放处理。据估计，堆积 1×10^4 t 固体废物约占用 $0.067\ hm^2$ 的土地，2008年，全国工业固体废物产生量为 19.012×10^8 t，因此需要占用土地约 $1.27\times10^4\ hm^2$。随着城市垃圾、矿业废料、工业废渣等侵占越来越多的土地，会直接影响农业生产、妨碍城市环境卫生，同时固体废物掩埋大量绿色植物，大面积破坏了地球表面的植被。

6.1.3.2 污染土壤

土壤是大量细菌、真菌等微生物聚居的场所，这些微生物与周围环境组成了一个生物系统，在大自然的物质循环中，细菌和真菌担负着碳循环和氮循环的重要任务。

固体废物露天堆放，占用大量土地，而且其有毒有害的成分也会渗入土壤之中，特别是有害固体废物，经过风化、雨淋，使土壤酸化、碱化、毒化，破坏土壤中微生物的生存条件，影响土壤生物系统的平衡，降低土壤的腐解能力，进而改变土壤的性质与结构，阻碍植物根系的生长发育，部分有毒有害物质随食物进入食物链，富集到人体内，最终对人体产生伤害。闻名于世的公害事件"痛痛病"就是由于日本神冈矿山排放的废物、废水中含有大量的重金属镉，污染了当地的土壤。1971—1976年通过对当地环境的调查研究，结果表明土壤中镉的浓度最高达到 $4.85\ mg/kg$，平均值为 $1.12\ mg/kg$，而当地土壤镉背景值仅为 $0.34\ mg/kg$。

6.1.3.3 污染水体

固体废物对水体的污染途径分为2种：①直接把水体作为固体废物的接纳体，将大量固体废物倾倒于河流、湖泊、海洋，从而导致水体的直接污染。美国在1968年向大西洋、太平洋与墨西哥湾倾倒 $4\ 800\times10^4$ t 固体废物，我国在2002年排放的 $2\ 000\times10^4$ t 工业固体废物中，约有1/3直接排放到自然水体。②由于固体废物与雨水、地表水接触，废物中的有毒有害物质渗滤出来，使水体受到污染。锦州某铁合金厂存放的铬渣，使近 $20\ km^2$ 范围内的水质受到严重污染，致使7个自然村1800多眼水井的水受到铬污染而不能饮用。美国胡克化学工业公司于1930—1935年，在LOVE CANAL河谷填埋了2 800 t的有害废物，到1978年，大雨造成大量有害物外溢，给当地居民带来巨大伤害。

6.1.3.4 污染大气

固体废物在堆存、处理处置过程中会产生有害气体，对大气产生不同程度的污染。如固体废物中的尾矿、粉煤灰、干污泥和垃圾中的尘粒随风进入大气中，直接影响大气能见度和人体健康。废物在焚烧时所产生的粉尘、酸性气体、二噁英等，也直接影响大气环境质量。此外，垃圾在腐化过程中，产生大量氨、甲烷和硫化氢等有害气体，浓度过高形成恶臭，严重污染大气环境。

6.2 城市生活垃圾对土壤环境的污染

6.2.1 生活垃圾的产生与分类

6.2.1.1 垃圾的产生

随着全球工业的发展，城市规模的不断扩大，城市垃圾数量剧增，见表 6-1。全世界垃圾年均增长速度为 8.42%，而中国垃圾增长率达到 10% 以上。全世界每年产生 4.9×10^8 t 垃圾，中国仅 2003 年就产生近 1.5×10^8 t 城市垃圾。城市生活垃圾产生量的影响因素有：城市产业结构、消费结构、消费水平以及城市的市政管理水平等，如图 6-3 所示。

表 6-1 中国城市人口、生活垃圾现状及增长趋势

项目	2010 年	2030 年	2050 年
全国人口（亿）	13.95	15.50	15.87
城市人口（亿）	6.00	9.30	11.99
城市垃圾（$\times 10^8$ t）	2.64	4.09	5.28

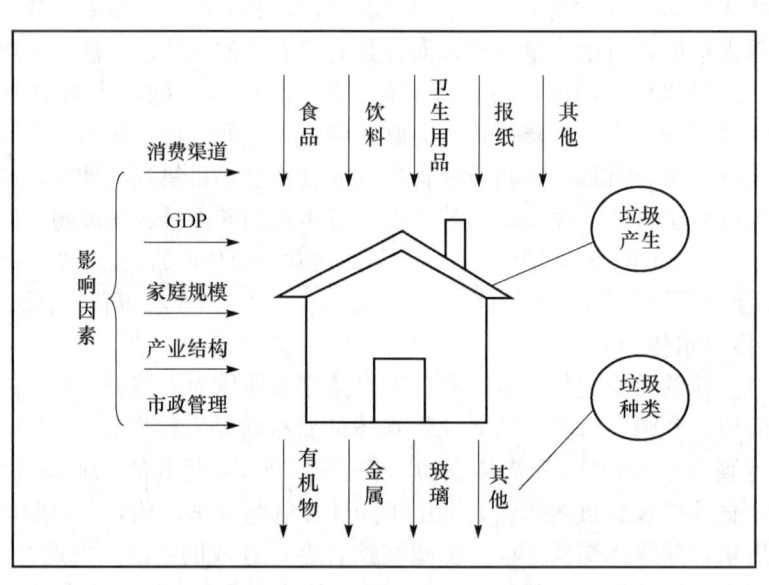

图 6-3 城市垃圾产生影响因素示意

6.2.1.2 城市垃圾分类

根据不同的分类方法及分类目的，生活垃圾有不同的分类。

(1) 按化学组成分类

按化学组成可将城市垃圾分为有机垃圾（厨余垃圾、果皮等）、无机垃圾（废纸、灰渣等）、有毒有害垃圾（电池、油漆、过期药品等）。

(2) 按产生来源或收集来源分类

家庭垃圾：主要包括厨余垃圾与普通垃圾。

6 土壤环境固体废物污染

建设垃圾：指城市建筑物建设、拆迁、维修的施工现场产生的垃圾，主要包括砂子、泥土、石块、废管道等。

清扫垃圾：包括公共垃圾箱中的废物、公共场所清扫物、路面损坏后的废品等。

商业垃圾：指城市中进行各种商业活动所产生的垃圾，包括废塑料、废纸等。

危险垃圾：包括电池、日光灯管、医院垃圾和核实验室排放的垃圾等。危险垃圾一般不能混入普通垃圾中，这些垃圾需要特殊安全处置。

6.2.2 生活垃圾的组成与性质

6.2.2.1 生活垃圾组成

城市生活垃圾来源广泛，成分复杂，影响城市生活垃圾组成的因素主要有城市经济的发展水平、城市居民的生活习惯和城市燃料结构。经济发达、生活水平较高的城市，厨余、纸张、塑料、橡胶等有机物含量较高，而经济欠发达以燃煤为主的城市，垃圾中煤、渣土、砂石等含量较高。

我国与发达国家城市生活垃圾组成的显著差别是无机物多，有机物少，可回收物少，见表6-2所示。随着城市化进程的发展，城市居民生活水平的不断改善，以及国家大力推广清洁能源，城市生活垃圾组分中的煤渣含量逐年降低，有机物及可燃物含量逐年增高，同时随着城市管理的规范，环卫设施的不断完善，砖瓦、陶瓷等建筑垃圾混入生活垃圾的现象将基本杜绝，无机组分逐年降低，而生活水平的提高导致塑料、纸张、玻璃、金属等可回收物质比例逐年增加。

表6-2 国内外城市固体废物成分

地区		有机类（%）				无机类（%）				热量(kJ/kg)
		动植物、厨房废弃物	纸	塑料橡胶	织物	煤、沙、渣土等	玻璃陶瓷	金属	其他	
美国		22	47	4.5		5	9	3	4	11 592
英国		23	33	1.5	3.55	19	5	10		9 737.3
日本		18.6	4.6	18.3		6.1			10.7	10 202.8
德国		16	31	4	2	22	13	5.2	7	8 353.6
法国		15	34	4	3	22	9	4	9	9 273.6
荷兰		50	22	6.2	2.2	4.3	11.9	3.2		8 346.2
比利时		40	30	5	2	5	8	5.3		7 038
中国	北京	50.29	4.17	0.61	1.16	42.27	0.92	0.80		
	哈尔滨	16.62	3.6	1.46	0.5	74.74	2.22	0.88		
	乐山	16.45	1.04	0.23	0.54	80.27	0.36	0.53	0.58	

注：引自任连海，2009。

6.2.2.2 生活垃圾性质

生活垃圾的性质主要包括物理性质、化学性质、生物特性3个方面。

（1）物理性质

由于垃圾的种类繁多，组成复杂，所以垃圾没有特定的物理性质，如密度、形状等，在垃圾管理中，常用含水率、物理组分、容重来表示垃圾的物理特性。

(2) 化学性质

垃圾化学性质的特征参数有元素组成、灰分、挥发分、发热值等，通过对这些化学参数的分析，可以更好地选择垃圾处理、处置方式。

垃圾发热值对分析燃烧性能，判断能否进行焚烧处置具有重要意义。当低位发热值大于 3 344 kJ/kg 时，垃圾燃烧过程不需添加助燃剂，即可实现自燃烧。垃圾发热值越高，经济效益就越高，表 6-3 列出部分垃圾的灰分与热值。

表 6-3 部分垃圾的灰分与热值

垃圾成分	灰 分	热值（kJ/kg）	垃圾成分	灰 分	热值（kJ/kg）
食品垃圾	5	4 650	废木料	1.5	18 610
废纸	6	16 750	碎玻璃	98	140
废纸板	5	16 300	罐头盒	98	700
废塑料	10	32 570	非铁金属	96	—
破布	25	7 450	金属	98	700
废橡胶	10	3 260	园林垃圾	4.5	6 510
破皮革	10	7 450	土、灰、砖	70	6 980
			混合垃圾	—	10 470

注：引自陈琨柏，2005。

(3) 生物特性

城市生活垃圾生物特性主要包括城市生活垃圾本身所具有的生物性质及对环境的影响和城市生活垃圾的可生化性。

城市生活垃圾成分复杂，包括人畜粪便、污水处理污泥等，这些物质含有大量病原细菌、病毒、原生动物。据报道，70%的疾病源于粪便未作无害化处理造成给水水体的生物性污染。此外，垃圾中还含有植物虫害、昆虫、昆虫卵等，垃圾未作处理会给环境与人体造成危害。

6.2.3 生活垃圾的危害与处理现状

6.2.3.1 生活垃圾的危害

(1) 生活垃圾收集过程对环境的危害

生活垃圾中的商业垃圾、建筑垃圾、园林垃圾等是由某个部门专门作为经常性工作加以管理，而居民垃圾大多由居民自主将垃圾投放到住宅区附近的垃圾收集桶，之后由保洁人员定时收集集中进入大型垃圾转运站，最后由垃圾车运出城到垃圾填埋场。

由于居民生活产生的垃圾产生源分散、产生量大、成分复杂，从而造成生活垃圾收集、运输管理的困难，导致对环境的危害。尽管各地加强了城市环境综合治理，各主要街区垃圾得到密闭收集、运输，生活垃圾可以得到日产日清，但在一些大城市城乡接合部、中小城市以及农村地区由于资金、人力管理等各方面原因，大量垃圾露天堆放、无人定期清理，带来严重环境卫生问题。

(2) 生活垃圾处理处置过程对环境的影响

普通的填埋方法不仅占用大量土地，同时产生的渗滤液一方面危害土壤结构，另一方面垃圾渗滤液进入土壤后，大量共存离子的竞争吸附减弱了土壤胶体对铵态氮的吸附能力，而且高浓度铵态氮的存在抑制了土壤的硝化作用，从而使大量的铵态氮未能被土壤胶体吸附转化就随渗滤液继续迁移至地下水中，最终导致地下水严重的铵态氮污染。

垃圾堆放过程中分解会产生各种气体，比如，煤矸石在堆放过程中自燃产生 SO_2、CO_2、NH_3 等，造成严重的大气污染，而且垃圾分解产生大量的 CH_4，2006 年美国垃圾填埋产生的 CH_4 占其人为排放量的 23%。CH_4 是一种温室气体，其贡献率是相同质量 CO_2 的 21 倍，同时 CH_4 的聚集，容易引起爆炸。1994 年重庆一座垃圾填埋场发生严重爆炸事故，造成填埋场 9 名工人被埋没，4 人当场死亡；同年，湖南岳阳市一座约 20 000 m³ 的垃圾堆爆炸，摧毁了垃圾场附近的一座提水站和两道污水堤。

在垃圾资源化回收利用过程中，若管理不严，也会带来许多问题，比如，未经处理的餐厨垃圾中可能含有口蹄疫、猪瘟病菌、弓形虫、沙门菌等，如果直接用以饲喂畜禽，会造成畜禽体内毒素、有害物质的累积，再通过食物链危害人类，同时由于利益驱使，一些非法炼油厂大量回收地沟油，加工后重返市场，严重危及人们的身体健康。

6.2.3.2 垃圾处理现状

垃圾的处理受诸多因素的制约，它是一项复杂而又具有综合性的系统工程。我国城市生活垃圾处理起步于 20 世纪 80 年代，在 1990 年前，全国城市垃圾处理率不足 2%，进入 90 年代后，城市生活垃圾处理水平不断提高。目前国内外处理生活垃圾的基本技术有填埋、堆肥和焚烧，见表 6-4。由于我国城市固体废物中无机类物质占 60%～70%，有机类物质比例低，所以我国城市固体废物中卫生填埋占处理量的 79.2%，堆肥占 18.8%，焚烧约占 2%。

表 6-4 世界部分国家城市垃圾处理方法

国家	年份	垃圾收集量（×10⁴ t）	填埋率（%）	焚烧率（%）	堆肥率（%）	循环利用率（%）
智利	2005	545.9	100	—	—	—
希腊	2003	471.0	91.9	—	—	8.1
加拿大	2004	1 337.5	73.3	—	12.5	26.8
澳大利亚	2003	890.3	69.7	—	—	30.3
芬兰	2004	237.4	59.9	9.9	—	30.1
意大利	2005	3 167.7	54.4	12.1	33.3	—
法国	2005	3 396.3	36	33.8	14.3	15.8
德国	2004	4 843.4	17.7	24.6	17.1	33.1
比利时	2003	—	12.6	35.7	22.8	31.3
丹麦	2003	361.8	5.1	54	15.3	25.6
日本	2003	5 436.7	3.4	74	—	16.8

（1）卫生填埋

填埋是垃圾处理最古老的方法，也是垃圾处理的最终程序。无论采用何种方式、流程处理垃圾，最终都要采用填埋作为处理手段，如焚烧最终要产生灰渣，堆肥仅可以处理消纳可生物分解的有机物，但仍有无法处理的废物产生，都要用填埋来解决其最终出路。因此，填埋也被称为最终处置或填埋处置。

卫生填埋具有投资少，处理费用低，处理量大，操作简便，并能够产生可用来燃烧的沼气等优点，但卫生填埋仍然存在诸多问题：①建造卫生填埋场要占用大量的土地，导致土地资源减少；②先进的垃圾填埋场建造成本高昂，建造一个日处理垃圾 200 t 的卫生填埋场，需要资金约 2 亿元，而日处理垃圾 500 t 的垃圾焚烧场则需要 5 亿～6 亿元的资金，大部分城市无力承建；③垃圾填埋产生的气体危害，填埋垃圾经微生物的好氧分解和厌氧分解会产生大量填埋沼气，其成分主要有 CH_4、CO_2、NH_3、H_2S 等（表 6-5），其中 CH_4、CO_2 占绝大多数。当甲烷浓度达到 5%～15%，在有氧条件下可能发生爆炸，同时由于 CO_2 易溶于水，不仅会导致地下水 pH 值降低，还会使地下水的硬度及矿物质增加，而且，植物由于受根部集聚的 CO_2 和 CH_4 的影响，因缺氧而危害其生长；④渗滤液引起的二次污染问题，垃圾经微生物分解和地表水的影响会产生一定数量的渗滤液。

表 6-5 垃圾填埋场气体主要成分

成 分	含 量	成 分	含 量
CH_4	45～65	O_2	<2
CO_2	35～45	H_2S	<1
N_2	4～20	CO	<0.1
H_2	<1	微量气体	<0.5

（2）垃圾焚烧

垃圾焚烧是利用高温将垃圾中的有机物彻底氧化分解，因而可以最大限度地减少垃圾的最终处置数量，达到减量化。我国自 1985 年深圳垃圾焚烧厂建成投产以来，已有许多城市建成了垃圾焚烧厂。

通过焚烧可回收利用许多固体废物含有的潜在能量，同时固体废物经过焚烧体积可减少 80%～90%，一些有害的固体废物可通过焚烧破坏其组成结构或杀灭细菌，达到解毒、除害的目的。在我国经济较发达的东部沿海地区，由于人口密度高，土地资源宝贵，垃圾焚烧具有一定的优势，但也有专家学者表示反对。

在理论上垃圾焚烧过程中会形成 CO_2、HCl、N_2、SO_2 和 H_2O 等，但由于垃圾性质不稳定、垃圾含水率过高、氧气供应不足等，最终的燃烧产物含有大量有害物质（表 6-6），会导致二次污染。我国于 2000 年颁布了《城市生活垃圾焚烧污染控制标准》（GWKB3—2000），其中对上述污染物的排放提出了较严格的标准；而且我国城市生活垃圾还没有进行分类收集，垃圾成分复杂，其可燃物具有不同的理化性质和燃烧特性，较难控制其燃烧过程，也难保证充分燃烧导致垃圾灼热值较低，这也是阻碍垃圾焚烧技术应用的主要原因；另外，我国垃圾焚烧处理技术不成熟，关键部位的焚烧设备还需从国外引进，单位投资成本高，资金难以解决。

表 6-6 垃圾焚烧烟气排放有害物质

污染物类型	粉尘	酸性气体	重金属	有机毒物
组成	金属氧化物或不完全燃烧物质	SO_2、HCl、HF、H_2S、CO、NO_x 等	Cd、Pb、Ni、Cr、As 等	二恶英、呋喃、多氯联苯、苯酚等

注：引自陈昆柏，2005。

(3) 垃圾堆肥

堆肥是指利用自然界广泛存在的细菌、放线菌、真菌等微生物，在一定条件下对垃圾中的有机物降解，形成腐殖质物质的过程。堆肥主要受通风供氧率、含水率、温度、碳氮比、pH值等因素影响。

通过堆肥可让垃圾减重、减容约50%，减少垃圾的占地、污染，而且一般的堆肥温度可达到70℃的高温，可使垃圾中的蛔虫卵、病原菌、孢子等基本被杀灭；同时堆肥可将垃圾转化为稳定的腐殖质，施用到农田会增加土壤腐殖质含量，有利于土壤形成团粒结构，使土质松软，孔隙度增加，从而提高土壤的保水性、透气性，改善土壤物理性能；而且由于堆肥的施用，相对减少了化肥的施用，从而减轻化肥流失对环境的污染。

目前我国生活垃圾堆肥处理还存在以下主要问题：①由于我国尚未实施城市生活垃圾的分类收集，垃圾中杂质含量较高，处理工作比较复杂困难；②未经分类的垃圾包括多种有毒有害化学物质，进入土壤被植物吸收，通过食物链最终影响到人体健康，直接影响堆肥质量；③由于受化学肥料的冲击，堆肥的销售量逐年下降，市场前景欠佳，使企业难以维持运转，有的堆肥厂由于销售不畅甚至将肥料送至填埋场处理，既浪费资源，又增加填埋场的负荷。

6.2.4 生活垃圾对土壤环境的影响

6.2.4.1 垃圾堆放对土壤环境的影响

(1) 侵占土地

自20世纪80年代以来，我国城市化进程加快，城市数量不断增多，规模不断扩大，城市非农业人口和市区面积急速增长，城市垃圾产量大幅度增加。根据中国国家统计局公布的数据显示，截至2009年年末，中国共有地级及以上城市287个，中国城镇人口占全国总人口的比重为46.6%，达6.2186亿人，每年城市垃圾的排放量为1.4×10^8 t，且以每年8%~10%的速度增长，而长期以来我国绝大部分城市采用露天堆放、填埋等简单方式处理垃圾，垃圾历年堆存量已达60×10^8 t，侵占土地愈5×10^8 m^2，全国约有300多个城市陷入垃圾包围之中，造成人地矛盾。

(2) 渗滤液对土壤环境污染

垃圾渗滤液又称为渗沥水，它主要来源于大气降雨与径流、垃圾中的原有水分、垃圾填埋物在微生物作用下产生的液体。垃圾渗滤液含有高浓度有机物、大量的植物营养物、大量微生物以及多种重金属等，且浓度变化较大，表6-7列出垃圾渗滤液具有代表性的成分浓度变化情况。渗滤液的水质取决于垃圾成分、气候条件、水文地质、填埋时间及填埋方式等因素。

表6-7 渗滤液中各组分浓度变化　　　　　　单位：mg/L

组分	浓度	组分	浓度
COD	100~90 000	Na$^+$	0~7 700
BOD$_5$	40~73 000	K$^+$	28~37 700
TOC	265~8 280	Mn	0.07~125

续表

组 分	浓 度	组 分	浓 度
TS	0～59 200	Fe	0.05～2 820
SS	10～7 000	Mg	17～1 560
TP	0～125	Zn	0.2～370
NH_4^+-N	6～10 000	Cu	0～9.9
SO_4^{2-}	1～1 600	Cd	0.003～17
Cl^-	5～6 420	Cr	0.01～8.7
Ca^{2+}	23～7 200	Pb	0.002～2

垃圾渗滤液进入土壤后，有一部分污染物经过一系列的物理、化学、生物作用被降解，但仍有一部分滞留在土壤中，对土壤带来严重后果。一方面，由于渗滤液是一种偏酸性的水体，它进入土壤后会使土壤 pH 值下降，造成土壤酸化。土壤酸化不仅会使土壤中不溶性的盐类、重金属化合物等溶解，同时土壤酸化会导致土壤阳离子交换量降低而阴离子交换量升高，造成土壤保持养分离子能力的降低，特别是在交换性阳离子组成中，Al^{3+} 的比例增加，而 Ca^{2+} 和 Mg^{2+} 减少，造成毒害作用。另一方面，垃圾渗滤液自身含有大量的重金属，因此渗滤液进入土壤就将大量重金属带入土壤（表 6-8），而重金属会对土壤的肥力、土壤微生物及酶活性等造成负面影响，表 6-9 为不同浓度 Hg 污染对土壤部分酶活性的影响。

表 6-8 垃圾场土壤重金属含量

重金属元素	Cu	Pb	Cd	As	Sb	Hg^{2+}	V	Co	Ni	Cr	Mn
垃圾场土壤背景含量	20.15	28.00	0.10	10.80	1.00	43.57	91.29	16.74	22.29	50.14	481.1
垃圾中含量	97.43	74.00	0.53	18.07	4.92	183.9	126.4	25.14	36.43	74.71	733.4
垃圾场土壤中含量	38.72	30.08	0.11	10.98	1.78	53.64	137.5	24.93	33.93	69.57	716.2

注：重金属含量单位除 Hg 为 $\mu g/kg$，其他元素均为 mg/kg。

表 6-9 汞污染对土壤酶活性的影响

土壤酶活性	汞污染水平（mg/kg）				
	1	2	3	6	12
脲酶活性 [mg NH_4-N/(100g·3h)]	4.88	3.79	3.01	2.59	1.67
相对活性（%）	100	77	61	53	34
磷酸酶活性 [$\mu g/(5g·1h)$]	0.41	0.38	0.36	0.34	0.30
相对活性（%）	100	93	88	83	77

注：引自陈怀满，2005。

6.2.4.2 垃圾施肥对土壤环境的影响

（1）垃圾直接施用

由于我国城镇垃圾中干物质主要是无机成分，其中煤渣、尘土等占主要优势，将这些生活垃圾直接施用农田，对于黏质土壤可以改善其物理性质、水气运动以及减轻耕作阻力

(表 6-10)，同时由于垃圾中含有大量有机物，长期直接施用垃圾，土壤养分含量将会不断得到补充，提高土壤的生产力。但是由于垃圾中的日光灯管、温度计等含有 Hg、Ag 等重金属，直接施用势必会使土壤中重金属含量增加，而且直接施用还会将垃圾中含有的大量细菌、病原菌、寄生虫卵带入土壤，危害土壤的同时还会威胁农作物。

表 6-10　施用垃圾对菜地土壤水分的影响

垃圾使用情况	容重（g/cm³）	毛管孔隙度（%）	田间持水量（%）	饱和持水量（%）
施用垃圾	0.97	52.8	42.7	63.0
未施用垃圾	1.33	42.6	30.7	36.4

注：引自李天杰，1995

（2）堆肥施用

垃圾通过堆肥化处理，可以将其中的有机可腐物转化为腐殖质，自 20 世纪 70 年代起，垃圾堆肥不断地被应用到农田，通过施用垃圾堆肥可以补充土壤营养元素、提高土壤肥力，为作物生长发育提供必要的养分，有研究表明土壤微生物 C、N 含量，土壤呼吸强度，微生物生物量的呼吸活性比、纤维分解强度均随垃圾堆肥用量的增加而提高（表 6-11），且呈显著的正相关（表 6-12）。随垃圾堆肥施入量的增加，过氧化氢酶和碱性磷酸酶活性升高，表明垃圾堆肥能补充大量有机碳，对酶活性有较强的刺激作用。使用堆肥可促使土壤微生物活跃，使土壤微生物总量及放线菌所占比例增加，提高土壤的代谢强度。

表 6-11　垃圾堆肥对土壤酶活性影响

成分	处理				
	CK	处理 1	处理 2	处理 3	处理 4
过氧化氢酶	4.20	3.75	5.18	5.90	7.10
碱性磷酸酶	0.12	0.10	0.16	0.19	0.21
有机质	1.71	1.49	2.49	2.73	3.86

注：CK 未施肥，处理 1 施垃圾堆肥 75 t/hm²，处理 2 施垃圾堆肥 150 t/hm²，处理 3 施垃圾堆肥 300 t/hm²，处理 4 施垃圾堆肥 600 t/hm²。

表 6-12　堆肥对土壤理化性质的影响

处理	pH 值	OM（%）	全氮（%）	碱解氮（mg/kg）	速效磷（mg/kg）	速效钾（mg/kg）	土壤容重（g/cm³）
CK	8.22	1.71	0.118	51.2	60.0	160.8	1.44
处理 1	8.15	1.49	0.117	54.53	93.0	176.8	1.37
处理 2	8.09	2.49	0.135	51.87	89.2	289.2	1.32
处理 3	8.05	2.73	0.147	52.54	89.6	337.3	1.07
处理 4	7.84	3.86	0.146	65.84	135.4	501.7	1.02

注：CK 未施肥，处理 1 施垃圾堆肥 75 t/hm²，处理 2 施垃圾堆肥 150 t/hm²，处理 3 施垃圾堆肥 300 t/hm²，处理 4 施垃圾堆肥 600 t/hm²。

6.2.5　生活垃圾的"三化"

《固体废物污染环境防治法》第三条规定："国家对固体废物污染环境的防治，实行减少固体废物的产生量和危害性、充分合理利用固体废物和无害化处置固体废物的原则，促进清洁生产和循环经济发展。"这样，就从法律上确立了固体废物污染控制的"三化"基本原则，即"减量化、资源化、无害化",并以此作为我国固体废物管理的基本技术政策。

垃圾具有双重性,根据能量守恒和物质不灭定律,垃圾只是改变了形式的资源。随着人类对客观事物认识的深化和技术进步,废物都会具有再生循环利用的价值。同时全球性自然资源逐渐枯竭以及可持续发展观念的树立,从而使人类把废物资源再生利用变为现实需要。

6.3 污泥对土壤环境的污染

6.3.1 污泥的分类及基本特性

根据国家环境保护"十二五"规划,在"十二五"期间对于城镇污水处理设施建设,国家将突出配套管网建设、提升污水处理能力、污泥处理处置设施建设及老旧污水处理厂升级改造等建设重点。在"十一五"期间,我国城镇污水处理设施建设和运营工作取得了积极进展,截至2010年年底,全国已建成投运城镇污水处理厂2 832座,处理能力 1.25×10^8 m^3/d,伴随产生的污泥将会高达 $3 000 \times 10^4$ t/a,再加上污染河湖疏浚污泥和城市下水道污泥,每年产生的污泥量非常大,而且每年还以10%~15%的速度增加。大量污泥的产生,不仅占用土地,而且污泥含有重金属、病原菌、寄生虫卵、有机污染物等,所以处理处置污泥是一个刻不容缓的问题。

6.3.1.1 污泥分类

按来源可以分为:给水污泥、生活污水污泥、工业废水污泥。

按分离过程可分为:沉淀污泥(包括初沉污泥、混凝沉淀污泥、化学沉淀污泥)、生物处理污泥(包括腐殖污泥、剩余活性污泥)。

按污泥成分可分为:有机污泥、无机污泥。

按污泥性质可分为:亲水性污泥、疏水性污泥。

按不同处理阶段可分为:生污泥、浓缩污泥、消化污泥、脱水干化污泥、干燥污泥、污泥焚烧灰等。

6.3.1.2 污泥基本特性

含水率较高,固形物含量较低 污泥含水率为污泥中所含水分的质量与污泥的质量之比。不同的处理工艺、污泥类型,含水率有一定的变化。

有机物及各种营养元素含量丰富 通过对29个城市污泥组成的统计分析发现,中国城市污泥(不包括工业污泥)有机物平均含量达384 g/kg,全氮、全磷和全钾分别为27.0 g/kg、14.3 g/kg和7.0 g/kg;有机质、全氮、全磷均比猪粪高出1/3~2/3,但全钾比猪粪低1/3。

污泥的碳氮比(C/N)较为适宜(通常为6~8),对消化极为有利 研究发现污泥有机物中易消化或能消化的部分占有机物总量的比例高达60%,因此污泥是一种很好的有机肥源。

污泥含微生物数量、种类多 由于污泥来源于各种工业和生活污水,从而使污泥中可感染微生物数量较多。常能在污泥中检出致病性粪大肠菌、沙门菌、蛔虫卵和绦虫卵等,尤其在未消化的城市污泥中含量往往较高。

污泥浓缩含有各种重金属 污泥中重金属有多方面来源渠道,在污水处理过程中,污水中的重金属通过细菌吸收、细菌和矿物颗粒表面吸附,以及和一些无机盐(如磷酸盐、硫酸盐等)共沉淀作用,使部分重金属元素浓缩到污泥中。

6.3.2 污泥施用对土壤环境的影响

在污泥处理处置途径的选择中,污泥特性是污泥利用、处置的重要依据,现今常用的方式是农用、填埋、焚烧、海洋投弃、堆肥等,表6-13反映了常用方法的优缺点。目前污泥处置技术在国内所占的比例为:农业利用占44.83%,土地填埋占31.03%,无污泥处置占13.79%,绿化占3.45%,焚烧占3.45%,与垃圾混合填埋占3.45%。

表6-13 污泥处理方法比较

项目	堆肥	填埋	其他
技术概要	适当的菌种和翻动,使污泥在一定长的时间里产生发酵、升温并熟化,从而获得符合农用要求的有机肥	利用自然界代谢功能的同时,通过工程手段和环保措施,使污泥得到安全的消纳并逐步达到充分稳定无害的污泥处置效果	对污泥进行资源化利用,如制砖、水泥、制陶粒
优点	利用生物能,节约能源,肥效好	技术成熟,操作简单,费用低	没有固废的产生
缺点	占地面积大,周期长,易产生臭气等	渗滤液难处理,影响地下水,含水率高使各种压实设备无法工作	需对污泥前处理,利用过程产生有害物质
技术选择	不适合含有毒有害物质的污泥	不适合含水率高的污泥	适合热值不高,含有毒有害物质的污泥

污泥土地利用投资少、能耗低,运行费用低,其中有机物可转化为土壤改良剂的有效成分,符合可持续发展战略,被认为是最有前景的污泥处理处置方式。美国早在19世纪60年代初就有关于污泥农用的研究,欧洲先进国家农业利用率占污泥总量的1/2以上。

污泥施用会对土壤有机质、容重、孔隙度、团聚体、含水量、pH值、阳离子交换量、生物活性等带来一系列的影响。

6.3.2.1 增加土壤有机质含量

有机质在土壤肥力中有着其他元素不可代替的作用,常以有机质多少作为土壤肥力的标准之一。近几十年来,由于我国人口剧增,工业发展迅速,用肥结构发生根本变化,20世纪70年代以前,农家肥与化学肥料的比例为7∶3,而到了80年代末期其比例已变为3∶7,长期使用化学肥料使土肥失调,易成盐碱化与板结,导致土壤有机质不断减少,综合肥力下降。据第二次全国土壤调查,全国10.6%的土壤有机质含量低于0.6%。城市污水处理厂产脱水污泥,有机质含量较高(表6-14),因此,它可以用来向土壤提供有机质。在有机质含量较低的土壤中施用适量污泥,对土壤物理化学性质的改善特别明显(表6-15)。

表6-14 部分城市污泥中有机质及氮、磷、钾含量

产地	有机质(%)	全氮(%)	全磷(%)	全钾(%)	速效磷(mg/kg)	速效钾(mg/kg)
太原	9.22~47.8	0.78~3.31	0.22~1.48	—	0.02~0.08	—
北京	—	5.7	1.7	1.6	—	—
保定	15.17	1.04	—	—	30	285
西安	12~18	1.5~1.6	0.75~0.85	—	—	—
天津	45~55	2.4~7.4	1.2~2.0	0.35~0.42	—	—
苏州	47~82	1.48~7.47	0.5~2.91	0.18~0.61	1 000	—
上海	>70	6.15	1.05	0.13	—	—

注:引自李天杰,1995。

表 6-15　施用污泥对土壤肥力因素的影响

土壤	污泥施用量（g/kg）	pH 值	有机质 (g/kg)	全氮 (g/kg)	全磷 (g/kg)	速效磷 (mg/kg)	电导率 (mg/kg)	CEC (cmol/kg)
黄棕土	原始土	6.81	12.79	1.081	0.536	7.42	0.88	19.89
	30	6.78	18.68	1.048	0.742	16.29	1.31	21.59
	60	6.43	18.75	1.418	0.908	23.94	1.61	22.49
	120	5.71	25.22	1.880	1.381	34.97	1.98	24.19
	240	5.49	36.88	2.870	1.505	75.58	2.24	23.37
潮土	原始土	5.96	26.24	1.397	0.495	5.72	0.78	36.52
	30	6.05	31.82	2.026	0.867	11.16	1.49	34.69
	60	5.68	35.79	2.352	1.187	9.40	1.77	36.02
	120	5.27	47.63	3.114	2.368	24.57	2.09	37.50
	240	5.08	75.63	5.231	3.769	71.45	2.37	42.10

6.3.2.2　降低土壤容重

土壤容重是指单位容积土壤体的重量，它的数值随质地、结构性和松紧度的变化而变化。其大小反映了土壤的松紧度，从而指示了土壤的熟化程度和结构性。容重小，表明土壤疏松多孔，结构性良好。土壤施用污泥堆肥后，由于向土壤输入了大量的有机物质，土壤动物、植物、微生物活动加剧，产生了较多的根孔，小动物穴和裂缝，从而使土壤容重减小，在砂土和壤土上，土壤有机质含量与容重的变化呈显著的线性相关。

6.3.2.3　改善土壤孔隙度

孔隙度是研究土壤结构特点的重要指标，因为它对与作物产量直接有关的许多重要现象产生影响。孔隙是容纳水分和空气的空间，孔性良好的土壤能够同时满足作物对水分和空气的需求，有利于土壤环境的调节和植物根系的伸展。土壤孔隙度的大小取决于土壤质地、有机质含量、松紧度和结构性。污泥用量在 15～110 t/hm²，土壤总孔隙度增加，达到更适宜于植物生长所需要的孔隙比率。Paliai 等研究了在沙土中使用污泥堆肥后不同时期土壤总孔隙度的变化，发现施用污泥堆肥的土壤总孔隙度比对照处理高，但两种不同利用量（50 t/hm² 与 150 t/hm²）处理，土壤总孔隙度之间无显著性差异。Clapp 等人报道，由于污泥堆肥的施用能降低土壤容重，增加土壤总孔隙度，增加土壤持水力。苏德纯等也报道了随污泥堆肥的施用并随用量的增加，土壤的总孔隙度和饱和导水率也增加。

6.3.2.4　改善土壤团聚体

土壤团聚体是土壤结构的基本单元，稳定的团聚体可以保护土壤中有机质的迅速分解，因此土壤团聚作用的改善，即形成更稳定的团聚体，对农业土壤是十分重要的。研究发现施用污泥后，改善了土壤的团聚作用，增加了团聚体的稳定性，有学者认为施用污泥后使土壤团聚体稳定化是由于污泥中不同的有机化合物和多价阳离子作用的结果。

6.3.2.5　增加土壤含水量

土壤水含量是指在一定量土壤中含水的数量，是土壤的重要性状之一，与许多土壤性质有密切关系。由于污泥的施用，土壤孔隙状况有所改善，从而增加了土壤的水含量。其数值随有机质的增加而增加。研究表明，土壤持水量随污泥用量的增加而增加，但是粗质地土壤比细质地土壤增加得少。污泥堆肥土地利用不但在非干燥时期能保持较高的土壤含水量，而

6.3.2.6 影响土壤 pH 值

施用污泥后一般能引起土壤 pH 值的变化。大部分施用污泥的土壤发生酸化，这可能是有机质分解和硝化作用中产生的有机酸引起的。当土壤 pH 偏低而污泥又含有足够的钙时（特别是石灰污泥），施用后会出现土壤 pH 值上升。

6.3.2.7 增加土壤阳离子交换量

施用污泥的土壤中，由于有机质增加，阳离子交换量也随之增加。增加阳离子交换容量，使交换性 Ca、Mg、K 增多，从而提高土壤的保肥能力，减少营养物质的渗漏。

6.3.2.8 土壤微生物量

污泥中富集了污水中大量的各类微生物群体，研究表明，施用污泥后，土壤中细菌和放线菌数量分别增加了 5～10 倍和 3～4 倍。另外，随着污泥的施用，污泥中微生物进入土壤和土壤微生物相互作用，改变了土壤微生物的活性，而且污泥中的有机物为土壤微生物提供碳源，因此会进一步改变土壤的微生物活性。根据孙玉焕、骆永明等利用 BIOLOG 测试方法对长江三角洲地区施污泥土壤的微生物群落功能多样性的初步探讨，反映了施用污泥对土壤微生物群落功能多样性的影响（表 6-16）。

表 6-16　施用污泥后土壤微生物群落功能多样性动力学参数变化

土壤类型	施用污泥种类	K	r	S	R^2
滩潮土	对照	1.10	0.043	114.0	0.997
	杭州新鲜消化污泥	1.09	0.050	97.8	0.998
	杭州风干污泥	1.09	0.044	101.9	0.996
	苏州新鲜脱水污泥	1.01	0.039	118.1	0.997
	苏州风干污泥	0.48	0.046	126.2	0.999
乌栅土	对照	1.19	0.048	93.5	0.999
	杭州新鲜消化污泥	1.09	0.043	109.0	0.997
	杭州风干污泥	1.17	0.044	102.8	0.998
	苏州新鲜脱水污泥	0.62	0.041	115.8	0.997
	苏州风干污泥	0.98	0.038	115.9	0.997

注：K 为在培养过程中土壤微生物群落的最大平均吸光值；r 为影响微生物生长曲线圆滑度的参数；S 为达到最大平均吸光值 1/2 所需的时间。

6.3.3　风险控制

土壤是人类赖以生存的物质基础，土壤能够协调植物生长所需水、肥、气、热等肥力要素和生活环境的能力，同时土壤又是环境中各种污染物的载体，虽然土壤能够通过物理、化学、生化机制对污染物进行一定的同化和代谢，但是土壤的净化能力有限，因此长期大量施用污泥会对土壤环境造成严重影响。

6.3.3.1 污泥土地施用风险

（1）重金属污染

污泥中浓缩有各种重金属，其含量通常高于土壤背景值的 20～40 倍，化学活性比自然土壤高 7～70 倍。重金属元素主要通过吸附作用及沉淀转移到污泥中，进而直接或间接进入动植物及其人类体内，污泥土地利用可能会造成土壤-植物系统重金属污染，这是污泥土地利用中最主要的环境问题。

重金属一般溶解度比较小，且性质稳定、去除难度大、毒性强，故其潜在的毒性常常很容易在动植物及人体内长期积累。由于土壤重金属之间存在交互作用，对作物吸收重金属有很大影响，其表现为重金属元素共存的复合污染效应、加和作用、协同作用和颉颃作用，在不同的土壤环境下作物对重金属的吸收程度也有所不同。据天津对 2 000 hm² 施用过污泥的园田土壤所进行的调查，由于长期不规范地施用污泥，园田土壤中 Cu、Zn、Pb 含量高于当地土壤背景值 3～4 倍，Cr、Ni、As 高于背景值 0.5～1 倍多，Cd 高于背景值 10 倍，而 Hg 竟高达背景值的 125 倍。0～40 cm 土层重金属富集明显，在污泥施用区土壤上生长的 7 种蔬菜中 Hg、Cd、Ni 平均含量是对照区的 1～2 倍以上，其中叶菜类蔬菜富集重金属能力较果蔬类强。通过表 6-17 可以更直接比较污泥施肥对农作物重金属富集的影响。

表 6-17　连续两年施用苏州城西污水处理厂污泥对作物累积 Zn 的影响

作物	部位	不施肥	常规施肥	施污泥
水稻	米	22.6	22.6	25.5
	茎	66.2	83.0	113.1
	根	100.8	163.2	255.3
辣椒	果实	13.8	13.1	16.9
包菜	包球	47.7	51.5	117.6
	外包叶	83.6	86.1	335.5

(2) 病原菌污染

生活及生产污水中含有的病原体（病原微生物及寄生虫）经过污水处理厂处理后依旧会进入污泥，见表 6-18，这些病原微生物会通过污泥土地施用进入土壤、农作物、地下水等，造成人、畜、动物的流行病害。据研究结果显示，由于污泥的不适当排放引起的流行性疾病大多与沙门菌和绦虫卵有关。

表 6-18　污泥中常见的病原物

病原细菌	病毒	蠕虫卵
沙门菌	骨髓灰质炎病毒（1、2 型）	圆线虫属
志贺菌	埃艾柯病毒（7、17 型）	蛔虫
致病性大肠杆菌	柯萨奇病毒（B1、B2、B3、B4、B5 型）	鞭毛虫、毛细线虫等
埃希杆菌	呼肠病毒	弓蛔虫属
取尔森菌	腺病毒（1、2 型）	弓蛔线虫属
梭状芽孢杆菌	轮状病毒	膜壳绦虫属
	甲肝病毒	绦虫属

注：引自王绍文，2007。

(3) 氮、磷污染

城市污泥中富含氮、磷等养分，污泥土地施用后使土壤积累大量氮和磷。在降雨量较大且土质疏松地区，当有机物的分解速度大于植物对氮、磷的吸收速度时，氮、磷等养分就有可能随水流失进入地表水体造成水体富营养化，而进入地下则引起地下水污染。

(4) 高盐分污染

污泥中盐分较高，城市污泥尤为明显。当污泥中的盐分进入土壤环境时，将明显提高土壤的电导率，盐分中离子的颉颃作用会加速有效养分的流失，不仅破坏植物的养分平衡，而且抑制植物对养分的吸收，甚至对植物根系造成直接伤害。

(5) 有毒有害有机物

目前污泥中可确定的有机有害物质主要是多环芳香烃化合物、多氯代联苯、氯化二苯并二恶英、氯化二苯并呋喃、有机卤化物等，主要来源于化学工业，特别是与碳和氯密切相关的化学工业，这些有机物质大多难降解、难溶于水，会在污泥中富集并与污泥的固体物质结合在一起。这类物质通过土壤循环进入人体后，会对人体免疫系统造成损伤，同时这类物质大多具有致畸、致癌作用，危害风险很大。

6.3.3.2 污泥土地施用的风险控制

污泥土地施用对于改善土壤结构、肥力等具有很大的作用，但又存在一定的风险，需要进行控制。

(1) 灭菌消毒

污泥中含有大量病原菌，为控制、减少病原菌对土壤环境的风险，需对污泥灭菌消毒后，再土地利用。病原菌灭菌消毒，常用的方法主要有辐射处理、热处理、厌氧消化、干燥、污泥堆肥、石灰稳定等，辐射处理是通过 β 射线与 γ 射线破坏微生物的核酸或核蛋白达到灭菌消毒的目的，而热处理通常采用的是巴氏消毒法。采用污泥堆肥法不仅可以灭菌，还可以增加污泥中的有效养分，提高污泥的肥料价值。表 6-19 体现了利用污泥堆肥法处理病原微生物的有效性。

表 6-19 曲阳污泥处理前后的病原体监测结果

种 类	处理前污泥	处理后污泥
大肠杆菌	+	+
嗜水气单细胞菌	+	+
蜂房哈夫尼亚菌	—	—
蜡样芽孢杆菌	+	—
阿式肠杆菌	—	—
普城沙雷菌	+	—
溶血巴斯德菌	—	—
普通变形杆菌	+	—
弗式柠檬酸杆菌	+	—
温和气单胞菌	+	—
肺炎克雷伯菌	+	—
产碱普罗威登斯菌	—	—
奇异变形杆菌	—	—
蛔虫卵	+	—

(2) 因土制宜

根据污泥施用后对土壤及作物的影响，污泥施用的优先原则为：先非农地后农地，先旱地后水田，先贫瘠地后肥地，先碱性地后酸性地，先禾谷作物后蔬菜。

污泥用于林用，不会威胁食物链，较安全，可长期施用。我国林业利用污泥的试验树种主要有白杨、泡桐、红松、槐树和金钟柏等，据美国华盛顿林业资源学院与市政府合作在派克林业站对200多英亩*林木进行了17年施用污泥的试验表明，树木直径增长明显，其增长率达50%～400%。不过，污泥林地利用，需要注意污泥中的N、P等物质污染地下水。

园林绿化使用污泥，既可减少污泥输送费用，节约化肥，脱离食物链影响，又可使花卉增大，花茎增长，花期延长，草坪更绿。根据西北农林科技大学与西安污水处理厂的示范工程显示，污泥施用后对花卉株高增长明显，分别比对照的美人蕉增高8.7%～49.4%，鸡冠花增高8.7%～44.6%，小丽花增高4.4%～38.6%，草的株高增长率为83.3%～100%。污泥园林利用需考虑对植物进行处理，因为有些植物会富集污泥堆肥中的重金属，如果不对植物进行合理处置容易造成二次污染。

污泥含有丰富的有机质和氮、磷等营养元素，施用污泥可显著改善土壤理化性能，促进植物生长，适宜对退化土壤进行修复和改良。在环境容量较小的南方赤红壤上研究表明，表施污泥可在一定程度上削减雨滴动能，防止表土结皮，提高土壤渗透性。有学者研究指出，污泥表施可促进地表植被生长，恢复土壤碳、氮循环，减少土壤侵蚀和径流产生；施用污泥可提高表土吸持雨水的能力，减少径流量；表施和混施污泥均可有效降低径流量和颗粒物流失量。

(3) 控制用量

由于污泥中有毒成分含量不同，土壤环境容量差异较大，在实际应用中应根据当地生产条件和土壤状况确定污泥施用量。具体操作如图6-4所示。

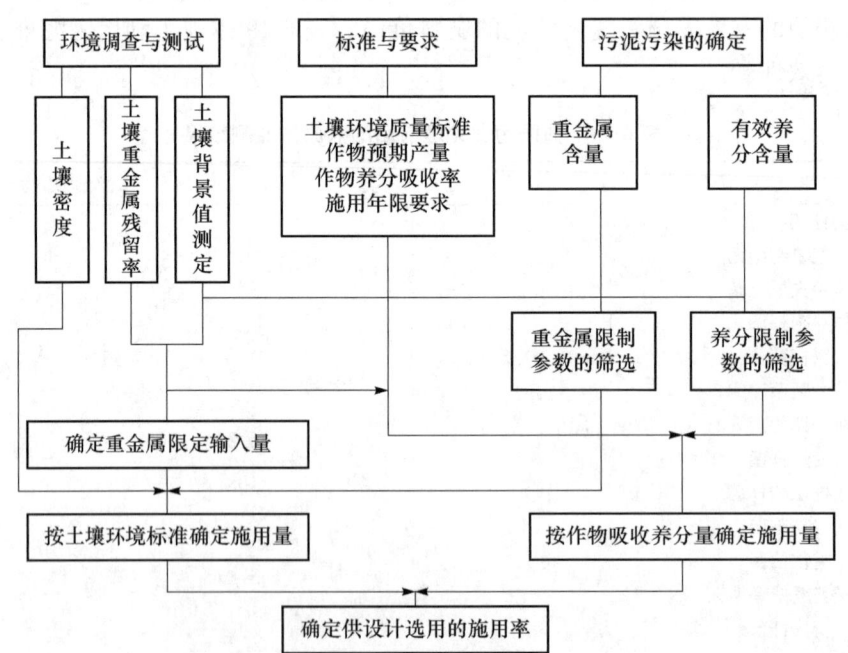

图6-4 污泥施用量计算程序（引自王绍文，2007）

---

* 1英亩＝4 046.86 m²

(4) 研发污泥安全使用新技术

污泥既含有大量有用物质同时也含有重金属、病原菌等污染物，应当加大对污泥土地利用技术的研发，以实现对有用物质的最大化利用，同时减少污染物质的危害作用。周立祥等研究利用生物淋滤法可以去除污泥中 90% 的重金属，邱锦荣等采用东南景天单种、东南景天与香芋套种对污泥进行植物处理，将植物处理后的污泥作为肥料与上层土壤混合后种植玉米，结果表明，利用植物处理后的污泥作为肥料种植玉米，玉米生长良好，且长势和产量明显优于对照和施用化肥的处理，其中单种东南景天处理后的污泥与土壤混合种植的玉米籽粒的产量最高，分别是对照和化肥处理的 3.26 倍和 2.66 倍；利用植物处理后的污泥作为肥料所生产的玉米籽粒中 Zn、Cd、Cu、Pb 的含量符合国家饲料卫生安全标准，作为饲料是安全的。

6.3.4 污泥农田施用准则

污泥施用前，一般都应该经过无毒无害化处理，才能进行土地利用。污泥的滥用会导致重金属在土壤中累积、营养元素流失，使施用土地附近水质恶化、病原菌和寄生虫滋生等影响环境卫生。因此为防止这类问题的发生，有必要制定污泥农用的施用准则。

我国 1984 年制定了农用污泥污染物控制标准（表 6-20），对污泥农用所造成的环境风险有所控制，但与发达国家相比，某些指标定制过于宽松（表 6-21），而且随着社会生产、工业的发展，污泥成分、土壤环境等发生了变化，我国对污泥农用的施用准则应加以完善与提高。

表 6-20　农用污泥中污染物控制标准（GB 4284—1984）　　　单位：mg/kg 干污泥

项　目	最高容许含量	
	酸性土壤（pH<6.5）	中性和碱性土壤（pH≥6.5）
镉及其化合物（以 Cd 计）	5	20
汞及其化合物（以 Hg 计）	5	15
铅及其化合物（以 Pb 计）	300	1 000
铬及其化合物（以 Cr 计）	600	1 000
砷及其化合物（以 As 计）	75	75
硼及其化合物（以水溶性 B 计）	150	150
矿物油	3 000	3 000
苯并[α]芘	3	3
铜及其化合物（以 Cu 计）	250	500
锌及其化合物（以 Zn 计）	500	1 000
镍及其化合物（以 Ni 计）	100	200

表 6-21　欧洲国家或地区和中国污泥土地利用标准比较（最大施用量）　　　单位：mg/kg

国家或地区	重金属						
	Cd	Cu	Cr	Ni	Pb	Zn	Hg
欧盟	1~3	50~140	100~150	30~75	50~300	150~300	11.5
法国	2	100	150	50	100	300	1
德国	1.5	60	100	50	100	200	1
意大利	3	100	150	50	100	300	

续表

国家或地区	重金属						
	Cd	Cu	Cr	Ni	Pb	Zn	Hg
西班牙	1	50	100	30	50	150	1
英国	3	135	400	75	300	200	1
丹麦	0.5	40	30	15	40	100	0.5
芬兰	0.5	100	200	60	60	150	1
挪威	1	50	100	30	50	150	1
瑞典	0.5	40	30	15	40	100	0.5
中国（①/②）	5/20	250/500	600/1 000	100/200	300/1 000	500/1 000	5/15

注：引自翁焕新，2009。①适用于pH<6.5的土壤；②适用于pH≥6.5的土壤。

发达国家对污泥土地利用制定了完善的标准和相应的管理法规，欧盟以植物吸收、土壤风蚀、渗漏作用而去除的最小重金属含量作为污泥中重金属的限制标准，并以此制定出欧盟污泥土地施用标准。英国根据污泥土地利用可能对土壤植物和生物产生的影响，设置了一个安全系数，制定出污泥农用的标准。英国的标准内容主要有污泥中各类有毒有害物质的指标，以及污泥无害化、卫生化、稳定化的各项指标值，也对污泥的土地使用范围、土地类型、性质等都有明确的规定。美国在《有机固体废弃物处置规定》中，将污泥分为A、B类，A类污泥可以作为肥料、园林植土、生活垃圾填埋覆土等所有土地利用类型，而B类污泥只能作为林业用肥，不能直接应用于粮食作物。

6.4 粉煤灰对土壤环境的影响

6.4.1 粉煤灰的来源与性质

粉煤灰是煤粉经高温燃烧后形成的一种类似火山灰质的混合物质，是燃煤电厂将颗粒直径 100 μm 以下的煤粉，用预热空气喷入炉膛悬浮燃烧后，产生的高温烟气中的灰分，被积尘装置捕集得到的一种微粉状固体废物，约占燃煤总量的 5%～20%。粉煤灰的产生量与燃煤中的灰分有直接关系，灰分越高粉煤灰的产生量越大，根据中国燃用煤的情况，燃用 1 t 煤产生 250～300 kg 粉煤灰。

6.4.1.1 粉煤灰的来源

粉煤灰实际上是煤的非挥发物残渣，它是煤粉进入 1 300～1 500 ℃ 的炉膛，在悬浮燃烧后产生的 3 种固体产物的总和，包括：①漂灰，是从烟囱中漂出来的细灰；②粉煤灰，又称飞灰，是烟道气体中收集的细灰；③炉底灰，是从炉底排出的炉渣中的细灰。一般烟煤的灰分含量较少，而褐煤、低品级烟煤、无烟煤，以及石煤灰分含量较高，有的高达 50% 以上，故排放出粉煤灰也较多。

6.4.1.2 粉煤灰的性质

（1）粉煤灰的物理性质

粉煤灰是灰色或灰白色的粉状物，含水量大的粉煤灰为灰黑色，含碳量越大，颜色越深，粒度越粗，质量越差。粉煤灰物理性质随用煤的品种、韧度与燃烧方式等因素差异而有所不同，具体的物理性质见表 6-22。

表 6-22　粉煤灰的物理性能

项目	密度 (g/cm³)	堆积密度 (g/cm³)	密实度 (%)	筛余量（%）		比表面积	
				80 μm	45 μm	氮吸附法	透气法
范围	1.9～2.9	0.531～1.261	25.6～47.0	0.6～77.8	13.4～97.3	0.8～19.5	0.118～0.653
均值	2.1	0.780	36.5	22.2	39.8	3.4	0.330

（2）化学性质

化学成分　粉煤灰的主要化学成分是二氧化硅、三氧化铝和三氧化铁，另外还含有未燃尽的碳粒、氧化钙和少量的氧化镁、三氧化硫等。这些成分的含有量与煤的品种和燃烧的条件有关，一级燃烧烟煤和无烟煤锅炉排出的粉煤灰，其中二氧化硅含量为45%～60%，三氧化铝为20%～35%，三氧化铁为5%～10%，氧化钙为5%左右，烧失量为5%～30%，但多数不大于15%。

活性　活性也称为火山灰性，是指粉煤灰能够与生石灰生成具有胶凝性能的水化物。粉煤灰自身或略有水硬胶凝性能，但与水分，特别是在水热（蒸压养护）条件下，能与$Ca(OH)_2$等碱性物质发生反应，生成具有水硬胶凝性能的物质。粉煤灰的活性与粉煤灰化学成分、玻璃体含量细度、燃烧条件、收集方式等因素有关。一般SiO_2含水量大、燃烧温度高、玻璃体含量多、曲度大、含碳量低的粉煤灰活性高。

6.4.2　粉煤灰对土壤环境的影响

由于粉煤灰质轻、疏松，又含有大量的微量元素，少量合理施用对改善土壤结构及其环境生态功能有良好作用，世界各国都非常重视。从20世纪50年代起，美国、澳大利亚、英国、前苏联等国家在利用粉煤灰改土培肥，提高作物产量方面取得了许多成功经验。中国自20世纪70年代开始该方面的研究，并取得了一定的成果。

6.4.2.1　对土壤物理结构特性影响

粉煤灰的机械组成为：粒径小于0.01 mm的物理性黏粒占18.5%左右，大于0.01 mm的物理性砂粒占81.5%左右。粉煤灰中的硅酸盐矿物和碳粒具有多孔性，是土壤本身的硅酸类矿物所不具备的。粉煤灰施入土壤，除其粒子中、粒子间的孔隙外，粉煤灰同土壤颗粒还可以连成无数"通道"，为植物根吸收提供新的途径，构成输送营养物质的交通网络。粉煤灰粒子内部的孔隙则可作为气体、水分和营养物质的"储存库"。

碱土土粒分散，黏粒和腐殖质下移而使表土质地变轻，而下部的碱化层则相对黏重，并形成粗大的不良结构，湿时膨胀泥泞，干时坚硬板结，通透性和耕性极差，盐碱土掺入粉煤灰，除变得疏松外，还可起到抑碱作用。施用粉煤灰对黏重的盐碱地具有降低容重的作用，施用量越多，容重降低越大。

作物生长的土壤需要一定的孔度，而适合植物根部正常呼吸作用的土壤孔度下限量是12%～15%，低于此值，将导致作物减产。黏质土壤掺入粉煤灰后可变疏松、黏粒减少、砂粒增加。施入粉煤灰后，土壤中黏粒含量降低，且黏粒含量随施灰量的增加而递减，施粉煤灰75 000 kg/hm² 可减少土壤黏粒含量1.17%。

砂土粉煤灰的添加不仅是土壤颗粒的简单堆积，还表现出小粒径的粉煤灰颗粒填充到砂土的大孔隙中,致使单位体积内土壤颗粒物质增多,孔隙比例减少。砂土孔隙的减小改变了砂土孔隙大的特点,有效改良了砂土结构,这是改变砂质土壤不良农业生产性状的基础(表6-23)。

表6-23 粉煤灰施用对砂质土壤物理性状的影响

项 目	处 理				
	CK	10%	20%	30%	40%
容重(g/cm³)	1.58	1.66	1.70	1.71	1.74
孔隙度(%)	41.5	37.5	35.7	35.2	32.9

注:10%表示粉煤灰施用率为砂土质量的10%,20%、30%、40%类推。

6.4.2.2 对土壤保水性的影响

土壤结构与质地的变化有效改善了土壤水分运动特性,砂土中添加粉煤灰改变了砂土孔隙组成、孔隙分布状况,造成总孔隙度减少和毛管孔隙比例升高,不仅增加了土壤田间持水量,而且增加土水势 100~300 kPa 范围内的有效水含量 7%~13%。研究显示,在砂土中 30%粉煤灰施用率可以增加土壤重力水的14%,而饱和导水率可减少80%,表明添加粉煤灰可以改善强渗透性土壤的物理性质,从而增加作物所需的水量。

6.4.2.3 对土壤温度的影响

粉煤灰呈灰黑色,吸热性好,可增强土地的吸热能力,从而提高地温。施入土壤,一般可使土层提高温度 1~2 ℃。据报道每公顷施灰 18.75 t,地表温度为 16 ℃,每公顷施灰 75 t,地表温度为 17 ℃。土层温度提高,有利于微生物活动、养分转化和种子萌发。

6.4.2.4 对土壤微量元素含量的影响

粉煤灰含有大量微量元素(表6-24),通过施用粉煤灰,可以改善土壤的元素组成,有利于作物生长。另外,粉煤灰还有释放土壤中潜在肥力的作用,显著地增加土壤中易被植物吸收的速效养分,特别是氮和磷。

表6-24 粉煤灰微量元素含量　　　　　　　　　单位:mg/kg

微量元素	含 量	微量元素	含 量	微量元素	含 量
As	3.2	Nb	36.0	W	12.0
Ba	782.0	Ni	41.0	Zr	437.0
Co	24.0	Pb	68.0	Y	59.0
Sc	10.5	Rb	46.5	Zn	50.0
Cu	91.0	Sr	924.0	Be	6.0
Ga	42.0	Li	325.1	Cr	32.0
Ge	8.8	U	6.9	Se	20.3
Hf	18.0	V	137.0	Th	44.0
Mo	6.5	Mn	160.8		

6.4.2.5 对土壤重金属含量的影响

国外学者根据对粉煤灰土地施用的长期研究,指出粉煤灰的高盐性以及含有的众多有毒元素会对土壤造成不良影响。Gupta 等给出了粉煤灰中有害元素在土壤中的累积顺序为 Fe>Zn>Mn>Co>Ni>Pb>Cu>Cd，并发现 Fe、Mn、Co、Ni、Cu 在土壤根区含量较多。

6.4.2.6 对土壤放射性污染的影响

煤中含有一定量的天然放射性核素 ^{226}Ra、^{232}Th 和 ^{40}K，其含量与成煤物质和放射性核素在地层间的相互渗透、沉积有关。煤中的天然放射性核素含量随产地的不同差异较大。煤炭燃烧后，天然放射性核素大部分浓集在粉煤灰中。粉煤灰中 ^{26}Ra、^{232}Th 和 ^{40}K 的比活度可达煤炭的 4 倍左右。在粉煤灰的农田施用过程中，天然放射性核素随着粉煤灰向农田转移，有可能使农田生态环境受到放射性污染。不同粉煤灰施用量对土壤放射性污染的影响见表 6-25。

表 6-25　施用不同量粉煤灰后土壤中天然放射性核素的比活度

处理（t/hm²）	^{232}Th（Bq/kg）	^{226}Ra（Bq/kg）	^{40}K（Bq/kg）
CK	49.45	29.01	663.53
225	62.86	41.99	644.11
375	79.21	50.26	600.67
525	93.83	62.88	533.12
675	108.04	72.97	466.03

6.4.3　粉煤灰土地施用的风险控制

6.4.3.1　粉煤灰的施用量

施用粉煤灰前要对当地土壤的组成情况和粉煤灰的化学成分进行调查分析，根据土壤类型、粉煤灰性质以及国家对粉煤灰施用的法律规定确定最佳用灰量。表 6-26 为粉煤灰施用部分污染物控制标准。

表 6-26　农用粉煤灰污染物控制标准（GB 8173—1987）　　　单位：mg/kg

项　目	最高允许含量		项　目	最高允许含量	
	pH<6.5	pH≥6.5		pH<6.5	pH≥6.5
总镉（以 Cd 计）	5	10	总铬（以 Cr 计）	250	500
总砷（以 As 计）	75	75	总铜（以 Cu 计）	250	500
总钼（以 Mo 计）	10	10	总铅（以 Pb 计）	250	500
总镍（以 Ni 计）	200	300	总硒（以 Se 计）	15	15

6.4.3.2　粉煤灰的施用方法

粉煤灰质细体轻，最易飘扬，施用时应加水泡湿，然后撒施地面，并进行耕翻，翻土深度不能小于 15 cm，以便使粉煤灰与耕层土壤充分接触。作为土壤改良剂，粉煤灰不能在作物生长期间使用。

6.4.3.3　粉煤灰的施用年限

粉煤灰改良土壤能连续使作物增产，往往第二年比当年增产幅度还大，所以不必每年施用，大体上3~4年轮施一次即可。

6.4.3.4 粉煤灰的施用效果

粉煤灰中的营养元素含量低，又缺乏有机质，所以它既不能代替有机肥料，也不能代替速效性化肥，粉煤灰施用时应与有机肥或有机、无机肥配合施用，以提高粉煤灰施用效果。

6.4.4 粉煤灰的资源化利用与处置

粉煤灰资源化利用技术分为高、中、低3个层次，高等技术主要包括粉煤灰金属分选、矿物分选、脱硫技术、作隔热材料、耐高温材料、塑料填料等。高等技术一般利用量较低，约占粉煤灰总量的1%~2%，但经济效益较好；中等技术包括用于水泥与混凝土的混合材料、沥青填料、粉煤灰砌块等。中等技术为中度用量，利用量较稳定；低等技术是将粉煤灰直接用于回填，如结构回填、矿井回填、灌浆回填等。还用于路基、路堤、填筑、脱硫稳定、土壤改良、粪便处理、化学腐蚀物处理等，低等技术用量大、面广，阶段性较明显。

6.4.4.1 回收有用物质

（1）回收碳

由于煤炭的不完全燃烧，粉煤灰中含有部分碳，一般含量为5%~7%，如果煤炭质量低劣，粉煤灰含碳量会更高，达到30%~40%，因此可以利用浮选法与电选法回收纯碳。

（2）回收氧化铁

经过高温燃烧，煤炭中的铁矿转变为磁性氧化铁，可以直接经磁选机选出。目前常用湿式磁选工艺与干式磁选工艺。

（3）提取氧化铝

利用碱熔法可以从含30%氧化铝的粉煤灰中提取氧化铝，工艺流程为：粉煤灰、纯碱和石灰石在高温下熔融冷却，用水浸泡熔块，浸出液经脱硅处理后，用烟气中二氧化碳进行碳酸化，析出氢氧化铝沉淀，煅烧即得氧化铝。

（4）提取空心微珠

空心微珠有质轻、隔音、电绝缘、耐磨性强、抗压强度高、导热系数小、分散流动性好、反光、无毒、稳定好等优点，可广泛用于制备各种材料。国内外，从粉煤灰提取空心微珠的常用工艺为干法机械分选与湿法分选两类。

6.4.4.2 用于建筑材料

（1）制取粉煤灰水泥和混凝土基本材料

由于粉煤灰的主要成分二氧化硅、氧化铝是不定型的，在常温有水的情况下，能与碱金属和碱土金属产生"凝硬反应"，使水泥、混凝土强度加强，所以粉煤灰可以作为一种优良的水泥和混凝土的掺合料使用。

（2）制取粉煤灰砖

粉煤灰可以和黏土、页岩、煤矸石分别做成不同类型的烧结砖。用粉煤灰代替部分黏土烧制的砖，其性能与普通砖相比，强度相同，而质量约轻20%，导热系数小，能改善物理性质，砖坯不易风裂，易于干燥，可减少晾坯时间和场地，可少用燃料，降低单耗，节约

6 土壤环境固体废物污染

能源。

(3) 粉煤灰在工程中回填应用

用粉煤灰替代土在建筑物的地基、桥台、挡土墙做回填,由于其容重轻,在较差的低层土上应用,可减少基土上的荷载,降低沉降量。同时粉煤灰最佳压实含水率较高,对含水率变化不敏感,抗剪强度比一般天然材料高,便于潮湿天气施工,可缩短建设工期,降低造价。

6.4.4.3 环境保护领域利用

(1) 用于烟气脱硫

粉煤灰含有氧化钙、氧化镁等碱性氧化物,水溶液呈碱性,因此可以用于烟气脱硫。在适当温度、灰/石灰比时,脱硫率可达90%。

(2) 用于污水处理

粉煤灰含有大量碳、氧化铝、二氧化硅等,比表面大、多孔,具有很好的吸附和沉降作用,另外可以利用不同pH值的粉煤灰分别处理酸性废水与碱性废水。

6.5 农业固体废物对土壤环境的污染

6.5.1 农业固体废物来源、分类及环境危害

6.5.1.1 农业固体废物来源

农业固体废物是指种植业、养殖业和农副产品加工业等生产过程中产生的固体废物。农业固体废物来源广、范围大,伴随农业生产而产生,只要从事农业生产活动,就会有农业固体废物的产生。

6.5.1.2 农业固体废物分类

农业固体废物按其成分可分为:植物纤维性废物,包括农作物秸秆、谷壳、果皮等,以及禽畜粪便两大类。

表6-27 我国主要植物纤维性废弃物的分类

类别	名称
秸秆类	棉秆、麻秆、烟秆、高粱秆、玉米秆、葵花秆、稻草、谷草、苘麻秆、油菜秆、芝麻秆、黄豆秆、蚕豆秆、豌豆秆、红苕秆、木薯秆、香蕉秆、棕榈秆、麦秆、芦苇、剑麻秆、次小杂竹
壳类	稻壳、花生壳、椰子壳、葵花籽壳、茶壳、果壳、菜籽壳
渣屑类	蔗渣、麻屑、甜菜渣、栲胶渣、麻黄渣、竹屑

注:引自张颖,2005。

农业固体废物按来源可分为:第一性生产废弃物,第二性生产废弃物,农副产品加工后的剩余物,农村居民生活废弃物(包括人畜粪便与农村生活垃圾)。

第一性生产废弃物主要是指农田和果园残留物,如作物秸秆、枯枝落叶等,是农业废弃物中最主要的废弃物。

第二性生产废弃物主要是指畜禽粪便和栏圈垫物等。我国目前全国畜的年排泄量约

$27.5×10^8$ t，禽的排泄量约 $1.3×10^8$ t，全年畜禽总产粪量约为 $36.4×10^8$ t。第二性生产废弃物大多富含有机质和 N、P、K 等元素。

农副产品加工后的废物，主要来源于作物残体、畜产废弃物、林产废弃物、渔业废弃物和食品加工废弃物。

农村居民生活废弃物（包括人畜粪便与农村生活垃圾），农村生活垃圾在组成与性质上与城市生活垃圾相似，只是组成比例有所区别。农村生活垃圾有机物含量多、水分大，同时掺杂化肥、农药等，危害性大于城市生活垃圾。

6.5.1.3 农业固体废物的环境危害

（1）污染土壤

农业固体废物种类繁多，且得不到妥善处置，只能堆积在农田中，不仅占用大量耕地，更严重的是部分农业固体废物会导致土壤的污染与破坏。地膜覆盖可以提高农作物产量，但由于地膜回收不利，大量地膜残留在土壤中，导致土壤结构、通透性等发生改变，使土壤水分流动受到阻碍，同时不利于土壤空气的循环和交换，致使土壤中 CO_2 含量过高，影响土壤微生物活动。禽畜粪便含有部分重金属、激素类物质，农田施用后会导致土壤重金属污染。

（2）污染水体

农业固体废物随天然降水或地表径流进入河流、湖泊，或随风飘散落入河流、湖泊污染水体，甚至渗入土壤，污染地下水。研究表明，畜禽粪水约有 50% 进入地表水体，粪便的流失率也达到 5%~9%（表 6-28），由于禽畜粪便携带大量病原菌，进入水体后不仅直接污染水体，还会通过水体导致人类疾病的传播。

表 6-28 畜禽粪便流失率   %

项　目	牛　粪	猪　粪	羊　粪	家畜粪	牛猪尿
COD	6.16	5.58	5.50	8.59	50
BOD	4.87	6.14	6.70	6.78	50
NH_3-N	2.22	3.04	4.10	4.15	50
TP	5.50	5.25	5.20	8.42	50
TN	5.68	5.34	5.30	8.47	50

注：引自席北斗，2006。

（3）污染大气

禽畜排泄出的粪便含有 NH_3、H_2S、胺等气体，另外粪尿中含有的大量未被消化的有机物，在无氧条件下分解为氨、乙烯醇、二甲基硫醚、硫化氢、甲胺、三甲胺等恶臭气体，污染大气环境。国际上许多发达国家都对恶臭气体的排放有严格的规定，如日本在恶臭法中确定了 8 种恶臭气体，其中氨、硫化氢、甲基硫醇、二甲硫、二硫化甲基、三甲胺等 6 种与畜禽粪便有关。我国于 1993 年颁布了《恶臭污染物排放标准》（表 6-29）。同时牛、羊等反刍动物，生活过程中会产生大量的 CH_4、CO_2 等温室气体，有资料显示，反刍动物产生的甲烷气体占大气甲烷气体的 1/5。农民为方便田间耕作，到麦收和秋收时节大范围焚烧秸秆，产生大量烟雾，污染空气质量，同时威胁飞机飞行安全。

6 土壤环境固体废物污染

表 6-29 恶臭污染物排放标准

控制项目	排气筒高度（m）	排放量（kg/h）	厂界标准一至三级（mg/m³）
硫化氢	15~60	0.33~5.2	0.03~0.6
甲硫醇	15~60	0.04~0.69	0.004~0.035
甲硫醚	15~60	0.33~5.2	0.03~1.1
二甲二硫醚	15~60	0.43~7.0	0.03~0.71
二硫化碳	15~60	1.5~25	2.0~10
氨	15~60	4.9~75	1.0~5.0
三甲胺	15~60	0.54~8.7	0.05~0.8
苯乙烯	15~60	6.5~104	3.0~19

注：引自席北斗，2006。

6.5.2 农作物秸秆的土壤环境效应

6.5.2.1 农作物秸秆概况

作物秸秆通常指小麦、水稻、玉米、薯类、油料、棉花、甘蔗和其他农作物收获籽实后的废弃物。农作物秸秆作为物质、能量和养分的载体，是一种宝贵的自然资源。

农作物秸秆是世界上数量最多的农业产品生产副产物，据联合国环境规划署的统计，全球每年可产生 20×10^8 t 各种农作物秸秆，我国是世界上最大的农业国家，作物秸秆资源非常丰富，目前仅重要的作物秸秆就有近 20 种，且产量巨大。2002 年，我国各类农作物秸秆的资源量及分布情况见表 6-30。

表 6-30 2002 年中国主要农作物秸秆产量

作物	秸秆量（×10⁶ t）	占秸秆总量（%）	作物	秸秆量（×10⁶ t）	占秸秆总量（%）
水稻	169.30	28.11	花生	22.53	3.74
小麦	93.00	15.44	油菜	31.65	5.26
玉米	166.19	27.60	芝麻	0.58	0.10
高粱	4.08	0.68	向日葵	1.06	0.18
谷子	3.05	0.51	棉花	14.76	2.45
其他杂粮	11.20	1.86	麻类	1.63	0.27
大豆	38.32	6.36	甘蔗	22.53	3.74
薯类	22.36	3.71	合计	602.24	

6.5.2.2 农作物秸秆的利用

（1）农作物秸秆的成分

作物秸秆是一种有用的资源，碳平均含量为 44%，氮平均含量为 0.65%，磷平均含量为 0.25%，除此之外，秸秆还含有粗蛋白、粗脂肪、灰分和其他成分（表 6-31）。

表 6-31 秸秆的成分组成（干物质） %

秸秆	水分	粗蛋白	粗脂肪	粗纤维	无氮浸出物	粗灰分	钙	磷
稻草	6	4.8	1.4	34.8	39.8	12.8	0.65	0.20
麦秸	13.5	4.4	1.5	36.7	36.9	6.8	0.32	0.08
玉米秸	5.5	5.7	1.6	29.3	51.3	6.6	微量	微量
大豆秸	6.8	6.9	2.0	38.8	39.7	4.2	1.04	0.15

注：引自陈昆柏，2005。

(2) 农作物秸秆的利用

农作物秸秆不仅含有植物生长所需的各种营养成分，同时含有丰富的有机物。既可以作为饲料资源，又可作为土壤有机质的来源。秸秆资源化潜能巨大，但目前我国秸秆的利用率仅为33%左右，其中经过技术处理的仅占2.6%左右，主要的利用途径为秸秆还田、能源利用、饲料利用。

秸秆还田 秸秆还田分为：直接还田、间接还田、利用生化腐熟快速还田。

秸秆能源化利用 秸秆能源化利用分为：制取酒精、制备秸秆生物质压缩燃料、制取秸秆木炭等。

秸秆饲料化利用 秸秆饲料化利用方法主要为：物理处理（粉碎软化、热喷处理等）、化学处理（碱化处理、氨化处理等）、生物处理（青贮技术、微贮技术）。

6.5.2.3 秸秆土壤环境效应

秸秆富含有机质以及氮、磷、钾、钙、镁、硫等成分，如表 6-32 所示，因此，秸秆是一种有用的有机肥，通过秸秆还田可以充分利用秸秆的可用成分，促进农业生产可持续发展。美国每年产生 4.5×10^8 t 秸秆，其中有 68% 用于还田，英国秸秆还田比例更高达 73%。

表 6-32 几种作物秸秆中的元素成分质量分数　　　　　　　　　　　　%

种类	N	P	K	Ca	Mg	Mn	Si
水稻	0.60	0.009	1.00	0.14	0.12	0.02	7.99
小麦	0.50	0.03	0.73	0.14	0.02	0.003	3.95
大豆	1.93	0.03	1.55	0.84	0.07	—	—
油菜	0.52	0.03	0.65	0.42	0.05	0.004	0.18

注：引自王洪涛，2006。

① 秸秆还田可增加土壤有机质和速效养分含量，缓解土壤氮、磷、钾比例失调矛盾。每公顷土地一年还田鲜玉米秸秆 18.75 t，相当于 60 t 土杂肥的有机质含量，含氮、磷、钾量则相当于 281.25 kg 碳铵、150 kg 过磷酸钙和 104.75 kg 硫酸钾。

② 秸秆还田可改善土壤物理结构。由于秸秆腐烂后形成腐殖质，不仅可提供养分，同时还降低了土壤的容重，增加土壤孔隙度，使土质疏松，通透性提高，既利于水分的涵养，也使犁耕比阻降低。表 6-33、表 6-34 为秸秆还田对土壤容重、孔隙度的改善情况。

表 6-33 长期秸秆还田对耕层土壤容重的影响　　　　　　单位：g/cm³

测定年份（年）	容重		
	秸秆	N、P、K	N、P、K+秸秆
1996	1.24	1.24	1.24
2000	1.12	1.30	1.15
2004	1.01	1.01	1.01
2008	0.90	0.97	0.87
2008 年与 1996 年测定下降量	0.34	0.27	0.37

表 6-34　秸秆还田对土壤总孔隙度的影响

测定年份（年）	土壤总孔隙度（%）		
	秸秆	N、P、K	N、P、K+秸秆
1996	41.71	41.71	41.71
2008	52.75	47.33	51.49
2008 年与 1996 年两次测定增加量	11.04	5.62	9.78

③ 秸秆还田为土壤微生物提供足够的碳源，促进土壤微生物的生长、繁殖，提高生物活性。

④ 秸秆还田使土壤抗旱保墒。秸秆覆盖在土壤表面，可缓冲雨水对土壤的冲刷侵蚀，抑制杂草生长，旱季可减少土壤水分的挥发，保持土壤含水量。

⑤ 秸秆还田可以减少土壤病虫害数量。由于还田搅动土壤表土，改变土壤的结构、理化性能，破坏了寄生在土壤底层的地下害虫环境，使其生长、繁殖受到抑制。据研究秸秆还田可使玉米螟虫的危害降低 50%。

6.5.3　畜禽粪便对土壤环境的影响

6.5.3.1　畜禽粪便概况

近年来，我国集约化畜禽养殖业迅猛发展，综合生产能力显著提高，产生了巨大的社会效益与经济效益。随着畜禽养殖由传统小规模向规模化、工厂化方向发展，畜禽粪便的产生量也急剧增加。资料显示，年出栏 1×10^4 头育肥猪的猪场，每天排放粪污可达 100~150 t；而饲养量为 1000 头的奶牛场，年产粪尿约 1.1×10^4 t，1 个 20×10^4 只蛋鸡的鸡场，每天产粪近 20 t。畜禽养殖废弃物排放可产生以下分解产物。

有机物　以综合有机指标体现的物质，如碳水化合物、蛋白质、有机酸、醇类等，用生化需氧量（BOD）、化学需氧量（COD）等表示，如表 6-35 所示。

表 6-35　各种类型畜禽粪便 COD、BOD、NH_3-N 含量　　　　　　　　　　　　单位：kg/t

种类		COD	BOD	NH_3-N
牛	粪	31.0	24.5	1.71
	尿	6.0	4.0	3.47
猪	粪	52.0	57.0	3.08
	尿	9.0	5.0	1.43
羊	粪	4.63	4.10	0.80
	尿	—	—	—
鸡粪		45.0	47.9	4.78
鸭粪		46.3	30.0	0.80

注：引自席北斗，2006。

恶臭　以刺激性臭气体现的物质，包括氨、硫化氢、挥发性脂肪酸、酚类、醛类、胺类、硫醇类等。

微生物　主要是各种病原菌、细菌等，见表 6-36。

表 6-36　粪便中含有的病原微生物

畜禽粪便	病原微生物
鸡粪	丹毒杆菌、李氏杆菌、禽结核杆菌、白色念珠菌、梭菌、棒状杆菌、金黄色葡萄球菌、沙门菌、烟曲霉、鸡新城疫病毒、缨鹅病毒等
猪粪	猪霍乱沙门菌、猪伤寒沙门菌、猪巴氏杆菌、猪布氏杆菌、绿脓杆菌、李氏杆菌、猪丹毒杆菌、化脓棒状杆菌、猪链球菌、猪瘟病毒、猪水泡病毒等
兔粪	沙门菌、坏死杆菌、巴氏杆菌、李氏杆菌、结核杆菌、伪结核巴氏杆菌、痢疾杆菌、兔瘟病毒等
马粪	马放线杆菌（马肾志贺杆菌）、沙门菌、马棒状杆菌、李氏杆菌、坏死杆菌、马巴氏杆菌、马腺疫链球菌、马流感病毒、马隐球菌等
牛粪	魏氏梭菌、牛流产布氏杆菌、绿脓杆菌、坏死杆菌、化脓棒状杆菌、副结核分枝杆菌、金黄色葡萄球菌、无乳链球菌、牛疱疹病毒、牛放线菌、伊氏放线菌等
羊粪	羊布氏杆菌、炭疽杆菌、破伤风梭菌、沙门菌、腐败梭菌、绵羊棒状杆菌、羊链球菌、肠球菌、魏氏梭菌、口蹄疫病毒、羊痘病毒等

添加物　包括饲料添加剂（激素、抗生素等），圈舍消毒剂。

6.5.3.2　畜禽粪便的利用

禽畜粪便自身含有的物质，使它既是污染环境的污染源，同时又是可利用的物质资源。通过合理、科学的方法对畜禽粪便进行处理，可以实现污染治理与资源利用的双重目的。

目前我国对畜禽粪便的利用主要在能源化、肥料化、饲料化 3 方面。

（1）能源化

直接焚烧产热　由于畜禽粪便中碳、氢含量丰富，具有很好的燃烧特性，其作为能源的价值非常可观。干粪直接燃烧产热仅适合于草原地区牛、马粪便的处理。

制作沼气　畜禽粪便中含有大量的能量，可通过厌氧发酵产生沼气，进而加以利用。产沼气是综合利用畜禽粪便、防治环境污染和开发新能源的有效途径，但是沼气产生易受温度、季节、环境和原材料影响。

（2）饲料化

干燥处理法　干燥处理是利用太阳能、热能等对畜禽粪便进行加工处理的方法。该法投资小、易操作、成本低。目前有自然干燥法、快速干燥法、烘干法等。

青贮法　青贮法是在厌氧条件下，利用乳酸菌等微生物处理禽畜粪便的方法。此法不但简单易行，而且可提高饲料吸收率，防止蛋白质损失。

发酵法　畜禽粪便发酵方法较多，常用的有自然发酵和堆积发酵。

生物分解法　利用蝇蛆、蚯蚓等分解畜禽粪便的方法。生物分解法既提供了动物蛋白又处理了畜禽粪便，不仅经济、实惠，而且生态效益显著。

（3）肥料化

堆肥法　堆肥技术是利用好氧微生物把有机物降解、转换成腐殖质的生化处理过程。

干燥法　如果是为了进行肥料利用，畜禽粪便干燥的要求相对于饲料化要简单一些，肥料干燥只需降低粪便水分含量，利于保存、运输即可。

6.5.3.3　畜禽粪便对土壤环境的影响

由于畜禽粪便中含有大量的有机质及丰富的氮、磷、钾等营养物质（表 6-37），自古以来一直被作为农业生产的有机肥施用。

6 土壤环境固体废物污染

表 6-37　动物粪便中矿物质元素含量

粪便	Ca（%）	P（%）	Mg（%）	Na（%）	K（%）	Fe（mg/kg）	Cu（mg/kg）	Mn（mg/kg）	Zn（mg/kg）
肉鸡粪	2.4	1.8	0.44	0.54	1.78	451	98	225	235
笼养蛋鸡粪	8.8	2.5	0.67	0.94	2.33	2000	150	406	463
牛粪	0.87	1.6	0.4	0.11	0.5	1340	31	147	242
猪粪	2.5	1.6	0.08	0.26	1.00	455	455	177	569

注：引自王洪涛，2006。

（1）有利方面

对于小规模、分散的饲养场产生的畜禽粪便可以就近还田，增加土壤有机质、有效磷、速效钾含量，调节土壤 pH 值等（表 6-38）。例如，将全年产生的 4×10^8 t 猪粪尿充分利用起来，按正常施肥量可解决全国 1/10 的农田用肥，对增加我国种植业的施肥量及减少化肥的用量将有很大的作用。

表 6-38　施用鸡粪对土壤 pH 值与养分含量的影响

处理	pH 值		有机质（%）		全氮（%）		有效磷（mg/kg）		速效磷（mg/kg）	
	潮土	红壤	潮土	红壤	潮土	红壤	潮土	红壤	潮土	红壤
CK	8.14	4.95	1.22	1.33	0.11	0.13	9.6	51.3	116.5	107.1
处理 1	8.24	6.05	1.79	2.55	0.13	0.16	44	60.1	381.8	546.7
处理 2	8.04	6.50	3.21	3.04	0.19	0.20	79.1	74.9	1 094.0	1 066.0
处理 3	7.86	6.83	4.80	5.22	0.28	0.21	80.0	90.1	1 693.0	1 437.0

注：处理 1 为加入风干实验土壤质量 5% 的鸡粪，处理 2 加入 10%，处理 3 加入 15%。

（2）不利方面

如果大量施用未经处理的畜禽粪肥，则会带来一系列的环境问题。

土壤结构破坏　畜禽粪便中含有大量的钠盐和钾盐，如果直接将未经处理的粪肥用于农田，过量的钠和钾通过反聚作用而造成某些土壤的微孔减少，破坏土壤结构，导致土壤空隙堵塞，造成土壤透气性、透水性下降以及土壤板结，进而使作物倒伏、晚熟或不熟，造成减产。

造成 N、P 污染　N、P 是农作物生长的必需元素，但是如果粪肥不加控制地大量施用，反而起不到营养的效应。过多施用粪肥，使土壤中 N、P 含量过高，作物"疯长"，使产品质量下降，产量减少。根据上海市农业科学院对上海近郊 207 个乡和 15 个农场的粪肥施用情况调查，约有 27.3% 的施用地区畜禽粪便负荷量超出了环境的消化能力，对环境构成威胁。

土壤重金属污染　随着集约化养殖的发展和人民生活水平的提高，禽畜粪尿的成分已发生明显变化。李书田调查结果表明，与 20 世纪 90 年代相比，现在的鸡粪、猪粪、牛粪中氮素含量变化不大，但磷和钾含量明显增加，铜和锌含量在猪粪和鸡粪中增加尤为明显，最大增加幅度达到 12 倍。资料显示有些鸡粪的砷含量已经超过污泥农用标准，达 41 mg/kg，农用可能对作物和土壤造成危害。不少研究认为长期施用畜禽粪尿会导致铜、锌和铅等重金属在土壤中的累积。Mitchell 等报道在美国阿拉巴马州农田因长期施用鸡粪，铜、锌含量已经积累到毒害水平。

寄生虫卵与病原菌污染 土壤对各种病原菌有一定的自净能力，但速度较为缓慢，而且有些微生物还可以生成芽孢，增加净化难度。由于畜禽粪便含有大量寄生虫卵及病原菌（表6-37），因此畜禽粪便未经处理进入土壤，可能导致微生物污染。

表6-37 畜禽粪便中的寄生虫

畜禽粪便	寄生虫
猪粪	猪蛔虫、蓝氏类圆线虫、粪类圆线虫、萨氏后圆线虫、猪球首线虫（钩虫）等
鸡粪	鸡蛔虫、鸡类圆线虫、鸡胃虫、前殖吸虫、吮吸科孟氏尖旋线虫、鸡球虫等
牛粪	牛新蛔虫、牛钩虫、牛胃虫、曲子宫绦虫、牛囊虫、牛胎毛滴虫、牛球虫等
马粪	马副蛔虫、马尖尾纤虫、无齿阿尔夫线虫、叶状裸头绦虫、马肉孢子虫等
羊粪	羊夏伯特线虫、羊小袋纤毛虫、贝氏莫尼氏绦虫、肝片吸虫、日本血吸虫等
兔粪	兔豆状囊尾蚴、兔蛲虫、兔圆形似回线虫、兔毛首线虫、兔美丽筒线虫等

注：引自席北斗，2006。

6.5.3.4 畜禽粪便土地利用风险控制

（1）施用时间

过早施肥会导致部分元素挥发、径流，降低肥效，因此需适时施肥。由于春季万物复苏，正是需要大量应用营养物质的时候，此时施肥可以使粪肥达到最大功效，夏季适合对小谷物残耕地、无作物田地和少使用的牧草地施肥，秋季与冬季则不适合施肥，否则会导致粪肥的浪费与流失。

（2）施用方式

畜禽粪便土地施用方式主要有土壤表面施肥、与土壤混合施肥、潜入土壤中施肥。如果粪便简单施用于土壤表面，则粪便中大量不稳定的有机氮将会被矿化以氨气的形式挥发损失，特别是在冻土或雪覆盖的土壤上，会由于径流导致水体污染。把粪肥混入土壤中，可以增加可供吸收的氨，并且能减少污染。

（3）施用量

粪便施用量是根据作物所需氮肥为标准，过度提供营养物质不仅是资源的浪费，而且氮、磷等过度堆积，会造成植物减产，以及氮、磷流失引起水体富营养化。因此，应该根据土壤中现有残留营养物和计算作物所需的营养物，两者之差就是理论上所需的肥量。根据上海市农业科学院的调查研究，在一般条件下，畜禽粪便的施用量（猪粪当量有机肥）在菜地应控制在 600 t/(hm^2 · a)，粮棉瓜果地应控制在 42 t/(hm^2 · a)，纯粮地应控制在 24 t/(hm^2 · a)。

6.5.4 塑料薄膜对土壤环境的影响

6.5.4.1 塑料薄膜农业使用概况

我国从20世纪60年代开始采用塑料薄膜技术覆盖秧苗，后用于温室大棚蔬菜种植，到70年代普遍推广覆盖地膜种植栽培技术，使得塑料薄膜在农业行业得到广泛应用。

我国目前使用的塑料制品可降解性差，其相对分子量在20 000以上，只有相对分子量降为2 000以下时，才能被自然界中微生物所利用，而这一过程至少需要200年。另外，农膜回收力度不大，人工机械清理残膜研制技术落后，现有清膜机械回收效果不理想，清理不彻底，造成农膜残留。

塑料薄膜残留位置、残留量与耕作方法、种植物种、使用年限、膜种类等有密切关系。齐小娟等研究表明，土壤中残膜集中分布在0～10 cm，一般要占残留地膜的2/3左右，其余则分布在20～30 cm，再往下基本没有分布。马辉等研究表明，0～10 cm土层中残膜的片数占总量的58.5%～76.4%，10～20 cm土层中残膜的片数占总数的22.3%～35.1%，20～30 cm土层中残膜的片数占总数的1.3%～6.4%。塑料薄膜在大棚使用残留率为3.06 kg/hm²，残留率为1.3%；地膜残留率为10.5 kg/hm²，残留率为12.3%。据有关部门多年的调查显示，玉米地地膜使用量为每公顷每年45 kg，使用1年，每公顷残留地膜26.85 kg；连续使用3年，每公顷残留地膜32.85 kg；连续使用5年，每公顷残留地膜42.45 kg；连续使用8年，每公顷残留地膜86.10 kg，平均每年每公顷残留地膜10.76 kg，残留率23.9%。花生地每年每公顷使用地膜105 kg，使用1年，每公顷残留地膜77.5 kg；连续使用3年，每公顷残留地膜112.5 kg；连续使用5年，每公顷残留地膜140.1 kg，平均每年每公顷残留地膜28.02 kg，残留率为26.7%。调查显示不同地区残留量也不相同，北京、上海等大城市郊区每公顷残留地膜90～135 kg，在一些中小城市郊区每公顷残留地膜45～70 kg。

6.5.4.2 农膜残留对环境的影响

塑料薄膜的使用对我国农业经济起到积极的促进作用，但近年来在农业生产中塑料薄膜的使用越来越多、越来越广，对环境带来了一系列影响。

（1）使土壤环境恶化

农田里的废农膜、塑料袋长期残留在土壤中，影响土壤的透气性、阻碍土壤水分流动等。

（2）影响农作物生长发育

残膜在土壤中破坏了农田的生态环境，形成阻隔带（层），影响种子发芽、出苗，造成烂种、烂芽，使幼苗黄瘦甚至死亡。据新疆生产建设兵团研究，连续覆膜3～5年的土壤，种小麦产量下降2%～3%，种玉米产量下降10%左右，种棉花产量则下降10%～23%。据黑龙江农垦局研究，土壤中残膜含量为58.5 kg/hm²时，可使玉米减产11%～23%，小麦减产9.0%～16.0%，大豆减产5.5%～9.0%，蔬菜减产14.6%～59.2%。

（3）影响牲畜安全

残膜与牧草收混在一起时，牛羊误吃残膜后，阻隔食道影响消化，甚至死亡。

（4）影响农村环境景观

残膜弃于田边、地头、水渠、林带中，大风刮过后，残膜被吹至田间、树梢，影响农村环境景观，造成视觉污染。

6.5.4.3 塑料薄膜对土壤环境的影响

第一，残膜的阻隔性影响农田耕作层土壤的物理性质，破坏土壤的结构和通透性，阻断土壤的毛细作用（表6-38）。由于残膜的存在改变了或切断了土壤空隙的连续性，增大空隙的弯曲性，使重力水移动时产生较大阻力，重力水移动缓慢，从而使水分渗透减少、减缓，使农田多余的雨水不能向土壤深层渗透，同时土壤深层的水分也不能上升补充地表，使土壤丧失抗旱防涝的自调能力，甚至导致地下水难下渗，引起土壤次生盐碱化等严重后果。解红娥等的研究结果表明，水分下渗速度（y）随着残膜量（x）的增加呈对数递减，回归方程为：$y=3.3675-0.4466\lg(x+1)$。水分上移速度随着残膜量（x）的增加呈对数递减，回归方程为：$y=1.513-0.354\lg(x+1)$。

表 6-38 地膜残留对土壤物理性状的影响

残留量（kg/hm²）	含水量（%）	容重（g/m³）	相对密度	孔隙度（%）
0	16.2	1.21	2.58	53.0
37.5	15.5	1.24	2.60	52.4
75.0	15.9	1.29	2.61	50.5
150.0	14.7	1.36	2.65	48.6
225.0	14.3	1.43	2.63	45.7
300.0	14.5	1.54	2.67	42.3
375.0	14.4	1.62	2.66	39.2
400.0	14.2	1.84	2.70	35.7

第二，塑料薄膜残留使土壤水分移动受到影响，进而影响到土壤的含水量。有研究表明当每公顷土壤残留地膜分别为 0、150、300、450、600 kg 时，相应土壤含水率为 26.0%、24.3%、21.3%、20.0%、17.0%，随着残留薄膜的增多，土壤的含水量下降。

第三，残留地膜可使土壤容重增加。研究表明土壤容重（y）与地膜残留量（x）呈对数递增关系，回归方程为：$y=0.9682+0.0096\ln(x+1)$。

第四，塑料农膜（PVC 膜）含有增塑剂、稳定剂、添加剂等各种化学药品，残留在土壤中会影响土壤的化学性质，妨碍肥效，同时农膜稳定剂中的重金属盐类，如 Pb、Cd、Zn、Ba、Sn 等会通过残膜的积累造成土壤重金属污染。

第五，残膜造成灌水不均匀和养分分配不均，土壤通气性能降低，影响土壤微生物活动及土壤中有益昆虫的生存条件，使土壤的良性循环被破坏。

6.5.5 农业固体废物的处理与处置

农业固体废物占一次能源总量的 33%，而我国又是农业大国，农业固体废物是仅次于煤炭的第二大能源资源，但由于受思想意识、技术方法、经济等条件限制，大量的农业废物通过填埋、焚烧的方式进行处置，不仅占用土地、污染环境，而且造成资源的巨大浪费。

由于现代工业的发展，化石能源的大量开采导致能源危机，人们对生物质能利用开始加以重视，并逐渐加大开发利用力度，发达国家对于生物质能转化处于领先阶段，美国、奥地利、瑞典等国家利用农业废物产生的能源已占其能源利用的 4%、10%、16%。

近年来我国在农业固体废物资源化利用方面取得了长足进步，其资源化利用主要体现在：饲料化、能源化、肥料化 3 方面（图 6-5）。面对资源的不断消耗，我们应本着"珍惜资源，有用勿弃"的原则，开展更加深入的研究，开发出更加经济、简便、污染少或无二次污染的工艺技术，形成一种多层次多途径的利用方式，实现农业固体废物的"零排放"，使经济效益、环境效益和社会效益最大限度的统一，促进农业经济的持续稳定协调发展。

6 土壤环境固体废物污染

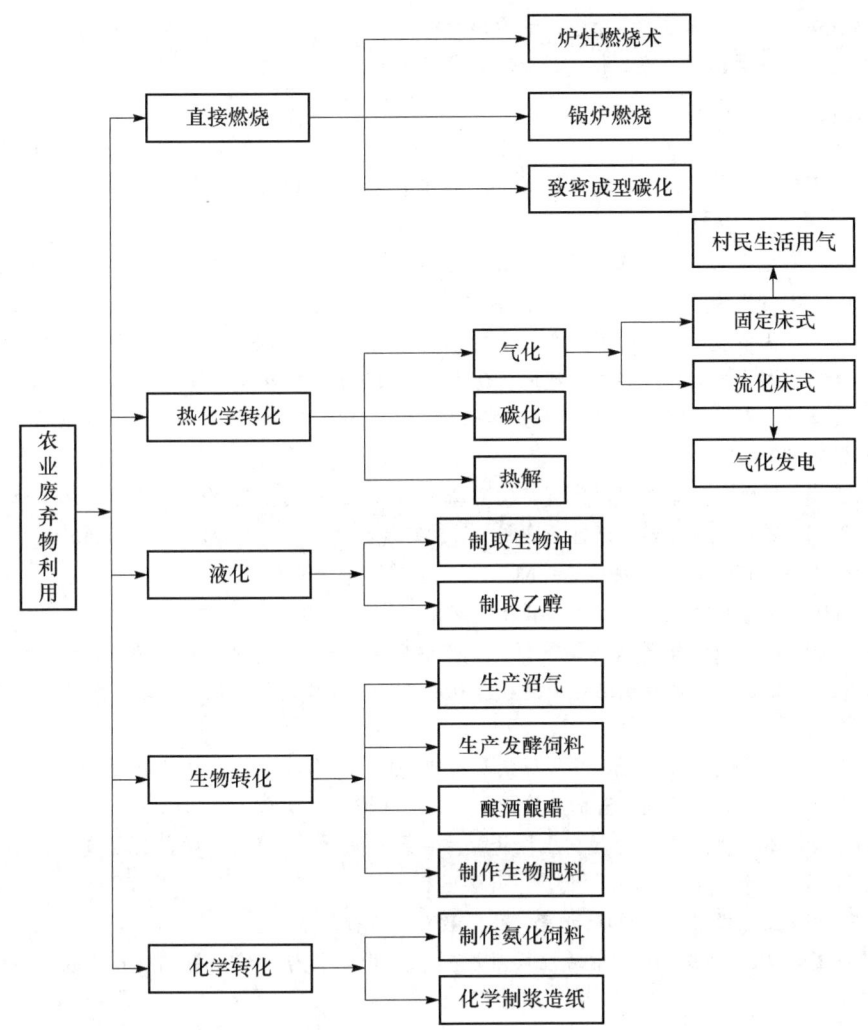

图 6-5　农业废弃物处理方式（引自张全国，2006）

思考题

1. 怎样理解固体废物的不同定义？
2. 固体废物的特点、分类？
3. 阐述固体废物对环境的影响？
4. 阐述城市生活垃圾对土壤环境的影响。
5. 阐述污泥土地施用的利与弊。
6. 如何控制污泥土地施用的环境风险？
7. 阐述粉煤灰对土壤的改良作用。
8. 分别阐述农作物秸秆、畜禽粪便、塑料薄膜对土壤环境的影响。
9. 结合所学知识、当今社会经济发展，分析今后固体废物研究的走向。

推荐读物

固体废物处置与资源化．周立祥．中国农业出版社，2007

固体废弃物能源利用. 陈勇. 华南理工大学出版社, 2002
固体废物处理与处置技术. 第2版. 彭长琪. 武汉理工大学出版社, 2009

参考文献

何品晶, 邵立明. 2004. 固体废物管理 [M]. 北京: 高等教育出版社.
徐惠忠. 2004. 固体废物资源化利用 [M]. 北京: 化学工业出版社.
王立新. 2007. 城市固体废物管理手册 [M]. 北京: 中国环境科学出版社.
宁平. 2007. 固体废物处理与处置 [M]. 北京: 高等教育出版社.
蒋建国. 2005. 固体废物处理处置工程 [M]. 北京: 化学工业出版社.
李湘洲. 2004. 国内外固体废弃物管理的新动向与对策 [J]. 粉煤灰, 16 (5): 44-47.
孙汉文, 安建华, 等. 2006. 固体废物污染状况分析与废物资源化的思考 [J]. 河北大学学报（自然科学版）, 26 (5): 506-514.
任连海, 田媛. 2009. 城市典型固体废弃物资源化工程 [M]. 北京: 化学工业出版社.
黄海林. 2003. 燕山地区生活垃圾性质分析 [J]. 环境卫生工程, 11 (3): 150-151.
林肇信, 刘天齐. 1999 环境保护概论 [M]. 北京: 高等教育出版社.
陈琨柏. 2005. 固体废物处理与处置工程学 [M]. 北京: 中国环境科学出版社.
刘一姣. 2010. 关注垃圾处理-北京迈向世界城市的环境保障 [J]. 北京规划建设, 5: 78-80.
周琨, 张记市. 2005. 昆明市生活垃圾处理与利用情况调查和评价 [J]. 中国资源综合利用, 12: 36-39.
吕瑞鹤. 2009. 垃圾焚烧在我国的发展现状及展望 [J]. 河南建材, 5: 105-106.
黄懂宁. 2000. 生活垃圾填埋处置的环境问题 [J]. 环境科学动态, 2: 34-36.
张辉, 马东升. 2001 城市生活垃圾向土壤释放重金属研究 [J]. 环境化学, 20 (1): 43-47.
陈怀满. 2005. 环境土壤学 [M]. 北京: 科学出版社.
李天杰. 1995. 土壤环境学 [M]. 北京: 高等教育出版社.
马琨, 王兆骞, 等. 2000. 城市生活垃圾堆肥对春小麦生长与土壤的影响 [J]. 农业环境保护, 19 (5): 312-314.
何谓, 衡宝林, 等. 2010. 城市垃圾中植物性垃圾分析及处理 [J]. 河北省科学院学报, 27 (1): 60-64.
洪坚平. 2005. 土壤污染与防治 [M]. 北京: 中国农业出版社.
张越. 2004. 城市生活垃圾减量化管理经济学 [M]. 北京: 化学工业出版社.
翁焕新. 2009. 污泥无害化、减量化、资源化处理新技术 [M]. 北京: 科学出版社.
吴淮, 周琳. 2010. 广州市污水污泥处理处置初步研究 [J]. 科技创新导报, 10: 128-129.
唐银健, 陈玲, 等. 2006. 施用污泥堆肥对滩涂土壤理化性质的影响 [J]. 四川环境, 25 (6): 13-16.
孙玉焕, 骆永明, 等. 2009. 长江三角洲地区污水污泥与健康安全风险研究 [J]. 土壤学报, 3: 406-411.
王艮梅, 张焕朝. 2010. 林地施用污泥对杨树生长和土壤环境的影响 [J]. 浙江林学院学报, 27 (3): 385-390.
王绍文. 2007. 城市污泥资源化利用与污水土地处理技术 [M]. 北京: 中国建筑工业出版社.
周立祥, 张雪英, 等. 2000. 苏南地区城市污泥的基本性质及农业利用效果问题与对策 [J]. 世界科技研究与发展, 22: 91-96.

杨红彩, 郑水林. 2003. 粉煤灰的性质及综合利用现状与展望 [J]. 中国非金属矿工业导刊, 4: 38-42.

黄波. 2008. 粉煤灰的经济价值与综合利用 [J]. 内蒙古科技与经济, 15: 27-29.

赵亮, 唐泽军. 2009. 粉煤灰对沙质土壤物理特性的影响 [J]. 水土保持学报, 6 (23): 178-202.

梁师英, 赵锦惠, 等. 2009. 电厂粉煤灰作为碱化土壤改良剂的风险分析 [J]. 安徽农业科学, 34 (37): 16945-16947.

卢新卫, 王峰凌, 等. 2007 宝鸡燃煤电厂粉煤灰农田施用的环境放射性评价 [J]. 农业环境科学学报, 1 (26): 273-276.

张小平. 2004 固体废物污染控制工程 [M]. 北京: 化学工业出版社.

李传统, J-DHerbell. 2008. 现代固体废物综合处理技术 [M]. 南京: 东南大学出版社.

李秀金. 2003. 固体废物工程 [M]. 北京: 中国环境科学出版社.

张颖. 2005. 农业固体废弃物资源化利用 [M]. 北京: 化学工业出版社.

王洪涛, 陆文静. 2006 农村固体废物处理处置与资源化技术 [M]. 北京: 中国环境科学出版社.

吴清清, 马军伟, 等. 2010. 鸡粪和垃圾有机肥对苋菜生长及土壤重金属积累的影响 [J]. 农业环境科学学报, 7 (29): 1302-1309.

席北斗. 2006 有机固体废弃物管理与资源化技术 [M]. 北京: 国防工业出版社.

张荣成, 李秀金. 2005. 作物秸秆能源转化技术研究进展 [J]. 现代化工, 6: 14-17.

石磊, 赵由才, 等. 2005. 我国农作物秸秆的综合利用技术进展 [J]. 中国沼气, 2 (23): 11-14.

徐祖祥. 2010. 长期秸秆还田对冬小麦产量及土壤肥力的影响 [J]. 山地农业生物学报, 1 (29): 10-13.

边炳鑫, 赵由才. 2005 农业固体废物的处理与综合利用 [M]. 北京: 化学工业出版社.

肖军, 赵景波. 2005. 农田塑料地膜污染及防治 [J]. 四川环境, 1 (24): 102-105.

张克强, 高怀友. 2004. 畜禽养殖业污染物处理与处置 [M]. 北京: 化学工业出版社.

张全国, 雷廷宙. 2006. 农业废弃物气化技术 [M]. 北京: 化学工业出版社.

7 土壤环境与农业面源污染

本章提要

农业面源污染已成为影响农村生态环境质量的重要污染源，它具有影响时空范围广，发生机理复杂等特点。化肥污染（主要指氮肥和磷肥）是最主要的农业面源污染源之一，最严重的后果就是导致了水体富营养化和地下水的污染。农业面源污染的控制首先应当从改进农业生产耕作布局、合理灌溉、合理施用化肥、农药等方面入手，此外，人工湿地技术、前置库技术是农业面源污染控制的主要工程拦截技术，都能有效地防治农业养分污染。

 土壤环境与农业面源污染

土壤不仅是农业生产的基础，还是人类赖以生存的、最重要的可再生自然资源和永恒的生产资料，是人类从事农业生产以达到自身生存繁衍和社会发展的重要物质基础，它位于自然环境的中心位置，承担着环境中大约90%的来自各方面的污染物质。近些年来，随着农业生产的发展，我国许多农业耕地的质量得到了逐步改善，农业耕地的年产出也不断增加，人们的生活需求也在不断提高，总体需求的拉动也促使农业产出增加，但因土地、水资源相对不足，为了增加单位面积的产量就必须增加对土地的投入，包括化肥、农药和农膜等的投入，一些土壤的生产功能、调节功能、自净功能和载体功能受到了严重的损害，土壤污染也日趋严重。污染物质在土壤环境中的累积、迁移和转化，严重危害土壤圈物质循环和人类的生存环境，尤其是土壤环境质量恶化，如土地荒漠化、酸化、盐碱化、土壤化学性质恶化等。农业面源污染直接导致了土壤环境的破坏，如由于长期过量而单纯施用化肥，会使土壤物理性质恶化，使土地受到污染，改变其原有用途，其中积累的过量硝酸盐、磷酸盐随水流入河、湖等水域，造成水体富营养化和地下水受到污染。

农业面源污染问题由来已久，尤其近几年呈越演越烈之势，已成为我国现代农业发展的瓶颈。目前农业面源污染已成为影响农村生态环境质量的重要污染源，其发展趋势令人担忧。事实表明，农业在自身发展中产生的污染——农业面源污染，已经同其他环境污染一起加重了我国环境的恶化，特别是水环境恶化。加强农业面源污染的研究和控制已成为保护我国水资源的一项重要任务，因此，保护土壤环境，减少农业面源污染已刻不容缓。

7.1 农业面源污染概述

7.1.1 农业面源污染定义、特点及来源

7.1.1.1 农业面源污染定义

20世纪90年代以前，人类对环境污染的控制主要集中在工业点源污染上。随着近年来人口的增加，粮食需求进一步扩大，由农业生产发展扩大而导致的农业面源污染也逐年加重，如河流、湖泊富营养化现象越来越严重，地下水也开始受到污染，土壤酸化板结，空气受到污染等，农业面源污染已经成为中国流域性水体、土壤、空气污染的重要来源。目前，农业面源污染已成为世界各国共同关注的一个严重环境问题。

农业面源污染是指在农业生产活动中，氮和磷等营养物质以有机或无机污染物质的形式，通过农田地表径流、农田排水和地下渗漏形成的水环境（包括地下水）污染，主要来源包括化肥污染、农药污染、集约化养殖场污染、农膜污染、固体废弃物污染等，而广义的来说，农业面源污染还包括了对大气、土壤、作物等造成的严重影响。

据2010年2月全国污染源普查公报，我国的农业面源污染已经非常严重，全国主要污染物排放总量中，化学需氧量3028.96×10^4 t，总磷42.32×10^4 t，总氮472.89×10^4 t。其中，农业污染源中，化学需氧量1324.09×10^4 t，总磷28.47×10^4 t，总氮270.46×10^4 t，分别占全国总量的43.71%、67.27%和57.19%。据中国科学院调查：截至2007年，全国131个主要湖泊中就有67个存在着富营养化，其中农业面源氮、磷负荷占的比例较大。太湖流域地表水中的主要污染物铵态氮和总磷中，来自于农业面源的分别占57%和39%，华

北平原地区地下水面临着严重的硝态氮污染，主要污染源就是污水灌溉和化肥的过量使用；更值得重视的是，这种趋势正在加速发展，但面源污染者对此却不以为然，因此，治理农业面源污染形势严峻。

7.1.1.2 农业面源污染特点

农业面源污染与点源污染相比，具有时空范围更大，农业生产活动的广泛性和普遍性，发生机理更加复杂，受降雨、径流等因素支配，发生时间、地点随机性，发生方式间歇性和排放方式与途径不确定性，污染负荷时空变异性，监测、模拟、量化、控制困难等特征，因此增加了农业面源污染研究、治理和管理政策制定的难度。

（1）形成过程的随机性

农业面源污染形成受降雨时间、降雨强度、温度等自然条件和人们的主观因素影响较大，因而大多数面源污染的发生具有突发性、随机性和不确定性，往往给农业生产、人类生活及生物安全带来突发性灾难，不易防范。

（2）影响因子的多样性

农业面源污染物还具有不确定性，在某个范围内，排放的多种污染物相互交叉、反应，而且排放途径各不相同且较复杂，因而产生的污染物很难确定，这就给农业面源污染重点治理和责任追究造成了很大的困难。

（3）分布区域的不确定性

农业面源污染物的分布具有不均匀性和分散性。土地利用状况、地形地貌、水文特征等不相同导致了面源污染在空间上的不均匀性。此外，污染源的分散性导致污染物排放的分散性，因此其空间位置和涉及范围也不易确定。

（4）污染的滞后性

农田中农药和化肥施用造成的污染，一般在降雨时才对水环境产生影响，若施用化肥即遇到降雨，造成的面源污染将会十分严重。农药和化肥在农田存在的时间长短决定面源污染形成的滞后性的长短，通常，一次农药或化肥的使用所造成的农业面源污染影响将是长期的。

（5）监测的艰难性

由于农业面源污染的随机性，污染物的不确定性，以及不同条件下污染物的迁移转化，对某一种污染物进行识别和监测是很难实现的。

7.1.1.3 农业面源污染的来源

农业面源污染物主要来自土壤圈中的农业化学物质，其形成、迁移过程实质上是污染物从土壤圈向其他圈层尤其是水圈扩散的过程。农业面源污染的来源主要包括：

（1）化肥污染

化肥对农业的贡献是无可争议的，合理施用化学肥料对提高农作物单位面积产量和不断提高土壤肥力起着重要作用。我国是化肥使用大国，但化肥的利用率平均只有30%～35%，即每年有逾 $1\,000 \times 10^4$ t 的化肥流入水体中。在氮、磷、钾 3 种传统化肥中，磷肥的施用量较大，但利用率最低，如美国磷肥的利用率为 30%～50%，日本为 50%～60%。我国的磷肥平均利用率为 16%，磷肥施入土壤后，在 2 个月内，有 65% 以上的磷变成不溶性磷，主要是难溶性的 Ca-P、Al-P、Fe-P 的形成，通过径流等途径而流失进入水体。在小麦田间，土壤上部对肥料氮的回收率为20%～70%，多在45%～50%，肥料氮的损失为4%～38%，土壤残留为3%～72%；在水稻田间，平均施用氮肥为141 kg/hm^2（以N计），稻田排水中有20%～25%是当季施用的氮素化肥。随着进入环境中氮、磷营养物质的增多，直接造成了水环境污染，最严重的后果就是水体富营养化；另外一个严重后果就是污染地下水，化肥除地表流失外，还会随水流失，化肥中的硝酸盐和亚硝酸盐透过土层经淋洗损失进入地下水，硝酸盐的过量摄入将导致人体缺氧而易患高铁血红蛋白症，这种病对婴幼儿的危害最大。

长期大量使用化肥还对土壤的退化有明显的影响，大量氮肥的使用还加快了土壤中有机碳的消耗，降低有机质的活性和土壤的供氮能力。大量施用磷肥，还会引起地下水中镉离子等的升高；大量使用钾肥，使得地下水化学类型变得更复杂化。此外，化肥中还含有重金属、放射性元素以及其他有害物质，造成土壤污染和生物危害。化肥和农药的过量施用使许多有害物质进入土壤，必然使土壤质量下降，致使土壤变碱或变酸、板结，很大程度上削弱土壤或肥料中其他营养元素效应。

化肥对大气的污染主要是氮肥分解成氨气与反硝化过程中生成的NO_2造成的。氮素肥料在反硝化作用下，形成氮气和氧化亚氮，释放到空气中去，氧化亚氮不易溶于水，可使臭氧层发生破坏，从而造成气候异常，导致了大面积的自然灾害。

(2) 农药污染

从20世纪50年代初，我国农药生产有了很大的发展，现已形成多品种、门类较齐全的新格局，我国农药年产量$50×10^4$ t，成为世界第二大农药生产国，与此同时，农药的使用量也逐渐增加，2003年达到$13.3×10^8$ kg，我国农药使用量已居世界第一。据对农药的施用及污染情况调查，当前农药施用品种较多、乱、杂，约有30个品种，许多被禁止的农药依然在施用，不仅对环境造成损害，而且导致了在食品中的有害残留。我国农药的过量施用在水稻生产中达40%，在棉花生产中超过了50%，施用农药中杀虫杀螨剂占62%，杀菌剂占21%，除草剂占17%，而农药的利用率只有30%左右，所以70%以上的农药散失于环境之中，严重影响了农业生态环境。

随着使用量和使用年数的增加，农药对土壤、水产生了许多不良影响。大多数农药以喷雾剂的形式喷洒于农作物上，其中只有10%左右药剂附着在作物体上，而大部分喷洒于空气中，施药时部分农药落入土中，附着在作物上的农药也因风吹雨打渗入土中，大气中农药又降落至土壤中，使土壤中农药残留量及衍生物含量大大增加，严重污染了土壤，土壤的物理性状也发生了改变，造成土壤结构板结、酸化，导致土壤退化、农作物产量和品质下降，长期受农药污染的土壤养分（P_2O_5、全氮、全钾）随污染程度的加重而减少。同时，残留还造成重金属污染，土壤一旦遭受重金属污染将很难恢复。土壤中农药又被灌溉水、雨水冲刷到江河湖海中，污染了水源。一般情况下，水体中农药污染范围较小，但随着农药的迁移扩散，污染范围会逐渐扩大。农药除污染地表水体以外，还可使地下水源遭受严重污染，不同水体遭受农药污染的程度依次为：农田水＞河流水＞自来水＞深层地下水＞海水。

除此以外，残留农药会随着大气的运动而扩散，使污染范围不断扩大。如有机氯农药，进入到大气层后传播到很远的地方，对其他地区的作物和人体健康造成危害。

(3) 农膜污染

在我国农村，广泛应用的地膜覆盖技术对提高作物产量起到了很大的作用，但是由于缺乏有力的旧地膜回收措施，造成旧地膜在土壤中的残留量逐年增加，对土壤环境造成了严重污染。近年来，塑料地膜的使用量不断增加，农膜污染已成为农田污染的主要来源之一。据统计，我国农膜年残留量高达 35×10^4 t，残膜率达 42%，有近一半的农膜残留在土壤中；覆膜 5 年的农田农膜残留量可达到 78 kg/hm^2，目前我国有 670×10^4 hm^2 覆盖地膜的农田污染状况日趋严重。这些塑料薄膜，大部分以高压聚乙烯或聚氯乙烯为材料，这些塑料薄膜是一种不能被微生物分解的材料，埋在土里经久不烂，残存的农膜碎片日益积累，在田头、地角、房前、屋后、溪边和树上，随处可见，影响村容村貌，严重污染农村环境，长此下去也会破坏土壤肥效、污染地下水等。若牲畜吃了塑料膜，会引起牲畜的消化道疾病，甚至死亡。

(4) 养殖场畜禽粪便污染

改革开放以来，中国畜禽养殖业得到迅速发展，各地在城镇郊区、农村建立了大批养殖场，原先农村的分散养殖变成了集中养殖，农民的收入也得到了明显提高。但是，由此产生的环境污染也十分严重，由于部分农村畜禽养殖场存在设施简陋、管理不善的情况，由此带来了畜禽粪便废弃物的随处排放以及环境污染问题。集约化养殖场粪便污染物中含有大量的氮、磷、有机悬浮物及致病菌，并且还会给许多病菌和传播病菌的虫、蚊、蝇等有害昆虫创造滋生的环境，畜禽粪便污染物中的有毒、有害成分还可通过土壤迁移到地下水中，造成地下水不可逆转的污染，使其失去使用价值，直接影响人类的健康与生活。未经处理的畜禽粪便长期大量排放，不仅引起城市郊区空气、土壤的污染，个别地区还造成人畜共患病的发生，还会给人们的精神和健康带来不良的影响，而且导致水体和大气的污染，目前已成为我国江河湖泊富营养化的主要污染源之一。

(5) 农业废弃物污染

我国每年大约有 6.5×10^8 t 秸秆，大概有 2/3 在田间地头焚烧或变成有机污染物。2000 年，我国农业源排放甲烷占全国排放总量的 80%，氧化亚氮占到 90% 以上。农作物秸秆量大面广，焚烧和废弃率高，大部分秸秆采取焚烧方式，既浪费资源又影响大气环境。大量的秸秆被焚烧或抛弃于河沟渠或道路两侧，污染大气和水体，影响农村的环境卫生。秸秆焚烧产生的烟雾污染大气环境，危害人体健康，同时影响附近的机场和公路的交通安全。

(6) 农村生活垃圾污染

我国的生活垃圾数量巨大，9 亿农村人口，每人产生 0.5 kg/d 计，每天共产生 80×10^4 t，农村的生活垃圾利用率极低，大部分在城郊和乡村露天堆放，特别是塑料袋、农药包装物、化肥袋等有害垃圾大多随意堆放，不仅占去了大片可耕地，还可能传播病毒细菌，其渗漏液污染地表水和地下水，导致生态环境恶化。

(7) 农业水土流失

由于管理不善、乱砍滥伐、土地抛荒、种植结构不合理等导致"四荒"现象（荒山、荒沟、荒丘、荒滩）在农村广泛存在。农民环保意识较低导致水土大量流失，污染物随之流入河流、湖泊等水域并造成污染。水土流失与农业面源污染是密不可分的，由于水土流失带来的泥沙本身就是一种污染物，它和地表径流是有机物、金属、磷酸盐等污染物的主要携带者，因此更应加强重视。我国是水土流失严重的国家之一，我国每年流失表土至少 50×10^8 t，其中有 75% 来自农田和林地，仅黄土高原每年因水土流失损失的氮、磷等养分就高达

$3800×10^4$ t，相当于全国年化肥总产量，大量的氮、磷、钾营养元素进入湖泊、水库、河流和滨海，造成极大的浪费和严重的污染。

7.1.2 农业面源污染的影响因素

7.1.2.1 土壤因素

土壤是水土流失的重要对象，也是河流泥沙的主要物质来源。土壤本身的性质差异通常影响入渗、地表阻力等，对侵蚀发生过程的强弱及其产流产沙量的多少有着极为重要的影响。可蚀性是地面物质对降雨、径流侵蚀作用影响的体现，是土壤遭受侵蚀的敏感程度的反映。地面物质的可蚀性一般取决于其渗透性和抗蚀性。

7.1.2.2 施肥方式

施肥不当是造成农田地表径流氮、磷污染的主要原因，采用平衡施肥、养分控释技术，提高化肥利用率。改善施肥方式，推广测土配方施肥、氮调控法、计算机推荐施肥等较好的计量施肥方法，改氮肥追施时表面撒施为开沟深施，改磷肥撒施为集中施用，改一次施肥为少量多次。施肥方式与施肥种类的多样化，表施、深施、穴施、叶面施肥相结合，常规肥与生物肥相结合，无机肥与有机肥相结合。确定我国主要作物施肥区划；推广平衡施肥、深施和水肥综合管理措施，重点避免在作物生长早期大量施用氮肥；鼓励使用有机肥，改进施肥方法和施肥时间，应尽量避免在雨前施肥。

7.1.2.3 地形地貌和土壤植被

地形地貌和土壤植被主要是通过改变降雨和地表径流下垫面影响农业面源污染。地形有坡长和坡度两方面因素，土壤流失量随坡度的增大而增大。当地面有一定坡度，坡长越长，汇流的流量越大，流速也将增加，从而水土流失也越严重，携带的污染物质就越多。水土流失是农业面源污染发生的重要形式和运输载体，不仅使土壤肥力下降，而且使大量的土壤营养物质进入水体，加快水体恶化。当雨量不大，坡度较缓，土壤吸水较强时，随坡度的增长就会产生径流退化现象，径流和泥沙流失量减少。植被是抑制侵蚀、防止水土流失的主要自然因子，植物的存在会增加土壤有机质含量，改变土壤颗粒组成，提高稳定性团聚体的含量，增加降雨的入渗量，也提高了土壤的抗冲抗蚀性功能。

7.1.2.4 气候特征

气候因素中的降雨、风、气温等是影响水土流失的重要因子，一般用降雨侵蚀力来表征降雨的侵蚀能力。影响降雨侵蚀力的降雨特性包括降雨量、降雨强度、雨滴组成和雨型等。所有的气候因素对水土流失都有相应的影响，其中降水与农业面源污染关系最为密切。一般是年降水量越大，水土流失就越严重，污染程度越高，是因为面源污染主要是靠地表径流运输和转移，而降雨的大小、强度、时空分布对地表径流的影响很大。

7.1.2.5 社会经济因素

社会经济因素主要通过社会经济活动影响土地利用方式、农业生产方式及管理水平、产业结构、农村庭院养殖集中程度和规模、居民环境保护意识等影响面源污染物的排放量。随着社会经济的快速发展，人口不断增长，耕地不断缩减，工业化和城市化进程的加快，以及不合理的农业生产方式，使水环境面临巨大的压力，环境意识落后、治理能力不足、管理体制不合理是水环境恶化的根本原因。我国有9亿多农民，农业现状及增长速度直接影响耕地利用方式及利用程度、农业面源污染的产生总量。

7.1.3 农业面源污染的控制措施及防治对策

7.1.3.1 合理的农田管理措施

农业面源污染控制首先应当从改进农业生产耕作布局、合理灌溉、合理施用化肥、平衡施肥与科学使用农药等方面入手，不仅能有效地防治农业养分污染，还能提高粮食产量和品质，增加农民收入。应以生态学理论为指导，通过产业结构调整，采取措施对农用地资源进行优化配置，调整作物布局，从根本上减少化肥投入。

按照因地制宜的原则，我国已在许多地方推广了不同的耕作制度和方式，取得了较好的生态和经济效益。比如，采用早晚稻间和年间水旱轮作，就可明显降低稻田甲烷的排放。当化肥施用量达到最佳施用量时，农作物对化肥的吸收利用率将达到最高，其产量也最高；如果农田中使用的化肥长期超过农作物收获携带的养分含量，将导致氮、磷在土壤中不断富集，其结果是导致氮、磷流失危险性加大。其次，采用免耕和其他农田保护技术（缓冲带和生态沟渠），减少由于土壤侵蚀导致的磷酸盐和农药的损失。

化肥、农药污染是一个世界性的难题，但在我国来得这么快，这么严重，令人震惊。我国化肥、农药的使用量已经到了一个极限，应该采取新的有效措施。农业面源污染是个普遍现象，在世界范围内都是个难题。但由于国情不同，人少地多的发达国家没有我国这样大的农业生产压力，可以通过限制化肥、农药的施用量等措施把产量降低一点，面源污染问题也就相对好解决一些。可以说，摆在我国政府和科学家面前的控制农业面源污染任务，比发达国家要艰巨得多，因为我们既要发展农业生产并力争高产，又不能破坏环境。

7.1.3.2 工程拦截技术

（1）农业面源污染控制的人工湿地技术

湿地作为地球上具有多种功能的生态系统，可以沉淀、吸收和降解有毒物质，使潜在的污染物转化为资源，因而被誉为"地球之肾"。人们正是认识到湿地的作用，才根据不同污染物类型以及当地自然条件，有目的地构建起不同类型的人工湿地，模拟自然生态系统的运作机理，对各类污水加以有效处理。

人工湿地是20世纪70年代发展起来的一种污水处理技术，由漂浮植物池、沉水植物池、挺水植物池以及草滤带组成，对氮、磷、泥沙以及有机物有较好的吸收、吸附以及物理沉降作用，可以控制农田径流污染，具有工艺简洁，运行管理方便，生态效益显著，投资少等优点，是控制农业面源污染的实用工程技术。

人工湿地按水流方式的不同主要分为地表流湿地、潜流湿地、垂直流湿地和潮汐流湿地等4种类型，地表流和垂直流湿地系统目前应用的不是很多，潮汐流湿地系统是近年来由英国伯明翰大学提出的，目前较多采用的是潜流人工湿地。人工湿地基本的原理是：在一定的填料上种植芦苇等特定的植物，将污水投放到人工建造的类似于沼泽的湿地上，富营养化水流过人工湿地时，经砂石、土壤过滤，植物根际的多种微生物活动，使水质得到净化，故人工湿地的地点应选在面源污染比较集中的入河支流、河滩等条件适宜地段。湿地去除氮磷效率的变化很大，这主要取决于湿地的特性、负荷速率和所涉及的营养物质。通常来说，湿地的去氮效率比去磷效率高，这主要是由于氮、磷元素循环过程存在较大的差异。湿地中氮的循环主要是通过一系列复杂生物化学作用方式发生，硝化、反硝化是人工湿地去除氮的一种重要途径；湿地中磷主要是通过植物和藻类的吸收、沉淀、细菌作用，床体材料吸收及与其他有机物质结合在一起而去除，而在湿地中通过湿地植物直接吸收的磷素养分一般很少，大约95%的磷被滞留在沉积物中。

人工湿地技术在富营养化湖泊、水库的修复方面具有一定的优势。但是，人工湿地占地面积大，在我国人多地少的环境，在土地资源紧缺的地方更无法大面积实施人工湿地技术；而且净化效率随季节的变化非常大，植物冬季大量死亡，部分水生植物不耐寒，易受病虫害影响，容易产生淤积和饱和现象等，其处理效果也随之下降。因此，如何提高人工湿地的净化效果以及解决植物的越冬问题均是人工湿地研究的重点。除此以外，人工湿地污水处理技术还存在较严重的二次污染问题，收获的植物茎叶无法妥善处置，受这些因素的影响，限制了人工湿地处理技术大规模的推广应用。

人工湿地技术不仅在去除氮、磷等污染物方面有较好的效果，还能为不同种类的动植物提供良好的栖息场所，湿地内的植物收获后还能获得一定的经济效益，适合我国国情，在我国土地资源丰富的农村地区具有良好的应用前景，值得推广。

(2) 农业面源污染控制的前置库技术

所谓前置库技术，是指利用水库存在的从上游到下游的水质浓度变化梯度特点，根据水库形态，将水库分为一个或者若干个子库与主库相连，通过延长水力停留时间，促进水中泥沙及营养盐的沉降，同时利用子库中大型水生植物、藻类等进一步吸收、吸附、拦截营养盐，充分利用一定气温和光照下的生物净化作用和水力滞留的物化作用，削减进入水体中的污染负荷，从而降低进入下一级子库或者主库水中的营养盐含量，抑制主库中藻类过度繁殖，减缓富营养化进程，改善水质，经沉淀自然净化后用于日常的农灌。前置库与一般水库都有蓄拦径流雨水后供农业使用的功能，所不同的是前置水库蓄拦的主要是含氮、磷等营养物浓度高时段的径流雨水，因此，从一定意义上讲，前置库实质上是一种一定规模的水利设施（水库），它不仅具有水库的蓄水功能，而且还具有将营养物质拦截蓄备于库塘，农灌时具有提供水、肥来源的积极作用。前置库对于控制面源污染，减少湖泊外源有机污染负荷，特别是去除磷，具有明显的效果，且易于管理，花费少，在国际上有广泛的应用。前置库的功能发挥与其运行管理调度直接相关，在降雨过程中，洪峰前径流污水中营养物质浓度较高，洪峰后浓度逐步降低，因此掌握降雨（尤其是暴雨）径流过程中营养物质浓度的变化，根据前置库的大小将浓度最大的径流雨水截留在库内。同样，前置库也存在技术问题，即二次污染防治问题，水生植被的交替问题，前置库的淤积问题等。

(3) 农业面源污染控制的缓冲带和水陆交错带技术

农业活动是河流最主要的沉积物输入来源，人类的农业活动削弱了地表的水土保持能力，尤其是在暴雨期间，大量的泥沙沉积物通过地表径流输入河流，不仅使河床淤积，而且使河流的水质和生境恶化。缓冲区通过植被的过滤作用，通常可以有效地拦蓄地表径流中的沉积物和防止河道侵蚀，它是利用永久性植被拦截污染物或有害物质的条带状、受保护的土地，植被通常包括树木、草地和湿地植物，缓冲区是控制农业面源污染最有效的方式之一。缓冲区土壤的特征在很大程度上决定了地表径流的发生和速度。通常土壤的下渗能力越大，缓冲区改善水质和储存水量的功能越强；缓冲区的宽度越大，土壤分解农药的机会越大，净化农药的效果也就越好。此外，缓冲区的坡度、植被、水文特征对缓冲效果也有明显的影响。

在江、河（沟）、湖、库周边地区，采用以缓冲带为主的生物措施，结合必要的工程措施，对进一步加快水土流失防治进程，涵养水源，降低农业生产中农药、化肥等面源污染对水体的污染，保护生态环境具有十分重要的意义。由于缓冲带技术具有地域上的通用性，针对目前我国水土流失面广量大，水资源短缺、水污染严重的实际情况有很好的适用前景。

水陆交错带指的是内陆水生态系统和陆地生态系统之间的界面区。研究结果表明，一个健康的水陆交错带可以对流经此带的水流及其所携带的营养物质有截留和过滤作用，其功能相当于一个对物质具有选择性的半透膜。许多国家在这方面开展了广泛应用研究，例如，美国的植被过滤带、新西兰的水边休闲地、英国的缓冲区、中国的多水塘等。

不同土地利用结构对农田土壤养分的分布和平衡有着显著影响，对土地资源进行优化配置，可以起到提高水土保持能力和减少养分流失的效果。目前在国外已经广泛采用的一些方法，如在河岸和湖滨建立的绿化区、缓冲带等，可使经过的径流降低流速，导致悬浮的污染物发生沉淀。并增加溶解态的污染物被土壤吸附或被植物吸收的机会，不仅可以去除营养物质，还可为野生动物提供理想栖息环境。

（4）其他水土保持技术

合理和有限度地利用生物资源调整区域农业产业结构、农业种植结构和林地、旱地、居民用地比例，不断提高土地利用效率。在轻度水土流失区和坡度较缓的宜林山地实施退耕还林和稀林补种的过程中，可以依据自然条件和市场需求，适当栽植经济林，实现水土保持、水源保护与农民增收的多赢。严格限制敏感地区的土地利用，特别是在饮用水源取水口及周围 1 000 m（包括河床地带）地区全面禁止河漫滩农耕活动。

转变农业生产管理方式改进耕作方式，采取保护性耕作、少耕或免耕，减少土壤侵蚀造成的养分流失。利用不同作物对营养元素吸收的互补性，采取间作套种、草田轮作、草田带状间作以及秸秆覆盖、增施有机肥等，提高土壤抗侵蚀性。

我国地少人多，为保障粮食供给，农业生态系统的化肥、农药等生产资料的投入在相当长的时间内还要呈上升趋势。总的来说，我国农村面源污染形势非常严峻，情况严重，污染种类多，分布面广，治理难度大。同时，农村人口占全国总人口的 1/2 以上，公众环保意识淡漠，缺乏参与渠道，并且设施、设备落后。因此，控制我国农业面源污染是一个缓慢而艰巨的任务。

7.2 土壤磷素与农业面源污染

7.2.1 磷肥利用概况

磷是一切生物所必需的营养元素，是构成核蛋白磷脂不可缺少的组分，参与植物体内糖类和淀粉的合成和代谢。施用磷肥可以促进农作物更有效地从土壤中吸收养分和水分，增进作物的生长发育，提早成熟，增多穗粒，籽实饱满，大大提高谷物、块根作物的产量，同时，它还可以增强作物的抗旱和耐寒性，提高块根作物中糖和淀粉的含量。

中国磷肥工业经过20多年来的阶段性扩张升级，已经实现了由磷肥进口大国向磷肥制造大国的变革。磷肥产量以前所未有的速度增长，截至"十五"末期，2005年的P_2O_5产量达$1\,125\times10^4$ t，中国磷肥产量和消费量就已经位居世界第一，约占世界磷肥消费量的25%，磷肥消费基本摆脱了依赖进口的局面；产品结构也有了较大改善，磷肥产业集中度不断提高。目前，我国虽为世界磷肥生产大国，但仍不是磷肥生产强国，云、贵、川、鄂、豫、鲁等地磷肥产业发达，是中国磷肥的主要产区，我国磷肥2006年实现了自给，截至2008年底，我国已建成磷肥（P_2O_5）生产能力约$2\,000\times10^4$ t，我国磷肥生产技术日渐成熟。

我国幅员辽阔，不同地区、不同作物的磷肥利用率差异十分明显，例如，黑龙江的大豆磷肥利用率为14.8%~28.3%；辽宁的大豆磷肥利用率为0.59%~8.21%；而河南小麦对不同品种磷肥的利用率为0.27%~20.9%，内蒙古春小麦的磷肥利用率为3.61%~24.25%。不同的磷肥种类，其有效性也是不一样的，无论是富磷土壤，还是贫磷土壤，磷酸氢二钾有效性均较高，磷肥肥效的大小和快慢，决定于有效P_2O_5含量、土壤性质、施肥方法、作物种类等。

目前我国农业生产中使用的磷肥主要分为低浓度和高浓度2类，低浓度磷肥有过磷酸钙、钙镁磷肥、沉淀磷肥、脱氟磷肥、钢渣磷肥、磷矿粉和骨粉等；高浓度磷肥有重过磷酸钙、磷铵（AP）、磷酸一铵（MAP）、磷酸二铵（DAP）、硝酸磷肥（NP）、氮磷钾复混肥或氮磷钾复合肥，过磷酸钙是我国磷肥的第一大品种。制造磷肥的主要原料为磷灰石，磷肥以及利用磷酸制成的一些复合肥料中除了富含P_2O_5外，还含有铬、镉、砷、氟等多种有毒有害元素，土壤氟污染可抑制植物生长，还可导致铁、铝氧化物或氮氧化物的崩解，促使土壤有机质增溶，从而影响潜在有毒元素的有效性；除了重金属外，磷矿石中常含有铀（U）、钍（Th）和镭（Ra）等天然放射性元素，这些都将会污染环境。

随着含磷化肥和有机肥应用的不断增加，农业系统的磷素输入大于输出，土壤磷素的意义已超出农学意义，其环境意义变得更为重要，尤其是在种植业和养殖业较为发达的地区，由于长期过量施用含磷化肥和有机肥，导致农田土壤耕层处于富磷状态，土壤磷通过地表径流、土壤侵蚀、淋洗等途径加快向水体迁移的速度，引发了受纳水体的富营养化、地下水污染。

7.2.2 农业面源磷素污染

7.2.2.1 磷素与地表水富营养化

水体富营养化是我国农村水环境面临的严重污染问题，而农业氮、磷流失则是造成水体污染的主要原因之一，磷素对水环境造成的危害比氮素轻。水力作用是磷素迁移流失的主要动力，农田灌溉是产生磷素流失的一个原因，暴雨冲刷引起的表面流失也是磷素向水体迁移的原因之一，可见引起水生环境富营养化的关键还是水本身。

长期大量施用磷肥，但由于磷对作物的有效性较低，作物对磷肥的利用率很低，故施入土壤中的磷肥大多残留于土壤中，导致耕层土壤处于富磷状态，在降雨冲刷和农田排水的情况下就会加速磷向水体的迁移，受磷污染的水体主要是河流、湖泊、海洋等地表水。水体中磷素的充足供应，使得藻类快速生长，打破了水生生态系统的平衡，促使水体向富营养化方向发展。据估计，全世界每年有300×10^4~400×10^4 t P_2O_5从土壤迁移到水体中。

水体中的磷致富营养化作用取决于两方面：①水体中磷的浓度；②磷在水体中存在的形态。一般认为，当水中磷含量在 0.02 mg/L 以上时就会引起水体的磷富营养化污染。显然，农田施磷肥后的渗水中的含磷量，很容易造成自然水体的磷富营养化。磷在水中存在的形态往往是磷致水体富营养化更重要的方面，水生植物及微生物一般只以特定的磷化合物为利用营养物，且不同的形态对磷在水体中的溶解沉淀平衡影响显著，也即磷在水体存在的形态，对磷的积累或从水中去除磷的方式起到决定作用。研究证明，致富营养化污染的磷主要以磷酸盐存在，且优势存在形态为 $H_2PO_4^-$ 和 HPO_4^-，在水体中的 $H_2PO_4^-$ 和 HPO_4^- 难以被共存的 Ca^{2+}、Mg^{2+} 离子沉淀，因此水体中的磷含量随污染源中磷的进入而增加，从而产生富集效应。

20 世纪 70 年代以来，国内外的大量研究成果证明，当发生磷富集时，水体中的藻类能够利用大气中的碳和氮而使其初级生产力显著地提高，而在缺磷的状态下添加碳、氮等营养元素，水体的初级生产力却没有明显的变化。即使对于一些氮是限制因素的富营养化水体，如果采取措施削减磷的输入，使磷成为限制因素，也可以起到改善水质的作用。在影响初级生产力的众多营养物质中，磷往往是淡水生态系统中最重要的限制因素。一般当水体中的总磷浓度大于 0.02 mg/L，总氮浓度达 0.2～0.5 mg/L 以上时，即被视为富营养化水体。由于碳和氮可以从大气中获得，一般来说，内陆水域富营养化的限制因子是磷，而在近海水域富营养化的主要限制因子是氮，我国太湖、西湖等许多湖泊和水库富营养化的主要限制因素都是磷，因此，要防治水体的富营养化，最关键的是要对磷的来源加以控制。

7.2.2.2 磷素与地下水污染

由于磷在土壤中以扩散的方式进行迁移，$H_2PO_4^-$ 离子的扩散系数相当于 NO_3^- 的 0.1% 或 0.01%，故磷很难进入地下水，过去虽然人们意识到畜禽粪便可能污染地下水，但研究多集中在危害性较明显的硝酸盐和病菌，忽视磷对地下水的污染。如果地下水中磷的含量高，说明地下水已被污染。磷在水体中的存在形式主要是各种形态的磷酸根，具有毒性，对人体的危害主要表现在损伤神经系统。

一般认为，地下水不易受到工农业废水和生活污水的直接污染，污水入渗需经土层的过滤，因此地下水水质较好。农田中的土壤磷素通过淋溶渗漏可以进入地下水，不过通过该途径进入地下水而造成污染的磷素一般很少。英国洛桑实验站试验表明，土壤施磷 100 年后，磷素仍然集中在 40 cm 的土层内，向下迁移很少，但在表土易富集，特别是在免耕条件下。磷肥施入土壤后，在土壤中的转化主要进行吸附过程和沉淀过程，可溶态磷经吸附反应生成吸附态磷，两者都可以迅速与土壤中的铁，铝和钙结合生成难溶性的 Fe-P、Al-P 和 Ca-P，表层土壤有机、无机胶粒物质含量高，对磷肥具有极强的吸附和固定作用，磷素在土壤中很难移动。因此，施肥流失可能发生在径流排水中，而对渗漏淋失影响极小。

然而，当土层和含水层中的污染物质积累到相当数量后，地下水水质也会受到污染，而且这种污染会持续发生。近年来，由于地表水受农药污染的现象比较普遍，将地下水作为饮用水逐年增长，由于地下水生物量少，温度低，无光解作用，一旦污染极难治理。土壤含磷低或者施磷量少时，由于土壤的固持作用，土壤溶液中磷含量极微，甚至不易测定，但当施磷量超过某一阈值后，由于土壤中磷吸附位点饱和，土壤溶液中可溶性磷浓度会迅速增加，可能导致磷随亚表层径流沿土壤剖面向下移动。此外，大量使用磷肥还会引起地下水中的镉离子等的升高，也不可避免地带给土壤许多有害物质如镉、锶、氟等，施用磷肥过多会使土壤镉含量比一般土壤镉含量高数十倍，甚至上百倍，长期积累造成土壤污染。

土壤对磷素的吸附—解吸机制对它在土壤垂直方向上的迁移进而影响到地下水体环境有很大影响。剖面各层土壤的吸磷量与简单的朗格缪尔（Langmuir）方程很吻合，磷素在土壤中的解吸过程通常被认为是吸附的逆向过程，但是解吸等温曲线与吸附等温曲线并不是完全一致的，存在解吸滞后的现象，因为吸附的磷只能部分被解吸下来。从环境科学的角度看，磷素的解吸过程比吸附过程更为重要，因为它不仅与其对作物的有效性有关，而且还与环境水体污染问题关系密切。我国北方蔬菜保护地大量施用磷肥不仅使 0~40 cm 土壤磷素大量积累，而且使 40~100 cm 土层中的磷素也明显增加，因此，磷素在土体内垂直方向上的迁移损失以及由此产生的环境危害必须引起高度重视。

7.2.3 磷素流失和迁移途径

土壤磷素流失途径包括降雨或人工排水形成的地表径流、土壤侵蚀及渗漏淋溶，具体作用方式主要有地表径流水相的迁移和侵蚀相搬运、壤中流淋溶迁移作用 3 种。磷素流失有地表和土体内两种方向，无论是地表还是土体内的流失都是在水力作用下的磷素迁移过程，地表流失是与地表径流有关的流失过程，土体内流失则与土壤层次、质地结构等条件关系密切。

7.2.3.1 地表径流中磷素迁移

农田表层磷素通过溶于水流和以颗粒附着态被水流携带而随地表径流运动，即地表径流磷素迁移；同时由于降水的溅蚀及地表径流的冲刷侵蚀作用，表层土壤被剥蚀、搬运，被侵蚀土壤中的磷素随地表径流搬运的侵蚀物（中粗颗粒态）而迁移，即地表径流侵蚀磷素迁移。

（1）地表径流磷素迁移

土壤中磷素的迁移性能与磷素的形态转化密切相关。水溶性磷施入土壤以后，并不是以原有的磷酸盐形态存在于土壤之中，而是随着土壤性质与组成的不同，很快地发生物理和化学反应，转化成新的磷酸盐，地表径流磷素以溶解态和颗粒态随水流迁移。溶解态磷主要以正磷酸盐形式存在，可为藻类直接吸收利用；颗粒态磷包括含磷矿物、含磷有机质和被吸附在土壤颗粒上的磷，可成为溶解态磷的潜在补给源。从磷素输出形式上看，颗粒态附着磷在地表径流磷素迁移量中占有绝对比重。在磷素迁移过程中，颗粒态磷素输出浓度占地表径流水相总磷输出浓度的比例基本稳定在 92.5%~96.3%，是该磷素输出的主导类型。从各类型磷素输出趋势上看，颗粒态附着磷在磷素输出过程中，其浓度变化近乎与总磷同步；而地表径流溶解态磷的产出量一直较少，并且其浓度变化在整个地表径流产出过程中均较为平稳，其中无机磷酸盐为可溶态磷素输出的主要形态。

（2）地表径流侵蚀磷素迁移

地表径流侵蚀磷素的迁移主要是在降雨溅蚀及地表径流冲蚀作用下，表层土壤侵蚀颗粒物被水流搬运，同时附着在这些侵蚀物上的磷素因此被迁移，造成磷素的流失。土壤侵蚀物迁移而流失的磷素与侵蚀输沙量之间的高度正向相关性，地表径流侵蚀磷素输出历来被认为是磷素迁移的关键途径之一。

7.2.3.2 土壤中磷素迁移

土壤对磷有较强的固定能力，一般认为仅有少量的磷会通过渗漏淋失掉，酸性泥炭土和有机土由于和磷的亲和力较差是个例外。但随着磷肥的不断投入，土壤磷素持续积累，若不加以管理，土壤磷就会达到吸附饱和而发生强淋溶的程度。

磷素在土体内主要是靠扩散作用而移动，土壤、水分、质地、温度及其相互作用对磷素的扩散都会有影响，土壤中的水流在土壤体系内的运动很复杂，受土壤内部结构和组分分布的影响，土层结构和土壤元素分布的不均匀性强烈影响着土壤中磷素的迁移转化特性。磷素在土壤中的迁移形式多样，主要以溶解态和胶体结合态 2 种形态运动。特别值得注意的是，为减少磷素径流损失而应用的增加土壤水渗透能力的措施，往往会把耕层土壤中的颗粒结合态磷直接通过优先孔隙输送至地下水源，所以对优势流的控制是减少磷污染的一个重要环节。目前多以耕作措施来改善土壤结构控制优先路径的产生，从而减少磷素随优势流的渗漏量。

7.2.4 农业面源磷素污染的防控措施

农业面源污染无法采取集中治理的方法加以解决，但可以根据特点采取针对性的措施减轻其危害。减少农田土壤磷素流失的措施可归纳为 2 个主要方面，即控制磷素向农田生态系统的投入（养分管理）和减少磷素从农田生态系统的输出（土地管理）。

7.2.4.1 施肥措施

首先，合理施用磷肥，维持生态平衡。磷肥当季利用率比较低，应综合考虑土壤与作物生长条件适量施用，施肥时养分数量及比例与作物需求相匹配可提高化肥的利用率；根据土壤条件施用不同性质的磷肥，不同的磷肥适用于不同的土壤。过磷酸钙是水溶性磷肥，适于大多数土壤，但施于中性土壤和碱性土壤效果更好；钙镁磷肥、碱性炉渣等弱酸溶性磷肥，应施于中性或酸性土壤；磷矿粉、骨粉等难溶性磷肥，在酸性土壤上施用才能发挥其肥效。土壤含有效磷越低，施用磷肥的肥效就越高，瘠薄的缺磷土壤施用磷肥后增产的效果较明显。任何磷肥施入土壤后都很快被土壤固定，而其矿化成有效磷的速度又相当缓慢，所以一般磷肥在土壤施用时不作追肥，而全部作基肥。

其次，确定合理的施用时期，施用磷肥的最好季节在晚秋、初冬、晚春和初夏，磷肥以一次性基肥施入较好，水溶性磷肥不宜提早施用，以缩短磷肥与土壤的接触时间减少磷的固定，弱酸溶性和难溶性磷肥则应适当提前施用。磷肥采取集中施也可提高利用率降低磷污染，尽量采用埋施方法，麦季施肥期会产生高浓度含磷径流，对环境污染威胁较大。在一个轮作周期中，应统筹施用磷肥，尽可能发挥磷肥后效，比如，在小麦玉米轮作中，将磷肥重点施在小麦上；水旱轮作中，将磷肥重点施在旱作上；禾本科与豆科轮作中，将磷肥重点施在豆科作物上等。

最后，磷肥与氮、钾肥或有机肥配施，重视钾肥投入，大力推广优化配方施肥，缺钾限制了氮素、磷素利用率的提高。多施钾肥和复合肥使施肥结构合理化，可提高磷的利用率，减少磷的固定。长期以来有机肥是改良土壤、增加土壤肥力的有效手段。持续大量施用有机肥可能使土壤固持磷的能力下降，从而导致磷对地下水的污染。如磷肥的使用比例、方法、时间，是有机肥还是无机肥，径流、侵蚀都能影响磷径流流失浓度。除此以外，土壤表面的作物残渣含有大量的磷，也能增加径流磷浓度。

此外，依靠作物、秸秆、牲畜及人粪便、豆科植物、有机绿肥，特别是微生物型肥料来替代化肥，可以培肥地力、改善土壤、恢复土壤自身的良性生态系统；同时，由于微生物型肥料的活性菌体固氮、解磷、解钾作用及菌体活性与土壤中可利用的氮、磷、钾浓度之间的调控作用，使土壤中的供肥机制稳定而持久，最终降低磷的流失量。土壤中的磷易与钙、镁、铁等离子结合成为难溶态磷酸盐，不能被植物直接吸收利用。解磷细菌能分泌有机酸，并与钙、镁、铁等离子以多种形式结合，使磷素释放出来，同时也使这些与酸结合的金属离子成为植物可吸收状态。解磷细菌不仅可以促进植物对磷素的吸收利用，还可以增加植物对钙、镁、铁等元素的吸收，它对植物的生长发育起着重要的作用。将解磷细菌制成菌剂代替化肥在农田中施用，不仅可以提高施入土壤中磷肥的有效性，还可以活化土壤中的固定态磷，增加作物吸磷量，提高磷素利用率，这对于防治农业面源磷污染具有重要意义。

7.2.4.2 灌溉措施

我国大多沿用的是传统的大水漫灌，节水灌溉方式还未大面积推广。据农业部信息中心资料，我国水稻用水量为 $1.5 \times 10^4 \sim 1.8 \times 10^4 \ m^3/hm^2$，是发达国家的1倍多。在灌溉水量大的情况下，污染物质就会随着大水冲到河沟，直接汇入河流湖泊，造成水体污染。中大水漫灌、田埂渗漏会使磷肥在被土壤固定前就被水带走，以致污染地表水。加强田间水分管理，采用浅水勤灌、干湿交替、减少排水量等措施可有效降低磷的排出量。人工排水能减少地表侵蚀，进而可以减少磷的流失。不同灌溉方式土壤养分流失情况不同，一般按下列顺序递增：喷灌＜淹灌＜沟灌。这是由于灌溉水进入农田后，经过蒸发浓缩，以及土壤中磷素向水层释放作用等过程，使得田面水中磷的浓度升高，特别是施用磷肥后几天内，田面水中磷的浓度可高过 3 mg/L，甚至更高，所以应当加强田间水分管理。

7.2.4.3 改变土地用途

农业面源污染主要来源于土地的溶出和侵蚀，科学地进行农业土地区划，采取适宜的土地利用方式是控制农业面源污染的重要环节。改变土地利用方式，将不适宜做耕地的改为种植草、灌木等，可以固持土壤，减少水土流失，从而减少磷的损失。水土流失是化肥特别是磷肥影响环境的重要途径，因此，对坡耕地要退耕还林还草，降低地表径流，有时解决高侵蚀区径流的唯一办法是将土地从耕作中解脱出来，种植永久性植被。例如，将坡度大于 25°的坡耕地退耕还林还草；在坡度较大地区实行等高种植；保护耕作（免耕或少耕）由于减少了对土壤的扰动，进而减少颗粒态磷的侵蚀流失；秸秆还田也可减少地表径流中颗粒态磷的流失。

7.2.4.4 人工湿地

农田中增加一些湿地面积，可有效地控制磷素养分流入受纳水体。人工湿地是自适应系统，在构成人工湿地污水处理系统的4大基本要素（水体、基质、水生植物和微生物）中，基质、水生植物和微生物或三者相互之间通过一系列物理的、化学的以及生物的途径，可以完成对污染物的高效去除，有机磷被磷细菌转化成磷酸盐后被基质吸附而去除。

在人工湿地中磷的去除主要通过3个过程实现：基质的物理化合作用、微生物正常的同化以及磷细菌的摄磷作用、植物的作用。

(1) 基质的物理化合作用

基质的物理化合作用包括基质对有机磷、无机磷的拦截、沉积和蓄留作用以及基质直接吸附磷等过程。吸附在固体悬浮颗粒上的磷随着颗粒沉降在湿地中或被湿地基质所截留而蓄留在湿地基质中。无机磷则通过与基质中间隙水中的 Ca^{2+}、Mg^{2+}、Fe^{3+}、Al^{3+} 等离子及其水合物、氧化物反应，形成难溶性化合物，或带负电的磷酸根与基质表面水合的 Ca^{2+}、Mg^{2+}、Fe^{3+}、Al^{3+} 等金属离子发生交换而被结合到基质的晶格中被去除的。

(2) 植物的作用

包括植物生长需要而直接吸收磷，另外包含植物腐败组织的沉积引起的对磷的捕集。除了植物及其腐殖质的直接吸收之外，植物还可以通过向根区输送氧气从而改变微生物的生存条件间接地影响磷的转化和去除。

(3) 微生物的作用

人工湿地中各种微生物在生长繁殖中可以吸收和利用污水中的无机磷酸盐。但被微生物吸收利用的磷处在不断吸收和释放的动态过程中，而且组成微生物细胞体的磷会在微生物死亡后几乎全部被迅速分解释放，回到水体中。但是微生物的生化作用将湿地中的有机磷酶促水解无机化，溶解性较差的无机磷酸盐则经过磷细菌的代谢活动增加溶解度，这一过程成为实现人工湿地系统中磷被基质吸附沉淀和植物吸收利用的关键。

7.2.4.5　建立控制农业磷素面源污染的缓冲带

缓冲带 BZ（buffer zone）是指临近受纳水体，有一定宽度，具有植被。缓冲带独特的物理和生物地球化学特性决定着陆地与水体间的水量养分流动。在农业磷素面源污染源与受纳水体之间设置缓冲带可以有效地截留来自农田地表和地下径流中的固体颗粒物、氮磷等。磷在缓冲带中的截留主要是磷随泥沙的沉降和溶解态磷在土壤和植物残留物之间的交换。实验表明，磷的最大截留量出现在缓冲带的起始部位，当缓冲带的磷饱和时，就会观测到磷酸根离子淋溶现象，地表径流经 60 m 宽的缓冲带后磷素水平降为原来的 50%。

7.2.4.6　源汇型景观结构

通常情况下，土壤基质对磷素有较强的吸附作用，限制了其在土壤剖面上的垂向传输过程。因此，流域中磷素从源区向受纳水体的传输负荷，更多情况下是取决于地表径流的流动过程，特别是能够成为长期磷源的颗粒态磷的传输，主要是借助具有较高动能的暴雨径流的携带，进入邻近水体。在我国北方超渗产流地区，这种特点尤为明显。因此，对磷素的有效控制，需以水文汇水单元为基础，进行源头、传输过程、汇的系统控制。对于离开源区的磷素的控制，即传输过程这一环节，增加水文路径对污染物的持留功能尤为重要。农业流域中由于不同的水文地质条件和人为干扰措施，往往会形成一些能够对养分物质产生较强持留功能的景观结构，即"汇"型景观结构。其对养分物质的持留机制包括生物吸收、颗粒物质沉积、入渗、反硝化等。磷汇型景观结构是指可以接纳外来磷源，并可促使磷固定，减少磷迁移的场所，对地表径流的流量和流速也具调控作用，除能有效控制养分含量外，还可大大调节地表径流的流速，延长养分在流域内部的滞留时间，通过截留、吸纳、贮存作用，使地表径流中泥沙和磷素含量逐渐降低，减少养分对下游水体的输出。在降雨量较小的情况下，某些汇型结构基本上可使地表径流截留在流域内部，无养分输出。

但是，有些措施是双刃剑，如保护耕作，由于减弱了土壤侵蚀从而减少了地表径流中总磷的浓度，但增加了 DP（可溶性磷）、BAP（生物活性磷）的流失和 $NO_3^- $-N 渗漏的风险；而耕作可使作物残渣和施肥进入的磷减少流失。对旱地，在减少土壤产生大孔隙方面可采取耕作破坏，或控制排水保持土壤湿度，避免土粒干燥收缩产生大孔隙，但由于耕作疏松了土壤，使得土壤侵蚀增强，颗粒态磷流失增加，而土壤的还原条件又提高了 Fe-P 的溶解性，增加地下排水中溶解性磷的浓度。由此看来，有些措施仅是短期局部区域的应用取得好的结果，但应用于更大区域的长期效果未必乐观，所以在采取某些措施时应抓住主要矛盾，权衡利弊，因地制宜，谨慎行事。

7.3 土壤氮素与农业面源污染

7.3.1 氮肥利用概况

氮素是作物的主要营养元素，也是农田生产力的主要限制因素之一，对作物生长、产量和品质起着非常重要的作用，是植物体内氨基酸的组成部分、是构成蛋白质的成分，也是植物进行光合作用起决定作用的叶绿素的组成部分。植物一旦缺氮，具体表现就是叶片褪绿，颜色越来越淡，植物生长弱小，抗病虫能力差。我国是农业大国，很多地方土壤都缺氮，各地施用氮肥量都很大，都有明显的增产效果，目前，在世界各国的农业生产中，我国氮肥的生产量和用量均居首位。氮肥施用量占化肥总量的 80%，迄今为止，我国化肥施用量已居世界首位，是美国的 6.9 倍。我国耕地仅占世界耕地的 7%，要养活世界 22% 的人口，增施肥料特别是氮肥以提高作物产量仍显得特别重要。

可做氮肥的有：尿素 $CO(NH_2)_2$，氨水（$NH_3 \cdot H_2O$），铵盐如碳酸氢铵（NH_4HCO_3），氯化铵（NH_4Cl），硝酸铵（NH_4NO_3）。一些复合肥如磷酸铵即磷酸二氢铵（$NH_4H_2PO_4$）和磷酸氢二铵 [$(NH_4)_2HPO_4$] 的混合物，硝酸钾（KNO_3）也可做氮肥。各种氮肥的利用率为碳铵 24%～31%，尿素 30%～35%，硫铵 30.3%～42.7%。与发达国家相比，我国农业氮肥利用率过低，不及发达国家的 1/2。施肥不当造成化肥浪费惊人。施肥方法不合理，施肥机具不配套，氮肥施用技术没有得到大面积推广，这在当前我国能源供应相对紧张的情况下，无异于巨大浪费。不能合理科学施肥主要表现为用肥过量，"用肥越多，收成越好"的想法在农民中还广泛存在。

增施氮肥作为农业生产中的主要增产因子已为越来越多人们理解和承认。为了满足人口增长对农产品的需求，提高单位土地面积的粮食产量，农田氮肥用量逐年增加。我国又是世界上氮肥用量最多的国家之一，单位面积的用量也高于世界平均水平，但氮肥利用率仅为 30%～41%，根据世界粮农组织的统计，技术先进的发达国家的氮肥利用率达到了 68%，决定氮肥利用率高低的关键是施肥技术，其次还受肥料品种、土壤类型及作物种类的影响。研究表明，施用氮肥可以获得明显的增产效果，同时农田中过量氮素通过氨挥发、硝化/反硝化、淋溶损失和径流损失等方式从土壤—作物系统中损失，造成河流、湖泊等周边水体环境的富营养化污染程度加剧。由于氮肥施用过量、利用率过低，我国每年有超过 1500×10^4 t 的废氮流失到了农田之外，并引发了环境问题，污染地下水，使江河、湖泊、池塘和浅海水域生态系统营养化，导致水藻生长过剩、水体缺氧，水体发黑、发臭，水生生物死亡。施用的氮肥约有 1/2 挥发，以一氧化二氮的形式挥发到空气中，一氧化二氮是对全球气候变化产生影响的温室气体之一。此外，肥料氮在反硝化作用下，形成氮和氧化亚氮，氧化亚氮不易溶于水，可达平流层的臭氧层与臭氧作用，生成一氧化氮，使臭氧层受到破坏，成为氧化亚氮放出，过量的氮肥施入形成了从"地下到空中"的立体污染。

7.3.2 农业面源氮素污染的来源

氮素是农业径流最重要、最普遍的水体污染物。氮肥施入土壤后，在土壤微生物的作用下，迅速变成硝酸盐，部分被作物吸收利用，约有25%的氮肥通过淋溶和地面径流流入到了水体，宝贵的肥料变成了污染源。随着农田氮肥施用量的增加，世界范围内的地表水和地下水中的氮化合物含量都在不同程度上呈现出上升的趋势。

7.3.2.1 氮素损失

(1) 氨挥发损失

氨自土表或水面（水田）逸散到大气造成氮素损失的过程是氨的挥发损失。氮的气态挥发主要受土壤温度、土壤湿度、土壤容氧量、土壤类型、结构、空隙、pH值，以及耕地管理方式如施用化肥的种类和数量、耕种技术、作物系统和灌溉等的影响。其实，不仅仅氨挥发损失，挥发损失的氮素形态因作物和生育期不同而有明显的差别，可能有氨（NH_3）、氮氧化物（NO、N_2O、NO_2）、氢氰酸（HCN）、氮气（N_2）和胺类$[R—(NH_2)_n]$等，其中以氨的形态挥发损失的数量最多，是作物损失氮素的主要形态和途径。

(2) 硝化-反硝化损失

硝化作用是指在通气良好的土壤中，铵或氨在微生物的作用下，氧化生成硝酸盐的过程，较易从土壤中淋失进入地下水；反硝化作用是硝酸盐或亚硝酸盐还原为气态氮（N_2、N_2O、NO）的作用过程。反硝化损失是指在硝化-反硝化生物化学过程中产生N_2、N_2O、NO等氮氧化物，导致农田氮素的损失。该过程受土壤温度、土壤水分、土壤pH值、氮源的供应等多种因素的影响。由于反硝化过程具有导致土壤氮素损失和氮的氧化物污染环境、破坏大气臭氧层的双重重要意义，因此非常引人注意。

(3) 农田氮素径流损失

氮的流失是溶解于径流的矿质氮，或吸附于泥沙颗粒表面以无机和有机态氮的形式随径流而损失。关于氮的径流损失影响因子多集中于流失形态（包括径流携带、侵蚀泥沙）、降雨、肥料种类、植被覆盖度以及不同的土地利用方式等研究。降雨和径流是土壤氮素流失的主要驱动力，当降雨强度超过土壤下渗速度时产生径流并汇集，形成地表径流冲刷与土壤侵蚀。侵蚀泥沙有富集氮养分的特点，减少地表径流和土壤侵蚀、降低表土中速效氮养分含量是减少农田地表径流流失的关键。

(4) 土壤氮素淋溶迁移

氮淋失是指土壤中的氮随水向下移动至根系活动层以下，从而不能被作物根系吸收所造成的氮素损失，它是一种累积过程。土壤中发生硝态氮淋洗必须满足两个基本的条件，第一个条件是土壤中大量残留硝酸盐；第二个则是土壤中存在水分运动，促进或阻碍这两个条件之一的任何因素都影响氮素淋溶的发生与否及程度。

(5) 土壤侵蚀

土壤侵蚀是指地表土壤在水或风的作用下，发生迁移和运动的现象。我国是土壤侵蚀最为严重的国家之一,全国土壤侵蚀面积达 492×10^4 km²,占国土面积的 51.2%,其中水蚀面积 179×10^4 km²,风蚀面积 188×10^4 km²,冻融侵蚀面积 125×10^4 km²,土壤侵蚀是引起氮素损失的一条重要途径。土壤侵蚀与面源污染是一对密不可分的共生现象,特别在农业面源污染中,土壤侵蚀是一种主要的发生形式,所以土壤侵蚀是一种重要的面源污染。由于土壤侵蚀带来的泥沙本身就是一种面源污染物,而且泥沙(特别是细颗粒泥沙)是有机物、金属、磷酸盐以及其他毒性物质的主要携带者,所以土壤侵蚀会给受纳水体水质带来不良影响。降雨强度虽然会在一定程度上影响侵蚀产沙量,但土地利用方式不同则是影响土壤侵蚀程度的主要因素。

7.3.2.2　农业面源氮素污染

与城镇居民的生活污水和含氮的工业废水相比,农田氮肥对水环境中的氮污染的影响则是不易被人所觉察,并在时间上表现为滞后现象。按农田氮肥进入水环境中的途径来看,农田氮肥气态损失对水环境的影响只是间接作用,而农田氮肥的径流损失和淋溶损失则对水环境的影响起着直接的控制作用。

(1) 硝酸盐氮淋失对地下水的污染

地下水是很多国家主要的供水水源之一,地下水作为人类生存空间的重要组成部分,为人类提供了优质的淡水资源,它的污染势必造成对人类健康的危害。目前,世界上很多国家都发现农业区的地下水中含有过量的硝态氮($NO_3^- $-N),随着我国环境污染的日趋严重,越来越多的地区地下水中硝态氮(NO_3^--N)含量超标,氮肥对地下水的污染问题也越来越引起人们的关注。主要的氮化合物为离子态的铵态氮(NH_4^+-N)、亚硝酸盐氮(NO_2^--N)、硝酸盐氮(NO_3^--N)的"三氮"污染物在地下水环境中尤为显著。在地下水硝酸盐氮的多种来源中,施用氮肥是造成地下水硝态氮污染的最主要原因。

施入土壤中的各种氮肥,在土壤微生物等因素的作用下,转化为可供作物吸收利用的铵态氮、硝态氮等不同形态氮素。由于土壤颗粒对铵根离子的吸附能力强,对硝酸根离子的吸附能力很弱,造成农田土壤中氮素的淋溶形态以硝态氮为主,导致硝态氮在深层土壤中大量累积甚至进入浅层地下水,而铵态氮则主要集中分布在土壤表层。此外,对于作为硝化和反硝化过程中间产物的亚硝态氮,由于其存在时间短,淋洗过程并不重要。由于 NO_3^--N 和土壤微粒均带负电荷,NO_3^--N 不易被土壤微粒所吸附,故易随水进入地下水。当施入的氮素大于或等于作物吸收量时,易出现氮素淋溶现象。一旦被淋溶到作物根区以下,就很难再被作物吸收利用。深层土壤反硝化过程微弱,一般情况下 NO_3^--N 很难转化为其他形态的氮,只能随着土壤水分的向下运动而迁移,构成对地下水污染的潜在威胁。土壤对铵态氮的吸附作用可以延缓铵态氮进入地下水的时间,但是,当土壤对铵态氮的吸附量达到饱和后,含有铵态氮的高浓度污水仍能直接进入含水层。不仅如此,在氧化条件下,吸附状态的铵态氮经硝化作用转化为硝态氮,亦可以直接进入地下水中。

在灌区和多雨地区,土壤残留硝态氮的淋失对地下水污染更为严重。以往对降水量在 400~700 mm 的中国北方地区土壤中氮素的淋洗不够,主要原因是认为这些地区降水量较少,淋洗不可能发生或不起主要作用。事实上这些地区降雨虽少,却主要集中在 6~9 月内,强度大的降雨不仅会引起氮素的地表径流损失(特别是黄土高原地区),还会使表层的硝态氮下渗到相当深度。在华北地区的某些年份,由于夏季的大量降雨使地表水与地下水对接,土壤中的硝酸盐大量进入地下水。另外，该地区的大水漫灌也可以使硝态氮下降到较深的层次。但西北旱区土层深厚，下渗的硝态氮不会很快脱离原位土壤，而是随土壤水分向深处下渗。根据硝态氮迁移的活塞理论，残留在土壤中的硝态氮最终是一个向下迁移的过程，如不加以利用，终会造成最后的淋失。

旱地粮食作物小麦、玉米、高粱等都属于深根作物，一般都有着庞大的根系，相对于蔬菜作物的浅根系，旱地粮食作物一般均能吸收较多的氮肥，所以在粮田种植区域内地下水硝态氮的污染程度明显要低于蔬菜种植区。然而近年来，粮食作物生产上也逐渐出现了氮肥超量施用问题，粮田地下水硝态氮污染潜在危险性增加。多数蔬菜是喜肥作物，也是喜硝作物，施用适量的氮肥有益于提高蔬菜的品质和产量。但如果向菜田中长期投入过量的氮肥，不仅不利于蔬菜作物的品质，反而容易导致土壤肥力下降并逐渐退化，甚者，更会对地下水环境造成污染，导致地下水硝态氮含量超标。水稻是喜铵作物，在淹水条件下的稻田土壤主要是还原状态，硝化反应很弱，所以一般稻田土壤中硝态氮的含量很少，绝大部分是以铵态氮存在，但这并不意味着在水稻田中没有硝态氮淋失污染地下水的可能性。当稻田土壤水分过饱和，且氮肥施用过量时，反而促进土壤中铵态氮进行硝化反应生成硝态氮，并且有逐日增加的趋势。北方旱地粮田经常采用夏玉米—冬小麦的轮作模式，因此进入粮田土壤的 NO_3^--N 含量难免累积，即使有些粮田耕地土层中积累的 NO_3^--N 没有及时进入地下水层，在将来也是地下水环境质量潜在的污染威胁。

总而言之，氮肥施加到土壤中后，经历许多复杂的物理、化学、生物过程，最终是保留在根作区为作物所利用，还是淋移到根作区以下形成污染潜势，受许多因素如作物种类、灌水（降水）量、灌水（降水）时间、耕作方式、施肥方式、肥料类型、地下水埋深、土壤质地等影响。

（2）铵态氮对地面水的污染

NH_4^+-NH_3 在陆地生态系统中是比较稳定的，这是因为土壤胶体能将其吸持并储存起来。但是，当 NH_4^+-NH_3 进入地面水体后，情况就发生了很大变化，随着水体 pH 值的变化，它将产生不同程度的毒性，会对鱼贝类等水产资源造成严重危害。随着地表水 pH 值的升高，NH_3 的数量也会增多，毒性也增大。当地表水体 NH_3 的浓度达到 0.3～0.5 mg/L 时，就有可能造成水产资源的严重破坏。

当氮肥施用过量时，特别是稻田超量施肥，由于植物吸收不到 10%，其余流失于河道、湖泊和近海，成为富营养化的暗流。虽然氮是水生生物生长必需的营养元素，但是当水体中的氮含量过高时，将会阻碍水生生物的呼吸和觅食，甚至引起水生生物的猝死，导致局域水生生态系统的失调。也有人认为对于湖泊管理，表明就营养控制而言，富营养化治理无需控氮，只需控磷，除非氮浓度过高对人类和生物造成直接毒害，如果削减氮输入反而诱发固氮蓝藻水华；只要磷充足且时间足够，固氮过程可使藻类总量达到较高水平，从而使湖泊保持高度富营养化状态。

（3）氮素污染对大气的污染及臭氧层的破坏

氮污染物对大气环境的影响主要集中在氮的排放上，主要是氮肥分解成氨气与反硝化过程中生成的 N_2O 所造成的，氮氧化物气体进入大气能直接影响大气的物质平衡，增加 NO_2 的释放，有利于酸雨的形成，破坏臭氧层，增加氨挥发、CO_2 和 NO_2 的释放，使大气质量

7 土壤环境与农业面源污染

变坏。

(4) 大量不合理施用氮肥对土壤的污染

氮肥在施用后，一般的利用率不超过60%。铵态氮在土壤通气的情况下，经土壤微生物的作用，可转化为亚硝酸盐，进一步氧化为硝酸盐。如果氮肥施用过多，不仅可造成作物贪青，甚至倒伏，而且在土壤中转化为硝态氮的含量就会明显增加。长期大量施用氮肥还使土壤理化性质发生了改变，长期施用氮肥也会对土壤的酸度有较大影响。硫酸铵、氯化铵等生理酸性肥料，在植物吸收养分离子后土壤中H^+增多，又受土壤性质和耕作制度的影响，许多耕地的土壤出现酸化的现象，并伴随着有毒元素的大量活化等现象。大量氮肥的施用还加快土壤中有机碳的消耗，降低有机质的活性和土壤的供氮能力。土壤酸化可加重钙、镁从耕层淋溶，从而增大盐基不饱和度，降低土壤肥力。

7.3.2.3 氮素损失的影响因素

(1) 土壤性质

土壤理化性质不同，如土壤质地、通气性、有机质含量等，对农田氮素淋溶损失的影响也很大。土壤质地不同显著影响其保水、保肥的特性，也对土壤氮素淋失强度造成影响。土壤对NO_3^--N吸附的增强意味着淋失的减少，NO_3^--N的吸附随土壤pH值的降低而增加，土壤中NO_3^--N的形成是硝化细菌作用的结果，其强度与土壤性质有密切关系。质地黏重的土壤，由于土壤黏粒和腐殖质含量高，对铵的吸附能力较强，因而氨的挥发损失较少。土壤质地主要取决于土壤的透水性。因而砂质土壤的氮素淋失较为严重，即使在最佳的田间管理条件下也不例外。但有些细质土壤的氮素淋失也很明显，黏质土壤上氮素淋失的主要原因是大孔隙的存在。

(2) 肥料品种和用量

土壤中氮素的损失与肥料和施用量有密切的关系。有机肥和化肥配施土壤中氮素的损失量比单施化肥的多，配施有机肥的土壤氮素的渗漏损失量比单施化肥的多；在各种常规氮肥中，硝酸钾中的氮素淋失量最大，氮的淋失量远高于尿素和硫铵，施用尿素比碳铵的氮素损失小，通常氮素的损失量与施用量呈正相关。目前控释肥料的使用有所增加，控释肥料比普通化肥氮素的损失小得多，如包膜硝铵氮素的淋失量为普通化肥的1/15。通常土壤中不同形态氮素的淋溶损失强度由大到小依次为硝态氮、亚硝态氮、铵态氮、有机氮。

(3) 施肥技术

土壤中氮素的损失不但与肥料品种和用量有关，而且与施肥技术也有密切的关系，不同施肥方式对作物氮素吸收利用率和农田氮素淋失量影响不同。氮肥表层施用水稻只能吸收利用30%~50%，而深施的利用率可达50%~80%。碳铵深施，在双季早稻上的利用率为54.5%，双季晚稻上利用率为31.3%；碳铵表施，双季早稻利用率为34.4%，晚稻为23.6%。此外，肥料施用时期对氮肥利用率也有影响。

(4) 耕作方式

耕作方式对农田水土流失和氮素淋溶损失有较大影响。不同耕作方式在不同程度上改变了土壤的空间结构和水肥状况，为作物生长创造了不同的土壤环境，改变了土壤水分运动和农田氮素的迁移转化过程，进而对作物产量、肥料和土壤水分利用率产生不同影响。耕作方式影响土壤扰动程度和残留物的存在，进而影响土壤水分运动。随着科学的发展，近20多年来，农田耕作由传统方式逐渐向少耕或免耕方向发展。免耕或少耕技术具有节能、减少水土流失和促进土壤水分下渗等优点，但水分下渗量的增加并非导致土壤氮素下渗量的必然增加。耕作制度引起氮素在农作物、土壤和地下水中的耦合分配是影响氮素损失的原因之一。长期单种耕作方式对作物产量的影响比土壤氮素损失的影响大，且这种影响是在耕作多年后才能表现出来。

（5）作物根系

作物根系可以直接吸收水分和养分，因而氮素的损失与作物根系发育和分布关系密切。例如，水稻根系的分布范围因品种、生长期、栽培方式、土壤和气候条件而异，在水稻幼苗期和旺盛生长期，施用等量的氮肥，发现幼苗期氮素淋失量大大高于旺盛生长期。这是因为水稻不同生长期根系发育程度及其对肥料的吸收能力不同所致，通常根系生长较深的比根系生长较浅的水稻更能有效地吸收氮素，从而减少硝酸盐的淋失。

（6）降雨和灌溉

水是土壤中可溶性氮素向下迁移的载体，通常土壤中只有饱和水流才能引起氮素淋失。据研究，土壤中氮素淋失与降水量呈正相关。灌溉对土壤氮素的迁移也有重要的影响。氮肥施入土壤后发生一系列形态转化，除一部分氮肥被作物吸收利用之外，残存在土壤中的过量氮肥可随地表径流和土壤入渗水流发生淋溶损失。土壤硝态氮淋失量与降雨量密切相关，随着降雨量增多和降雨强度增大，氮素的淋失量和迁移强度也相应增大。许多研究结果表明：尿素一次施用和过度灌溉时氮素淋失量最多，而分次施用和适度灌溉时氮素淋失最少，灌溉量对氮素损失的影响比施肥量明显。

7.3.3 农业面源氮素污染的防控措施

7.3.3.1 注重化肥、有机肥的配合施用，选用新型高效肥料

根据农田土壤特征、农作物生长状况、农作物对养分的吸收特性，安排施肥量、施肥方式和时间。重视有机肥的投入，农业废弃物如畜禽粪便、作物秸秆等，含有丰富的有机质和养分，直接弃入环境或焚烧引起的养分污染不可忽视，作物残茬覆盖、秸秆还田对控制土壤侵蚀和养分流失，预防面源污染的发生都具有现实的生态意义。研究表明，有机肥氮与化肥氮大致各半，作物产量最高，农产品品质最好，经济效益最佳。有机氮比例低是导致氮肥利用率下降的重要原因，今后应逐步提高有机氮施用的比例，这样不仅可以减少化肥损失，而且可以减少畜禽粪尿对环境特别是水环境的污染。任何一种元素的缺乏都会限制作物产量的提高，我国近年氮肥用量大幅度增加而产量增加有限，磷、钾肥不足是主要原因之一，适当提高磷、钾肥的施用量还可提高氮肥的利用率。

不同的氮肥料品种流失程度也大不相同。选择适宜的氮肥对降低土壤氮流失有积极意义。尿素比碳氮肥效高、污染程度轻；硝酸铵最易增加径流中氮素的含量，而施用尿素较碳铵显著降低径流中氮的流失量。在水土流失严重的坡耕地上种植作物时，应尽量选择尿素一类的氮肥，在有条件的地区，可适当施用缓/控释肥料。在一些高产地区，确定氮肥的适宜施用量，将氮肥用量控制在能获得最高经济效益的范围内。在普通氮肥中配施脲酶抑制剂、硝化抑制剂可明显延缓氮在土壤中的转化，降低土壤中硝态氮含量，减轻硝态氮的流失。保氮素是一种新型的尿素抑制剂，其主要作用是减少尿素中氮素在作物生长前期的损失，减少

7 土壤环境与农业面源污染

淋溶发生。农业部门应推荐使用对环境有利的化肥,扩大新的、压缩老的肥料品种,如缓效性氮肥和包覆肥的使用。近年来,缓/控释氮肥的研制得到进一步重视,包膜控释肥料能明显降低氮肥的淋失量,缓释性的脲甲醛、IBDU(异丁叉二脲)、聚烯烃树脂包膜尿素、热固性树脂包膜肥料等均能比普通氮肥明显降低土壤中的氮素淋失量。缓释肥料具有养分释放与作物吸收相同步的功能和满足作物不同生长发育阶段的需要等优点。

7.3.3.2 采用先进灌溉技术,减少氮肥淋失

灌溉的目的是为了保证土壤具有一定的含水量以满足作物正常生长的需要。而灌水量超过或低于作物正常生长的需求时,往往会对作物正常生长造成不利影响。灌水量过多时,还会造成深层渗漏,以及渗漏水对土壤中氮素的淋洗而引起地下水污染。因为氮素的淋失总是伴随着水分的向下移动,所以以产量经济效益和环境综合效益为目标、优化水肥管理,使肥料与灌溉的分配与作物生理需求同步,是防止和减轻土壤氮素流失的有效手段之一。灌溉是提高农产品产量和品质的重要手段,传统的灌溉方式为明渠大水漫灌,这种方式不仅浪费了宝贵的水资源、土地资源,而且加速了氮肥(主要是硝酸盐)的淋失,污染地下水和地表水。采用先进的喷灌、滴灌、雾灌、暗灌技术则是节水、省地、保肥、提高农业生产的重要途径。改浇水为浇作物,平均比明渠节水30%~50%,省地2%~4%,增产15%~30%。氮肥淋失较少,大大减轻了对环境的污染,还应做到农田及时排水,以避免造成厌氧环境,引起反硝化作用,产生氮的氧化物,而污染大气、破坏臭氧层。

7.3.3.3 大力发展生物固氮作用

据估计,全球生物固定的氮素每年约有1.22×10^8 t,大大超过氮肥的生产量。长期以来,生物固氮一直是农业上研究的主要课题。生物固氮能增加土壤氮素、土壤有机质,相对减少化学氮肥的使用,减轻氮肥及氮肥厂生产对环境的污染。近年来,生物固氮技术的科学研究发展得非常迅速,我国生物固氮技术的研究表明,生物固氮具有节省能源和投资,避免空气、水体和土壤严重污染,保护环境等优点。然而生物固氮应用于农业生产中的还很有限。因此,加强生物固氮研究,促进科技转化成生产力是农业科研和生产部门的当务之急。

7.3.3.4 选择科学的耕作制度

调整作物的种类与布局,进行合理的间、套、轮作等措施,筛选和利用高产、优质、高效使用氮肥的优良水稻品种,都能有助于提高氮肥利用率,减少氮肥的流失。肥料的适当深施,特别是粒肥的深施,是目前提出的减少氮肥损失、提高利用率的最有效且最稳定的一种方法。与传统耕作方式相比,推广免耕和少耕可减少土壤中水分流失,降低径流中氮污染物的含量,有利于防止农业面源氮污染的形成。还应当改进、革新施肥机具,推广深施、条施、穴施方法,以提高肥料利用率,并降低植物体内硝酸盐积累。垄作和免耕覆盖能显著减少水土流失及养分损失量,在施肥带部位通过压实形成水分运动的障碍层,对防止硝态氮淋失效果显著,可减少施肥部位的NO_3^--N随入渗水分向深层土壤的迁移和累积。

填闲作物是指主要作物收获后,利用时空的有利条件,插种一茬短期的作物,一般在多雨季节种植以吸收土壤氮素,降低耕作系统中的氮淋溶损失为目的,将土壤中的氮素进行有效利用的作物。填闲作物的种植不仅能有效降低NO_3^--N在土壤中的累积,减少NO_3^--N淋洗,并且能够改善土壤质量,回收利用残余的肥料氮,作为下茬作物的有效氮源。

7.3.3.5 人工湿地处理

由漂浮植物池、沉水植物池、挺水植物池以及草滤带组成的人工湿地，对氮肥、磷肥都有较好的吸收及物理沉淀作用，可以控制农业面源氮污染，且具有工艺简洁、运行管理方便、生态效益显著、投资少等优点，是控制面源氮污染的实用工程技术。湿地中的微生物在生长繁殖过程中直接吸收利用有机物和无机营养盐，有机物主要靠好氧、兼氧和厌氧细菌降解得到去除；氮的去除则需要微生物的氨化作用、硝化作用和反硝化作用转化为 N_2 等连续过程来实现。在农田中增加一些湿地面积，修建一些面积不大的水塘，可截留农田地表和地下径流中氮素，有效地控制农业面源氮污染的形成。进入湿地系统中的氮可以通过湿地排水、氨的挥发、植物吸收、微生物硝化-反硝化作用以及介质沉淀吸附等过程得到去除。

(1) 氨的挥发

湿地地面氨挥发需要在水体 pH 值大于 8.0 的情况下发生，一般人工湿地的 pH 值在 7.5~8.0，因此，通过湿地地面挥发损失的氨氮可以忽略不计。

(2) 沉淀及介质吸附

污水中的氮以有机态的形式沉淀在湿地介质上，介质起到了拦截过滤作用。同时，铵态氮可以被植物和土壤颗粒吸收或厌氧微生物吸收。介质可以直接吸附或离子交换固定氮。一般认为，湿地介质吸收的铵态氮最终也被其他途径转化掉，因此介质对氮的去除贡献不大。

(3) 微生物硝化-反硝化作用

在湿地中，通过硝化-反硝化作用去除氮，被认为是人工湿地去除氮的最主要的形式。湿地通过进水携带溶解氧、大气复氧以及植物根系输氧等形式在湿地床体内形成许多好氧微区域，在这些微区域硝酸细菌将氨氮转化成硝态氮，降低了溶液中的氨氮浓度，使得土壤溶液中高浓度的氨氮和好氧微区域中低浓度的氨氮之间形成浓度梯度，氨氮可以持续地扩散到好氧微区域进行硝化作用。硝态氮可以扩散到厌氧区域进行反硝化作用生成 N_2 排出系统，同时也作为植物的营养成分被吸收。

(4) 植物吸收

水生植物在湿地脱氮过程中起了重要作用，植物可将氧气输送至根部，植物及根系为微生物提供附着介质，并直接吸收氮。湿地植物对氨氮和硝态氮都有吸收，但是硝态氮是植物利用的主要形式。

7.3.3.6 合理利用土地，防止土壤溶出和侵蚀

从宏观角度看，农业面源氮污染与土壤的溶出和侵蚀有很大的关系。科学地进行农业土地区划、采用适宜的土地利用方式是控制农业面源氮污染的重要环节，如从环境角度考虑，不宜植稻区改植旱作，由此可大大减少土壤氮损失。在一些面源污染的敏感区推行合理的轮作制度，则污染可大为减轻。另外，少耕或免耕、保持良好的植被等措施均应大力推广。

思考题

1. 简述农业面源污染的特点。
2. 简述土壤磷素流失途径。
3. 影响农田氮素损失的因素有哪些？
4. 磷素面源污染的工程防控措施有哪些？

推荐读物

土壤污染与防治. 洪坚平. 中国农业出版社, 2005.
中国农业面源污染控制对策. 朱兆良. 中国环境科学出版社, 2006.
土壤污染及其防治. 夏立江, 王宏康. 华东理工大学出版社, 2001.

参考文献

洪坚平. 2005. 土壤污染与防治 [M]. 北京: 中国农业出版社.
沃飞, 陈效民, 等. 2007. 太湖流域典型地区农村水环境氮、磷污染状况的研究 [J]. 环境科学学报, 26 (3): 819-825.
宋家永, 李英涛, 等. 2010. 农业面源污染的研究进展 [J]. 中国农学通报, 26 (11): 362-365.
陶春, 高明, 等. 2010. 农业面源污染影响因子及控制技术的研究现状与展望 [J]. 土壤, 42 (3): 336-343.
胡星明. 2004. 中国农业非点源污染 [J]. 安徽教育学院学报, 24 (6): 80-82.
胡宏祥, 马友华. 2008. 谈农业面源污染中水土流失问题 [J]. 中国农学通报, 24 (增刊): 261-264.
段永惠, 张乃明, 等. 2005. 施肥对农田氮磷污染物径流输出的影响研究 [J]. 土壤, 37 (1): 48-51.
柴世伟, 裴晓梅, 等. 2006. 农业面源污染及其控制技术研究 [J]. 水土保持学报, 20 (6): 192-195.
李斌, 吕锡武, 等. 2008. 河口前置库技术在面源污染控制中的研究进展 [J]. 水处理技术, 34 (9): 1-5.
潘响亮, 邓伟. 2003. 农业流域河岸缓冲区研究综述 [J]. 农业环境科学学报, 22 (2): 244-247.
曾悦, 洪华生, 等. 2004. 畜禽养殖区磷流失对水环境的影响及其防治措施 [J]. 农村生态环境, 20 (3): 77-80.
刘建, 闫英桃, 等. 2004. 磷致富营养化水体中磷存在形态分析 [C]. 中国西部环境问题与可持续发展国际学术研讨会论文集.
高超, 张桃林. 1999. 农业非点源磷污染对水体富营养化的影响及对策 [J]. 湖泊科学, 4 (11): 371-373.
赵永宏, 邓祥征, 等. 2010. 我国农业面源污染的现状与控制技术研究 [J]. 安徽农业科学, 38 (5): 2548-2552.
王晓宇. 2010. 汾河水库及其上游饮用水功能区农业面源污染及治理保护 [J]. 中国水土保持 (6): 55-57.
张乃明, 文波龙. 2007. 我国土壤磷素非点源污染研究进展 [C]. 第二届全国农业环境科学学术研讨会.
李东坡, 武志杰. 2008. 化学肥料的土壤生态环境效应 [J]. 应用生态学报, 19 (5): 1158-1165.
单艳红, 杨林章, 等. 2004. 土壤磷素流失的途径、环境影响及对策 [J]. 土壤, 36 (6): 602-608.
王道涵, 陈新, 等. 2002. 水田土壤剖面磷素吸附-解吸特征 [J]. 中国农学通报, 2 (26): 249-253.
戴照福, 王继增, 等. 2006. 土壤磷素非点源污染及其对环境影响的研究 [J]. 农业环境科学学报, 25 (增刊): 323-327.
庞刚, 李恒鹏, 等. 2009. 模拟暴雨条件下农田磷素迁移特征 [J]. 湖泊科学, 21 (1): 45-52.
朱兆良, 文启孝. 1992. 中国土壤氮素 [M]. 南京: 江苏科学技术出版社.

付伟章. 2005. 氮肥施用对农田氮素径流输出的影响及其机理 [D]. 山东农业大学硕士学位论文.

刘志伟, 徐志红. 2003. 长江中下游地区农业非点源氮污染控制对策 [J]. 农机化研究, 2: 58-60.

谢红梅, 朱波. 2003. 农田非点源氮污染研究进展 [J]. 生态环境, 12 (3): 349-352.

孙大鹏, 孙宏亮, 等. 2007. 浅论地下水中的氮污染 [J]. 地下水, 29 (1): 69-70.

刘晓晨, 孙占祥. 2008. 地下水硝态氮污染现状及研究进展 [J]. 辽宁农业科学 (5): 41-45.

左海军, 张奇, 等. 2008. 农田氮素淋溶损失影响因素及防治对策研究 [J]. 环境污染与防治, 30 (12): 83-85.

巨晓棠, 张福锁. 2003. 中国北方土壤硝态氮的累积及其对环境的影响 [J]. 生态环境, 12 (1): 24-28.

曹红霞, 康绍忠, 等. 2005. 田间管理措施对土壤硝态氮迁移影响研究进展 [J]. 灌溉排水学报, 24 (1): 72-75.

王姝. 2004. 浅谈农田非点源氮污染 [J]. 辽宁农业科学 (6): 35-36.

王海军, 王洪铸. 2009. 富营养化治理应放宽控氮、集中控磷 [J]. 自然科学进展, 19 (6): 599-604.

吴建富, 潘晓华. 2008. 稻田土壤中氮素损失途径研究进展 [J]. 现代农业科技 (6): 117-119.

徐玉宏. 2002. 氮肥污染与防治 [J]. 环境污染与防治, 24 (3): 174-176.

串丽敏, 赵同科, 等. 2010. 土壤硝态氮淋溶及氮素利用研究进展 [J]. 中国农学通报, 26 (11): 200-205.

刘志伟, 徐志红, 等. 2003. 长江中下游地区农业非点源氮污染控制对策 [J]. 农机化研究, 2: 58-60.

付融冰. 2007. 强化人工湿地对富营养化水体的修复及作用机理研究 [D], 同济大学工学博士学位论文.

8

土壤环境污染监测和评价

◆ ◆ ◆ ◆ ◆ ◆ ◆ ◆ ◆ ◆ ◆

本章提要

　　土壤环境质量的监测与评价是把握一个地区土壤环境现时的污染水平重要手段。本章主要介绍了土壤环境污染监测、土壤污染诊断、土壤环境质量评价、土壤环境影响评价和土壤环境风险评价与管理等相关内容。着重介绍了土壤环境监测的技术路线，土壤环境质量评价、土壤环境影响评价和土壤环境风险评价的评价内容和评价程序。

◆ ◆ ◆ ◆ ◆ ◆ ◆ ◆ ◆ ◆ ◆

土壤是一种宝贵的自然资源，是环境的重要组成部分，是万物生长和立足的重要基础，也是人类生存、发展、工作和生活的重要场所。然而土地开发、资源开采和废物处置等项目对土壤造成了不同形式的定性和定量的影响。所以，要提高土壤的环境质量和使用价值，保护环境和土壤资源，必须系统全面地进行土壤环境监测、土壤环境质量评价、影响评价和风险评价。

8.1 土壤环境监测和土壤污染诊断

8.1.1 土壤环境监测概述

土壤环境监测是指对土壤中各种金属、有机污染物、农药与病原菌的来源、污染水平及积累、转移或降解途径进行的监测活动。土壤污染监测的主要内容是对人群健康和维持生态平衡有重要影响的物质，如汞、镉、铅、砷、铜、铝、镍、锌、硒、铬、钒、锰、硫酸盐、硝酸盐、卤化物、碳酸盐等元素或无机污染物；石油、有机磷和有机氯农药、多环芳烃、多氯联苯、三氯乙醛及其他生物活性物质；由粪便、垃圾和生活污水引入的传染性细菌和病毒等。

8.1.1.1 土壤监测的目的和意义

环境问题是当今世界各国研究的热点和难点，仅有水和空气的监测已不足以全面反映整个环境的真实状况，因此土壤监测是十分必要的。土壤环境监测的主要目的是了解土壤是否受到污染或受到污染的程度，分析土壤污染与粮食污染、地下水污染及对地上生物的影响，尤其是对人体的危害关系。具体包括土壤环境质量的现状调查、区域土壤环境背景值的调查、土壤污染事故调查以及污染物土地处理的动态观测4个方面。土壤污染监测结果对掌握土壤质量状况，实施土壤污染控制防治途径和质量管理具有重要意义。

8.1.1.2 我国土壤环境监测的主要任务与工作目标

（1）主要任务
- 了解重点区域背景值情况；
- 了解农田土壤质量；
- 定期监测污水灌溉或污泥处理土地污染状况；
- 掌握重点污染源周边土壤污染状况；
- 掌握有害废物堆放场周边土壤污染状况；
- 调查城市工业遗弃地污染情况。

（2）工作目标

10年内，将农田土壤监测纳入例行监测，对典型的污染区域进行跟踪监视性监测，建立全国土壤环境监测标准体系和质量评价体系，完善全国土壤环境监测网络。

8.1.1.3 国内外土壤环境监测现状

（1）国内外土壤环境标准现状

国内土壤环境标准现状 到目前为止，我国有关土壤环境质量方面的标准只有原国家环境保护总局1995年颁布的《土壤环境质量标准》（GB 156182—1995）。该标准分为3级：一级标准是指为保护区域自然生态，维护自然背景的土壤环境质量限制值；二级标准是指为保障农业生产，维护人体健康的土壤限制值；三级标准是指为保障农林生产和植物正常生长的土壤临界值。一级标准主要依据土壤背景值来制订即依靠地球化学法。我国有关土壤背景值研究始于20世纪70年代中期，首先由中国科学院相关研究机构在北京、南京和广州等地区开展研究，原农牧渔业部组织开展了天津等13个省（自治区、直辖市）的主要农业土壤的9种元素含量的调查研究，以及"六五"和"七五"国家科技攻关项目中，也都列有土壤背景值调查研究专题。二级标准的制订主要依据土壤中有害物质对植物和人类健康危害的研究，即通过生态效应法来制定。三级标准和二级标准类似，即根据生态效应法制订，但不同的是三级标准根据国内某些高含量地区土壤尚未发生危害或污染植物和环境的资料予以制订。

国外土壤环境标准发展动态 目前，国际关于土壤环境标准研究的主要趋势是基于暴露风险评估方法，通过划分不同土地利用方式，结合土壤生态毒理学效应和人体健康暴露风险，制定保护生态和人体健康的标准，以及基于风险评价的污染土壤修复标准的构建。以下述3个国家为例：

日本于20世纪70年代就颁布了农用地土壤污染防治法以及土壤质量标准和分析方法，1991年8月，修订了镉等10项标准，又于1994年2月增加了有机氯化合物等15项土壤环境限制标准，在制定土壤环境质量标准时，将土壤按质量和10倍的水相混合浸取。除铜外，还规定了浸出液中24种污染物的限制浓度。

美国没有国家标准方法和规范，主要以行业或协会的标准方法或规范为主。有关土壤质量的标准和规范主要有美国环境保护署方法和美国测试与材料学会（ASTM）标准，ASTM建立的有关土壤采样的标准方法已被许多国家采用（如日本及加拿大等）。美国有关土壤的标准主要以采样和质量控制为主，土壤样品的测试方法采用美国环境保护署的SW-800系列。

英国标准局（BSI）于1988年颁布了《潜在污染土壤的调查规范（草案）》（DD175：1988），该规范规定了一般土壤污染调查的程序和方法指导，包括准备、布点方法、样品采集数量、样品采集方法、质量控制及报告编写等内容。

(2) 国内外土壤背景值监测现状

国内土壤背景值监测现状 1978年农牧渔业组织34个单位，对13个省（自治区、直辖市）的主要农业土壤和粮食作物中9种元素的含量进行了研究。1982年国家将环境背景值调查研究列入"六五"重点科技攻关项目，在"七五"期间，国家将全国土壤背景值调查研究列为重点科技攻关课题，共计60余个单位参加联合攻关。调查范围包括除台湾省以外的29个省（自治区、直辖市）。在全国范围内共采集了4 095个剖面样品，11 500个土壤样本进入样品库，并测试了As、Cd、Co、Cr、Cu、F、Hg、Ni、Pb、Se、V、Zn、pH值、有机质和土壤粒度共18个项目。

国外土壤背景值监测现状 从20世纪60年代起，美国地质调查所为建立土壤中元素的基线值，开展了一系列的区域土壤背景值调查工作。在美国陆地上以80 km×80 km间隔采集了1 218个土壤和地表物质样品，采样深度为20 cm。1984年发表了《美国大陆土壤及地表物质中元素浓度》的专项报告，讨论了46个元素的土壤背景值，并绘制了各元素点位分级图。1988年美国地质调查所又完成了阿拉斯加州土壤环境背景值的调查研究报告，涉及35个元素的环境背景值。至今，美国完成了全国土壤背景值的调查研究。

英国的英格兰、威尔士土壤调查总局于1979年按网格设计，间隔5 km采集一个表土，在英格兰和威尔士共采集了6 000个样品，采用王水消解，消解液ICP-AES，测定了19个元素。日本 1978—1984 年在全国 25 个道县采集表土和底土样品 687 个，用 HNO_3-H_2SO_4-$HClO_4$ 消解法，测定了 Cu、Pb、Zn、Cd、Cr、Mn、Ni、As 共 8 个元素。瑞士于 20 世纪 80 年代建立了国家土壤环境监测网（NABO），在全国设立了 120 个土壤监测点。此外前苏联、罗马尼亚、加拿大、挪威等 30 多个国家和地区也都开展了土壤背景值的调查。

（3）国内外土壤污染监测现状

国内土壤污染监测现状　我国对农田土壤污染的监测，以往主要以农业环保部门为主，一些环境监测部门也对本地区的农业土壤进行监测工作。由于农业环保部门的力量有限，难以对全国如此大面积农田进行长期的连续监测，所以各级环境监测部门应加强对农田污染的监测。

我国工业用地的污染问题尚未进行调查和监测，因此，开展工业废弃土地的监督和监测，也是我国环境保护主管部门面临的重要任务之一。

国外土壤污染监测现状　土壤环境监测最先始于对农用地的监测，早期的监测偏重于土壤肥力的监测。只是在近 20 年来，随着土壤污染的加剧，各国相继开展了农田的污染监测。以日本为例，在日本的富山县神通川流域，由于锌、铅冶炼厂排放的含镉废水污染了神通川水体，两岸居民利用河水灌溉农田，从而污染了农田土壤，使稻米含镉。居民食用含镉稻米和饮用含镉水而造成中毒事件，即为著名的"痛痛病"环境污染事件。因此，日本政府于 1970 年颁布了《农田土壤污染防治法》，规定了土壤中 Cu、As、Cd 的限制标准，并广泛开展了农田土壤的监测工作。

8.1.2　土壤环境监测技术路线与监测方案制定

8.1.2.1　土壤环境监测技术路线设计原则

（1）目的性原则

土壤环境监测的根本目的是为了完成我国土壤监测任务，实现规划目标，借鉴国外的有益经验，采用先进的技术手段和方法，掌握全国土壤环境质量现状和变化趋势，为控制土壤污染提供依据。

（2）突出重点原则

应结合我国土壤污染现状，首先选择对人体健康影响较大的重点污染土壤类型或区域进行监测。

（3）可行性原则

根据我国环境监测的技术条件和经济水平，制定切实可行的监测技术路线。

技术可行性　土壤样品的监测分析方法除了化学分析方法外主要采用原子吸收法和气相色谱法，这 2 种仪器方法也是我国目前水气环境监测中的主要仪器方法，不存在技术难题。

经济可行性　土壤监测所需设备相对比较简单，主要使用的分析仪器为原子吸收和气相色谱仪，我国二级和三级监测站基本上都有配备，许多四级站也有，土壤监测所需要的主要是人力的投入。土壤环境标准体系的建立和完善，根据现有的价格水平，一个监测站每年分析测试 100 个土壤样品的 8 项指标，按现行的土壤样品收费标准，共需投入 3 万元左右。如自行测定，则费用可大大降低。按 50% 折算，每年需投入 1.5 万元左右。我国的大多数基层监测站是可以自行解决的。

8.1.2.2 土壤环境监测方案制定与实施

（1）收集资料

① 通过充分调查，选择监测区域，确定代表性地段、代表性面积，然后布置一定量的采样地点，进行采样；

② 收集包括监测区域的交通图、土壤图、地质图、大比例尺地形图等资料，供制作采样工作图和标注采样点位用；

③ 收集包括监测区域土壤类型、成土母质等土壤信息资料；

④ 收集工程建设或生产过程对土壤造成影响的环境研究资料；

⑤ 收集造成土壤污染事故的主要污染物的毒性、稳定性以及如何消除等资料；

⑥ 收集土壤历史资料和相应的法律（法规）；

⑦ 收集监测区域工农业生产及排污、污灌、化肥农药施用情况资料；

⑧ 收集监测区域气候资料（温度、降水量和蒸发量）、水文资料；

⑨ 收集监测区域遥感与土壤利用及其演变过程方面的资料等。

（2）布点采样

土壤是固、液、气三相的混合物，主体是固体，污染物质进入土壤后不易得到混合，所以样品往往有很大的局限性。

在一般的土壤监测中，采样误差对结果的影响往往大于分析误差，结果的分析值之间相差10%～20%是很正常的，有时还会相差数倍。所以，进行土壤样品采集时，要格外注意样品的合理代表性，最好能在采样前通过调查研究，选择采样单元，合理布设采样点。

污染土壤样品的采集

采样点的布设：

第一，布点原则。不同方位上多点采样，混合均匀；对大气污染物引起的土壤污染，采样点布设应以污染源为中心，并根据当地风向、风速及污染系数等选择在某一方位上进行；对照点应远离污染源；对污水引起的土壤污染，采样点应根据水流路径和距离来选择。

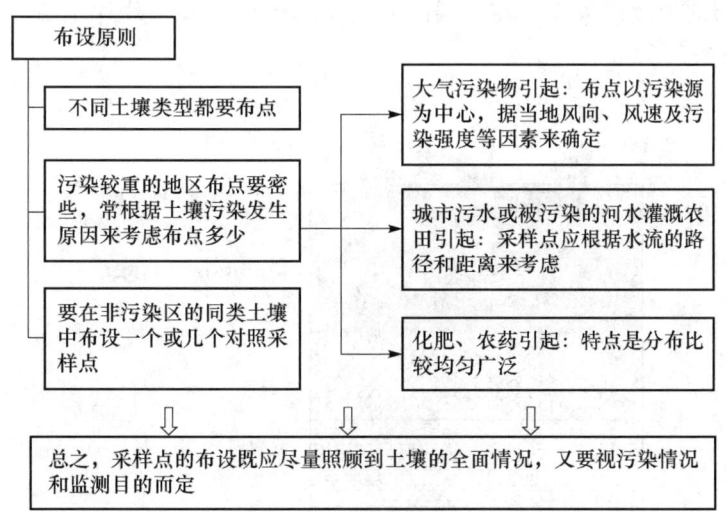

图 8-1　土壤环境监测布点原则

第二，布点方法。布点方法主要分为以下几种。

- 对角线布点法：适用于面积小，地势平坦的污水灌溉或污染河水灌溉的田块。由田块的进水口引一对角线，在对角线上至少5等分，以等分点为采样分点。若土壤差异性大，可增加等分点。
- 梅花形采样布点法：适用于面积较小、地势平坦、土壤较均匀的田块，中心点设在两对角线相交处，一般采样点为5～10个。
- 棋盘式采样布点法：适用于中等面积、地势平坦、地形开阔，但土壤较不均匀的田块，一般采样点设10个以上。
- 蛇形采样布点法：适用于面积较大，地势不太平坦，土壤不够均匀的田块，采样点布设较多，设大概15个分点，多用于农业污染型土壤。
- 放射性布点法：适用于大气污染型土壤，以大气污染源为中心，向周围画射线，在射线上布设采样分点。
- 网格布点法：适用于地形平缓的地块。将地块划分成若干均匀网状方格，采样点设在两条直线的交点上或方格的中心。

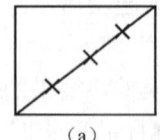 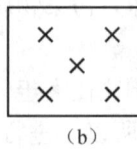 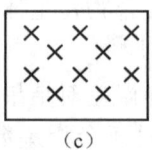 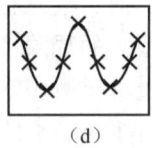

(a)　　　　　　(b)　　　　　　(c)　　　　　　(d)

图 8-2　土壤样品采集布点方法

(a) 对角线布点法　(b) 梅花形布点法　(c) 棋盘式布点法　(d) 蛇形布点法

第三，采样深度。采样深度应视监测目的而定：如果只是一般了解土壤污染状况，采样深度只需在20～40 cm土层处，使用心型采样器采集土壤；如果需要掌握土壤污染深度，则应按土壤剖面层次分层取样，先选择挖掘土壤剖面的位置，挖一个1 m×1.5 m土坑，深2 m，由剖面下层向上逐层采集，在各层内分别用小土铲切取一片片土壤。剖面采样：如图8-3、图8-4和图8-5所示。

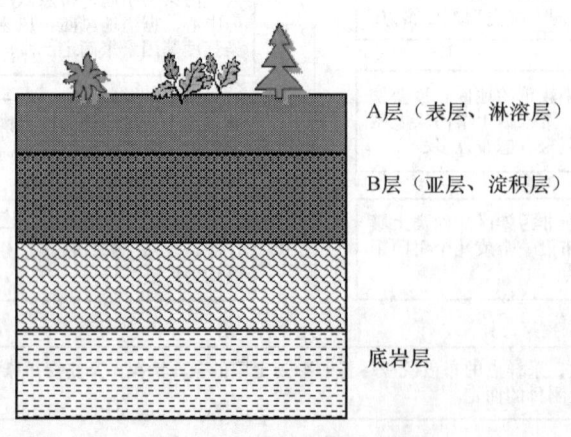

图 8-3　土壤剖面土层示意

8 土壤环境污染监测和评价

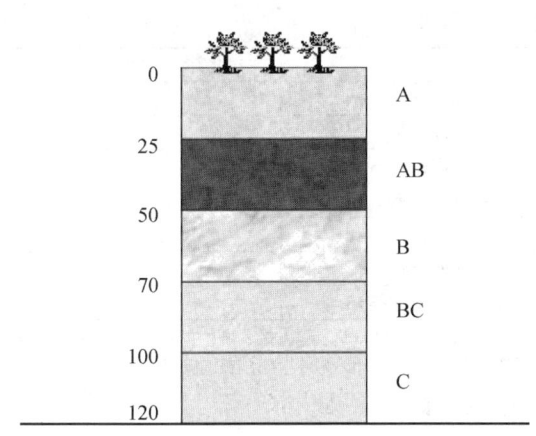

图 8-4 土壤剖面 A、B、C 层示意

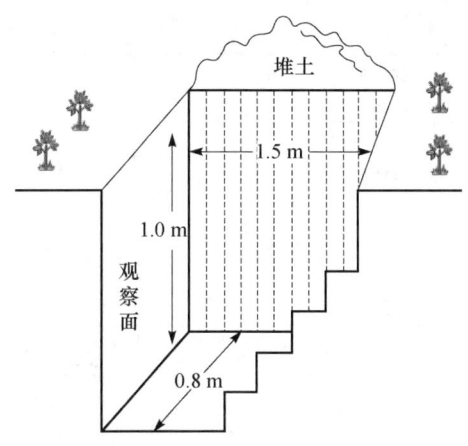

图 8-5 土壤剖面挖掘示意

第四，采样时间和频次。依具体目的而定。为了解土壤污染状况，可随时采集样品进行测定。如需同时掌握在土壤上生长的作物受污染状况，可依季节变化或作物收获期采集。一年中在同一地点采样 2 次进行对照。

表 8-1 监测项目和频次

项目类别		监测项目	监测频次
常规项目	基本项目	pH 值阳离子交换量	每 3 年一次，农田在夏收或秋收后采样
	重点项目	镉、铬、汞、砷、铅、铜、锌、镍、六六六、滴滴涕	
特定项目（污染事故）		特征项目	及时采样，根据污染物变化趋势决定监测频次
选测项目	影响产量项目	全盐量、硼、氟、氮、磷、钾等	每 3 年监测一次，农田在夏收或秋收后采样
	污水灌溉项目	氰化物、六价铬、挥发酚、烷基汞、苯并[α]芘、有机质、硫化物、石油类等	
	POPs 与高毒类农药	苯、挥发性卤代烃、有机磷农药、PCB、PAH 等	
	其他项目	结合态铝（酸雨区）、硒、钒、氧化稀土总量、钼、铁、锰、镁、钙、钠、铝、硅、放射性比活度等	

第五，采样量。对所采集的土壤样品反复按四分法弃取，最后留下所需的土量，将样品装入塑料袋或布袋内。采样时注意，采样点不能设在田边、沟边、路边或肥堆边；要将现场采样点的具体情况，如土壤剖面形态特征等详细记录在记录本上；现场写好标签 2 张（地点、深度、日期、姓名），一张放入袋内，一张扎在口袋上。

表 8-2 土壤样品标签样式

样品编号	
采用地点	
采样层次	
特征描述	
采样深度	
监测项目	
采样日期	
采样人员	

表 8-3　土壤现场记录表

采用地点		东经		北纬	
样品编号		采样日期			
样品类别		采样人员			
采样层次		采样深度（cm）			
样品描述	土壤颜色		植物根系		
	土壤质地		砂砾含量		
	土壤湿度		其他异物		
采样点示意		自下而上植被描述			

注1：土壤颜色可采用门塞尔比色卡比色，也可按土壤颜色三角表（表8-4）进行描述。颜色描述可采用双名法，主色在后，副色在前，如黄棕、灰棕等。颜色深浅还可以冠以暗、淡等形容词，如浅棕、暗灰等。

表 8-4　土壤颜色三角表

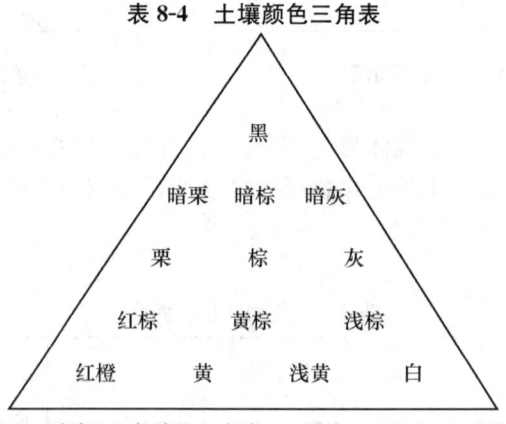

注2：土壤质地分为砂土、壤土（砂壤土、轻壤土、中壤土、重壤土）和黏土，野外估测方法为取小块土壤，加水潮润，然后揉搓，搓成细条并弯成直径为 2.5～3 cm 的土环，据土壤表现的性状确定质地。
　　砂土：不能搓成条；
　　砂壤土：只能搓成短条；
　　轻壤土：能搓直径为 3 mm 直径的条，但易断裂；
　　中壤土：能搓成完整的细条，弯曲时容易断裂；
　　重壤土：能搓成完整的细条，弯曲成圆圈时容易断裂；
　　黏土：能搓成完整的细条，能弯曲成圆圈。

注3：土壤湿度的野外估测，一般可分为五级：
　　干：土块放在手中，无潮润感觉；
　　潮：土块放在手中，有潮润感觉；
　　湿：手捏土块，在土团上塑有手印；
　　重潮：手捏土块时，在手指上留有湿印；
　　极潮：手捏土块时，有水流出。

注4：植物根系含量的估计可分为 5 级：
　　无根系：在该土层中无任何根系；
　　少量：在该土层每 50 cm² 内少于 5 根；
　　中量：在该土层每 50 cm² 内有 5～15 根；
　　多量：在该土层每 50 cm² 内多于 15 根；
　　根密集：在该土层中根系密集交织。

注5：石砾含量以石砾量占该土层的体积百分数估计。

土壤背景值样品的采集

布点原则：代表当地的主要土壤类型；确定采样单元；远离污染源；不在水土流失严重或表土被破坏处采样；尽量减少人为活动影响（远离公路铁路＞300 m）。

采样：按不同剖面采样。第一，在各层次中心自下而上采样，切忌混淆层次，混合采样；第二，对不同地形处样品有不同规定；第三，采样点按有关规定实行。

(3) 土壤样品的制备、保存

土样的风干 在风干室将土样放置于风干盘中，摊成 2~3 cm 的薄层，适时地压碎、翻动，拣出碎石、砂砾、植物残体。

样品粗磨 磨样室将风干的样品倒在有机玻璃板上，用木锤敲打，用木棒、有机玻璃棒再次压碎，拣出杂质，混匀，并用四分法取压碎样，过孔径 0.25 mm（20 目）尼龙筛。过筛后的样品全部放置于无色聚乙烯薄膜上，并充分搅拌混匀，再采用四分法取其两份，一份交样品库存放，另一份作样品的细磨用。粗磨样可直接用于土壤 pH 值、阳离子交换量、元素有效态含量等项目的分析。

样品细磨 用于细磨的样品再用四分法分成 2 份，一份研磨到全部过孔径 0.25 mm（60 目）筛，用于农药或土壤有机质、土壤全氮量等项目分析；另一份研磨到全部过孔径 0.15 mm（100 目）筛，用于土壤元素全量分析。

样品分装 研磨混匀后的样品，分别装于样品袋或样品瓶，填写土壤标签一式两份，瓶内或袋内一份，瓶外或袋外贴一份。制样过程中应注意，采样时的土壤标签与土壤始终放在一起，严禁混错，样品名称和编码始终不变；制样工具每处理一份样后擦抹（洗）干净，严防交叉污染；分析挥发性、半挥发性有机物或可萃取有机物无需上述制样，用新鲜样按特定的方法进行样品前处理。

样品保存 按样品名称、编号和粒径分类保存。

新鲜样品的保存：对于易分解或易挥发等不稳定组分的样品要采取低温保存的运输方法，并尽快送到实验室分析测试。测试项目需要新鲜样品的土样，采集后用可密封的聚乙烯或玻璃容器在 4℃ 以下避光保存，样品要充满容器。避免用含有待测组分或对测试有干扰的材料制成的容器盛装保存样品，测定有机污染物用的土壤样品要选用玻璃容器保存。

预留样品：预留样品在样品库造册保存。

分析取用后的剩余样品：分析取用后的剩余样品，待测定全部完成数据报出后，也移交样品库保存。

保存时间：分析取用后的剩余样品一般保留半年，预留样品一般保留 2 年。特殊、珍稀、仲裁、有争议样品一般永久保存。

样品库要求：保持干燥、通风、无阳光直射、无污染；要定期清理样品，防止霉变、鼠害及标签脱落。样品入库、领用和清理均需记录。

表 8-5　新鲜样品的保存条件和保存时间

测试项目	容器材质	温度（℃）	可保存时间（d）	备注
金属（汞和六价铬除外）	聚乙烯、玻璃	<4	180	
汞	玻璃	<4	28	
砷	聚乙烯、玻璃	<4	180	
六价铬	聚乙烯、玻璃	<4	1	
氰化物	聚乙烯、玻璃	<4	2	
挥发性有机物	玻璃（棕色）	<4	7	采样瓶装满装实并密封
半挥发性有机物	玻璃（棕色）	<4	10	采样瓶装满装实并密封
难挥发性有机物	玻璃（棕色）	<4	14	

(4) 土壤样品预处理

全分解方法

普通酸分解法：准确称取 0.5 g（精确到 0.1 mg，以下都与此相同）风干土样于聚四氟乙烯坩埚中，用几滴水润湿后，加入 10 mLHCl（$\rho=1.19$ g/mL），于电热板上低温加热，蒸发至约剩 5 mL 时加入 15 mL HNO_3（$\rho=1.42$ g/mL），继续加热蒸至近黏稠状，加入 10 mLHF（$\rho=1.15$ g/mL）并继续加热，为了达到良好的除硅效果应经常摇动坩埚。最后加入 5 mL $HClO_4$（$\rho=1.67$ g/mL），并加热至白烟冒尽。对于含有机质较多的土样应在加入 $HClO_4$ 后加盖消解，土壤分解物应呈白色或淡黄色（含铁较高的土壤），倾斜坩埚时呈不流动的黏稠状。用稀酸溶液冲洗内壁及坩埚盖，温热溶解残渣，冷却后，定容至 100 mL 或 50 mL，最终体积依待测成分的含量而定。

高压密闭分解法：称取 0.5 g 的风干土样置于内套聚四氟乙烯坩埚中，然后加入少许水润湿试样，再加入 HNO_3（$\rho=1.42$ g/mL）、$HClO_4$（$\rho=1.67$ g/mL）各 5 mL，摇匀后将坩埚放入不锈钢套筒中，拧紧。放在 180 ℃的烘箱中分解 2 h。取出，冷却至室温后，取出坩埚，用水冲洗坩埚盖的内壁，加入 3 mLHF（$\rho=1.15$ g/mL），置于电热板上，在 100～120 ℃加热除硅，待坩埚内剩下约 2～3 mL 溶液时，调高温度至 150 ℃，蒸至冒浓白烟后再缓缓蒸至近干，按上述同样操作定容后进行测定。

微波炉加热分解法：微波炉加热分解法是以被分解的土样及酸的混合液作为发热体，从内部进行加热使试样受到分解的方法。目前报道的微波加热分解试样的方法，有常压敞口分解和仅用厚壁聚四氟乙烯容器的密闭式分解法，也有密闭加压分解法。这种方法以聚四氟乙烯密闭容器作内筒，以能透过微波的材料如高强度聚合物树脂或聚丙烯树脂作外筒，在该密封系统内分解试样能达到良好的分解效果。微波加热分解也可分为开放系统和密闭系统 2 种。开放系统可分解多量试样，且可直接和流动系统相组合实现自动化，但由于要排出酸蒸汽，所以分解时使用酸量较大，易受外环境污染，挥发性元素易造成损失，费时间且难以分解多数试样。密闭系统的优点较多，酸蒸汽不会逸出，仅用少量酸即可，在分解少量试样时十分有效，不受外部环境的污染。在分解试样时不用观察及特殊操作，由于压力高，所以分解试样很快，不会受外筒金属的污染（因为用树脂做外筒）。可同时分解大批量试样。

其缺点是需要专门的分解器具，不能分解量大的试样，如果疏忽会有发生爆炸的危险。在进行土样的微波分解时，无论使用开放系统或密闭系统，一般使用 HNO_3-HCl-HF-$HClO_4$、HNO_3-HF-H_2O_2、HNO_3-HF-$HClO_4$、HNO_3-HCl-HF-H_2O_2 等体系。当不使用 HF 时（限于测定常量元素且称样量小于 0.1g），可将分解试样的溶液适当稀释后直接测定。若使用 HF 或 $HClO_4$ 对待测微量元素有干扰时，可将试样分解液蒸至近干，酸化后稀释定容。

碱融法

第一，碳酸钠熔融法（适合测定氟、钼、钨）。称取 0.500 0～1.000 0 g 风干土样放入预先用少量碳酸钠或氢氧化钠垫底的高铝坩埚中（以充满坩埚底部为宜，以防止熔融物粘底），分次加入 1.5～3.0 g 碳酸钠，并用圆头玻璃棒小心搅拌，使与土样充分混匀，再放入 0.5～1g 碳酸钠，使平铺在混合物表面，盖好坩埚盖。移入马福炉中，于 900～920 ℃熔融 0.5 h。自然冷却至 500 ℃左右时，可稍打开炉门（不可开缝过大，否则高铝坩埚骤然冷却会开裂）以加速冷却，冷却至 60 ℃～80 ℃用水冲洗坩埚底部，然后放入 250 mL 烧杯中，加入 100 mL 水，在电热板上加热浸提熔融物，用水及 HCl（1+1）将坩埚及坩埚盖洗净取出，并小心用 HCl（1+1）中和、酸化（注意盖好表面皿，以免大量 CO_2 冒泡引起试样的溅失），待大量盐类溶解后，用中速滤纸过滤，用水及 5% HCl 洗净滤纸及其中的不溶物，定容待测。

第二，碳酸锂-硼酸、石墨粉坩埚熔样法（适合铝、硅、钛、钙、镁、钾、钠等元素）。土壤矿质全量分析中土壤样品分解常用酸溶剂，酸溶试剂一般用氢氟酸加氧化性酸分解样品，其优点是酸度小，适用于仪器分析测定，但对某些难熔矿物分解不完全，特别对铝、钛的测定结果会偏低，且不能测定硅（已被除去）。碳酸锂-硼酸在石墨粉坩埚内熔样，再用超声波提取熔块，分析土壤中的常量元素，速度快，准确度高。在 30 mL 瓷坩埚内充满石墨粉，置于 900 ℃高温电炉中灼烧 0.5 h，取出冷却，用乳钵棒压一空穴。准确称取经 105 ℃烘干的土样 0.200 0 g 于定量滤纸上，与 1.5 g Li_2CO_3-H_3BO_3（Li_2CO_3：H_3BO_3=1：2）混合试剂均匀搅拌，捏成小团，放入瓷坩埚内石墨粉洞穴中，然后将坩埚放入已升温到 950 ℃的马弗炉中，20 min 后取出，趁热将熔块投入盛有 100 mL 4% 硝酸溶液的 250 mL 烧杯中，立即于 250W 功率清洗槽内超声（或用磁力搅拌），直到熔块完全溶解；将溶液转移到 200 mL 容量瓶中，并用 4% 硝酸定容。吸取 20 mL 上述样品液移入 25 mL 容量瓶中，并根据仪器的测量要求决定是否需要添加基体元素及添加浓度，最后用 4% 硝酸定容，用光谱仪进行多元素同时测定。

形态分析样品的处理方法

有效态的溶浸法：DTPA（二乙三胺五乙酸）浸提、0.1 mol/L HCl 浸提、水浸提。

碳酸盐结合态、铁-锰氧化结合态等形态的提取法：可交换态浸提法、碳酸盐结合态浸提法、铁锰氧化物结合态浸提法、有机结合态浸提法和残余态浸提法。

有机污染物的提取方法

常用有机溶剂：有机溶剂的选择原则，根据相似相溶的原理，尽量选择与待测物极性相近的有机溶剂作为提取剂。提取剂必须与样品能很好地分离，且不影响待测物的纯化与测定；不能与样品发生作用，毒性低、价格便宜；此外，还要求提取剂沸点在 45～80 ℃ 为好。还要考虑溶剂对样品的渗透力，以便将土样中待测物充分提取出来。当单一溶剂不能成为理想的提取剂时，常用两种或两种以上不同极性的溶剂以不同的比例配成混合提取剂。

常用有机溶剂的极性由强到弱的顺序为：水；乙腈；甲醇；乙酸；乙醇；异丙醇；丙酮；二氧六环；正丁醇；正戊醇；乙酸乙酯；乙醚；硝基甲烷；二氯甲烷；苯；甲苯；二甲苯；四氯化碳；二硫化碳；环己烷；正己烷（石油醚）和正庚烷。

溶剂的纯化：纯化溶剂多用重蒸馏法。纯化后的溶剂是否符合要求，最常用的检查方法是将纯化后的溶剂浓缩 100 倍，再用与待测物检测相同的方法进行检测，无干扰即可。

（5）土壤污染物的测定

土壤含水量的测定　无论采用新鲜或风干样品，都需测定土壤含水量，以便计算土壤中各种成分按烘干土为基准时的测定结果。

测定方法：用天平（精确到 0.01），称取土样 20～30 g，置于铝盒中，在 105 ℃下烘至恒重，计算水分重量占烘干土重的百分数：

$$水分\% = \frac{(风干土重-烘干土重)}{烘干土重} \times 100 \qquad (8-1)$$

土壤常规监测项目及分析方法（表 8-6）

表 8-6 土壤监测项目与分析方法

监测项目	推荐方法	等效方法
砷	COL	HG-AAS、HG-AFS、XRF
镉	GF-AAS	POL、ICP-MS
钴	AAS	GF-AAS、ICP-AES、ICP-MS
铬	AAS	GF-AAS、ICP-AES、XRF、ICP-MS
铜	AAS	GF-AAS、ICP-AES、XRF、ICP-MS
氟	ISE	
汞	HG-AAS	HG-AFS
锰	AAS	ICP-AES、INAA、ICP-MS
镍	AAS	GF-AAS、XRF、ICP-AES、ICP-MS
铅	GF-AAS	ICP-MS、XRF
硒	HG-AAS	HG-AFS、DAN 荧光、GC
钒	COL	ICP-AES、XRF、INAA、ICP-MS
锌	AAS	ICP-AES、XRF、INAA、ICP-MS
硫	COL	ICP-AES、ICP-MS
pH 值	ISE	
有机质	VOL	
PCBs、PAHs	LC、GC	
阳离子交换量	VOL	
VOC	GC、GC-MS	
SVOC	GC、GC-MS	
除草剂和杀虫剂	GC、GC-MS、LC	
POPs	GC、GC-MS、LC、LC-MS	

注：ICP-AES：等离子发射光谱；XRF：X-荧光光谱分析；AAS：火焰原子吸收；GF-AAS：石墨炉原子吸收；HG-AAS：氢化物发生原子吸收法；HG-AFS：氢化物发生原子荧光法；POL：催化极谱法；ISE：选择性离子电极；VOL：容量法；POT：电位法；INAA：中子活化分析法；GC：气相色谱法；LC：液相色谱法；GC-MS：气相色谱-质谱联用法；COL：分光比色法；LC-MS：液相色谱-质谱联用法；ICP-MS：等离子体质谱联用法。

表 8-7 土壤常规监测项目及分析方法

监测项目	监测仪器	监测方法	方法来源
镉	原子吸收光谱仪	石墨炉原子吸收分光光度法	GB/T 17141—1997
	原子吸收光谱仪	KI-MIBK 萃取原子吸收分光光度法	GB/T 17140—1997
汞	测汞仪	冷原子吸收分光光度法	GB/T 17136—1997
砷	分光光度计	二乙基二硫代氨基甲酸银分光光度法	GB/T 17134—1997
	分光光度计	硼氢化钾—硝酸银分光光度法	GB/T 17135—1997

续表

监测项目	监测仪器	监测方法	方法来源
铜	原子吸收光谱仪	火焰原子吸收分光光度法	GB/T 17138—1997
铅	原子吸收光谱仪	石墨炉原子吸收分光光度法	GB/T 17141—1997
	原子吸收光谱仪	KI-MIBK 萃取原子吸收分光光度法	GB/T 17140—1997
铬	原子吸收光谱仪	火焰原子吸收分光光度法	HJ 491—2009
锌	原子吸收光谱仪	火焰原子吸收分光光度法	GB/T 17138—1997
镍	原子吸收光谱仪	火焰原子吸收分光光度法	GB/T 17139—1997
六六六和DDT	气相色谱仪	电子捕获气相色谱法	GB/T 14550—2003
多环芳烃	液相色谱仪	液液萃取和固相萃取高效液相色谱法	HJ 478—2009
稀土总量	分光光度计	对马尿酸偶氮氯膦分光光度法	NY/T 30—1986
pH 值	pH 值计	森林土壤 pH 值的测定	LY/T 1239—1999
阳离子交换量	滴定仪	乙酸铵法	*

* 注:《土壤理化分析》，1978，中国科学院南京土壤研究所编。

(6) 监测数据结果

结果表示 平行样的测定结果用平均数表示，一组测定数据用 Dixon 法、Grubbs 法检验剔除离群值后以平均值报出；低于分析方法检出限的测定结果以未检出报出，参加统计时按 1/2 最低检出限计算。

土壤样品测定一般保留 3 位有效数字，含量较低的镉和汞保留 2 位有效数字，并注明检出限数值。分析结果的精密度数据，一般只取 1 位有效数字，当测定数据很多时，可取 2 位有效数字。表示分析结果的有效数字的位数不可超过方法检出限的最低位数。

监测报告 监测报告包括内容：报告名称，实验室名称，报告编号，报告每页和总页数标识，采样地点名称，采样时间、分析时间，检测方法，监测依据，评价标准，监测数据，单项评价，总体结论，监测仪器编号，检出限（未检出时需列出），采样点示意图，采样（委托）者，分析者，报告编制、复核、审核和签发者及时间等。

8.1.3 土壤污染诊断

土壤污染是世界性环境问题之一。传统的土壤污染物主要可分为 4 大类：

传统化学污染物 又可分为无机污染物和有机污染物，其中传统无机污染物包括 Hg、Cd、pH 值、As 和 Cr 等，过量的 N 和 P 等植物营养元素以及氧化物和硫化物等。传统有机污染物包括 DDT、六六六、狄氏剂、艾氏剂和氯丹等含氯化学农药以及 DDT 的代谢产物 DDE 和 DDD，石油烃及其裂解产物。塑料增塑剂以及其他各类有机合成产物等。

物理性污染物 主要指来自工业生产、采矿等排放的各种固体废弃物。

生物源污染物 主要指带有各种病菌的城市垃圾和医院、疗养院排出的废水和废物，以及农业废弃物、厩肥等。

放射性污染物 主要来自于核原料开采、大气层核爆炸地区和核电站的运转，以 Sr 和 Cs 等在土壤环境中半衰期长的放射性元素为主。

在这些污染种类中，以土壤的化学污染最为普遍、严重和复杂。

传统意义上对土壤污染的诊断主要集中于在对土壤中检测常规的 8 种有毒有害元素 Cd、

Hg、As、Cu、Pb、Cr、Zn、Ni 及 2 种有机污染物六六六、DDT 为主，而其他一些有可能对生态安全和人体健康造成危害的污染物却在考虑之外。如元素硒以亚硒酸盐或硒酸盐的形式存在，Se 是人体必需的元素，但若摄入过多的 Se 也会产生中毒现象。Se 的毒性低，但 2 价态硒的毒性非常高。另外，某些污染区有毒有机污染物不仅污染严重，而且污染物种类复杂，如塑料增塑剂、多环芳烃、多氯联苯、五氯硝基苯、石油烃类与其他持久性有机污染物及其代谢物等在某些石油污水灌区或燃煤和炼焦大气颗粒物沉降区土壤污染明显。此时，如果仅仅参照国家土壤环境质量标准所规定的污染物种类和限量对污染土壤进行诊断评价，将无从着手；此外，即使国家土壤环境质量标准进行修订，大幅增加控制污染物种类，也难以满足污染土壤中复杂污染物污染控制的需要。单纯依靠化学方法进行土壤污染诊断，因不能全面、科学地表征土壤的整体质量特征，需要其他方法对此做出补充。土壤污染生态毒理诊断研究顺应这一客观要求应运而生。生态毒理学诊断能够综合反映环境污染的整体毒害效应，并为生态系统健康评价提供可接受的毒性终点，因此，检测污染物及其代谢产物的毒性效应必须依靠生态毒理学方法与模型。用生态毒理学方法对土壤生态系统污染做出诊断和评价，称为土壤污染生态毒理诊断。

土壤动物和土壤微生物是土壤生态系统的重要组成成分，土壤又是植物生长的物质基础，因此土壤污染可以由土壤生态系统中不同营养级的敏感指示生物评价。土壤植物、微生物、原生动物、无脊椎、脊椎动物等是指示土壤污染的理想指示生物。

8.1.2.1 生态毒理诊断方法

敏感植物诊断法

包括症状法、生长量法、清洁度指标法、种子发芽和根伸长抑制法、植物生长半效应浓度法、生活力指标法和斜生栅藻法等。

高等植物：根伸长抑制、种子发芽、植物幼苗早期生长试验。

藻类：生物量、个体死亡、生长抑制、叶绿素。

敏感动物诊断法

包括蚯蚓指示法、线虫指示法和鱼类回避试验法、大型蚤胚胎发育等。

敏感微生物诊断法

包括微生物数量指示法、微生物群落结构变化法、发光细菌诊断法以及酶学诊断方法等。

8.1.2.2 微生物诊断方法

明亮发光杆菌发光抑制试验 细胞活性高发蓝绿光，污染物干扰产能代谢（ATP），荧光减弱。减弱强度与污染物浓度成剂量效应关系。

细菌生长抑制诊断法 菌悬液浊度作为细菌生长指标。细菌混合悬液培养，测光密度，计算百分抑制率。根据抑制率对应的浓度绘制曲线，求得污染物 IC_{50} 值。

平板扩散法 观察抑菌圈大小，污染物毒性与抑菌圈大小成反比。

呼吸量测定方法等（呼吸仪、氧电极法检测） 污染物抑制呼吸链底物、竞争性结合位点、抑制呼吸酶活性、干扰细胞转运。

8.1.2.3 生物标记物诊断法

生物标记物在监测和评价的早期预警功能起重要作用，生物体生理、生化反应在不同物种之间具有相似性，以一个物种生物标记物的监测结果预测污染物对另一物种的影响更加准确。此外，选择敏感种的敏感生化反应指标，在污染物很低浓度下产生响应。

生物标记物的研究，是以分子水平的反应为基础，探讨污染物暴露对生物的影响。因为无论污染物对生态系统的影响多复杂或最终的反应如何严重，最早的作用必然是从个体内的这种分子水平的作用开始，然后逐步在细胞-器官-个体-种群-群落-生态系统各水平上反映出来。这种最早期的作用在保护种群和生态系统上具有预测价值。因此，在分子水平上的生物标志物作为污染物暴露和毒性效应的早期预警（表 8-8），作为生态毒理学研究的前沿，成为国内外研究热点。指示污染作用下生物细胞和生物分子结构和功能等方面发生的可量度的变化，通过该指示物的一些变化，可提供生物体受到的化学损伤信息。由图 8-6 可知不同效应标记物所对应的功能性损伤。

表 8-8　不同效应标记物所对应的功能性损伤

生物学层次	生物标记物种类
分子水平	特异酶的浓度和活性，如细胞色素 P450；特异性的 mRNA；DNA 加合物；特异性蛋白，如卵黄蛋白原；特异的基因表达和调控
细胞水平	器官细胞结构和功能的变化；内质网的增生；染色质异常；微核形成；脂质形成
器官	发生病理学的结构变化；肝功指标；生殖腺异常；免疫指标
个体	生物学指标；身体状况；生长范围；营养状况；成熟期长短
种群	基因序列；年龄结构；分布范围；种群特征
系统	物种多样性指标；生理功能参数；能量流动

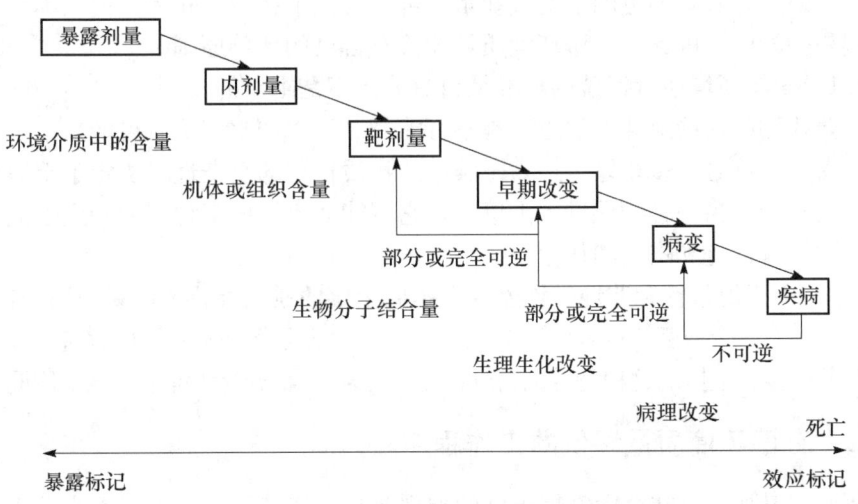

图 8-6　不同效应标记物所对应的功能性损伤

生物标记物可分为 3 种类型：

暴露标志物（biomarker of exposure）　指示污染物的暴露，指生物体内某组织中检测到外源性化合物及其代谢产物（内剂量）与某些靶分子或靶细胞相互作用的产物（生物有效剂量）。

效应标志物（biomarker of effect）　反映污染物被生物体吸收而进入体内后对生物体产

生的毒性效应，如生理生化变化或其他病理方面的改变。在环境毒理学研究中，这类生物标志物具有更重要的意义，它可解释污染物毒性效应的分子反应机理，而这正是将生物标志物运用到环境毒理学研究的核心意义所在。

易感性生物标志物（biomarker of susceptibility） 指生物体暴露于某种特定的外源性化合物时，由于其先天遗传性或后天获得性缺陷而反映出其反应能力的一类生物标志物。易感性生物标志物致力于研究不同种的生物个体之间对污染物暴露所做出的特异性反应的差异。

8.2 土壤环境质量评价

所谓土壤质量就是指土壤的好坏程度，土壤学研究工作中土壤质量主要是指土壤肥力的高低，而环境科学研究中的土壤质量一般侧重于土壤环境对人类健康的适宜程度。因此，土壤环境质量应该包括土壤生产质量和土壤环境质量两个同等重要的方面。

土壤环境质量评价是指在全面掌握土壤及其环境特征、主要污染源、主要污染物和土壤背景值等基础资料，按一定的原则、标准和方法，对土壤环境质量的高低和优劣做出定性或定量的评判。它是环境质量评价的重要组成部分，是土壤质量研究的基础和重要内容之一，在研究土壤质量变化和定向培育土壤中，都必须首先进行土壤环境质量的评价。

8.2.1 土壤环境质量评价的原则

土壤环境质量评价不像空气环境质量评价和水环境质量评价一样具有确定的标准和固定的评价方法。因为在宏观的范围上空气和水都可以看做单相或少相体，但土壤本身的复杂性决定了土壤是多相体。因此，土壤环境质量评价有自己的评价原则。

8.2.1.1 土壤环境质量评价的标准是相对的而不是绝对的

首先，要找到一块绝对纯净的土壤是不可能的（而水和空气确有可能）。

其次，由于土壤是个多相体，进入土壤中的物质作用的复杂性又决定了土壤质量评价不能采用绝对的标准。当一种物质进入土壤后，它可能对土壤的某种功能产生了危害，同时又可能对其他功能有促进和增加的作用。

8.2.1.2 由于地带性和非地带性差异，不同土壤的质量评价不能采用同一种标准

土壤在世界上各个地区，或者同一地区不同位置的成分都是不一样的，甚至在某一地区不同的时候都不一样，土壤的这种特殊的特性决定了土壤环境质量评价不应该采用同一种标准。

8.2.2 土壤环境质量评价的工作程序

土壤环境质量评价是在全面掌握土壤的类型及其环境特征、土壤环境背景值和主要污染源等基础资料的基础上，选择合适的评价参数、评价标准和评价方法，对土壤环境质量进行评价，最后确定土壤的污染程度分级，如图8-7所示。

8.2.2.1 土壤类型及其环境特征的调查

土壤类型及其环境特征会对土壤污染物分布和迁移产生很大的影响，对其进行调查有助于全面地掌握和了解土壤的特点。对其进行调查应采用资料收集和现场调查相结合的方法，主要调查内容如下：

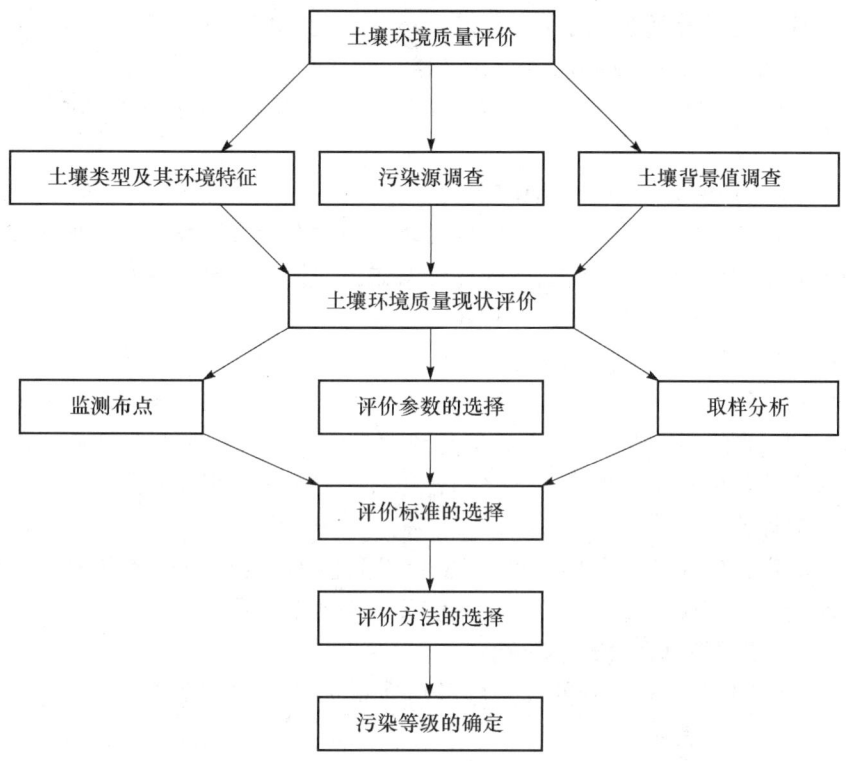

图 8-7 土壤环境质量的评价程序

成土因素：成土母质、生物、气候和地形等因素；
土壤类型和分布：土类名称、各类型土壤的分布面积及所占比例、分布规律；
土壤组成：土壤矿物质，土壤有机质以及土壤 N、P、K 3 要素和主要微生物含量；
土地利用情况：农、林、牧用地，使用的化肥、农药的种类和数量等；
土壤理化性质：土壤结构和质地、pH 值、氧化还原特性等。

8.2.2.2 土壤背景值的调查

由于人类活动的长期影响和工农业的高速发展，使得自然环境的化学成分和含量水平发生了明显的变化，要想寻找绝对未受污染的土壤十分困难。所以，土壤背景值是环境保护的基础数据，是研究污染物在土壤中变迁和进行土壤环境质量评价的重要依据，对土壤环境质量标准的确定十分重要。

8.2.2.3 土壤污染源的调查与评价

污染源的类型是选择评价参数的重要依据，同时也是分析和控制土壤污染的重要对象和内容。土壤污染源可分为工业污染源、农业污染源和生物污染源 3 种类型。每种污染源所排放的污染物和污染物进入土壤的途径和机理都有自身的特点，因此评价参数也不同。工业污染源主要为通过"三废"向环境排放污染物，对土壤的污染往往是间接的，评价参数主要为：污染物种类、数量和途径。农业污染源主要是农业生产过程中向土壤中施入的化肥、农药、农用地膜、污泥和垃圾肥料等，评价参数主要为：污染物来源、成分、施用量及污水灌溉情况。自然污染源评价参数主要是酸性水、碱性水、铁锈水、矿泉水中所含主要污染物，以及岩石、矿带出现背景值异常的元素含量。

8.2.2.4　土壤环境污染监测的布点和采样

壤环境污染监测的布点和采样方法详见 8.1.2.2 土壤环境监测方案制定与实施中相关方法。

8.2.2.5　土壤环境质量评价参数的确定

评价参数的选取是否合理，关系到评价结果的科学性和可靠程度，应根据评价区域土壤主要污染物的类型和评价目的确定适当的评价参数。常见的评价参数有：

重金属：汞、铬、镉、铅、铜、镍和锌等；

无机毒物：砷、硒、氟和氰化物等；

有机污染物：酚、石油、苯并芘、DDT、六六六、三氯乙醛、多氯联苯等；

附加指标：pH 值、有机质、质地、氧化还原电位、石灰反应、全氮和全磷等。这些附加指标可反映土壤污染物质的积累、迁移和转化特征，可用来帮助研究土壤中污染物的迁移规律，但不参与评价。

选择评价参数时应注意：根据评价的任务和可能的污染物来选择参数，参数的量要适当，太少可能会对环境质量的评价不准，太多又会增加工作量。

8.2.2.6　土壤污染物评价标准的确定

我国 1996 年 3 月起颁布实施的《土壤环境质量标准》（GB 15618—1995）可作为土壤环境质量的评价标准（表 8-9）。

表 8-9　土壤环境质量标准

项目		级别 土壤 pH 值	一级 自然背景	二级			三级
				<6.5	6.5～7.5	>7.5	>6.5
镉		≤	0.20	0.30	0.30	0.60	1.0
汞		≤	0.15	0.30	0.50	1.0	1.5
砷	水田	≤	15	30	25	20	30
	旱地	≤	15	40	30	25	40
铜	农田	≤	35	50	100	100	400
	果园等	≤	—	150	200	200	400
铅		≤	35	250	300	350	500
铬	水田	≤	90	250	300	350	400
	旱地	≤	90	150	200	250	300
锌		≤	100	200	250	300	500
镍		≤	40	40	50	60	200
六六六		≤	0.05	0.50			1.0
DDT		≤	0.05	0.50			1.0

其中，一级标准为保护区域自然生态，维持自然背景的土壤环境质量的限制值；二级标准为保障农业生产，维护人体健康的土壤限制值；三级标准为保障农林业生产和植物正常生长的土壤临界值。

另外，由于土壤环境是一个复杂和多相的环境，因此在实际操作中也可以根据评价的目的和要求灵活采用评价标准。其他常用的评价标准有以下几种：

（1）以土壤元素背景值为评价标准

土壤元素背景值是指一定区域一定时期未受污染破坏的土壤中化学元素的含量。将已受人为污染的土壤中某种物质的含量和其自然背景值相比较，就可获得该种物质是否因为人为的作用而在土壤中积累以及积累量高低。背景值不仅包括土壤污染物的平均含量，同时还包括污染物含量的范围，所以一般以正负标准差来表示，即

$$x = \bar{x} \pm S \tag{8-2}$$

$$S = \sqrt{\frac{\sum(x-\bar{x})^2}{N-1}} \tag{8-3}$$

式中　x——土壤中某污染物的背景值；

　　　$\bar{x}$——土壤中某污染物的平均值；

　　　S——标准差；

　　　N——样本数。

判断土壤环境是否已受污染最常用的标准是土壤元素背景值。

（2）以土壤自然含量的平均值作为评价标准

土壤自然含量是指在清水灌区内，采用与污水灌区的自然条件和耕作栽培措施大致相同，并且同一类型的土壤中污染物的平均含量为：

$$x = \bar{x} \pm 2S \tag{8-4}$$

式中的符号 x 即为计算同土壤元素背景值。

土壤元素背景值和土壤自然含量均代表了土壤中某一物质的实际含量水平，它允许土壤受到一定程度的人为干扰，并具有显著的区域特点，切合评价区的实际情况，而且测定工作简单易行，适用于污染环境的土壤环境质量评价。

（3）以土壤的对照点含量作为评价标准

土壤对照点含量是指未受污染的区域内，选择与污染区域内的自然条件、土壤类型和利用方式大致相同的地区土壤作为对照点，以一个对照点的测定值或几个对照点的平均值作为对照点含量。

在评价区域范围不大，或评价要求不高、时间短而任务紧的情况下，采用土壤对照点含量作为评价标准能取得较好的效果。

（4）以土壤元素的临界值含量作为评价标准

土壤中元素的临界值是指植物中的污染物含量达到食品卫生标准或使植物减产时土壤中该污染物的含量。当土壤中污染物达到临界含量时，将影响人群的健康，土壤已经受到污染。不同的土壤组成和成分，土壤元素的临界值也不尽相同，在土壤环境影响评价时要针对所评价的土壤进行临界值的考察研究之后再将其作为评价标准。

8.2.2.7　土壤环境质量评价方法

在土壤环境质量评价中，主要的评价方法有单因子评价和多因子评价。

（1）单因子评价

土壤环境质量的单因子评价，是指单独评价土壤中某一污染物的污染等级。主要计算方

法有以下 2 种：

以土壤污染物实测值和评价标准相比计算土壤污染指数

$$P_i = \frac{C_i}{S_i} \tag{8-5}$$

式中　P_i——土壤中污染物 i 的污染指数；
　　　C_i——土壤中污染物 i 的实测值；
　　　S_i——污染物 i 的评价标准。

这种方法计算简单，各指数意义明确，能够直接反映各污染物的污染程度，$P_i<1$，表示未污染；$P_i>1$，表示污染。P_i 越大，污染越严重。

根据土壤和农作物中污染物积累的相关数量计算土壤污染物污染指数　根据前面的评价标准，确定土壤污染起始值、土壤轻度污染值和土壤重度污染值。土壤污染起始值即土壤环境背景值，以 X_a 表示。土壤轻度污染值即污染物浓度超过了其背景值，以 X_c 表示。土壤重度污染值即土壤临界含量，以 X_p 表示。

根据 C_i 实测值的范围，分别采用如下公式计算污染指数。

当 $C_i \leqslant X_a$ 时，
$$P_i = \frac{C_i}{X_a} \tag{8-6}$$

当 $X_a < C_i \leqslant X_c$ 时，
$$P_i = 1 + \frac{C_i - X_a}{X_C - X_a} \tag{8-7}$$

当 $X_c < C_i \leqslant X_p$ 时，
$$P_i = 2 + \frac{C_i - X_c}{X_p - X_c} \tag{8-8}$$

当 $C_i > X_p$ 时，
$$P_i = 3 + \frac{C_i - X_p}{X_p - X_c} \tag{8-9}$$

根据 X_a，X_c，X_p 等数值，确定污染指数范围和相应的污染等级。

当污染指数 $P_i \geqslant 1$ 时，污染等级为清洁级；
当污染指数 $1 \leqslant P_i < 2$ 时；污染等级为轻污染级；
当污染指数 $2 \leqslant P_i < 3$ 时；污染等级为中污染级；
当污染指数 $P_i \geqslant 3$ 时；污染等级为重污染级。

(2) 多因子综合评价

在实际情况中土壤污染通常是由多种污染物造成的，单因子评价难以表示它们的整体污染水平，所以需要一种同时考虑土壤中多种污染物综合污染水平的多因子评价方法。多因子评价方法就是对单因子评价方法下评价和测定出的污染指数进行统计计算。

以土壤中各污染物的污染指数叠加计算土壤污染综合指数

$$P = \sum_{i=1}^{n} P_i \tag{8-10}$$

式中　P——土壤污染综合指数；
　　　P_i——土壤中污染物 i 的污染指数；
　　　n——土壤中污染物的种类。

以土壤中各污染物的污染指数和权重计算土壤综合指数

$$P = \sum_{i=1}^{n} W_i P_i \tag{8-11}$$

式中 W_i——污染物 i 的权重；

以内梅罗（N. L. Nemerow）公式来计算土壤综合污染指数

$$P = \sqrt{\frac{\overline{P_i}^2 + P_{i(\max)}^2}{2}} \qquad (8\text{-}12)$$

式中 $\overline{P_i}$——各污染物污染指数的算数平均值；

$P_{i(\max)}$——各污染指数中最大的污染指数。

8.2.2.8 土壤环境质量分级

根据 P 值划分质量等级，$P \leqslant 1$ 为未受污染，$P > 1$ 为已受污染，P 越大受到的污染越严重。根据综合污染指数 P 值变幅结合作物受害程度和污染物积累状况，将土壤环境划分为轻度污染、中度污染和重度污染。

表 8-10 土壤污染程度分级

污染级别	清洁	轻度污染	中度污染	重度污染
P 值	<1.0	1.0<P<1.5	1.5<P<2.0	≥2.0

8.3 土壤环境影响评价

土壤环境影响评价主要是根据污染物积累趋势，考察开发建设项目、区域发展以及制定的政策法规对土壤环境变化产生的影响进行预测的调查评估工作，是环境影响评价的重要组成部分。

8.3.1 土壤环境影响评价概述

8.3.1.1 评价等级的划分依据

由于土壤本身的复杂性，我国尚无统一推荐的土壤环境影响评价技术导则。目前，土壤环境影响评价工作的等级主要可以根据以下几方面来确定：

(1) 建设项目的工程特点

工程性质，工程规模，能源、水及其他资源的使用量及类型都可能破坏项目所在地的植物种类、面积以及对当地生态系统产生不同的影响。

(2) 污染物排放特点

污染物种类、性质、排放量、排放方式、排放去向和排放浓度等都可能对土壤和植物的毒性、在土壤环境中的降解难易程度以及受影响的土壤面积产生不同的影响。

(3) 建设项目所在地区的环境特征

土壤环境条件、特点、敏感程度和土壤环境质量现状不同对土壤环境产生的影响不同。

(4) 相关法律法规、标准及规划

环境和资源保护法规及其法定的保护对象，环境质量标准和污染物排放标准，环境保护规划、生态保护规划、环境功能区划和保护区规划等。

8.3.1.2 评价内容

土壤环境影响评价是环境影响评价的重要组成部分。其主要工作内容为：

① 评价范围内土壤类型及其分布、成土母质、土壤剖面结构、土壤理化性质、土地利用现状与规划等基本情况的调查以及区域土壤背景值的调查与测定；

② 评价范围内土壤环境质量现状监测；

③ 污染物进入土壤途径及在土壤中迁移转化规律的分析；

④ 污染物在土壤中衰减与积累模式的研究与确定；

⑤ 判定建设项目是否带来了新增污染源和新增污染源对土壤环境污染的程度；

⑥ 建设项目对土壤环境质量影响的预测与评价；

⑦ 防止土壤污染与土壤退化措施的分析等。

一般来说，一级评价项目的内容应包括以上各个方面；二级评价的工作内容在一级评价项目的基础上酌情减少；三级评价项目可利用现有资料并简化参照类比项目。

8.3.1.3 评价范围

土壤环境影响评价的范围一般要大于拟建项目的占地面积，同时应考虑拟建项目通过大气、地表水和固体废弃物排放等对土壤环境所产生的直接影响和间接影响，适当调整评价范围。

8.3.2 土壤环境影响评价的工作程序

一般土壤环境影响工作程序主要分为准备阶段，土壤环境质量监测和环境影响识别，以及土壤环境影响预测 3 个阶段。

8.3.2.1 准备阶段

准备阶段主要是收集与项目相关的资料并对其进行分析。收集的资料主要包括：项目相关资料（项目规模、占地面积、对地质的要求和项目性质等）、项目地区土壤类型和地质构造、地表水、地下水，以及其他环境资料和社会经济发展资料。对这些基础资料进行分析确定建设项目对当地土壤环境可能产生的影响和当地的土壤环境对建设项目的施工建设所产生的影响。

8.3.2.2 土壤环境质量监测和环境影响识别

土壤环境质量监测是指针对项目的具体情况，对土壤环境和其他环境指标进行监测。土壤环境影响识别是指分析且识别出建设项目对土壤和地质环境所造成的破坏性影响。土壤环境影响识别的类型有多种不同的形式，主要包括以下几类：

- 按照影响结果可以分为土壤污染型和土壤退化破坏型；
- 按照影响时段可以分为建设阶段（施工阶段）影响、运行阶段影响和服务期满后的影响；
- 按影响方式可以分为直接影响和间接影响；
- 按影响性质可以分为可逆影响、不可逆影响、累积影响和协同影响。

8.3.2.3 土壤环境影响预测

土壤环境影响预测是根据污染物在土壤中的迁移转化规律、土壤的自净能力和土壤环境质量标准，通过对污染物输入量、输出量、残留量率和污染趋势的研究，建立土壤污染物积累的计算模式，预测在一定条件下的土壤环境质量变化趋势，从而提出控制污染和消除污染的有效措施。

(1) 土壤中农药残留量的预测

$$R = C^{-kt} \tag{8-13}$$

式中　R——农药残留量（mg/kg）；
　　　C——农药施用量（mg/kg）；
　　　k——农药降解速率常数（a^{-1}）（取决于农药品种和土壤的性质）；
　　　t——时间（a）。

从上式可以看出，农药的残留量随着时间的增加而不断增加，但由于农药会在自然情况下降解，因此不会无限增加而是存在一个比值，这个比值就是农药的年残留率（f），表示农药的残留量和施用量之间的关系。

n 年后土壤中的农药残留量

$$R_n = (1 + f_1 + f_2 + f_3 + \cdots + f_{n+1})C_0 \tag{8-14}$$

式中　R_n——土壤中农药残留总量（mg/kg）；
　　　C_0——一次施用农药在土壤中的平均量（mg/kg）；
　　　n——连续施用年数。

当 $n \to \infty$ 时，上式简化为：

$$R_n = \left(\frac{1}{1-f}\right)C_0 \tag{8-15}$$

此式可用来表示农药在土壤中达到平衡时的残留量。

(2) 土壤污染物残留量的预测

$$W = K(B + R) \tag{8-16}$$

式中　W——污染物在土壤中的年残留量（mg/kg）；
　　　B——土壤环境背景值（mg/kg）；
　　　R——土壤污染物的年输入量（mg/kg）；
　　　K——土壤中污染物的年残留率（%）。

假定 K 和 R 不变，则污染物在土壤中 n 年后的积累量 W_n 可按式（8-17）计算：

$$W_n = BK_n + RK\frac{1-K_n}{1-K} \tag{8-17}$$

从式（8-17）可以看出，n 年后土壤中污染物的积累量与 K 值的大小关系较大，不同地区，不同土壤特性，K 值不同。因此，预测某一地区 n 年后土壤中污染物积累量时，必须首先通过小区盆栽模拟试验获得该地区的 K 值，K 值的计算方法如下：

$$K = \frac{残留含量}{年输入量} \times 100\% \tag{8-18}$$

该式主要适用于污水灌溉和污泥施用状况下土壤中污染物累积情况的预测。

在无法确定土壤污染物输入量，又缺乏本地区盆栽试验的情况下，一定年限内土壤中污染物的累积量和预测污灌的年限为：

$$W = N_w X + W_0 \tag{8-19}$$

$$N_w = \frac{C_k - W_0}{X} \tag{8-20}$$

$$X = \frac{W_0 - B}{N_0} \tag{8-21}$$

式中 W ——预计年限内土壤中污染物的累积量（mg/kg）；

X ——土壤中污染物的评价年增长值（mg/kg）；

B ——土壤环境背景值（mg/kg）；

C_k ——土壤环境标准值（mg/kg）；

W_0 ——土壤污染物当年累积量（mg/kg）；

N_0 ——已经污灌的年限；

N_w ——预计污灌的年限。

（3）土壤环境容量计算模式

土壤环境容量一般是指不产生明显不良生态效应下土壤所能容纳的最大污染物数量，计算公式如下：

$$Q = (C_R - B) \times 2\,250 \tag{8-22}$$

式中 Q ——土壤环境容量（g/hm²）；

C_R ——土壤临界含量（mg/kg）；

B ——土壤环境背景值（mg/kg）；

2 250——每公顷土壤耕作层的土壤质量（t/hm²）。

8.4 土壤环境风险评价与管理

环境风险评价是当前环境保护工作中一个新兴领域，兴起于20世纪70年代几个工业发达国家。人们常说的环境风险评价指的是事故风险评价，它主要考虑与项目在一起的突发性灾难事故。广义上讲，环境风险评价是指对人类的各种社会经济活动所引发或面临的危害（包括自然灾害）对人体健康、社会经济、生态系统等造成的可能损失进行评估，并进行管理和决策的过程。狭义地讲，是指对有毒化学物质危害人体健康的影响程度进行概率估计，并提出减小环境风险的方案和对策。通常情况下，这些危害发生的概率虽然很小，但是影响程度往往是巨大的。

土壤环境风险评价是环境风险评价的一个重要分支。由于方法和技术的限制，国际上和我国关于土壤环境风险评价的方法和理论均不是很成熟。近些年来，随着土壤污染的加剧和理论的发展，土壤环境风险评价已经成为许多国家在建设项目、区域开发和政策制定的环境影响评价过程中不可缺少的重要部分，根据承受环境风险的对象不同，土壤风险评价可以分为土壤健康风险评价和土壤生态风险评价。

8.4.1 土壤健康风险评价

土壤健康风险评价主要侧重于土壤污染对人体健康造成的影响。由于植物体的富集作用，人类活动对土壤的污染会通过食物链富集到生物体内，进而对生物体的健康造成危害。由于土壤是一个多相体，在土壤内部发生的生物化学反应比较复杂，对其进行治理比较困难。同时污染土壤的物质大多为致癌或者致突变物质，它们对人类的影响巨大，所以对土壤进行健康风险评价非常必要。

现今广泛应用的土壤健康风险评价模式是由 NAS-NRC 发展来的，主要用于评价化学物质暴露下的致癌风险或是其他健康风险。该模式包括风险识别、危害判定、剂量—效应评价、暴露评价和风险表征 5 个部分。

8.4.1.1 风险识别

土壤健康风险评价的第一步是风险识别，即找出风险的来源，并确定评价的等级、范围、时间和评价对象等。风险识别方法主要有故障树分析方法和事故分析技术等。

故障树分析方法 它是以一个事故结果作为源事件，通过分析找出直接原因作为中间事件，再找出中间原因的直接原因，这样一步步的推导，直至找出所有的致因基本事件，做出定量的分析。该方法既可以定性分析，又可以定量分析，具有应用范围广和简单明了的特点。美国核管会于 1975 年完成的对核电站及其系统的安全研究就是利用故障树分析法进行的。

事故分析技术 它主要是采用事故的结构分析、事故的数理统计分析和事故过程分析等方法，对危险因素的性质、能量和感官度等基本要素进行分析的一种方法。

8.4.1.2 危害判定

土壤危害判定是指对土壤中污染物的理化性质、接触途径与接触方式、结构—活性关系、药物动力学资料、动物实验以及人类流行病学等生物学和化学资料进行研究，判定其是否会对人类健康和生态系统产生危害。如果判定某种污染物对人类产生危害，利用环境毒理学、代谢动力学和环境监测技术等对其危害的后果进行进一步的判定。

8.4.1.3 剂量—效应评价

剂量—效应评价是指有害因子暴露水平对暴露人群或生态系统中的种群和群落等出现不良效应的发生概率间的关系进行定量估算的过程。它主要研究效应与剂量之间（暴露量的大小、暴露频度、暴露的持续时间和暴露途径）的定量关系，是进行土壤环境风险评价定量的依据。

在健康风险评价中，剂量—效应评价主要是指：致癌效应，利用低剂量外推模式评价人群暴露水平上所致危险概率；非致癌效应，通常计算参考剂量，即低于此剂量时期望不会发生效应。

8.4.1.4 暴露评价

暴露评价重点研究人体（其他生物体）暴露于某种化学物质的条件下，对暴露量的大小、暴露频度、暴露的持续时间和暴露途径进行测量、估算或预测的过程，是进行风险评价的定量依据。土壤暴露评价主要研究土壤环境中的污染物质的迁移转化过程以及污染土壤对受体的暴露途径、暴露发生频率和暴露量的计算。

8.4.1.5 风险表征

风险表征是土壤健康风险评价的最后一个环节，它必须把前面的资料和分析结果加以综合，确定有害结果发生的概率、可接受的风险水平及评价结果的不确定性等。

致癌风险评价：致癌风险评价通过平均到整个生命期的每天摄入量乘以致癌斜率系数计算得出。

$$C_R = \sum_{i}^{n}(I_i \times F_i) \tag{8-23}$$

式中 C_R——致癌风险发生的可能性；

I_i——污染物在第 i 种接触方式下长期接触的日平均摄入量；

F_i——污染物在第 i 种接触方式时的斜度系数；

n——接触途径总数。

非致癌风险评价：非致癌风险值定义为每天摄入量（平均到整个暴露作用期）除以每一途径的慢性参考剂量。非致癌效应危害指标的风险值 H_R 的计算公式为

$$H_R = \sum_{i}^{n} \frac{I_i}{D_i} \tag{8-24}$$

式中 H_R——非致癌危险系数；

D_i——污染物在第 i 种接触方式下可接受的摄入量。

8.4.2 土壤生态风险评价

土壤生态风险评价是指对土壤因暴露于单一或多个污染因子而可能出现或已经出现的有害生态影响的可能性进行评估的过程，涉及多个学科领域如环境毒理学、生态学、环境化学、数学以及其他科学领域等。它主要研究人类活动对土壤生态环境、生物种群和生态系统所产生的生态效应进行评估。近年来，国外一些机构由于管理等方面的需要，制定和开发了污染土壤生态风险的相关标准、方法和评价模型，而我国在此方面尚没有形成系统的工具。

目前，被国际上普遍认可的污染土壤生态风险评价标准主要有4个：美国环境保护署制定的生态土壤筛选值；美国能源部橡树岭实验室制定的土壤生态受体毒性标准；美国俄勒冈州生态风险评估筛选值；荷兰土壤环境标准。

生态风险评估包括3个主要阶段，即：问题的提出、问题分析和风险描述。①问题的提出阶段，需要选择评估终点并对最终目标做出评价，制定概念模型和分析计划；②分析阶段，需评估对污染因子的暴露，以及污染水平和生态影响之间的关系。主要包括2个内容，暴露水平描述和生态影响描述，暴露水平描述揭示了污染物的来源及其在环境中的分布和它们与生物受体的联系；③风险描述，通过对污染暴露和污染—响应情况的综合评估来估计风险，通过讨论一系列证据来描述风险，确定生态危害性。最后编写生态风险评估报告。

关于污染土壤生态风险评估的相关模型没有统一的标准，目前国际上广泛认可和接受的主要有：

土壤—有机污染物变化及迁移暴露模型（Emsoft 模型） 该模型由美国国家环境评价中心开发，主要用于挥发性有机污染物对土壤的污染；

农药根区模型（PRZM3 模型） 该模型由美国环保署下属的暴露评价模拟中心开发。它包含2个模型，PRZM 模型主要用于模拟农药在作物根区和土壤表层以下非饱和区的变化，可同时模拟多个农药，以及农药与其降解产物的关系，估计农药在各种介质中的浓度和通量以用来暴露评价。VADOFT 模型全称为"渗流区流动和迁移模型"，该模型可同时模拟2个农药母体和2个降解产物的变化。

土壤模型（Soilmode 模型） 该模型由加拿大环境模拟及化学中心开发，可对表土层施

加的农药的反应、降解和渗透的相对潜势给出一个很简单的评估。

土壤迁移及变化数据库和模型管理系统（STF 模型） 该模型由美国环境保护署开发，它可提供土壤环境中有机和无机化学品行为的定性和定量的有关信息。

农药径流对地表水的污染模型（SoilFug 模型） 该模型也是由加拿大环境模拟及化学中心开发，可用来评估施加在表层土壤农药的降解、反应和渗透的潜势。

多介质污染物变化、迁移和暴露模型（MMSOILS 模型） 该模型由美国环境保护署下属的国家暴露研究实验室的暴露评价模拟中心开发，可用于评估与污染排放有关的人体暴露和健康风险。

8.4.3 土壤环境风险管理

土壤环境风险管理是指按照适当的法规条例，对土壤环境风险评价的结果选用有效的控制技术进行削减风险费用和效益分析，确定可接受风险度和可接受的损害水平，进行政策分析及考虑社会经济和政治因素，确定适当的管理措施并付诸实施，以降低或清除事故风险度，保护人群健康与生态系统的安全。环境风险管理的目的是在环境风险基础之上，在行动方案效益与其实际或潜在的风险以及降低代价之间谋求平衡，以选择较佳的管理方案。

环境风险管理的内容主要包括：制定污染物的环境管理条例和标准，加强对风险源的控制，风险的应急管理及其恢复技术。

根据风险的特性环境风险管理可采取以下措施：

抑制风险：抑制风险是指在事故发生时或发生之后为减少损失而采取的各项措施。

转移风险：转移风险是指改变风险发生的时间、地点及承受风险客体的一种处理方法。

减轻风险：减轻风险就是在风险损失发生前，为了消除或减少可能引起损失的各种因素采取具体措施，以减少风险造成的损失。

避免风险：避免风险也是一种最简单的风险处理方法，它是指考虑到风险损失的存在或可能发生而主动放弃或拒绝实施某项可能引起风险损失的方案。

最根本的措施是将风险管理与全局管理相结合，实现整体安全。

思考题

1. 土壤布点方法和采样方法有哪些？
2. 土壤样品的制备和预处理方法有哪些？
3. 如何布点采集污染土壤样品和背景值样品？用图示法说明？
4. 土壤污染有何特点，对人体健康有哪些危害？
5. 简述土壤环境质量评价的工作程序。
6. 常用的土壤污染物评价标准有哪些？
7. 简述土壤环境影响评价的工作程序。
8. 简述土壤风险评价的步骤。

推荐读物

环境监测. 陈玲. 化学工业出版社，2004.

环境影响评价. 何德文. 科学出版社，2008.

Environmental Monitoring. Bruce Wiersma G. Lewis Publishers,2004.

参考文献

陈怀满. 2005. 环境土壤学 [M]. 北京：科学出版社.

陈若暾. 1993. 环境监测实验 [M]. 上海：同济大学出版社.

但德忠. 2006. 环境监测 [M]. 北京：高等教育出版社.

何德文，李妮，等. 2008. 环境影响评价 [M]. 北京：科学出版社.

化勇鹏，程胜高，等. 2011. 锑污染土壤环境风险评价研究 [J]. 地球科学与环境学报，31 (3)：296-299.

江桂斌. 2004. 环境样品前处理技术 [M]. 北京：化学工业出版社.

姜文来，王华东. 1995. 水资源耦合价值研究 [J]. 自然资源 (2)：17-23.

陆书玉，栾胜基，等. 2001. 环境影响评价 [M]. 北京：高等教育出版社.

陆雍森. 1999. 环境评价 [M]. 2版. 北京：同济大学出版社.

陆雍森. 2004. 环境监测 [M]. 北京：中国环境科学出版社.

孙成. 2003. 环境监测实验 [M]. 北京：科学出版社.

王红旗，刘新会，等. 2007. 土壤环境学 [M]. 北京：高等教育出版社.

奚旦立，孙裕生，等. 2004. 环境监测 [M]. 3版. 北京：高等教育出版社.

土壤污染修复概述

本章提要

本章根据国内外土壤污染修复技术的发展概况及趋势,综合概述了土壤污染修复的概念、研究的内容及技术分类。从技术原理、适用性、优缺点等方面分别总结阐述了目前国内外土壤污染(包括无机污染和有机污染)主流修复技术,即物理修复技术、化学修复技术、微生物修复技术、植物修复技术和综合修复技术等,并提出了未来土壤污染修复技术的发展方向。

土壤是地球各类环境要素的重要组成部分,是人类不可缺少、不可再生的自然资源,更是人类赖以生存的物质基础之一。它处于陆地生态系统中无机界和生物界的中心和自然环境的核心位置,不仅在本系统内进行着能量的流动和物质的循环,而且与水域、大气和生物之间也不断进行物质交换。土壤一旦发生污染,各系统间就会有污染物质的相互传递。当前,随着工业化、城市化、农业集约化的快速发展以及全球变化的迅猛发展,土壤环境污染日益加剧,不仅直接导致粮食减产和品质下降,通过食物链影响人体健康,而且土壤中污染物可通过转移和转化,在多个层面上构成对人类生存环境的不良胁迫和危害。土壤污染已成为目前人类面临的最严重的并且可制约人类社会可持续发展基本问题之一,迫切需要修复治理。

9.1 土壤污染修复的概念

9.1.1 土壤污染修复的概念

土壤污染修复(soil pollution remediation)指通过物理、化学、生物、生态学原理,并采用人工调控措施,使土壤污染物浓(活)度降低,实现污染物无害化和稳定化,以达到人们期望的解毒效果的技术措施。重点是研究土壤污染物的控制、缓解、消除、净化并恢复土壤功能。其机理是将局部集中的污染物通过适当的途径扩散到广阔的环境之中(污染物含量均在高端阈值之下),或通过各种物理化学手段固化或净化土壤中的污染物,以减轻污染物对生物的危害。

土壤污染修复技术(soil pollution remediation technologies)是指采用化学、物理学和生物学的技术与方法以降低土壤中污染物的浓度、固定土壤污染物、将土壤污染物转化成为低毒或无毒物质、阻断土壤污染物在生态系统中的转移途径的总称。

9.1.2 土壤污染修复研究的内容

土壤污染修复以生态建设、环境保护和循环经济思想作指导,运用化学、物理、数学、生物、信息、管理等科学技术原理和方法,主要研究内容包括:
① 土壤污染监测与诊断,污染土壤中污染物时空分布、环境行为及形态效应;
② 研究污染土壤生态健康风险和环境质量指标;
③ 研究污染物容纳、抑制、消减、净化方法及其过程和机理;
④ 土壤修复的安全性、稳定性和标准;
⑤ 研究修复后土壤保育、管理和生物资源的利用等,意在揭示土壤污染规律,提供污染土壤及其修复过程的风险评估方法和标准,创建土壤污染控制和修复理论、方法和技术及其工程应用与管理规范,为土壤资源可持续利用、农产品安全、环境保护、人类健康提供理论、方法、技术及工程示范。

9.1.3 土壤污染修复的目的和原则

土壤污染修复的目的在于降低土壤中污染物的浓度,固定土壤污染物,将污染物转化为毒性较低或无毒的物质,减少土壤污染物在生态系统中的转移途径,从而降低土壤污染物对环境、人体或其他生物体的危害。

土壤污染修复需要坚持以下原则：

① 确保土壤正常的生物活性不受损坏；

② 确保土壤正常组分、结构和性状的稳定性；

③ 对于土壤重金属污染的生物修复必须采用非食源性生物（或永不作为食源性物质使用）修复。

9.2 土壤污染修复技术分类

目前，理论上可行的修复技术有物理修复技术、化学修复技术、微生物修复技术、植物修复技术和综合修复技术等几大类，部分修复技术已进入现场应用阶段，并取得了较好的效果。对污染土壤实施修复，阻断污染物进入食物链，防止对人体健康造成危害，促进土地资源保护和可持续发展具有重要意义。目前，有关土壤修复技术的研发主要集中于可降解有机污染物和重金属污染土壤的修复2个方面。

9.2.1 分类

从不同角度，可以对土壤污染修复技术进行不同分类（图9-1）。

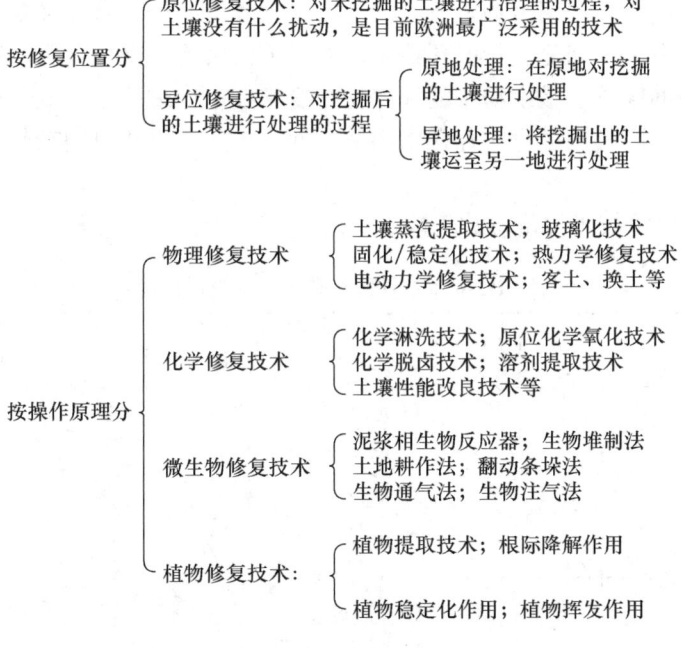

图 9-1 土壤污染修复技术分类

(1) 按修复位置分

土壤污染修复技术可分为原位修复技术（in-situ technologies）和异位修复技术（ex-situ technologies）。

原位修复技术指对未挖掘的土壤进行治理的过程，对土壤没有太大扰动。优点是比较经济有效，就地对污染物进行降解和减毒，无需建设昂贵的地面环境工程基础设施和远程运输，操作维护较简单。此外，原位修复技术可以对深层次土壤污染进行修复；缺点是较难控制处理过程中产生的"三废"。

异位修复技术是指对挖掘后的土壤进行修复的过程。异位修复又分为原地（on-site）处理和异地（off-site）处理2种，原地处理指发生在原地的对挖掘出的土壤进行处理的过程；异地处理指将挖掘出的土壤运至另一地点进行处理的过程。异位修复技术优点是对处理过程的条件控制较好，与污染物接触较好，容易控制处理过程中产生的"三废"排放；缺点是在处理之前需要挖土和运输，会影响处理过的土壤再使用，且费用通常较高。

（2）按操作原理分

土壤污染修复技术根据其原理分，则不同学者其分类略有不同。Ian Martin 等（1996）将修复技术分为生物修复技术、化学修复技术、物理修复技术、固体化技术、热处理技术等。Iskandar 等（1997）、Adriano（1997）则将修复技术分为物理修复技术、化学修复技术和生物修复技术。本章节将土壤污染修复技术分为：物理修复技术、化学修复技术、微生物修复技术以及植物修复技术。物理修复技术和化学修复技术是利用污染物或污染介质的物理或化学特性，以破坏（如改变化学性质）、分离或固化污染物，具有实施周期短、可用于处理各种污染物等优点，但均存在处理成本高，处理工程偏大的缺点。微生物修复技术指利用微生物的代谢过程将土壤中的污染物转化为二氧化碳、水、脂肪酸和生物体等无毒物质的修复过程。植物修复技术是利用植物自身对污染物的吸收、固定、转化和积累功能，以及通过为根际微生物提供有利于修复进行的环境条件而促进污染物的微生物降解和无害化过程，从而实现对污染土壤的修复。微生物修复和植物修复均具有处理费用较低、可达到较高的清洁水平等优点，但在实际应用过程中存在生物适应性差、所需修复时间较长、受污染物类型限制等不足。

表 9-1 为土壤修复技术评价参数表。

表 9-1　土壤修复技术评价参数表（环境保护部，2009）

分类方法	技　术	成熟性[1]	适合的目标污染物[2]	适合的土壤类型[3]	治理成本[4]	污染物去除率（%）	修复时间[5]（月）
污染源	植物修复	P	a~f	无关	¥	<75	>24
	生物通风	F	b~d	D~I	¥	>90	1~12
	生物堆	F	a~d	C~I	¥	>75	1~12
	化学氧化（原位）	F	a~f	—	¥¥	>50	1~12
	化学氧化/还原（异位）	F	a~f	—	¥¥	>50	1~12
	热处理	F	a~f，除了c	A~I	¥¥	>90	1~12
	土壤淋洗（原位）	F	a~f	F~I	¥¥	50~90	1~12
	土壤淋洗（异位）	F	b~f	F~I	¥¥+	>90	1~6
	电动	P	e~f	—	¥¥¥	>50	—
	气提技术	F	a~b	F~I	¥	75~90	6~24
	挖掘	F	a~f	A~I	¥	>95	1~3

续表

分类方法	技术	成熟性[1]	适合的目标污染物[2]	适合的土壤类型[3]	治理成本[4]	污染物去除率（%）	修复时间[5]（月）
暴露途径	帽封	F	c~f	A~I	¥	75~90	6~24
	稳定/固化	F	c, e~f	A~I	¥¥	>90	6~12
	垂直/水平阻控系统	F	c~f	A~I	¥¥	—	>24
受体	改变土地利用方式	F	a~f	A~I	¥	—	—
	移走受体	F	a~f	A~I	¥	—	—

注：1. 成熟性：F. 规模应用；P. 中试规模。
2. 污染物类型：a. 挥发性；b. 半挥发性；c. 重碳水化合物；d. 杀虫剂；e. 无机物；f. 重金属。
3. 土壤类型：A. 细黏土；B. 中粒黏土；C. 淤质黏土；D. 黏质肥土；E. 淤质肥土；F. 淤泥；G. 砂质黏土；H. 砂质肥土；I. 砂土。
4. ¥=低成本；¥+=低到中等成本；¥¥=中等成本；¥¥¥=高成本。
5. 修复时间为每种技术的实际运行时间，不包括修复调查、可行性研究、修复技术筛选、修复工程设计等的时间。
6. "—"表示不确定

9.2.2 污染土壤修复技术分述

9.2.2.1 物理修复技术

物理修复技术是指通过对土壤物理性状和物理过程的调节或控制，使污染物在土壤中分离，转化为低毒或无毒物质的过程。

（1）土壤蒸气浸提修复技术（soil vapor extraction，SVE）

土壤蒸气浸提修复技术，又称为真空提取技术（vacuum extraction），最早于 1984 年由美国 Terravac 公司研究成功并获得专利。它是通过降低土壤空隙的蒸气压，将土壤中的污染物转化为蒸气形式排出土壤的修复技术，可用于去除不饱和土壤中挥发性有机组分（VOCs）污染，适用于高挥发性有机物和一些半挥发性有机物污染土壤的修复，如汽油、苯和四氯乙烯等污染的土壤。该技术是典型的原位物理修复技术，一方面，清洁空气被通入土壤；另一方面，土壤中的污染物随之被排出。

土壤蒸气浸提修复技术的基本原理是在污染土壤内引入清洁的空气产生驱动力，利用土壤固相、液相和气相间的浓度梯度，在气压降低的情况下，将其转化为气态的污染物排出土壤的过程，土壤蒸气提取系统示意见图 9-2。在基本设计中，污染土壤中一般设置垂直井或竖直井（通常采用 PVC 管），当土壤污染深度较浅（小于 3 m）或地下水位较高时可设置水平井。利用真空泵将空气从污染土壤中缓慢抽出，从土壤中抽取携带了挥发性污染物的蒸气，再通过一个气/水分离器和废物处理系统处理后排放。由于土壤空隙中挥发性污染物分压的不断降低，原来溶解在土壤中或被土壤颗粒吸附的污染物不断地挥发出来以维持空隙中污染物的浓度。土壤蒸气浸提修复技术可操作性强，设备简单，容易安装；对土壤结构破坏小；处理周期短，通常 6~24 个月即可；可以处理固定建筑物下的污染土壤；可与其他技术结合使用。该技术的缺点是只能处理不饱和的土壤，对饱和土壤和地下水的处理还需要其他技术。

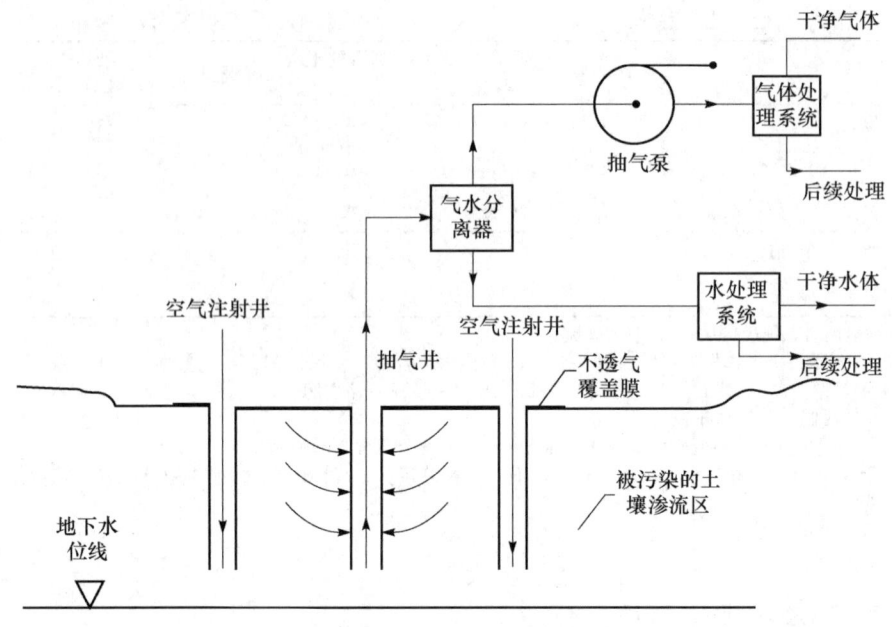

图 9-2　土壤蒸气提取技术示意（引自美国环境保护署）

采用土壤蒸气技术进行修复的污染土壤应该是均一的，具有高渗透能力、大空隙度以及不均匀的颗粒分布。对于容重大、土壤含水量大、孔隙度低或渗透速率小的土壤，土壤蒸气迁移将受到很大限制。就污染物特性而言，污染的程度与范围、蒸气压、亨利常数、水溶解度、分配系数和扩散速率等都将影响土壤蒸气浸提技术的修复效率。表 9-2 概述了土壤蒸气浸提技术的影响因素。另外，由于许多有机污染物在非水溶态液体中具有较高的溶解性，亚表层土壤系统中非水溶态液体物质的存在会大大影响到污染物的归宿和形态分布。

表 9-2　土壤蒸气浸提技术的影响因素

	条　件	有利因素	不利因素
污染物	主要形态	气态或蒸气态	固态或强烈吸附于土壤
	蒸气压	$>1.33\times10^4$ Pa	$<1.33\times10^4$
	水中溶解度	<100 mg/L	>1000 mg/L
	亨利常数	>0.01（无量纲）	<0.01（无量纲）
土壤	温度	$>20℃$（通常需要额外加热）	$<10℃$（通常北方气候条件下）
	湿度	$<10\%$体积	$>10\%$体积
	空气传导率	$>10^{-4}$ cm/s	$<10^{-6}$ cm/s
	组成	均匀	不均匀
	土壤表面积	<0.1 m^2/g 土壤	>1.0 m^2/g 土壤
	地下水深度	>20 m	<1 m

注：引自周启星，2004。

(2) 玻璃化修复技术（vitrification）

玻璃化修复技术是指利用热能在高温下把固态污染物熔化为玻璃状或玻璃—陶瓷状物质，借助玻璃体的致密结晶结构，使固化体永久稳定。污染物经过玻璃化作用后，其中有机污染物将因热解而被摧毁，或转化为气体逸出，而其中的放射性物质和重金属则被牢固地束缚于已熔化的玻璃体内。广义上讲，玻璃化技术属于固化技术，该技术是将污染物固结于稳定的玻璃体中，不再对环境产生影响，但处理土壤也完全丧失生产能力，所以该项技术一般用于污染特别严重的土壤，是有机和无机污染物土壤修复的常用方法。升温是玻璃化技术最主要的影响因素，它可使有机污染物挥发或分解，同时使 Hg 等金属挥发。玻璃化后的废弃物可再循环使用，也可作填充剂、混凝料或其他可再利用的材料。

玻璃化修复技术既适合于原位处理，也适用于异位处理。原位玻璃化（in-$situ$ vitrification，ISV）是指向污染土壤插入电极，对污染土壤固体组分施加 1 600～2 000℃的高温处理，使有机污染物和部分无机污染物如硝酸盐、硫酸盐和碳酸盐等得以挥发或热解，而从土壤中去除的过程，无机污染物（如重金属和放射性物质等）被包覆在冷却后形成化学性质稳定的、不渗水的坚硬玻璃体（类似黑耀岩或玄武岩）中；热解产生的水分和热解产物由气体收集系统收集后作进一步的处理。该技术通常需要 6～24 个月才能完成，适用于修复含水量较低、污染物埋深不超过 6 m 的土壤，处理对象包括放射性物质、有机物、无机物等多种干湿污染物，但不适于处理可燃有机物含量超过 5%～10%的土壤。

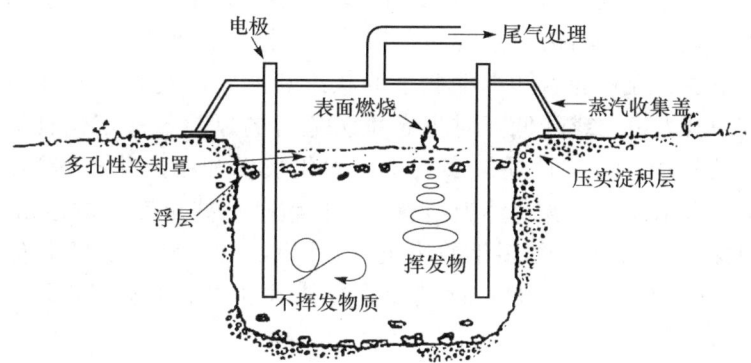

图 9-3　原位玻璃化技术示意（引自 Iskandar et $al.$，1997）

异位玻璃化技术（ex-$situ$ vitrification，ESV）是指将污染土壤挖出，利用等离子体、电流或其他热源在 1 600～2 000℃高温下熔化土壤及其污染物，有机污染物在此高温下被热解或蒸发而去除，产生的水汽和热解产物收集后由尾气处理系统进行进一步处理后排放。熔化物冷却后形成的玻璃体将无机污染物包覆起来，使其失去迁移性。该技术可用于破坏、去除污染土壤、污泥等泥土类物质中的有机物和大部分无机污染物，但实施过程中需控制尾气中有机物及一些挥发性重金属，同时需进一步处理玻璃化后的残渣，否则可能导致二次污染问题。

(3) 固化/稳定化修复技术（solidification/stabilization，S/S）

固化/稳定化修复技术是指运用物理或化学的方法将土壤中的有害污染物固定起来，或者将污染物转化成化学性质不活泼的形态，阻止其在环境中迁移、扩散等过程，从而降低污

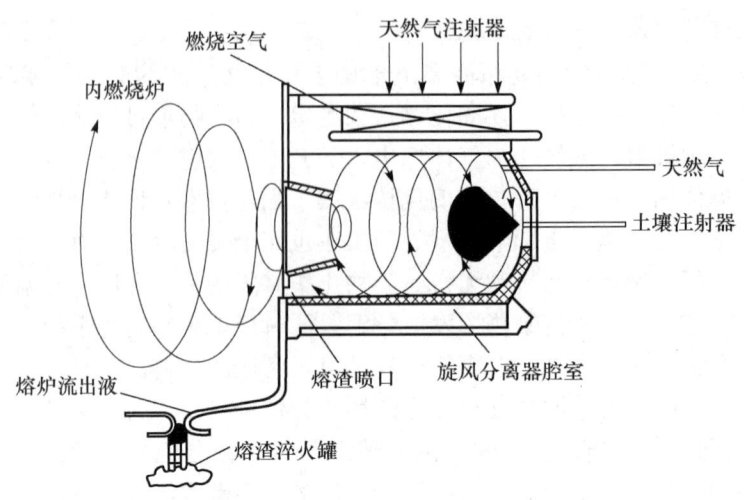

图 9-4　异位玻璃化技术示意（引自 Pierzynski，1997）

染物质的毒害程度的修复技术。通常用于重金属和放射性物质污染土壤的无害化处理，但其修复后场地的后续利用可能使固化材料老化或失效，从而影响其固化能力，触水或结冰/解冻过程会降低污染物的固定化效果。固化技术（solidification）是指向土壤添加黏结剂而引起石块状固体形成的过程。固化不涉及固化物或固化的污染物之间的化学反应，只是将污染物机械地固定在结构完整的固态物质中。稳定化技术（stabilization）是指将污染物转化为不易溶解、迁移能力和毒性变小的状态和形式的过程。它通过降低污染物的生物有效性，实现其无害化或降低其对生态系统危害的风险。稳定化技术不一定改变污染物及污染土壤的物理、化学性质。实践中，固化技术和稳定化技术通常是结合使用，采用的黏结剂主要有水泥、石灰、热塑塑料等，也包括一些有专利的添加剂。固化/稳定化技术用于处理各类废物已有 20 多年的历史（美国），已完成的项目中有 30％用于污染源控制，平均运行时间约为 1 个月，比其他修复技术（如土壤蒸气提取、土地处理以及堆肥等）的运行时间要短许多。

固化/稳定化修复技术可用于处理大量的无机污染物和部分有机污染物。其技术特点是：可以同时处理被多种污染物污染的土壤；设备简单，费用较低；所形成的固体毒性降低，稳定性增强；凝结在固体中的微生物很难生长，结块结构稳定。但该技术只是限制污染物对环境的有效性，而没有减少或破坏土壤中的污染物，一定时期后，污染物可能再次释放出来，造成对环境的危害。

固化/稳定化技术可分为原位固化/稳定化和异位固化/稳定化。原位固化时，通过钻孔装置和注射装置，将修复物质（如膨润土、干泥、灌浆、水泥等）注入土壤，然后利用大型搅拌装置进行混合（图9-5）。处理后的土壤留在原地，其上用清洁土壤覆盖。该技术不适合有机污染土壤的修复，在实施过程中一般需要 3~6 个月，具体应视修复目标值、待处理土壤体积、污染物浓度分布情况及地下土壤特性等因素而定。

异位固化/稳定化是将污染土壤挖出，与黏结剂（如水泥、火山灰、沥青和各种聚合物等）混合形成凝固体而达到物理封锁（如降低孔隙率等）或发生化学反应形成固体沉淀物

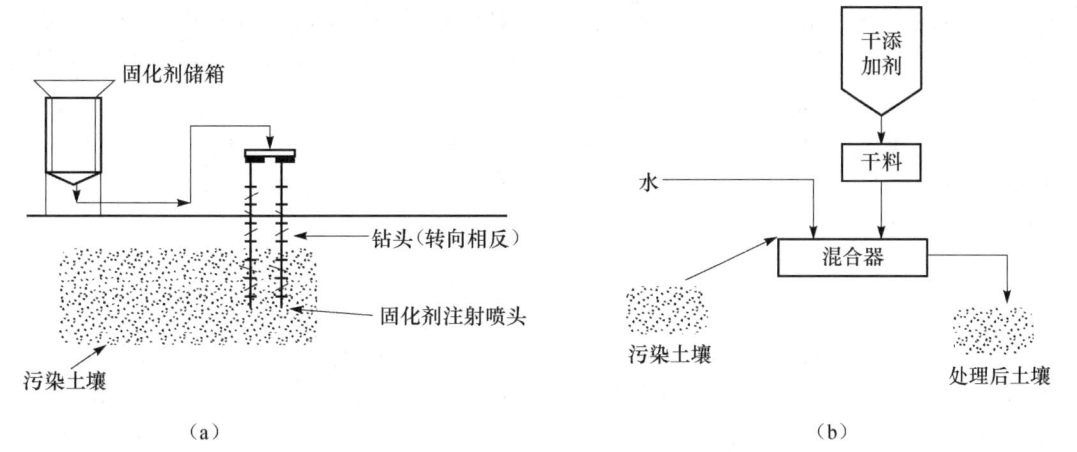

图 9-5 固定/稳定化修复技术示意
(a) 原位固定/稳定化修复　(b) 异位固定/稳定化修复

（如形成氢氧化物或硫化物沉淀等），从而达到降低污染物活性的目的。该技术属于非常成熟的土壤修复技术之一，主要用于无机污染（包括放射性物质）土壤的修复，一般不适于处理有机物和农药污染，不能保证污染物的长期稳定性，且处理过程会显著增加产物体积。通常采用移动装置在现场进行浸提操作，一台处理单元的日处理能力一般为 7.6~380.0 m³。

（4）热力学修复技术（thermal treatment）

热力学修复技术指利用高温所产生的一些物理和化学作用，如挥发、燃烧、热解，去除或破坏土壤中有毒物质的过程。该技术常用于处理有机污染的土壤，如挥发性有机物、半挥发性有机物、农药、高沸点氯代化合物，也适用于部分重金属污染的土壤，如挥发性金属汞。但热处理技术不适用于大多数无机污染物、腐蚀性有机物、活性氧化剂和还原剂等。其原理是通过直接或间接热交换，将污染介质及其所含的有机污染物加热到足够的温度（150~540℃），使污染物从污染介质挥发或分离的过程，按温度高低可分为低温热处理技术（土壤温度为 150~315℃）和高温热处理技术（土壤温度为 315~540℃）。该技术适用于处理土壤中挥发性有机物、半挥发性有机物、农药、高沸点氯代化合物。

热处理技术的热源有很多：加热的空气、明火以及可以与土壤直接或间接接触的热传导液体等，在欧美国家，热处理技术应用比较广泛。该技术的缺点是黏粒含量高的土壤处理比较困难，处理含水量高的土壤耗电量多。

目前，热力学修复技术应用较普遍的有热力强化蒸汽抽提技术和热解吸技术。热力强化蒸汽抽提技术，是指利用热传导（如热井和热墙）或辐射（如无线电波加热）的方式加热土壤，以促进半挥发性有机物的挥发，从而实现对污染土壤的修复，该技术包括高温（>100℃）加热修复技术和低温（<100℃）加热修复技术。主要用于处理卤代有机物、非卤代的半挥发性有机物、多氯联苯（PCBs）以及高浓度的疏水性液体（DNAPL）等污染物。但高温会导致土壤结构破坏，且高水分和黏土含量会增加处理成本。实施时，需严格设计并操作加热和蒸汽收集系统，以防污染物扩散而产生二次污染。

热解吸技术是指在真空条件下或通入载气时加热并搅拌土壤，使污染物及水分随气流进入气体处理系统而处理的技术。通过控制反应床的温度及停留时间，使目标污染物挥发，但并不发生氧化、分解等化学反应。该技术可去除的污染物主要为卤代和非卤代挥发性有机物（VOCs），当采用较高的操作温度和较长停留时间时，也可用于处理半挥发性有机物（SVOCs）和多氯联苯（PCBs）。该技术应用时，高黏土含量或湿度会增加处理费用，且高腐蚀性的进料会损坏处理单元。热解吸技术修复处理过程通常在现场由移动单元完成，一套处理单元的日处理能力一般为 38～305 m³。

(5) 电动力学修复技术（electrokinetic technologies）

电动力学修复技术最早是美国路易斯安那州立大学研究出的一种净化土壤污染的方法，通过向土壤施加直接电流（每平方米几安培），在电解、电迁移、扩散、电渗透、电泳等共同作用下，使土壤溶液中的离子向电极附近富集从而达到去除的过程。其基本原理与电池类似，是利用插入土壤中的两个电极在污染土壤两端加上低压直流电场，在低强度直流电的作用下，土壤中的带电颗粒在电场内作定向移动，土壤污染物在电极附近富集或被收集回收，如图 9-6。目标污染物包括大部分无机污染物、放射性物质及吸附性较强的有机物。

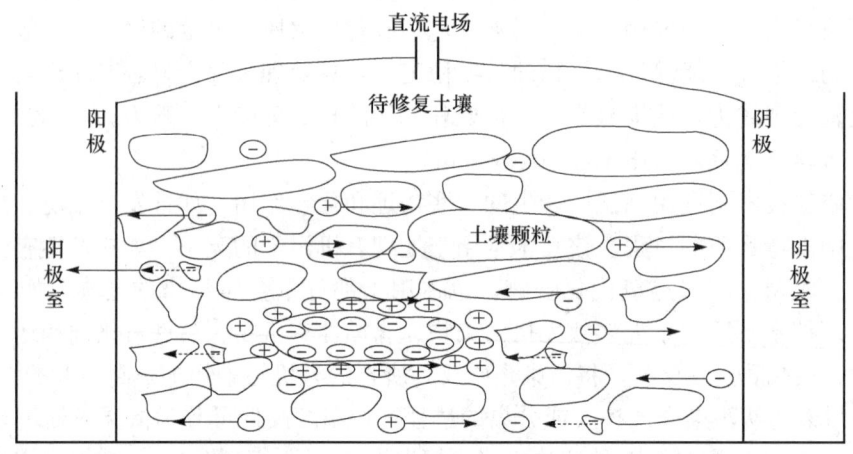

图 9-6　电动力修复原理示意（引自戴树桂，2006）

电动力学修复技术可以用以抽提地下水和土壤中的重金属离子，也可对土壤中的有机物进行去除。重金属离子等带电污染物可主要通过电迁移作用去除，而有机污染物的清洗主要依赖于土壤间隙水分的电渗流动。此外，污染物还可吸附于胶体颗粒上，随其电泳而得到迁移。电动力学修复速度较快、成本较低，特别适用于小范围的黏质的多种重金属污染土壤和可溶性有机物污染土壤的修复；对于不溶性有机污染物，需要化学增溶，易产生二次污染。

影响土壤电动力学修复效率的因素很多，包括电压和电流大小、土壤类型、污染物性质、洗脱液组成和性质、电极材料和结构等。该技术特别适合于低渗透的黏土和淤泥土壤

9 土壤污染修复概述

（由于水力传导性问题，传统的技术应用受到限制）或异质土壤的修复。但当土壤含水率低于10%时，该技术的处理效果大大降低，且在电场的作用下，可能产生有害副产物（如氯气、三氯甲烷和丙酮等）。大量研究证明，该技术具有高效性，涉及重金属、放射性核素、有毒阴离子（硝酸盐、硫酸盐）、非水相液体（NAPLs）、氰化物、石油烃（柴油、汽油、煤油、润滑油）、炸药、有机/离子混合污染物、卤代烃、非卤化污染物、多核芳香烃等污染物的修复，但最适合的是金属污染物的修复。如美国 Electroki-netics 公司研发的 Electro-Klean™ 技术在对 As、Zn 污染的土壤上现场实施，7 周后土壤中 As 浓度由 400～500 mg/kg 降低到 30 mg/kg，土壤中 Zn 的浓度在 8 周后由 2 410 mg/kg 降低到 1 620 mg/kg，取得了较好的治理效果。

（6）客土、换土技术

客土是指在被污染的土壤上覆盖上非污染的土壤，从而避免污染土壤中的污染物进入食物链。但客入的清洁土层需要一定厚度，要能满足植物根系的生长，以避免其伸到污染土层。换土则是将部分或全部污染土壤挖除而换上非污染土壤。实践证明，这是治理土壤污染特别是重金属污染切实有效的办法。一般情况下，换土的厚度越大，降低作物中污染物含量越显著。

但必须注意以下2点：①用作客土的非污染土壤 pH 值等性质最好与原污染土壤保持一致，以免由于环境因子的改变而引起土壤中污染物质活性增大。例如，如果使用了酸性客土，可引起整个土壤酸度的增大，使下层土壤中重金属活性增加，结果是适得其反。因此，为安全起见，原则上要使换土的厚度大于耕作层的厚度。②应妥善处理被挖出的污染土壤，以免造成二次污染。在实际操作过程中，也可不挖除污染土壤，而将其深翻至耕层以下，这对于防止作物受害也有一定的效果，但效果不如换土法。

客土、换土技术优点是技术简单，操作容易，缺点是不能从根本去除土壤污染物，只能抑制污染物对食物链的影响，不能减少其对其他环境方面的危害。另外，需要花费大量的人力与财力，并且该项技术只适用于小面积严重污染的土壤治理。

（7）冰冻修复技术

冰冻技术在工程项目中的应用比较广泛，如地铁、高速公路、隧道以及矿井等。但作为一门土壤污染修复技术，冰冻技术属于新兴技术。它主要通过适当的管道布置，在地下按等间距的形式围绕已知的污染源垂直安放，然后将对环境无害的冷冻剂溶液送入管道从而冻结土壤中的水分，形成地下冻土屏障，防治土壤和地下水中的有害和辐射性污染物扩散。

冰冻修复技术的优点有：能够提供一个与外界相隔离的独立"空间"；其中的介质（如冰、水）是对环境无害的物质；冰冻土壤形成的冻土层屏障易于去除，不留任何残余；若冻土屏障破损，泄露处可通过原位注水加以复原。

9.2.2.2 化学修复技术

化学修复技术是运用化学制剂使土壤中污染物发生酸碱反应（或土壤 pH 值调节）、氧化、还原、裂解、中和、沉淀、聚合、固化、玻璃质化等反应，使污染物从土壤中分离、降解转化成低毒或无毒的化学形态的技术。污染土壤化学修复典型方法见表9-3。

表 9-3 污染土壤化学修复的一些较为典型的方法

方　法	使用的化学修复剂	适用性	过程描述
土壤性能改良（一般为原位修复）	石灰、厩肥或其他有机质、污泥、活性炭、离子交换树脂	主要是无机污染物，包括重金属（如镉、铜、镍、锌）阳离子和非金属及腐蚀性物质	石灰作为粉状或以溶剂形式加入土壤，使土壤 pH 值升高，可促使土壤颗粒对重金属的吸附增加，使许多重金属的生物有效性降低；有机质的作用在于对污染物有强烈的吸附、固定作用；对于酸性土壤来说，施石灰还包括酸碱反应等，其过程为：$H^+ + HO^- \rightarrow H_2O$
氧化作用	氧化剂	氰化物、有机污染物	失去电子的过程，这时原子、离子或分子的化学价增高；对于有机污染物来说，氧化过程通常是分子中加入氧，最终结果是生成二氧化碳和水，有机污染物在高温作用下分子加入氧，最终生成二氧化碳和水
燃烧过程（高温氧化）		有机污染物	有机污染物在高温作用下分子中加入氧，最终产生二氧化碳和水
催化氧化	催化剂	酯类、酰胺、氨基甲酸酯、磷酸酯和农药等	在催化剂的作用下失去电子的过程
还原作用	还原剂（如多硫碳酸钠、多硫代碳酸乙酯（polithio-carbonate）、硫酸铁和有机物质等）	Cr^{6+}、Se^{6+}、含氯有机污染物、非饱和芳香烃、多氯联苯、卤化物和脂肪族有机污染物等	得到电子的过程，这时原子、离子或分子的化学价下降，如 $Cr^{6+} \rightarrow Cr^{3+}$ 对于有机污染物来说，这通常是分子中加入氢的过程
水解作用	水或盐溶液	有机污染物	$RX + H_2O \rightarrow ROH + HX$ 环境 pH 值、温度、表面化学以及催化物质的存在，对该过程发生影响
降解作用		易降解有机污染物	通过化学降解，污染物最终转化为二氧化碳和水
聚合作用	聚合剂	脂肪化合物、含氧有机物	几个小分子的结合形成更为复杂的大分子的过程，即所谓的聚合作用；不同分子的联合，为共聚作用
质子传递	质子供体	TCDD、酮类、PCBs 等	通过质子传递改变污染物的毒性或生物有效性
脱氯反应	碱金属氢氧化物（如氢氧化钾）等	PCBs、二恶英/呋喃、含卤有机污染物，挥发性/半挥发性有机污染物	主要涉及含卤有机污染物的还原，如 PCBs 被还原为甲烷和氯化氢，往往通过升高温度（有时达到 850℃ 以上）、使用特定化学修复剂、热还原过程实现
其他	挥发促进剂	专性有机污染物	促进有机污染物的挥发作用以达到挥发的目的

注：引自周启星，2004。

(1) 化学淋洗技术（chemical flushing/washing）

化学淋洗技术指借助能促进土壤环境中污染物溶解/迁移的液体或其他流体（如水或含有冲洗助剂的水溶液、酸/碱溶液、络合剂或表面活性剂）来淋洗污染土壤，使吸附或固定在土壤颗粒上的污染物脱附、溶解而去除的技术。作用机理在于利用淋洗液或化学助剂与土壤中的污染物结合，并通过淋洗液的解吸、螯合、溶解或固定等化学作用，达到修复污染土壤的目的。一般可通过 2 种方式去除污染物：①以淋洗液溶解液相、吸附相或气相污染物；②利用冲洗水力带走土壤孔隙中或吸附于土壤中的污染物。淋洗剂可以是水、化学溶剂或气体等能把污染物从土壤中淋洗出来的流体。

近年来，围绕着土壤淋洗已经做了大量的理论研究工作，并且已开展了一些工程应用。美国 Terra-Kleen 公司成功利用化学淋洗/浸提技术用于土壤修复，到目前为止，Terra-Kleen 公司利用该技术已经修复了大约 2×10^4 m^3 被 PCBs 和二恶英污染的土壤和沉积物，浓度高达 2×10^4 mg/kg 的 PCBs 被减少到 1 mg/kg，二恶英的浓度减幅甚至达到了 99.9%。研究表明，土壤淋洗修复技术具有如下优点：①可去除大部分污染物，如半挥发性有机物、多环芳烃（PAHs）、重金属、氰化物及放射性污染物等；②操作灵活，可原位进行也可异位处理；③应用灵活，可单独应用，也可作为其他修复方法的前期处理技术；④修复效果稳定、彻底，周期短，效率高。但是，土壤淋洗也存在一定的局限性，如对质地比较黏重、渗透性比较差的土壤修复效果相对较差；目前去除效率较高的淋洗剂价格都比较昂贵，难以用于大面积的实际修复；洗脱废液的回收处理问题；淋洗剂在土壤中的残留可能造成的土壤和地下水的二次污染问题。

化学淋洗技术核心是淋洗剂的选择，淋洗剂对于促进污染物从土壤中解析并溶入溶液是不可缺少的。在进行实际污染土壤修复时应选择高效、廉价、二次风险小的淋洗剂。目前常用淋洗剂有水和化学溶液，水主要用于去除土壤中某些水溶性较高的污染物，如六价铬。化学溶液则可通过调节土壤 pH 值、络合重金属污染物、从土壤胶体上置换有毒离子、改变土壤表面和污染物表面性质等来影响污染物在土壤中的迁移和转化，常见的用于土壤淋洗的化学溶液包括酸或碱溶液、螯合剂、还原剂、络合剂以及表面活化剂溶液。其中，酸和络合剂有利于土壤重金属的溶解，表面活性剂由于其"增溶"和"增流"作用，可改进憎水性有机化合物的亲水性，提高污染物水溶性和生物可利用性，常用于石油烃、卤代芳香烃类物质污染的土壤。目前，有关表面活性剂的研究较多，其种类繁多、性质各异，用于土壤修复的表面活性剂有特殊的要求，选择时必须考虑表面活性剂去除污染物的效率、表面活性剂及其降解产物的毒性、可生物降解性、是否能回收、经济成本等。用于工程实践时还应针对修复点特定的水文地质条件，地下含水层的异质性、可渗透性等因素综合选择合适的表面活性剂材料。近年来，国内外用于有机污染物修复的表面活性剂种类见表 9-4。

表 9-4 用于土壤修复的表面活性剂类型

类 型	名 称	所清除的污染物
非离子表面活性剂	十二烷基聚氧乙烯醚	十二烷、癸烷、苯、甲苯、氯苯、二氯苯、三氯乙烯、多环芳烃
	辛烷基聚氧乙烯醚	多环芳烃
	壬烷基聚氧乙烯醚	多环芳烃
	辛基苯基聚氧乙烯醚	三氯乙烯、三氯乙烯、三氯苯、DDT、多氯联苯
	壬基苯基聚氧乙烯醚	三氯乙烯、三氯乙烯、二氯苯、四氯苯、多环芳烃
	聚氧乙烯脱水山梨醇单油酸酯	烷烃
	聚氧乙烯油酸酯	十二烷、甲苯、三甲苯、菲
阴离子表面活性剂	十二烷基硫酸钠	
	十二烷基苯磺酸钠	
	十二烷基双苯磺酸钠	

续表

类型	名称	所清除的污染物
其他	皂角苷	萘、六氯苯
	石油磷酸盐	DDT、三氯乙烯、多环芳烃
	环糊精	多环芳烃
	乙烯吡咯烷酮/苯乙烯	多环芳烃

注：引自戴树桂，2006。

化学淋洗技术可分为原位淋洗技术和异位淋洗技术。原位淋洗技术（in-situ flushing）是指直接向污染土壤中加入淋洗剂混合，使土壤污染物进入淋洗溶液，然后使淋洗溶液通过下渗或平行排出土壤，并对排出的淋洗溶液收集、再处理的过程。该技术既适用于无机污染物，也适用于有机污染物，尤其是粗质地、渗透性较强的土壤污染修复。其优点是长效性、易操作性、高渗透性、费用合理以及适宜治理的污染物范围广等。

异位淋洗技术（又称土壤清洗技术 soil washing）指将污染土壤挖掘出来，用水或化学溶液清洗土壤、去除污染物，再对含有污染物的清洗废水或废液进行处理，洁净土可以回填或运到其他地点回用，基本示意见图 9-7。一般可用于放射性物质、有机物（如石油类碳氢化合物、易挥发有机物、PCBs、PAHs）或混合有机物、重金属或其他无机物污染土壤的处理或前处理。该技术对于大粒径级别污染土壤的修复更为有效，砂砾、砂、细砂以及类似土壤中的污染物更容易被清洗出来，而黏土中的污染物则较难清洗。一般来讲，当土壤中黏土含量达到 25%～30% 时，将不考虑采用该技术。

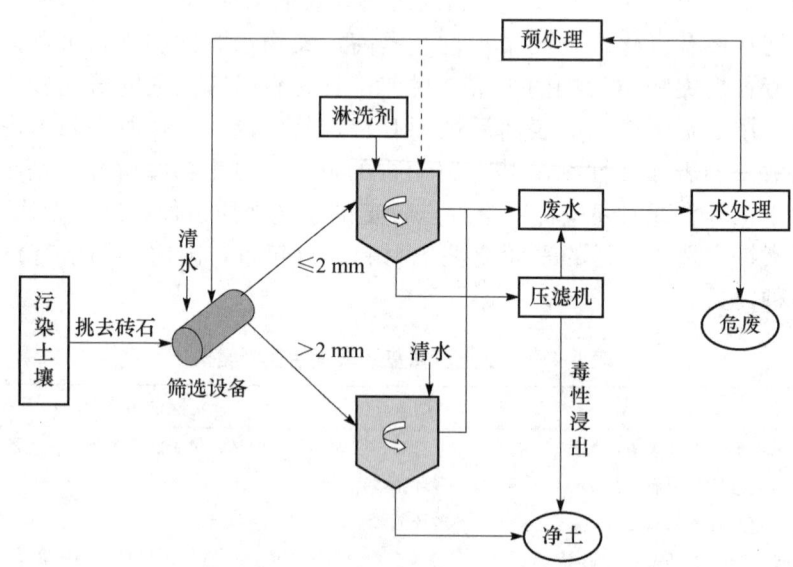

图 9-7 异位化学淋洗基本示意

(2) 原位化学氧化技术（in-situ chemical oxidation，ISCO）

原位化学氧化技术指将化学氧化剂注入土壤中，氧化其中污染物质，使污染物降解或转化为低毒、低移动性产物的修复技术。化学氧化技术不需要将污染土壤全部挖出，只是在污染区的不同深度钻井，再通过泵将氧化剂注入土壤中。通过氧化剂与污染物的混合、反应使污染物降解或导致形态变化。通常用一个井注入氧化剂，另一个井将废液抽提出来，氧化剂废液可以循环再利用，原位化学氧化技术示意见图 9-8。该技术一般用于修复严重污染的场地或污染源区域，但对于污染物浓度较低的轻度污染区域，该技术并不经济。常用于修复被油类、有机溶剂、多环芳烃（如萘）、POPs、农药以及非水溶性氯化物（如三氯乙烯、TCE）等长期存在于土壤中、很难被生物降解污染物。其优点是修复完成后在原污染区只留下水、二氧化碳等无害的化学反应产物，与传统的泵处理系统相比，化学氧化技术效率更高，费用更少。对于遭受高浓度有机污染物污染的土壤，该技术前景广阔。

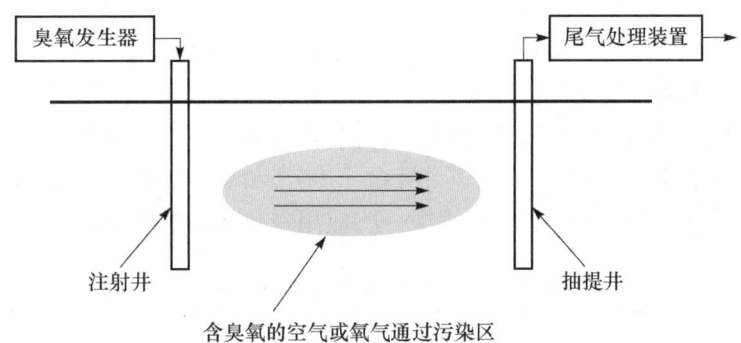

图 9-8　原位化学氧化技术（臭氧）示意（引自 Masten S. J.，1997）

现有原位化学氧化技术所采用的氧化剂主要有二氧化氯、双氧水及 Fenton 试剂、高锰酸钾和臭氧。在实际应用中氧化剂选择应遵循以下原则：一是反应必须足够强烈，使污染物通过降解、蒸发及沉淀等方式去除，并能消除或降低污染物毒性；二是氧化剂及反应产物应对人体无害；三是修复过程应是实用和经济的。

（3）化学脱卤技术（chemical dehalogenation）

化学脱卤技术又称为气相还原技术（gas-phase reduction），指向受卤代有机物污染的土壤中加入试剂，以置换取代污染物中的卤素或使其分解或部分挥发而得以去除，属于异位化学修复技术之一。该技术适用于处理挥发或半挥发有机污染物、卤化有机污染物、多氯联苯、二噁英、呋喃等，不适用于半金属卤化有机污染物和重金属、多环芳烃、除草剂、农药、炸药、石棉、氰化物、腐蚀性物质、非卤化有机污染物等。还原过程包括使用特殊还原剂，有时需使用高温和还原条件使卤化有机污染物还原，其局限性在于一些脱卤剂能与水起化学反应，高黏土含量及高含水率会增加处理成本，且当卤代有机物浓度超过 5% 时需要大量的反应试剂。正常情况下，该技术所需的修复周期较短，一般为 6～12 个月。

（4）溶剂浸提技术（solvent extraction technology）

溶剂提取技术又称为化学浸提技术（chemical extraction technology），是一种利用溶剂将有害化学物质从污染土壤中提取或去除的技术。土壤中 PCBs、油脂类等化学物质不溶于水，而吸附或粘贴在土壤、沉积物或污泥上，处理起来难度较大。溶剂提取技术可以克服土壤处理、污染物迁移、过程调节等技术难题，使土壤中 PCBs、油脂类等污染物的处理成为现实。该技术主要适用于处理挥发和半挥发有机污染物、卤化或非卤化有机污染物、多氯联苯、二噁英、呋喃、多环芳烃、除草剂、农药、炸药等，不适用于非金属和重金属、石棉、氰化物、腐蚀性物质等，黏土和泥炭土不适用于该技术。

基本原理是将污染土壤取出置于一个可以密闭的提取箱内，在其中进行溶剂与污染物的离子交换等化学反应过程，浸提溶剂的类型按污染物的化学结构和土壤特性进行选择，典型的化学浸提剂包括一些专利有机溶剂，如三乙基胺等。溶剂必须缓慢浸入土壤介质，以保证土壤中污染物与浸提剂全面接触，当土壤中污染物基本完全溶解于浸提溶剂时，借助泵的力量将其中的浸提液排出提取箱，并将浸提剂收集回用。该技术优点在于可用于处理难以从土壤中去除的污染物，浸提技术方便快捷，浸提溶剂可循环再利用。

(5) 原位化学还原技术（in-situ chemical reduction remediation）

原位化学还原技术是指利用化学还原剂将污染物还原为难溶态，从而降低污染物在土壤环境中的迁移性和生物可利用性。通常是向土壤中注射液态还原剂、气态还原剂或胶体还原剂等使土壤下表层变为还原条件，可溶还原剂有亚硫酸盐、硫代硫酸盐、羟胺以及 SO_2、H_2S 等，胶体还原剂有 Fe^0 和 Fe^{2+}，其中 SO_2、H_2S 和 Fe^0 胶体三大还原剂应用较广泛。表 9-5 是三大还原剂在原位化学还原过程中一些应用参数和基本特征。

表 9-5　原位化学还原技术特征参数

化学还原技术		注入的还原剂		
		SO_2	H_2S	Fe^0 胶体
适用的污染物		对还原敏感的元素（如铬、铀、钍等）以及散布范围较大的氯化溶剂	对还原敏感的元素如铬等	对还原敏感的元素（如铬、铀、钍等）以及氯化溶剂
修复对象			通常为地下水	
影响因素	pH 值	碱性	不需调节 pH 值	高 pH 值导致铁的表面形成覆盖膜，降低还原效率
	天然有机质		未知	有促进铁的表面形成覆盖膜的可能
	土壤可渗性	高渗土壤	高渗和低渗土壤	依赖于胶体铁的分散技术
其他因素		在水饱和区域较有效	以 N_2 作载体	要求高的土壤水含量和低氧量
潜在不利影响			有可能产生有毒气体，系统运行较难控制	有可能产生有毒中间产物

注：引自周启星，2004。

(6) 土壤性能改良技术

土壤性能改良技术指有针对性地采取施用改良剂或人为改变土壤氧化—还原电位的工程技术。土壤性能改良技术主要是针对重金属污染土壤，部分措施也可用于有机污染土壤改良。该技术属于原位修复技术，是比较经济有效的污染土壤修复途径之一。

根据污染物在土壤中存在的特性，向土壤中施加的改良剂有石灰、磷酸盐、堆肥、硫磺、高炉渣、铁盐等。其中，石灰可提高土壤 pH 值，促进重金属（如镉、铜、锌）形成氢氧化物沉淀，从而减少植物对重金属离子的吸收；硫磺及某些还原性有机化合物可以促使重金属形成硫化物沉淀，磷酸盐类物质则可与重金属反应生成难溶性磷酸盐沉淀。此外，向土壤中投加吸附剂也可以在一定程度上缓解污染物对农作物的生理毒害，如针对有机污染物，可通过投加吸附性能大的沸石、斑脱石、其他天然黏土矿或改性黏土矿等增加对有机、无机污染物的吸附。目前，美国石头山环境修复服务有限公司开发的 Enviro bond™ 技术，主要通过络合剂与污染土壤、污泥、废弃矿场中的淋溶重金属形成稳定的、无害的金属络合物，进而达到重金属污染土壤修复的目的。现场修复结果显示，土壤 Pb 浓度可以从 382 mg/L 下降到 1.4 mg/L，同时 Pb 生物可利用性减少了 12.1%。

尽管施加改良剂对土壤污染修复具有很好的效果，且具有技术简单，取材容易，实用性强等优点，但也存在一定的不足：部分吸附剂花费太高，处理不当会造成二次污染，不适合大面积推广使用；沉淀法可在一定程度上降低土壤溶液重金属含量，但同时也可造成部分营养元素可溶性降低，导致微量元素缺乏；可一定时期内一定程度地固定污染物，控制其危害，但不能去除污染物。

9.2.2.3 微生物修复技术

（1）概述

微生物修复技术（bioremediation）是指利用天然存在的或特别培养的微生物在可调控的环境条件下将有毒污染物转化为无毒物质的处理技术。微生物修复可以消除或减弱环境污染物的毒性，减少污染物对人类健康和生态系统的风险。微生物修复技术与其他传统修复技术相比，其优缺点见表 9-6。

表 9-6　微生物修复的优缺点

优 点	缺 点
可在现场进行	不是所有污染物都适用
对场地的破坏最小	部分化学品的降解产物毒性和迁移性增强
减少运输费用，消除运输隐患	地点特异性强
永久性地消除污染	其他污染物（如重金属）可能对微生物修复产生拟制作用
费用低廉	工程前期投入高
可与其他技术结合使用	需增加微生物监测项目

注：引自沈德中，2002。

微生物修复种类很多，根据人工干预的情况可进行如下分类：

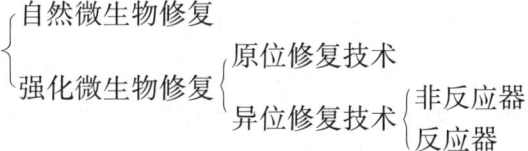

自然微生物修复（intrinsic bioremediation）　在修复过程中，无需任何工程辅助措施和生态调控措施，利用土著微生物的自身降解能力而进行的修复。这类污染土壤或地下水需要有以下环境条件：有充分和稳定的地下水流；有微生物可利用的营养物；有缓冲体系 pH 值的能力；有使代谢能够进行的电子受体。如果缺少一项条件，将会影响生物修复的速率和程度。特别是对于外来化合物，如果污染新近发生，很少会有土著微生物能降解它们，所以需要加入有降解能力的外源微生物。

强化微生物修复（enhanced bioremediation）　通过人为手段（如补充营养盐、电子受体、改善其他限制因子或微生物菌体）来促进微生物修复的进程，这种在人为受控条件下进行的微生物修复也称人工生物修复。强化生物修复一般采用下列手段来加强修复的速度：

① 微生物刺激（biostimulation）技术，满足土著微生物生长所必需的环境条件，如提供电子受体、供体、氧以及营养物等；

② 微生物强化（bioaugmentation）技术，需要不断地向污染环境投入外源微生物、酶、其他生长基质或氮、磷无机盐。对于一些污染物，微生物虽然可以降解他们，但它们却不能利用该污染物作为碳源，合成自身生长需要的有机质。因此，需要利用微生物共代谢（co-metabolism）作用来完成修复，例如，处理五氯酚需加入其他基质维持微生物的生长。

强化微生物修复一般分为原位修复技术（in-situ bioremediation）和异位修复技术（ex-situ bioremediation）。

采取微生物修复技术应遵循以下原则：

适合的微生物　应具有生理和代谢能力并能降解污染物的真菌或细菌。一般情况下，修复点位就有降解微生物存在。如果是在处理高浓度污染物的反应器内，则需要加入外源微生物。

适合的地点　应具有污染物和适合微生物相接触的地点。例如在表层土壤中存在的解苯微生物是无法降解位于深层土壤或蓄水层中的苯系物的，只有将污染土壤或水抽取到地上生物反应器，或将合适的微生物注入污染的土壤层或蓄水层中处理。

适合的环境条件　要控制或改变环境条件，使微生物的代谢和生长处于最佳状态。环境条件包括温度、无机养分、电子受体和pH值等。

（2）微生物修复技术分述

原位修复技术

生物强化法（bioaugmentation）：指在生物处理体系中投加具有特定功能的微生物来改善原有处理体系的处理效果，如对难降解有机物的去除等。投加的微生物可以来源于原来的处理体系，经过驯化、富集、筛选、培养达到一定数量后投加，也可以是原来不存在的外源微生物。在生物强化技术的实际应用中这两种方法都有采用，这取决于原有处理体系中的微生物组成及所处的环境。应用生物强化技术的前提是获得高效作用于目标降解物的菌种。对于那些自然界中固有的化合物，一般都能够找到相应的降解菌种。但对于人类工业生产中合成的一些外生化合物，它们的结构不易被自然界中固有微生物的降解酶系识别，需要用目标降解物来驯化、诱导产生相应降解酶系，筛选得到高效菌种，这种方法一般需要1个月甚至几个月的时间。基因工程的发展为人类快速获取一些高效菌种提供了新方法。一项生物强化技术要想获得成功，必须同时考虑许多的影响因素。

首先，用于驯化培养所要投加的微生物的底物浓度往往比实际处理构筑物中的浓度高许多，微生物投加之后是否能够降解低浓度的底物是必须考虑的问题。

其次，投加后的微生物面临的是一个复杂的生态环境，既有微生物种群之间的竞争，也有被原生动物捕食的可能。因此，若想达到良好的生物强化效果，投加的微生物必须在处理构筑物中保持一定的代谢活力，维持一定的数量。

生物通气法（bioventing）：指向亚表层供给空气或氧气，促进微生物降解吸附在不饱和层土壤上的有机污染物的修复技术，它是一种强化污染物生物降解的修复技术。常适用于修复被石油烃、非氯化溶剂、某些杀虫剂、木材防腐剂和其他有机化学品污染的土壤。在部分受污染地区，土壤中有机物会降低土壤中的氧气浓度，增加二氧化碳浓度，进而形成一种抑制污染物进一步生物降解的条件。生物通气法就是在受污染的土壤上打两口井，安装鼓风机和真空泵，将新鲜空气强行注入土壤中，再抽出，土壤中的挥发性毒物也随之去除。通入空气的同时，有时加入一定量的氨气，可为土壤中降解菌提供氮素营养；有时也可将营养物与水经滤道分批供给，从而达到强化污染物降解的目的。图 9-9 为生物通气法修复不饱和土壤示意。

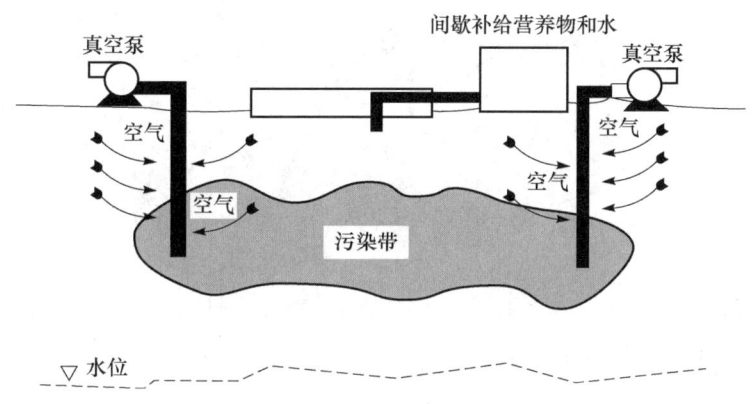

图 9-9　生物通气法修复不饱和层土壤示意（引自沈德中，2002）

生物通气法严格限制在不饱和层土壤上，其土壤的多孔结构以利于微生物的快速生长，且假定氧气是生物降解的限制因素，补充氧气可以促进生物降解。另外，污染物应具有一定的挥发性，亨利常数大于 $1.01325\ \mathrm{Pa \cdot m^3/mol}$ 时才适于通过真空抽提加以去除。生物通气法的主要制约因素是影响氧和营养物迁移的土壤结构，否则会使氧和营养物在到达污染区之前被消耗。

生物注气法（biosparging）：也称空气注气法，这是一种类似生物通气法的技术，它是将空气压入饱和层水中，使挥发性化合物进入不饱和层进行生物降解，同时饱和层也得到氧气有利于生物降解。这种补给氧气的方法扩大了生物降解的面积，使饱和带和不饱和带的土著微生物发挥作用。

该方法适用于处理受挥发性有机物污染的地下水及上部土壤，特别是被小分子有机物污染的土壤，而对大分子有机物污染的土壤较不适宜。处理设施采用类似生物通气法的系统（图 9-10），但这里的空气是经过加压后注射到污染地下水的下部，气流加速地下水和土壤有机物的挥发和降解。也有学者将生物注射法归入生物通气法之列。

生物冲淋法（bioflooding）：生物冲淋法是将含氧和营养物的水补充到土壤亚表层，促进土壤和地下水中的有机污染物的生物降解。该方法一般常与生物通气法和生物注气法结合使用，主要针对各种石油烃类污染的土壤或地下水的治理，改进后也能用于处理氯代脂肪烃溶剂，如加入甲烷和氧促进甲烷营养菌降解三氯乙烯和少量的氯乙烯。

土地耕作法（land farming）：土地耕作法是通过翻耕污染土壤（但不包括挖掘和搬运土壤），补充氧和营养物以提高土壤微生物的活性，该方法的本质就是对污染土壤进行耕犁处理。在处理过程中施加肥料，进行灌溉，施加石灰，质地黏重的土壤可适当加入砂子以增加孔隙度，尽可能为微生物代谢污染物提供一个良好环境，使其有充足的营养、水分和适宜的

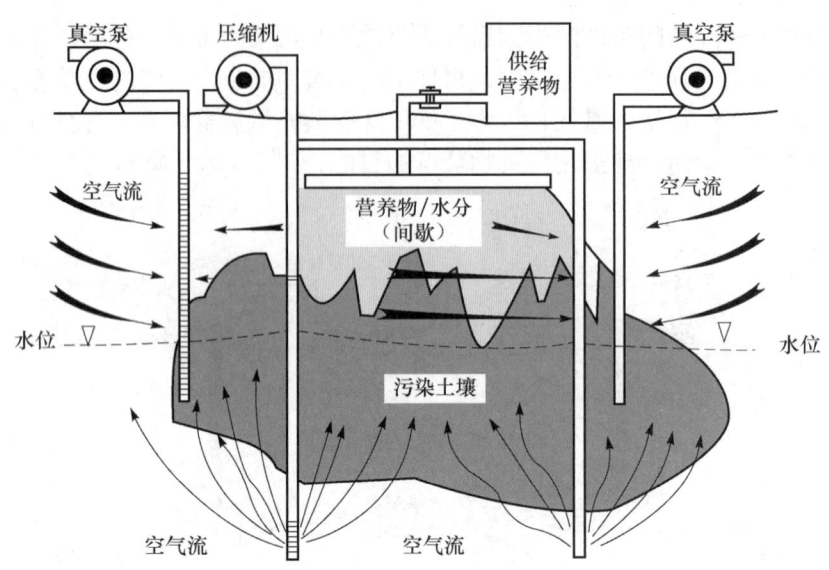

图 9-10　生物通气法修复土壤和地下水污染（引自沈德中，2002）

pH 值，保证生物降解在土壤的不饱和层能发生。该方法优点是简易经济，但污染物有可能从处理地转移。一般适用于污染土壤的渗滤性较差，土层较浅，污染物又较易降解的土壤环境。

异位修复技术

堆肥法（composting）：堆肥法是处理固体废弃物的传统技术，也常被用于修复受石油、洗涤剂、多氯烃、农药等污染的土壤，并取得了很好的处理效果。与普通堆肥相似，堆肥时除降解目标污染物之外，还可降解固体有机质，如稻草、木屑、树皮和畜牧场的垫草，并补充微生物所需的氮、磷和其他无机盐。一般使用条形堆，下面铺设通气管道，并保持堆中水分。堆肥过程中，将受污染土壤与水（至少 35% 含水量）、营养物、泥炭、稻草和动物肥料混合后，使用机械或压气系统充氧，同时加石灰调节体系 pH 值。经过一段时间的发酵处理，大部分污染物被降解，标志着堆肥完成。经处理消除污染的土壤可返回原地或用于农业生产。堆肥法包括风道式堆肥处理、好气静态堆肥处理和机械堆肥处理等。

生物反应器处理（bioreactor）：生物反应器处理是将受污染土壤挖掘起来，与水混合后，在接种了微生物的生物反应装置内进行处理，其工艺类似污水的生物处理方法，处理后的土壤与水分离后，脱水处理再运回原地。这是一种很有价值和潜力的处理技术，适用于处理地表土及水体的污染。

生物反应器包括土壤泥浆生物反应器（soil slurry bioreactor）和预制床反应器（prepared bed reactor）。对污染土壤的修复而言，土壤泥浆生物反应器能起重要作用（图9-11）。它是将污染土壤移到反应器中，与 3~5 倍的水相混合成泥浆，在运转过程中添加必要的营养物，鼓入空气，剧烈搅拌，微生物和底物充分接触，完成代谢过程，而后在快速过滤池中脱水。其操作的关键是混合程度和通气量。除作为一种实用的处理工艺技术外，土壤泥浆生物反应器还可作为研究生物降解速率及影响因素的生物修复模型使用。这种反应器可分为连续运转型和间歇运转型，目前主要有连续搅拌反应器和循序间歇反应器 2 类。

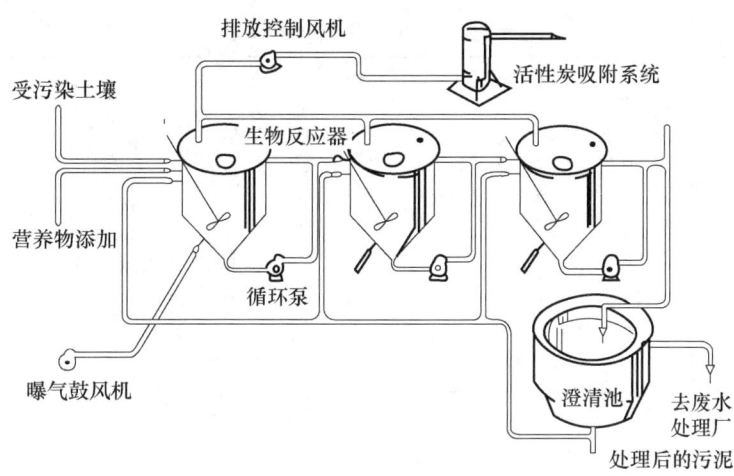

图 9-11 泥浆生物反应器示意（引自张从，2000）

预制床是一种用于土壤修复的特制生物床反应器，包括供水及营养物喷淋系统、土壤底部的防渗漏层、渗滤液收集系统及供气系统等。

土地耕作法：异位土地耕作是在非透性垫层和砂层上，将污染土壤经 10～30 cm 的厚度平铺其上，并淋洒营养物和水及降解菌株接种物，定期翻动充氧，以满足微生物生长的需要。处理过程产生的渗液，回淋于土壤，以彻底清除污染物。本方法适用于治理五氯酚（PCP）、杂酚油、石油加工废水污泥、焦油、农药、苯系物（BTEX）和多环芳烃等污染土壤。此法对土地有一定的要求：土壤均匀，没有石砾、瓦砾；土地经平整后，应设有排水沟或其他方式控制渗漏和地表径流；必要时需要调节 pH 值；应防止土壤过湿或过干。

通气土堆处理：一种基于处理床技术的异位生物处理过程，也称为整备床。它将污染土壤挖出后与膨松剂混合，堆成土堆，堆中布设通气管，堆上还可安装喷淋营养物的管道。堆场可在地面或固定设施上，通常向土堆中添加一些物质，如木片、树皮或堆肥，以改善堆垛内的排水和空隙状况。该方法可用于挥发性、半挥发性、卤化和非卤化有机污染物、多环芳烃等土壤污染的修复。

厌氧处理：厌氧处理主要针对某些具有高氧化状态的污染物，如三硝基甲苯、多氯取代化合物（PCB）等，厌氧处理下污染物的降解比耗氧处理更为有效。如，在厌氧环境下通过添加电子受体，处理地下水中的四氯化碳取得良好效果。由于严格的厌氧条件难于达到，厌氧过程中会产生一些毒性更大、更难降解的中间代谢产物。此外，厌氧发酵的终产物 H_2S 和 CH_4 也存在毒性和风险。

在微生物修复实践中，还有将几种处理方法加以优化组合的，从而形成新的处理系统，达到提高处理效果、扩大适用范围的目的。例如，有人把土壤气体抽提法和堆肥法结合起来，先进行气抽提去除易挥发的污染物，而后作堆肥处理，收到了良好的修复效果。

目前较为成熟的原位微生物修复及异位微生物修复技术见表 9-7 和表 9-8。

表 9-7 原位微生物修复技术

方法	技术描述	适用性
生物泵吸处理法（biological pump-and-treatment）	通过提取地下水然后把这些地下水再灌入污染土壤，即通过污染土地区域内地下水的再循环，达到调节供氧和无机营养，对污染物进行最大程度的降解，最后把含有未被处理掉的污染物的地下水送到地面上的污水处理厂进行处理	适用于对有机污染物（包括挥发性、半挥发性、含卤、非卤、PAHs、PCBs、二噁英/呋喃、杀虫剂/除草剂等有机污染物）进行修复；重金属、非金属和石棉以及爆炸性、腐蚀性污染物均不适用，但适用于氰化物污染土地的修复；处理适用的土壤类型一般为砂土、壤土和沉积物等，但黏土和泥炭土不适用
慢速渗滤法（slow infiltration）	通过在污染土壤区内布设垂直井网络系统，使无机营养和氧（或过氧化氢）缓慢渗入表层土壤，使微生物体系达到对污染物进行最大程度的降解作用	与泵吸处理法相同。在修复期间为了防止污染物扩散或加入的无机营养和表面活化剂等修复剂的迁移，污染区应该用水泥或水力隔栅与非污染区相隔开
工程螺钻法（engineered auger system）	用工程螺钻系统使表层的污染土壤得以混合，并注入含无机营养和氧气的溶液，是微生物体系达到对污染物进行最大程度的降解作用	与泵吸处理法相一致
生物通气法（bioventing）	该方法是蒸汽浸提法与生物修复的集合，其氧气的供给主要包括以下情形：①该污染物具有向井走向的真空抽提梯度，通过在污染区外钻井达到向污染区注入空气的目标；②该污染区外亚表层还具有向井走向的真空抽提梯度，在污染区内钻井达到向污染区以外亚表层注入空气的目标；③通过在污染区内或污染区外钻井进行空气的真空抽提。可能性营养物质和水从表层土壤或通过垂直井渗入。生物降解过程与蒸发过程最优化平衡主要取决于污染物的类型、点上的生态条件和修复时间的长短	适用于对挥发性、半挥发性、含卤、非卤和PAHs等有机污染物进行修复，而对PCBs、二噁英/呋喃、杀虫剂/除草剂等有机污染物不适用；无机污染物（包括重金属、非金属、氰化物和石棉等）以及爆炸性、腐蚀性污染物不适用；处理适用的土壤类型一般为砂土、壤土和沉积物等，但黏土和泥炭土不适用。通过人工降低地下水位，该方法可以应用到超过30 m深度的土层或地下水的修复

注：引自周启星，2004。

表 9-8 现有成熟的异位微生物修复技术

类型	实例	技术描述	适用性
处理床技术	生物农耕法（biological landfarming）	污染土壤常常被撒于地表成为一层薄层，其厚度大约是0.5 m。定期通过农业耕作措施翻动土壤以改善土壤结构和氧气供给，供给水分以矫正土壤湿度，并提供给该系统一定的无机营养物质	除二噁英/呋喃和PCBs外，其余有机污染物（如杀虫剂/除草剂，挥发性、半挥发性、含卤、非卤有机污染物及PAHs等）均适用；无机污染物（包括重金属、非金属、氰化物和石棉等）以及爆炸性污染物不适用；黏土和泥炭土不适用
	堆积翻耕法（windrow turning）	该方法类似于生物农耕法，但污染土壤被成堆堆积，即使不成堆堆积，其覆盖层厚度往往比生物农耕法厚得多。为了改善土壤结构，还需施加一定数量的稻草、麦秆、碎木片、树皮及其堆肥于土壤；为了增加土壤透气性，定期翻耕也是需要的	适用于对挥发性、半挥发性、含卤、非卤有机污染物及PAHs的处理，二噁英/呋喃、杀虫剂/除草剂和PCBs等有机污染物不适用；无机污染物（包括重金属、非金属、氰化物和石棉等）以及腐蚀性污染物不适用，但适用于爆炸性污染物污染土壤的修复；黏土和泥炭土不适用
	生物堆腐法/工程土壤库（bioplie/engineered soil bank）	与上述堆积翻耕法所不同的是，挖出的污染土壤被堆成一静置的土堆，无需机械翻耕	适用于对挥发性、半挥发性和非卤有机污染物及PAHs的处理，二噁英/呋喃、杀虫剂/除草剂和含卤有机污染物的修复；无机污染物（包括重金属、非金属、氰化物和石棉等）以及腐蚀性、爆炸性污染物均不适用；黏土和泥炭土不适用

续表

类型	实例	技术描述	适用性
生物反应器	泥浆生物反应器（slurry-phase bioreactor）	预处理土壤（通常去除粒径大于4～5 mm的土壤颗粒）加入带有机械搅动装置的目标反应器，加入水使之成为泥浆状。在反应器内，主要靠调节温度、pH值、营养物质和供养等促进专性微生物（或事先筛选加入）达到对污染物的最大讲解能力	适用于对挥发性、半挥发性、含卤、非卤、PAHs、二恶英/呋喃、杀虫剂/除草剂等有机污染物的修复，但不适用于PCBs；无机污染物（包括重金属、非金属、氰化物和石棉等）以及腐蚀性污染物，但是用于爆炸性污染物污染土地的修复；除泥炭土外，其余土壤类型均适用

注：引自周启星，2004。

9.2.2.4 植物修复技术

植物修复技术（phytoremediation）指利用植物及其根际圈微生物体系的吸收、挥发和转化、降解的作用机制来清除环境中污染物质的一项新兴污染环境治理技术。具体地说，就是利用植物本身特有的利用污染物、转化污染物，通过氧化—还原或水解作用，使污染物得以降解和脱毒的能力，利用植物根际圈特殊生态条件加速土壤微生物的生长，显著提高根际圈微环境中微生物的生物量和潜能，从而提高对土壤有机物的分解能力，以及利用某些植物特殊的积累与固定能力去除土壤中无机和有机污染物的能力，被统称为植物修复。植物修复示意如图9-12所示。

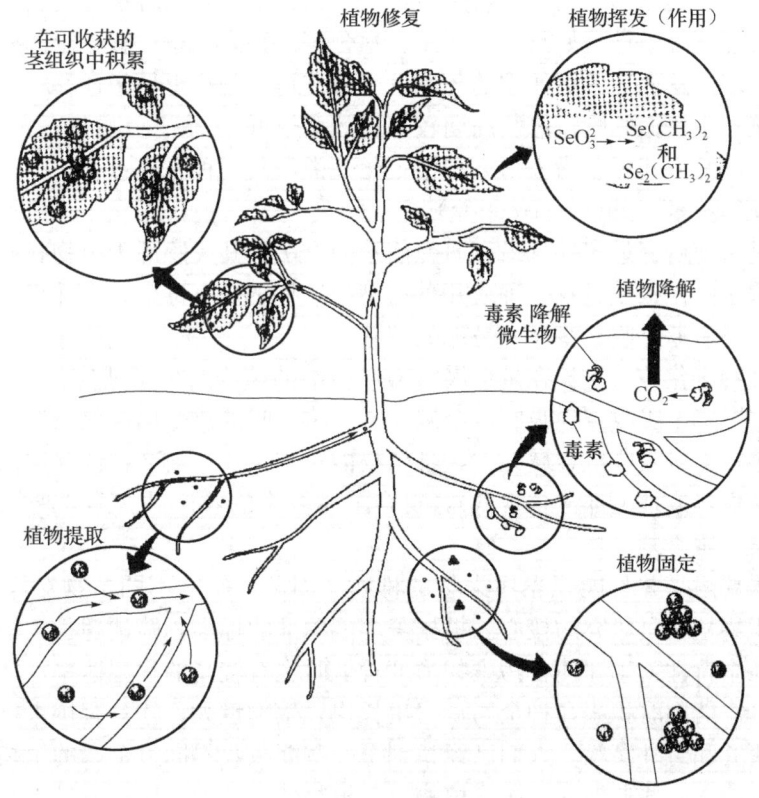

图9-12 植物修复示意

植物修复技术可用于受污染的地下水、沉积物和土壤的原位处理，一般对于低到中度污染的现场修复效果最好。同时，有助于防止风、雨和地下水把污染物从现场携带到其他区域。植物的根从土壤、水流或地下水吸收水分和营养，根能伸展到多深，就能清除多深的污染。常用于土壤修复的植物，如印度芥菜根深0.3 m，禾本植物根深0.6 m，苜蓿根深1.2～1.8 m，杨树根深4.5 m。作为一项高效、低廉、非破坏性的土壤净化方法，植物修复技术可替代传统的处理方法。除了成本较低以外，植物修复技术还有以下几方面的优点：植物修复以太阳能为驱动力，能耗较低；对环境扰动少，对环境基本上没有破坏；植物修复利用修复植物的新陈代谢活动来提取、挥发、降解或固定污染物质，使土壤中十分复杂的修复情形简化为植物为载体的处理过程，修复工艺相对其他技术比较简单；增加土壤有机质，激发微生物活动；有助于土壤的固定，控制风蚀、水蚀，减少水土流失，利于生态环境改善；植物蒸腾作用可以防止污染物向下迁移；可把氧气供应给植物根际，利于有机污染物的降解；具有同时处理多种不同类型有害废物的能力。

植物修复是近年来世界公认的非常理想的污染土壤原位治理技术，但是由于植物生长受到气候、地质条件、温度、海拔、土壤类型等条件的限制，以及污染状况和污染物类型的影响。植物修复技术主要存在以下几个方面的局限：修复植物对污染物的耐受性是有限的，超过其耐受程度的污染土壤不适合植物修复；污染土壤往往是有机、无机共同作用的复合污染，一种修复植物或几种植物相结合往往也难以满足修复要求，要针对不同污染种类、污染程度的土壤选择不同类型的植物；吸收到植物叶中的污染物会随着落叶、腐烂而再次释放到环境中去；对自然环境条件（如温度、光照、水分等）和人工条件有一定的要求；会提高某些污染物的溶解度，从而导致更严重的环境危害或使得污染物更易于迁移；可能会进入食物链而对生态系统产生负面影响；修复周期较长，效率较低。

目前，植物修复方式可分为去污染和稳定化2类，共4种方式：

（1）植物提取技术（phytoextraction）

植物提取是目前研究最多并且最有研究前景的方法，其灵感源于植物找矿。它是利用专属植物（超积累植物）根系吸收一种或几种污染物，特别是有毒金属，并将其转移、累积到植物地上部分，然后通过收割茎叶，易地处理。

在长期的生物进化中，生长在重金属污染环境中的植物产生了适应重金属胁迫的能力，可表现为3种情况：不吸收或少吸收重金属元素；将吸收的重金属钝化在植物地下部分，不向地上部分迁移；大量吸收重金属元素，且植物能正常生长。前2种情况适用于在污染土壤上生产金属含量低（或地上部分含量低），符合卫生要求的农产品。第3种情况适用于植物提取，用于污染土壤修复。

植物提取需要耐受并且能积累污染物的植物。因此，研究不同植物对污染物的吸收特性，筛选出超积累植物是研究的核心。根据美国能源部的标准，筛选超积累植物用于植物修复应具有以下几个特性：①即使在污染物浓度较低时也有较高的积累速率；②能在体内积累高浓度污染物；③能同时积累几种金属；④生长快，生物量大；⑤具有抗虫抗病能力。经过不断的实验室研究和野外实验，人们已经找到了一些能吸收不同重金属的植物种类和改进植物吸收性能的方法。一些典型的超积累植物及其植物体中最大金属含量见表9-9。

9 土壤污染修复概述

表9-9 一些典型的超积累植物及其植物体中最大金属含量　　　单位：μg/g

种	产地	Cu	Pb	Zn	Cd	Ni	Co	Cr	As
Aeollanthus biformifolius	非洲砂坝哈	3 920					2 820		
Haumaniastrum robertti	非洲砂坝哈	2 070					10 200		
Armeria maritima var. *halleri*	德国		1 600						
Cardaminossis balleri	德国			13 600					
Dichapetalum gelonioides	非洲砂坝哈			30 000					
Minuartia verna	南斯拉夫		11 400						
Polycarpaea synandra	澳大利亚		1 050	6 960					
Thlaspi brachypetalum	法国			15 300					
T. caerulescens	欧洲中西部		2 740	43 710	2 130				
T. ochroleucum	希腊		1 210	4 130					
T. rotundifolim subsp. *cepaeifolium*	奥地利/意大利		8 200	17 300					
T. caerulescens	英国		864	23 036	258				
T. rotundifolim subsp. *cepaeifolium*	中欧		8 200						
Viola calaminaria	比利时/德国			10 000					
Alyssum bertolonii	意大利					13 400			
Bornmuellera tymphacea	希腊					31 200			
Dicoma niccolifera	津巴布韦							1 500	
Sutera fodina	津巴布韦							2 400	
Pteris vittata	中国								5 000

注：引自韦朝阳，2001。

(2) 植物降解技术（phytodegradation）

植物降解是利用植物的转化和降解作用去除土壤中有机污染物质的一种方式，其修复机制主要有2个方面。一是污染物质被吸收到植物体内后，通过生化反应，植物将这些化合物及分解的碎片通过木质化作用储藏在新的植物组织中，或者使化合物完全挥发，或矿化为CO_2和H_2O，从而将污染物转化为毒性较小或无毒的物质。例如，植物体内的硝基还原酶和树胶氧化酶可以将弹药废物如TNT分解，并把断掉的环形结构加入新的植物组织或有机物碎片中，成为沉积有机物质的组成部分。二是植物根系分泌物直接降解根际环境中的有机污染物，如漆酶对TNT的降解，脱卤酶对含氯溶剂如TCE的降解等。

植物降解成功与否取决于有机污染物的生物有效性，即通过植物-微生物系统的吸收和代谢能力。污染物的生物有效性与化合物的相对亲脂性、土壤类型（有机质含量、pH值、黏粒含量与类型）和污染年限有关。植物降解一般对某些结构比较简单的有机污染物质去除效率很高，对与土壤颗粒吸附紧密的污染物、抗微生物或植物吸收的污染物不能很好地去除。

植物降解优点是有可能对微生物降解无法进行的土壤进行治理。其缺点是可能形成有毒的中间产物或降解产物，较难测定植物体内产生的代谢产物。

(3) 植物挥发技术（phytovolatilization）

植物挥发是利用植物去除环境中一些挥发性污染物，即植物将污染物吸收到植物体内后又将其转化为气态物质，并释放到大气中。目前研究最多的是金属元素 Hg，非金属元素 Se 和一些含氯溶液。

汞污染一直被认为是一种危害很大的环境灾害。在一些发展中国家的很多地方，还存在严重的汞污染，同时含汞废弃物还在不断产生。工业产生的典型含汞废弃物中，都具有生物毒性，如离子态汞（Hg^{2+}），它在厌氧细菌的作用下可以转化成对环境危害最大的甲基汞（MeHg）。利用抗汞细菌先在污染位点存活繁衍，然后通过酶的作用将甲基汞和离子态汞转化成毒性小得多、可挥发的单质汞（Hg^0），已被作为一种降低汞毒性的生物途径之一。目前有学者利用转基因植物降解生物毒性汞，即运用分子生物学技术将细菌体内对汞的抗性基因（汞还原酶基因）转导到植物（如烟草和郁金香）中，进行汞污染的植物修复。研究证明，将来源于细菌中的汞抗性基因转导入植物中，可以使其具有在通常生物中毒的汞浓度条件下生长的能力，而且还能将从土壤中吸取的汞还原成挥发性的单质汞进入大气。植物挥发为土壤及水体环境中具有生物毒性汞的去除提供了一种潜在可能性。

目前，研究得到的用于植物挥发技术的植物和污染物有：杨树用于治理含氯溶剂、紫云英和黑刺槐用于修复三氯乙烯、印度芥菜用于修复硒、拟南芥用于修复汞。

植物挥发的优点是污染物可被转化为毒性较低的形态，如零价态汞和二甲基硒；释放到大气中的污染物或代谢物可能被其他机制降解（如光化学降解）。其缺点是只适合于挥发性污染物，应用范围较小，并且将污染物转移到大气环境后对人体和生物有一定风险。

(4) 植物稳定技术（phytostabilization）

植物稳定是利用植物根系吸收和沉淀以固定土壤中的大量有毒金属，从而降低其生物有效性和防止进入地下水和食物链，减少其对环境和人类健康的污染风险。植物在此过程中有两种主要功能：保护污染土壤不受侵蚀，减少土壤渗漏来防止金属污染物的淋移；通过在根部累积和沉淀或通过根表皮吸收金属来加强对污染物的固定。

此外，植物也可以通过改变根际环境（pH，Eh）来改变污染物的化学形态，根际微生物（细菌和真菌）在此过程中发挥重要作用。已有研究表明，植物根可有效地固定土壤中的铅，从而减少其对环境的风险。金属污染土壤的植物稳定是一项正在发展中的技术，该技术与原位化学钝化技术相结合将会显示出更大的应用潜力。植物稳定技术可以成为那些昂贵而复杂的工程技术的有效替代方法。其研究方向应该是促进植物发育，使根系发达，键合和持留有毒金属于根系中，并将转移到地上部分的金属控制在最小范围内。

植物稳定技术主要对采矿、冶炼厂废气干沉降、清淤污泥和污水处理厂污泥等污染土壤的修复，适用于相对不宜移动的污染物质，表面积大、质地黏重、有机质含量高的土壤。该技术优点是不需要移动土壤、处理费用低、对土壤破坏小、不要求对有害物质或生物体进行处置。其缺点是污染物只是暂时固定，对环境中的生物不产生毒害，有毒金属没有从根本上去除；植物维护可能需要大量地施肥或土壤改良；不宜适合作为终端修复措施。

9.2.3　土壤污染修复技术选择的原则和策略

9.2.3.1　原则

根据土壤污染类型在选择土壤污染修复技术时，必须考虑修复的目的、社会经济状况、修复技术的可行性等方面。就修复的目的而言，有的是为了使污染土壤能够再安全地被农业利用，而有的则是为了限制土壤污染物对其他环境组分（如水体和大气等）的污染，而不考虑修复后能否被农业利用。不同修复目的可选择的修复技术不同，就社会经济状况而言，有的修复工作可以在充足的经费支撑下进行，此时可供选择的修复技术比较多；有的修复工作只能在有限的经费支撑下进行，此时可供选择的修复技术就有限。土壤是一个高度复杂的体系，任何修复方案都必须根据当地的实际情况而制定，不可完全照搬其他国家、地区和其他土壤的修复方案。因此，在选择修复技术和制定修复方案时应该考虑如下原则：

（1）因地制宜原则

土壤污染修复技术的选择受到很多因素影响：环境条件、污染物来源和毒性、污染物目前和潜在的危害、土壤的物理化学性质、土地使用性质、修复的有效期、公众接受程度以及成本效益等。所以，在实际应用时要根据实际情况选择适宜的技术方法。

（2）可行性原则

针对不同类型的污染土壤在选择修复方法时应考虑2方面可行性：经济可行性，应考虑污染地的实际情况和经济承担能力，花费不宜太高；技术可行性，所采用的技术必须可靠、可行，能达到预期的修复目的。

（3）保护耕地原则

我国地少人多，耕地资源紧缺，选择修复技术时，应充分考虑土壤的二次污染和持续利用问题，避免处理后土壤完全丧失生产能力，如玻璃化技术、热处理技术和固化技术等。

9.2.3.2 策略

针对受重金属、农药、石油、POPs等中轻度污染的农业土壤，应选择能大面积应用的、廉价的、环境友好的生物修复技术和物化稳定技术，实现边修复边生产，以保障农村生态环境、农业生产环境和农民居住环境安全；针对工业企业搬迁的化工、冶炼等各类重污染场地土壤，应选择原位或异位的物理、化学及其联合修复工程技术，选择土壤—地下水一体化修复技术与设备，形成系统的场地土壤修复标准和技术规范，以保障人居环境安全和人群健康；针对各类矿区及尾矿污染土壤，应着力选择能控制生态退化与污染物扩散的生物稳定化与生态修复技术，将矿区边际土壤开发利用为植物固碳和生物质能源生产的基地，以保障矿区及周边生态环境安全和饮用水源地安全。

9.3 土壤污染修复技术展望

随着危害生态安全和人体健康的土壤污染问题日渐凸现，重金属、农药、持久性有机污染物和有机金属化合物等持久性有毒物质污染土壤的修复已成为土壤学界和环境学界的研究热点。发展适合的土壤污染与修复的风险评估理论与方法，以及发展能适合大规模应用的低成本污染土壤修复技术是当今国际性土壤修复研究和发展的趋势。

未来土壤污染修复的方向性研究主要可能围绕以下几方面开展：

① 场地土壤污染诊断、痕量毒害污染物鉴别及源解析，包括：土壤环境复合/混合污染的化学、生物学及生态毒理学诊断，土壤环境质量指标，新型痕量毒害污染物的监测和鉴别，污染源识别与解析途径和方法等；

② 污染场地、土壤污染风险表征和修复决策支持系统，包括：土壤污染物的形态和生物有效性，土壤污染的空间分布特征，不同土地利用方式下污染土壤的生态风险和健康风险评估，优先修复点位的确定方法，修复决策支持系统，"风险降低—环境效益—成本"三位一体的评估模型等；

③ 土壤污染修复的过程、机理及其管理，包括：土壤污染的生物修复、物理修复、化学修复及其联合修复等过程和机理，自然缓解修复过程和机理，修复过程的条件化、效应指示和评价标准，土壤修复原理与规范，土壤修复政策、法律和法规等；

④ 土壤修复材料、关键技术和设备的开发、集成、示范和管理，包括：环境友好型土壤修复材料和制剂的研究方法、筛选、结构表征和功能指示，修复效果、稳定性及风险评估，修复后土壤资源综合管理，修复材料与生物修复资源的综合利用和安全处理，成套关键技术集成、示范和推广应用等；

⑤ 研发绿色与环境友好的生物修复、联合修复、原位修复、基于环境功能修复材料的修复、基于设备化的快速场地修复、土壤修复决策支持系统及修复后评估等技术。在土壤污染机制研究和实际修复案例集成分析的基础上，逐步形成重金属、农药、POPs、放射性核素、生物性污染物、新兴污染物及其复合污染土壤的修复技术体系，建立土壤修复技术规范、评价标准和管理政策，以推动土壤环境修复技术的市场化和产业化发展，提升我国这一新兴产业在国际环境修复市场中的竞争力。

目前，植物修复的运行成本低，回收和处理富集重金属的植物较为容易，已得到了重视和发展。应进一步加大寻找更多的野生超积累植物，建立超积累植物资源数据库。在应用研究同时，深化应用基础理论研究，包括植物中金属存在形式、植物的超积累机理、土壤学和土壤化学因子对增加金属的植物可利用性控制机理的研究。同时，利用分子生物学和基因工程技术培育生物量大，生长速率快，生长周期短的基因传导的超积累植物。

思考题

1. 什么叫土壤修复？土壤修复的原则是什么？
2. 污染土壤修复技术可以分为哪几类？
3. 什么叫原位修复？分析原位修复技术的优缺点。
4. 重金属污染土壤和有机物污染土壤分别可选择的修复技术有哪些？
5. 分析微生物修复技术和植物修复技术的应用前景。
6. 针对不同类型的土壤污染，在选择修复技术时有何策略？

推荐读物

土壤污染与防治. 第2版. 洪坚平. 中国农业出版社, 2005.
土壤环境学. 张辉. 化学工业出版社, 2006.
污染土壤修复原理与方法. 周启星. 科学出版社, 2004.

参考文献

蒋小红, 喻文熙, 等. 2006. 污染土壤的物理/化学修复 [J]. 环境污染防治, 28 (3)：210-214.
魏树和, 周启星. 2004. 重金属污染土壤植物修复基本原理及强化措施探讨 [J]. 生态学杂志, 23

(1): 65-72.

骆永明. 1995. 金属污染土壤的植物修复 [J]. 土壤, 5: 261-265, 280.

唐世荣. 1996. 超积累植物 [J]. 农业环境与发展, 13: 14-18.

韦朝阳, 陈同斌. 2001. 重金属超富集植物及植物修复技术研究进展 [J]. 生态学报, 21 (7): 1196-1203.

李天杰. 1995. 土壤环境学 [M]. 北京: 高等教育出版社.

周启星, 宋玉芳. 2004. 污染土壤修复原理与方法 [M]. 北京: 科学出版社.

沈德中. 2002. 污染环境的生物修复 [M]. 北京: 化学工业出版社.

张从, 夏立江. 2000. 污染土壤生物修复技术 [M]. 北京: 中国环境科学出版社.

戴树桂. 2006. 环境化学 [M]. 2版. 北京: 高等教育出版社.

洪坚平. 2005. 土壤污染与防治 [M]. 2版. 北京: 中国农业出版社.

赵月春, 付蓉, 等. 2008. 漆酶不同施用方法对土壤DDT污染修复的研究 [J]. 农业工程学报, 24 (2): 107-110.

杨海琳. 2009. 土壤重金属污染修复的研究 [J]. 环境科学与管理, 34 (6): 130-135.

李玉双, 胡晓钧, 等. 2011. 污染土壤淋洗修复技术研究进展 [J]. 生态学杂志, 30 (3): 596-602.

郝汉舟, 陈同斌, 等. 2011. 重金属污染土壤稳定/固化修复技术研究进展 [J]. 应用生态学报, 22 (3): 816-824.

骆永明. 2009. 污染土壤修复技术研究现状与趋势 [J]. 化学进展, 21 (2/3): 558-565.

骆永明. 2009. 中国土壤环境污染态势及预防、控制和修复策略 [J]. 环境污染与防治, 31 (12): 27-31.

刘少卿, 姜林, 等. 2011. 挥发及半挥发有机物污染场地蒸汽捕风抽提修复技术原理与影响因素 [J]. 环境科学, 32 (3): 825-833.

杨丽琴, 陆泗进. 2008. 污染土壤的物理化学修复技术研究进展 [J]. 环境保护科学, 34 (5): 42-45.

GHOSH M, SINGH S P. 2005. A review on phytoremediation of heavy metals and utilization of its by-products [J]. Applied ecology and environmental research, 3 (1): 1-18.

PIERZYNSKI G M. Strategies for remediation trace element contaminated sites. In'Remediation of soils contaminated with metals [M]. (Eds IK Iskandar, DC Adriano).

MASTEN S J, DAVIES S H R. 1997. Efficiency of in-situ ozonation for the remediation of PAH contaminated soils [J]. Contam. Hydrol, 28: 327-335.

US EPA. Introduction to phytoremediation [OL]. http://www.epa.com.

10

土壤重金属污染的修复与防治

本章提要

　　土壤重金属污染的修复技术包括物理修复技术、化学修复技术、生物修复技术和植物修复技术。通过各种修复技术的利用，改变土壤对重金属元素的吸附、固定能力，降低土壤中重金属的活度；降低植物对重金属吸收和富集，或引导重金属在非食用的作物中累积，减少重金属向食物链的迁移和重金属对生态系统和人类健康产生胁迫和危害。通过本章的学习，掌握各种修复技术的概念、类型、特点、机制、原则和基本方法。

10 土壤重金属污染的修复与防治

土壤重金属污染的修复和防治是减少重金属从土壤进入水体、大气和生物并对各生态系统产生胁迫的重要环节，是减少重金属进入食物链对人类健康产生危害的根本。

土壤重金属污染的修复和防治途径包括3个方面：①污染源的管理和控制：工业三废排放的达标和总量控制、加强污泥农用和污灌的管理、对含重金属的化肥和农药进行严格的控制或禁用；②环境容量的评价和改善；③修复技术的研究和应用：土壤重金属污染的修复技术包括物理修复技术、化学修复技术、生物修复技术和植物修复技术。通过各种修复技术改善土壤的组成和结构，提高土壤肥力，增加土壤微生物的活性，增加土壤对重金属元素的吸附、固定能力，降低土壤中重金属的活度；改变耕作制度、采取工程措施和修复方法减少土壤表层的重金属含量、降低植物对重金属的吸收和富集、引导重金属在非食用的作物（如花卉、棉花、苎麻、苗木等）累积以减少重金属向食物链的迁移。

10.1 土壤重金属污染的生物修复

生物修复是利用生物（包括微生物、植物和动物）削减、净化环境中的污染物，减少污染物的含量或使其完全无害化，从而使受污染的环境能够部分或完全地恢复到原始状态的过程（孙铁珩等，2000）。土壤重金属污染的生物修复技术包括植物修复技术、微生物修复技术和动物修复技术。本节将重点介绍土壤重金属污染的植物修复技术和微生物修复技术。

10.1.1 土壤重金属污染的植物修复技术

10.1.1.1 土壤重金属污染的植物修复技术的概念、类型

土壤重金属污染的植物修复技术在保持土壤结构和微生物活性的状况下，通过植物的根系直接将大量的重金属元素吸收，从土壤中带走，修复被重金属污染的土壤，或通过根系分泌物将土壤中重金属转化为有效性低的形态，降低其毒性。

广义的土壤重金属污染的植物修复技术包括植物提取修复技术、植物稳定修复技术、植物挥发修复技术和根际过滤修复技术等（表10-1）。狭义的植物修复技术主要指利用植物去除污染土壤中的重金属，即植物提取修复技术或植物萃取修复技术。

表 10-1　土壤重金属污染的植物修复技术

修复技术	修复剂	适用范围	机　理
植物提取	超积累植物	重金属	超量吸收富集重金属
植物稳定	固化植物或先锋植物	重金属	稳定土壤结构，防止重金属的迁移转化
植物挥发	植物	硒、汞等	将重金属吸收到植物体内，转化为气态挥发到大气中
根际过滤	植物根际微生物	重金属	利用植物—根际微生物的联合作用修复

注：引自周启星等，2004。

（1）植物提取

植物提取是指利用植物吸收积累污染物，通过植物收获后再进行热处理、微生物处理和化学处理将土壤重金属去除的方法。广义的植物提取分为持续植物提取（continuous phytoextraction）和诱导植物提取（induced phytoextraction）。持续植物提取指利用超积累植物来吸收土壤重金属并降低土壤中重金属含量的方法。诱导植物提取是指利用螯合剂来促进普

通过植物吸收土壤重金属来降低土壤中重金属含量的方法。常用植物包括超积累植物、芸薹属植物（印度芥菜等）、油菜、杨树和苎麻等。

重金属超积累植物（hyper-accumulation plant 或 hyperaccumulator），或称为超富集植物，是指能够超量吸收和积累重金属的植物。Brooks 等（1977）用来命名在茎中含 Ni 大于 1 000 mg/kg 的植物。最早报道有关超积累植物是意大利植物学家 Cesalpin 于 1583 年发现意大利托斯卡纳的"黑色岩石"上生长的十字花科庭芥属植物布氏香芥（*Alyssum bertolonii*），1848 年 Minguzzi 和 Vergnano 首次测定了布氏香芥中 Ni 的含量达到 7 900 μg/g（0.79%）。

重金属超积累植物的基本特征为（Baker 和 Brooks，1983；Chaney 等，1997；Brooks 等，1998）：植物叶片或地上部分：Cd 大于或等于 100 mg/kg（0.01%）；Pb、Co、Cu、Ni 和 Cr≥1 000 mg/kg（0.1%）；Zn 和 Mn≥10 000 mg/kg（1%）。或植物地上部分的含量超过一般植物 10～100 倍以上。植物的富集系数（bioaccumulation factor，BCF）>1，即植物体内该元素含量大于土壤中该元素的含量。富集系数=植物体内该元素含量/土壤中该元素的含量。植物的位移系数（translocation factor，TF）>1，植物地上部分的含量高于根部。位移系数=植物地上部分该元素的含量/植物根部该元素的含量（韦朝阳等，2001）。

Reeves 和 Brooks（2000）发现 *Thlaspi rotundifolium* 的茎中 Pb 含量达到 8 200 μg/g（DW）。吴双桃等（2004）首次报道了土荆芥（*C. ambrosioides*）是一种 Pb 超积累植物，其体内 Pb 高达 3 888 mg/kg。将芥子草（*Brassica juncea*）培养在含有高浓度可溶性 Pb 的营养液中时，可使茎中 Pb 含量达到 1.5%。十字花科的遏蓝菜属天蓝遏蓝菜（*Thlaspi caerulescens*）是 Zn 和 Cd 超累积植物，其地上部分 Zn 含量高达 33 600 mg/kg（DW）和 Cd 含量高达 1 140 mg/kg（DW）。

东南景天（*Sedum alfredii*）是一种 Zn 超累积植物，其地上部分 Zn 含量高达 19 674 mg/kg（龙新宪，2002）。Ma 等（2001）首次在美国佛罗里达州的中部发现蕨类植物蜈蚣草（*Pteris vittata*）能超量累积 As。当土壤中的 As 浓度为 $1.5×10^4$ mg/kg 时，植物叶中 As 的浓度可达 $15.86×10^4$ mg/kg，生物富集系数达 14.9～77.6。As 的超累积植物大叶井口边草（*Pteris cretica*），最大含 As 量可达 694 mg/kg，生物富集系数为 1.3～4.8（韦朝阳等，2002）（表 10-2）。

表 10-2　已知植物地上部分超量积累的金属含量

金属	植物种	含量（mg/kg）
As	蜈蚣草 *Pteris vittata*	5 000
Cd	天蓝遏蓝菜 *Thlaspi caerulescens*	1 800
Co	诺氏蒿莽草 *Haumaniastrum robertii*	10 200
Cu	高山甘薯 *Ipomoea alpina*	12 300
Pb	圆叶遏蓝菜 *Thlaspi rotundifolium*	8 200
Mn	粗脉叶澳洲坚果 *Macadamia neurophylla*	51 800
Ni	九节属 *Psychotria douarrei*	47 500
Zn	天蓝遏蓝菜 *Thlaspi caerulescens*	51 600

超积累植物筛选需要考虑植物对金属元素的吸收富集能力、生长速度、地上部生物量、气候适应性、根系发育程度、抗病虫害能力、种植管理技术、收割物后处理和管理技术，以

及生物入侵的风险性等。目前,世界上已发现重金属超积累植物 415 种(Baker,2003),见表 10-3。

表 10-3　目前已发现的部分超积累植物

金属	金属浓度标准(%)	种数	科数	金属	金属浓度标准(%)	种数	科数
As	>0.1	2	2	Ni	>0.1	317	37
Cd	>0.01	1	1	Zn	>1.0	11	5
Co	>0.1	28	12	Sb	>0.1	2	2
Cu	>0.1	37	15	Se	>0.1	17	7
Pb	>0.1	15	6	Ti	>0.1	1	1
Mn	>1.0	9	5				

植物提取修复的机制涉及超积累植物对根际土壤重金属的活化、重金属由根部向地上部的转移和地上部对重金属的积累。

植物对根际土壤重金属的活化方式　包括:金属-螯合分子分泌进入根际,螯合、溶解金属。例如,当 Zn 缺乏时,禾本科植物麦根酸(mugineic acid)到土壤中,活化土壤中 Zn。超积累植物根系能分泌特殊有机物,或者根毛能直接从土壤颗粒上交换吸附重金属,促进土壤重金属元素的溶解和植物吸收;植物的根通过原生质膜专性结合的金属还原酶来还原土壤金属离子。如缺铁、铜的豌豆,具有还原 Fe^{3+} 和 Cu^{2+} 的能力,增加植物对 Fe 和 Cu 吸收;植物通过根部释放质子酸化土壤环境,溶解重金属。在 pH 值较低时,土壤结合态的重金属离子进入土壤溶液中。超积累植物对根际土壤重金属的活化途径如图 10-1 所示。

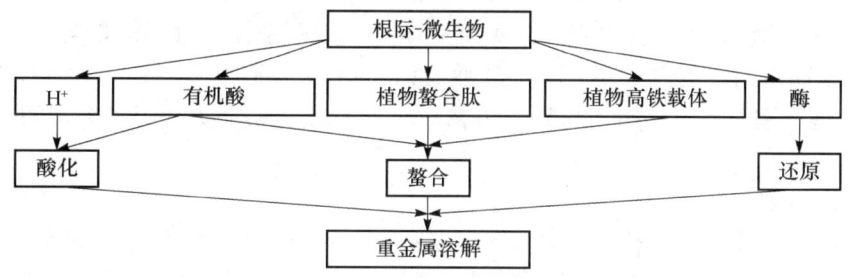

图 10-1　超积累植物对根际土壤重金属的活化途径

超积累植物根对重金属吸收、转移和积累在地上部的过程　包括许多环节和调控位点:跨根细胞质膜运输;根皮层细胞中横向运输;从根系的中柱薄壁细胞转载到木质部导管;木质部长途运输;从木质部卸载到叶细胞(跨叶细胞膜运输);跨叶细胞的液泡膜运输等。

超积累植物对金属的吸收具有很强的选择性,重金属离子通过专一或通用的离子载体或通道蛋白进入根细胞,通过质外体或共质体在根细胞中横向运输。细胞质中的金属可能与有机酸、氨基酸、多肽等结合进行运输或转移。金属离子从根系转移到地上部主要受到 2 个过程的控制:从木质部薄壁细胞转载到导管和在导管中运输。超积累植物中存在较多的阳离子—质子反向运输体、阳离子-ATPase 和离子通道,木质部薄壁细胞膜上的 H-ATPase 产生的负性跨膜电势促进重金属向木质部转载。重金属在导管中运输受根压和蒸腾流的影响,重金属形成非离子态的金属螯合复合体,如 Cd-柠檬酸复合体在蒸腾流中的运输更有效。Homer 等发现超积累植物 D. gelonioides 的提取物中含 18% 的 Ni、24% 的柠檬酸和 43% 的苹果酸（三者摩尔比为 1∶0.4∶1），植物体内的 Ni 主要与柠檬酸络合。Kramer 等（2000）研究了 Ni 的超累积植物，发现植物伤流液中组氨酸与 Ni 含量成正相关，组氨酸在植物体内与 Ni^{2+} 配位，能提高植物对 Ni^{2+} 的耐受性并促进在植物中的运输。

植物地上部分对重金属的累积与金属络合物和液泡的隔离作用有关 重金属超累积植物的叶片中都存在区隔化分布。在组织水平上，重金属主要分布在表皮细胞、亚表皮细胞和表皮毛中。利用电子探针和 X 射线微分析 T. caerlescens 的观察表明叶片中的 Zn 主要积累于表皮细胞，特别是亚表皮细胞中；在成熟叶片中的有 60% 的 Zn 积累在表皮细胞的液泡中；表皮细胞中的液泡化可能是其优先积累 Zn 的驱动力。植物地上部积累的 Zn 主要与有机酸共价结合，其次依次为水合离子、组氨酸结合态和与细胞壁结合。在 Ni 超积累植物的叶片中，Ni 主要积聚在表皮细胞的细胞壁或绒毛中。Brooks 等对 A. Serpyllifolium 的组织进行离心分离，发现 72% 有 Ni 分布在液泡中。在 T. goesingense 液泡和胞质中，Ni 与组氨酸或组氨酸类似物结合形成复合体，跨液泡膜运输，转移到液泡中。

超积累植物超量积累重金属可能是由多基因控制的过程 Lasat 等（2000）分离了天蓝遏蓝菜根和叶中的 mRNA，然后克隆和筛选出 Zn 载体基因 ZNT1。经序列分析发现 ZNT1 与拟南荠菜 Fe 运输蛋白基因（IRT1）、酵母高亲和力 Zn 转运蛋白基因（ZRT1）同源，其氨基酸序列与 ZRT1 有 36% 的相似性，与 IRT1（Arabidopsis 中的 Fe 载体基因）有 88% 的相似性。天蓝遏蓝菜超量积累 Zn 的原因是 Zn 载体基因的高度表达。ZNT1 在 T. arvense 中的表达丰度在 Zn 充足条件下很低，缺 Zn 条件下促进其表达。

在酵母 S. cerevisiae 中，已发现了 2 个可能的细胞内 Zn 运输体，由 ZRC1 和 COT1 基因编码，当 ZRC1 和 COT1 基因表达时，细胞耐 Zn 或细胞耐 Zn 和 Co 的能力增加，ZRC1 和 COT1 为金属运输体蛋白家族，属于液泡蛋白，称为 CDF 家族。ZRC1 和 COT1 蛋白把 Zn 运输到液泡中起到解毒作用。超累积植物对重金属强忍耐能力还可能与其存在特异性的代谢途径或酶有关。

（2）植物稳定

植物稳定是指通过植物根系分泌物将重金属固定在土壤中。根系分泌物通过改变土壤中重金属的物理、化学性质，发生沉淀或还原作用，使重金属惰性化，转变为低毒性形态或降低重金属的有效性，将重金属固定于根际或土壤中，减少重金属在土壤中的迁移和扩散，因此，也称为植物固化。土壤中的重金属含量并不减少，只是形态发生变化。如植物通过分泌磷酸盐与铅结合成难溶的磷酸铅，使铅固化，而降低铅的毒性。植物能使六价铬转变为三价铬而固化。植物固化技术对废弃场地重金属污染物和放射性核素污染物固定尤为重要，可显著降低风险性，减少异地污染。

植物根系通过减少 H^+ 的分泌、改变有机酸分泌的质和量等改变根际环境的酸碱度，改变土壤重金属的活度，达到对土壤重金属的固定。特别是维持植物根际中性 pH 值，能有效降低重金属离子的活度，改变植物对重金属的吸收和耐性（段昌群等，2010）。将营养液中的 pH 值从 4.4 调到 4.5 后，可以显著提高铝敏感的野生拟南芥（Arabidopsis thaliana）对铝的耐性。

土壤的氧化还原电位在一定程度上决定了土壤中重金属离子的溶解度、价态和存在的形态。植物根系通过向土壤中释放氧气增加土壤的氧化还原电位或产生非专一性的电子传递酶，使还原态的重金属元素进行氧化形成植物难以吸收的氧化态，而减少植物的吸收。如水稻根分泌的氧化剂能够使 Fe^{2+} 和 Mn^{2+} 氧化为 Fe^{3+} 和 Mn^{4+}，并在根外形成铁锰氧化物胶膜，把根包裹起来以防止根系对 Fe^{2+} 和 Mn^{2+} 的过度吸收。

土壤中重金属可以与根际分泌物中的螯合剂形成稳定的金属螯合物，降低活度，同时，根际分泌物可以吸附、包埋重金属元素，使其在根外沉淀。根际分泌的黏胶状物质主要成分是多糖，富含糖醛酸，重金属离子可以取代 Ca^{2+}、Mg^{2+} 等离子与多糖结合，或与支链上糖醛酸基团结合，使重金属离子滞留于根外。黏胶包裹在根尖表面，重金属离子在黏胶中的结合作用而导致其迁移受阻。

重金属污染土壤的植物稳定化技术主要目的是对采矿、冶炼厂废气干沉降、清淤污泥和污水厂污泥等重金属污染土壤的复垦。但是，植物固定并没有将环境中的重金属离子去除，只是暂时将其固定，使其对环境中生物不产生毒害作用，没有彻底解决环境中的重金属污染问题。如果环境条件发生变化，重金属的生物有效性可能发生改变产生潜在的威胁。

（3）植物挥发

植物挥发是利用植物吸收土壤中重金属，并在植物体内将其转化为可挥发的形态，挥发出土壤和植物表面的过程。目前研究最多的是金属元素汞和非金属元素硒。

水稻、花椰菜、卷心菜、胡萝卜、大麦、苜蓿、印度芥菜和一些水生植物，具有较强的吸收和挥发土壤中的硒的能力。植物从土壤中吸收硒，并将无机硒转变为二甲基硒和二甲基二硒，使硒从土壤中挥发，其中二甲基硒的毒性比无机硒低 500~700 倍（沈振国等，2000）。如种植印度芥菜 1 年，可以使土壤中全硒减少 48%。

将细菌体内的汞还原酶基因转入拟南芥植株中，提高了该植株的耐汞能力，并从土壤中吸收汞，通过植株的还原作用使毒性大的二价汞转化为气态的零价汞而挥发，减轻土壤汞污染。另外，海藻能吸收土壤中的砷，产生 $(CH_3)_2AsO_3^-$ 挥发出体外。该方法将污染物转移到大气中，对人类和生物仍具有危险，它的应用受到一定的限制。

（4）根际过滤

根际过滤技术，又称植物过滤技术，它是指将特定的植物（超累积植物）种植在重金属污染的土壤或水体中，利用植物庞大的根系和巨大的表面积过滤、吸收、富集的重金属元素后，将植物地上部分和根系进行收获进行妥善处理，达到去除重金属污染的目的。适用于根系过滤技术的植物，必须有较大的根系生物量，特别是须根植物，根系生长迅速，根系与根际周围的微生物形成联合体系，使根系具有较高的清除重金属的能力。常用的植物有各种耐盐的野草如弗吉尼亚盐角草（*Salicornia virginica*）、牙买加克拉莎草（*Cladium jamaicense*）、盐地鼠尾粟（*Sporobolus virginicus*）、印度芥菜、向日葵及各种水生植物（宽叶香蒲等）。蕨类植物蜈蚣草（*Pteris vittata*）具有非常发达的根系，对于土壤和水体中的 As 的去除具有重要的意义。黑麦草根部的丛枝菌根真菌（AMF）能分别吸附相当于自身干物质重量的 116% 的 Mn，218% 的 Zn 和 1 313% 的 Cd，极大促进了黑麦草对重金属元素的固持能力（冯海艳等，2005）。

10.1.1.2　植物修复技术的特点及调控途径

植物修复技术由于费用低，便于大面积上使用，因此受到极大的关注。如种植管理的费用 200～10 000 美元/hm²，即 0.02～1.00 美元/m³，而土壤填埋费用为 200～800 美元/m³，二者相差较大。并且植物修复能增加土壤有机质含量和土壤微生物的活性，从而改善土壤结构和增加肥力，有利于植被的恢复和农作物的生长，对于生态系统的可持续发展具有重要的意义。可以固定和稳定土壤，植物的蒸腾作用可防止污染物向下迁移，减少水土流失的风险和对周围其他生态系统的潜在威胁。植物修复技术尽可能减少对污染区域的破坏和环境的干扰，操作简单，技术可靠，并容易被社会接受，能够实现社会效益、生态效益和经济效益的统一。

但是植物修复技术仍然受到很多因素的制约，主要表现在修复植物对重金属的吸收、固定和累积具有一定的专一性，仅对某个或某些元素起作用，多为野生型稀有植物，区域性分布，引种受到限制；许多植物，特别是超累积植物生长速度慢且生物量低，而且生长缓慢，受到杂草的竞争性威胁，不利于污染土壤的快速修复，导致修复周期过长；植物修复对根层土壤污染最为有效，但易于受到环境变化的影响和制约；修复植物的农艺性状、生理特征和病虫害防治等研究还有待于提高和完善，对于修复植物的种植和管理是植物修复技术成功的关键环节。

为了提高植物修复技术的效率，植物性能调控和农艺性状的调控是 2 个关键的环节。植物性能调控指通过一定的途径提高植物吸收和积累重金属的能力，提高植物的生物量。农艺性状的调控指通过调节土壤肥力水平、水分水平和使用络合剂等改善根际环境和根际微生物活性，促进植物对重金属的吸收。具体调控措施包括：

促进根际微生物和菌根对土壤重金属的作用，提高植物修复的效率　一方面可以通过促进根际微生物和菌根对土壤重金属的活化作用，提高重金属超累积植物对重金属的吸收和积累。重金属污染土壤的植物修复过程中，植物根际耐性微生物有利于提高植物对重金属的吸收。如假单胞杆菌属和芽孢杆菌属的几个品系能增加 $B.\ juncea$ 幼苗对 Cd 的吸收总量。菌根是植物根系和真菌形成的一种共生体，包括丛生状菌根和固氮菌。菌根寄生在植物根系，增加植物根系的表面积，并且外延菌丝能伸展到植物根系所无法接触到的空间，增加植物对水、矿质元素和重金属的吸收，提高植物生物量和吸收面积及范围。另一方面，可以通过根际微生物和菌根对土壤重金属的吸附和固定作用，降低土壤重金属的活度，增加土壤重金属的固定和稳定。菌根分泌物对重金属具有螯合作用，菌根菌套或哈蒂氏网具有疏水性作用，并有助于根系吸收过滤土壤重金属离子（黄艺等，2005）。

施用螯合剂提高土壤重金属的活度，促进重金属超累积植物对重金属的吸收和累积　提高超累积植物体内重金属元素的浓度和增加植物体的生物量，是提高植物修复效率的 2 个重要的方面，特别是提高植物体内重金属的含量具有更加重要的意义。污染土壤中大部分重金属以稳定的结合态存在，利用在土壤中加入化学螯合物质，可以使吸附态的重金属元素解吸和沉淀的溶解，增加溶液中金属的浓度或形成重金属—螯合物复合体，将极大地促进植物对金属的吸收和富集。研究表明，土壤中加入螯合剂，可以促进玉米、豌豆和芥菜对 Pb 的吸收和向地上部分的运输。

施用肥料和土壤调节剂，调节土壤 pH 值，改变土壤重金属元素的活度　研究表明，pH 值不仅影响土壤矿物的溶解度，而且影响着土壤溶液中重金属离子在固相上的吸附程度。通过使用生理酸性肥料（如铵态氮肥）或土壤酸化剂，使土壤 pH 值降低，促进碳酸盐和氢氧化物结合态重金属溶解,增加吸附态重金属的释放,增加重金属的生物有效性和超累积植物对重金属的吸收,提高植物提取修复的效率。Brown 等(1995)发现,降低施用污泥土壤的 pH 值可促进天蓝遏蓝菜、S. vulgaris 和莴苣的地上部对 Mn 的吸收。增施营养,改善土壤肥力,促进植物生物量的提高。施用 N、P 肥可以提高超累积植物的生物量,增加重金属在植物体内的累积量和对土壤重金属的去除效率。N 肥能促进香根草地上部生长,而且显著提高地上部特别是叶的 Cd 和 Zn 含量,导致其修复效率成倍显著增加(郑小林等,2007)。在 1 000 mg/kg Pb 胁迫条件下,在施 N 肥 0.1 g/kg、0.3 g/kg 和 0.5 g/kg 时,小花南芥生物量分别比对照提高了 144%、225% 和 298%,小花南芥的生物量与 N 肥的施用量呈显著正相关,且 N 肥 0.1 g/kg 的处理最有利于小花南芥对重金属 Pb 累积能力的提高(魏巧,2008);另一方面,施用碱性肥料和石灰等碱性物质,可以提高土壤的 pH 值,增加土壤对重金属的固定和吸附,有助于植物稳定化技术的修复(Zu,2008)。

调节土壤氧化还原电位 植物根部具有释放有机酸和还原剂的能力的物质,通过还原性的有机酸或其他的氧化还原活性物质促进植物修复作用。在淹水土壤中形成还原环境,土壤中的硫化合物在微生物细菌分解作用下,生成 H_2S 和金属硫化物,如,Zn^{2+} 转化成难溶性的 ZnS 存在于土壤中;当土壤风干(通气状况良好)时,难溶性的 ZnS 被氧化成可溶性的 $ZnSO_4$,被氧化形成的 H_2SO_4 使土壤 pH 值降低,促进植物对锌的吸收。

调节土壤竞争离子 溶液中的金属离子对吸附位点的竞争可以控制重金属的有效性。例如,磷酸盐可以活化浸提土壤内的 Cr、Se 和 As 等阴离子。

利用生物技术方法,筛选突变株植物,改良植物品种,扩大超累积植物资源,提高植物修复效率 由于野生超累积植物生物量较小,生长缓慢,修复效率低。需要不断扩大寻找其他超累积植物,并改良超累积植物品种。筛选突变株可以产生有用的超累积植物,如豌豆突变株比野生型积累镁高 10~100 倍,拟南芥属变株比野生型积累铁高 10 倍。将超累积植物与生物量高的亲源植物杂交,已经筛选出了能吸收和忍耐金属的植物,主要集中在十字花科植物中(方其仙等,2009)。基因工程通过引入金属硫蛋白基因或引入编码 Mer A(汞离子还原酶)的半合成基因,增加对金属的耐性,转基因植物拟南芥属可将汞还原为可挥发的 Hg^0,使其对汞的耐性提高到 100 μmol。基于紫羊茅(Festuca rubra)重金属抗性品种 Merlin 的 cDNA 文库,筛选重金属胁迫下表达的 2 个基因 mcMT1 和 mc733,构建 mcMT1 的酵母表达载体,通过转化酵母基因组单一基因突变株 ABDE1(对重金属敏感)及互补实验对 mcMT1 的功能分析,证实该基因具有重金属抗性功能。利用 RACE 方法从大蒜(Allium sativum)中克隆了植物络合素合酶的全长 cDNA,通过对镉敏感裂殖酵母 M379 和砷敏感裂殖酵母的转化,证实该基因的表达可以提高酵母对重金属镉和砷的抗性。

10.1.1.3 植物修复技术的应用

利用超累积植物改良土壤是 Mel Chin 从 1991 年开始进行了为期 3 年的修复工作,在明尼苏达州圣保罗 Cd 污染的土壤上,种植 5 种植物:Thlaspi carulescens(天蓝遏蓝菜)、Slience vularis(麦瓶草属)、长叶莴苣(Lactuca sativa var. longifilia)、累积型玉米近交系(Zea may)、Zn 和 Cd 抗性紫羊茅(Festuca rubra),获得了较好的修复效果。Piha 等(1995)在 Sn 矿尾矿地上进行植被重建,其中有 12 种豆科植物,包括金合欢属(Acacia)9 种,银合欢属(A. Leucaena)、Dichrostachys、Faidherbida 属各 1 种,木本豆科植物不仅可以与根瘤菌共生而克服废弃地的贫瘠所带来的障碍，而且由于其深根的特点还有利于克服废弃地上的干旱胁迫。植物修复技术不仅有助于恢复当地生态系统，形成多种鸟类和野生动物的生态栖息地，同时还可兼容各种旅游活动，如，自然摄影、钓鱼、划船、野外远足以及科学研究和自然教育等。

世界各地均已在不同程度上开展了土壤重金属污染的植物修复工作。1998年美国土壤重金属污染的植物修复的市场销售为 $300 \times 10^4 \sim 500 \times 10^4$ 美元，2000年达 $0.5 \times 10^8 \sim 1 \times 10^8$ 美元，2005年达 $2 \times 10^8 \sim 4 \times 10^8$ 美元。英国最先开始使用多种超积累植物种植修复富含重金属的工业污泥，进行了小规模田间实验，已开发出多种耐重金属污染的草本植物用于污染土壤中的重金属的治理，并将这些开发出来的草本植物推向商业化进程。欧洲、澳大利亚和东南亚一些国家都开展了天蓝遏蓝菜等超积累植物积累重金属生理生化机理、重金属吸收效率等方面的研究工作。

我国在重金属超积累植物的筛选和土壤重金属污染的植物修复方面的研究仍处于起步阶段。苎麻是一种耐汞植物，在土壤汞含量 82 mg/kg 的情况下，水田改种苎麻需要 86 年恢复到背景值水平（0.39 mg/kg），旱地种植苎麻需要 10 年恢复到背景值水平（熊建平等，1994）。日本横须贺蹄蕨、向日葵、天蓝遏蓝菜、芥子草、苎麻、纸皮桦、加拿大杨、红树等植物对 Hg 也具有积累修复作用。利用杨树净化 Cd 污染土壤，在一个生长期内可以使土壤 Cd 含量减少 $0.6 \sim 1.2$ mg/kg；十字花科芸薹属植物如印度芥菜（Brassica junica）和油菜（oilseed rape）对 Cd 污染土壤具有一定的修复能力。苏德纯等（2003）在研究油菜（Brassica juncea）对 Cd 的修复时发现，土壤中 Cd 浓度在 $0 \sim 20$ mg/kg 时，油菜的地上部生物量、地上部吸收 Cd 量对土壤的净化率较高，吸收的 Cd 88% 以上分布在地上部分。鸭跖草作为 Cu 的超富集植物，铜绿山海洲香薷、鸭跖草、蝇子草、头花蓼、滨蒿作为 Cu 耐性植物，均可用于 Cu 污染土壤的植物修复和植被重建。陈同斌等（2002）研究，蜈蚣草羽片 As 浓度达到 5 070 mg/kg，干重可以达到 1.8×10^4 kg/hm² 以上，蜈蚣草每年可以吸收土壤中 As 达 91.5 kg/hm²，蜈蚣草 1 年可以降低土壤中总砷达 5%～24%。云南省作为"贵金属王国"和"植物王国"，云南本土的重金属超累积植物小花南芥（Arabis alpinal var. parviflora Franch）、圆叶无心菜（Arenaria rotumdifolia）、续断菊（Sonchus asper Hill）和圆锥南芥（Arabis paniculata）等对重金属污染土壤的修复具有明显效果（Zu 等，2004；李元等，2008；方其仙等，2009）。玉米（Zea mays）、高粱（Soryhum bicolor）、苜蓿（Medicagoo sativa）和柳树（Salix spp.）由于生物量大而被用于植物修复技术中（周启星等，2004）。

在金属矿山废弃地进行植物修复时，主要考虑的是土壤肥力的恢复和植被的重建。其中，豆科植物和先锋植物的选择具有决定性的作用。多年生豆科植物的枯枝落叶和一年生豆科植物在生长季节之后的整个枯死植株，为废弃地提供大量土壤有机物和 N 素的累积；同时还促进了一些先锋植物如桤木（Alnus）和桦木（Betula）的生长，为先锋植物营造较好的"林地环境"。张志权等（2003）研究我国安徽铜陵铜矿尾矿废弃地、甘肃白银铜矿废弃地、金昌镍矿废弃地、陕西金堆城钼矿废弃地和广东乐昌铅锌矿尾矿废弃地等自然发生的植被，发现大量自然生长在矿业废弃地中的豆科植物，包括紫穗槐（Amorpha fruticosa）、长萼鸡眼草（Kummerouia stipulacea）、美丽胡枝子（Lespedexa thunbergii）、天蓝苜蓿

（*Medicago lupulina*）、小苜蓿（*M. minima*）、野葛（*Pueria lobata*）、槐（*Sophora japonica*）、槐树（*Styphnolobium japonica*）和鸡眼草（*K. striata*）等。而先锋植物对重金属的忍耐是废弃地生态重建的前提，如绊根草（*Cynodon dactylon*）、水烛香蒲（*Typha latifolia*）、蜈蚣草（*Pterris vittata*）、雀稗（*Paspalum thunbergii*）、黄花稔（*Sida rhombifolia*）、中华山蓼（*Oxyria isnensis*）和银合欢（*Leucaena glauca*）等。杨修和高林等（2001）对德兴铜矿矿山废弃地植被恢复与重建研究表明，德兴矿区的地带性先锋植物是长绿阔叶林，水蜡烛（*Dysophylla*）、假俭草（*Eremochloa ophiuroides*）、苇状羊茅（*Festuca arundinacea*）、芒草（*Miscanthus*）、弯叶画眉草（*Eragrostis* sp.）、狗牙根（*Cynodon dactylon*）、百喜草（*Paspalum natatu*）、香根草（*Vetiveria zizanioides*）、象草（*Pennisetum purpureum*）、莨草（*Gramineae*）、矮象草（*Pennisetum purpureum*）和节节草（*Equisetum ramosissimum*）等。在铅锌尾矿上定居的雀稗（*Paspalim thunbergii*）、双穗雀稗（*P. distichum*）、黄花稔（*Sida rhombifolia*）和银合欢（*Leucaena glauca*）均表现较强的对 Pb 的吸收和忍耐能力，其中，双穗雀稗和黄花稔所吸收的 Pb 较多地被转移到地上部分，具有较大的植物修复潜力。金属矿山废弃地植物修复技术常用的植物有：芒（*Miscanthus sinensis*）、蝇子草（*Silene fortunei*）、海州香薷（*Elsholtzia spledens*）、白茅（*Imperata cyclindraca* var. *major*）、类芦（*Neyraudia reynaudiana*）、鸭趾草（*Commelina communis*）、头花蓼（*Polygonum capitatum*）、滨蒿（*Artemisia annua*）、狗尾草（*Setaria viridis*）、石竹（*Diranthus chinensis*）、瞿麦（*Dianthus superdus*）、泡桐（*Paulownia tomentosa*）、酸模（*Rumex indicum*）、夹竹桃（*Nerium indicum*）和女贞（*Ligustrum japonicum*）等（赫蓉，2003；李永庚，2004）。

然而，植物修复技术具有一定的局限性，仅对特定的区域、特定的污染物有效。修复植物的处理技术还不完善，大多处于试验阶段，离实际应用还有一定的距离。次生污染问题还需要进一步的认识和解决。目前，植物修复技术的重要任务是进行超累积植物和修复植物资源的调查、收集和筛选，研究超累积植物的分布，建立超累积植物和修复植物的数据库；在土壤物理化学性质方面加强研究修复根际环境重金属的动力学过程及其影响因子；在植物生理学方面阐明重金属在修复植物体内的运输方式、途径及其储藏机制；在分子生物学方面从超累积植物中分离重金属的载体和耐性基因，并克隆到生物量更高的植物体内。同时，实现该项绿色修复净化技术的开发和转让，使重金属污染土壤的肥力和生态功能恢复重建，使土壤资源实现真正的可持续利用。

10.1.2 土壤重金属污染的微生物修复技术

10.1.2.1 微生物修复技术的概念、类型

微生物修复技术是指利用微生物的作用去除土壤中污染物的过程。该技术主要是针对降解有机污染物而提出的修复技术，在重金属污染的修复方面也进行了大量的研究工作。微生物可以降低土壤中重金属的毒性，如细菌产生的酶可使重金属还原或与重金属结合为毒性小且稳定的状态；可以吸附积累重金属；改变根际微环境，提高植物对重金属的吸收、挥发或固定效率。如动胶菌、蓝细菌、硫酸还原菌及某些藻类，能产生多糖、糖蛋白等物质对某些重金属有吸收、沉积、氧化和还原等作用。

可以用作微生物修复技术的微生物类型包括：土著微生物、外来微生物和基因工程菌（GEM）。

土著微生物 土壤中微生物的种类和数量都是相当大的，在长期重金属污染的环境中，由于重金属的诱导作用，一些特异的微生物在重金属的诱导下产生一定的酶系，将重金属进行转化，或微生物可能产生由结构基因与调节基因组成的抗性基因，提高对重金属的耐性。

Hernandez 等（1998）从油冶炼厂周围土壤中筛选出耐 Ni、V 的埃希细菌（*Escherichia hermannii*）和肠杆菌（*Enterobacter cloacae*），可以在浓度高于 10 mmol/L 的 Ni 或 V 环境中生长。Filali 等（2000）从污水中分离纯化出抗 Cd（2 mmol/L）和 Hg（1.2 mmol/L）菌株，如假单胞菌（*Ps. fluorescens, Ps. Aeruginosa*）、克氏杆菌（*Klebsiella pneumoniae*）、变形杆菌（*Proteus mirobilis*）和葡萄状球菌（*Staphylococcus* sp.）。目前，大多数生物修复技术中应用的微生物都是土著微生物。

外来微生物 土著微生物生长速度较慢，代谢活性低，在一定程度上影响了修复效率。接种具有高效广谱的微生物，将有效提高微生物修复的效率。

采用现代微生物工艺技术代替昂贵化学制剂作添加材料改良贫瘠土壤，能够产生胞外聚合物与重金属离子形成络合物，有些微生物能把剧毒的甲基汞降解为毒性小、可挥发的单质 Hg，利用菌根吸收和固定重金属 Fe、Mn、Zn、Cu 取得了良好的效果（腾应和黄昌勇，2002）。

基因工程菌 采用遗传工程手段将多种降解基因或抗性基因转入微生物中，使其获得广谱的降解能力或抗性能力。借助蛋白质工程等对细菌进行遗传修饰，如质粒转移、DNA 重组、基因诱变和原生质体融合等技术，可快速获取耐重金属的菌株（表 10-4）。

表 10-4　通过代谢途径工程和蛋白质工程，获得耐重金属的菌株

被转移基因	微生物	耐重金属种类	资料来源
抗 Cu 基因 Cutl、CutF	大肠杆菌（*E. coli*）	耐 Cu 能力	Gupta 等，1995
酵母（*Saccharomyes cereuisiae*）中的 nixA 基因	大肠杆菌（*E. coli*）	Hg^{2+} 富集能力	Chen 等，1997
螺杆菌（*Helicobacter pylori*）中 Ni 转运系统的 nixA 基因植入表达融合蛋白的 JM109 细胞	大肠杆菌（*E. coli*）	Ni（Ⅱ）富集能力	Krishnaswamy 等，2000
有金属结合能力的多肽序列整合到 LamB 蛋白质	大肠杆菌（*E. coli*）	对 Cd 的结合能力高	Kotrba 等，1998
合成的金属结合多肽的基因代码，与麦芽糖结合蛋白融合	大肠杆菌（*E. coli*）	较强的 Cd、Hg 结合能力	Pazirandeh 等，1998
重组细胞表面暴露的可以结合重金属离子的多肽	葡萄状球菌（*Suphylococcus xylosus、S. carnosus*）	提高了结合 Ni、Cd 等的能力	Samuelson 等，2000

注：改编自徐磊辉等，2004。

土壤重金属污染的微生物修复技术的修复原理包括：

细菌可以通过吸附作用将重金属离子富集于细胞表面或细胞内，降低重金属在环境中的生物有效性 微生物细胞壁对重金属的结合能力与细胞壁的结构和成分有关，特别是革兰阳性菌的细胞壁有一层较厚的网状肽聚糖结构，磷壁酸质和糖醛酸磷壁酸质连接在网状肽聚糖

上，磷壁酸质上的羧基能够与重金属结合而固定重金属元素。细菌表面载负电荷和极性官能团，可以通过静电吸附和官能团的络合作用固定重金属离子。芽孢杆菌（*Bacillus subtilis*）、藻青菌（*Microcystis aeruginosa*）、短杆菌（*Bretuibacterium sp.*）、假单胞菌（*Pseudomonas aeruginosa*）、硫杆菌（*Thiobacillus ferrooxidans*）、微球菌（*Microcosms lotus*）和中华根瘤菌（*Sinorhizobium meliloti*）等在一定程度上将Cu、Cd、Pb等重金属离子吸附或结合在表面（Urrutia等，1993；Celaya等，2000；刘瑞霞等，2002）。罗尔斯通氏菌（*Ralstonia metallidurans*）CH3488存在唯一抗Pb操纵子pbr，具有结合有关吸收、外流、富集Pb的功能基因pbrT、pbrA、pbrB和pbrC（Borremans等，2001）。例如，将藻类和蓝细菌装在空心管中，将含有重金属矿山排水流过柱子，通过吸附可以降低其中的Cu、Cd、Zn、Hg和Fe浓度，重金属的去除率达到99%。

进入微生物细胞中的重金属能够累积在细胞中的小气泡中或与低分子量的聚磷酸、有机酸和金属硫蛋白结合，降低重金属的生物活性。如聚球藻属（*Synechococcus*）能够产生金属硫蛋白，结合Cd^{2+}、Pb^{2+}和Hg^{2+}等金属离子（曾文炉等，2009）。

细菌的氧化还原作用使变价重金属离子的价态发生改变，降低重金属在环境中的毒性 变价金属Hg、Pb、Sn、Se、As、Cr、Co和Au等在环境中以不同价态存在，细菌的代谢活动使这些重金属离子发生氧化还原作用（表10-5）。利用细菌的氧化还原作用，可以控制重金属离子的化学行为，降低重金属离子的毒性或活性。Smith等（1998）认为，大肠杆菌氧化Hg蒸汽为Hg^{2+}与该细菌能够分泌过氧化氢酶有关。假单胞菌（*Pseudomonad sp.*）细胞质内或胞外分泌的可溶性酶可以还原Cr^{6+}为Cr^{3+}（Mclean等，2001）。Barton等利用含Pb土壤中分离的菌种*Pseudomonas*将Pb^{2+}还原为胶态铅，降低铅的毒性。

表10-5 细菌对重金属离子的氧化还原作用

细菌	重金属离子	资料来源
超高温和嗜温异化Fe^{3+}还原菌	Au^{3+}还原为Au^0	Kashefi等，2001
罗尔斯通氏菌（*Ralstonia metallidurans*）CH34	Se^{4+}还原为Se^0	Roux等，2001
假单胞菌（*Pseudomonad sp.*）	Cr^{6+}还原为Cr^{3+}	Mclean等，2001
别样单胞菌（*Alteromonas putrefaciens*）	U^{6+}还原为UO_2	Lovely等，1991
硫还原菌（*Desulfovibrio desulfuricans*）	Pd^{2+}还原为Pd^0	Lloyd等，1998
大肠杆菌（*E. coli*）和金属还原菌（*Shewanella putrefaciens*）	Tc^{7+}还原为Tc^{4+}	Lloyd等，1997
金属还原菌（*Shewanella putrefaciens*）	可将Np^{5+}还原为Np^{4+}	Lloyd等，2000
火杆菌（*Pyrobaculum islandicum*）	U^{6+}还原为U^{4+}；Tc^{7+}还原Tc^{4+}和Tc^{5+}；Cr^{6+}还原为Cr^{3+}	Kashefi等，2000
奇异球菌（*Deinococcus radiondurans*）	还原Tc^{7+}、Cr^{6+}、U^{6+}	Fredrickson等，2000

注：改编自徐磊辉等，2004。

沉淀作用固定重金属离子 微生物能够向胞外分泌S^{2-}、草酸和磷酸等物质，导致环境中重金属离子沉淀或者在细菌的成矿过程中伴随有重金属的共沉淀（表10-6）。硫细菌（如脱硫弧菌）、绿藻（*Chlorella*）和产气克雷伯杆菌（*Klebsiella*）均可以分泌H_2S与金属结合产生难溶于水的金属硫化物沉淀。卧孔菌属（*Poriacocos*）、青霉、曲霉、轮枝孢属（*Verticillium*）真菌和许多外生菌根能分泌草酸，与金属 Al、Fe、Pb 和 Mn 等螯合沉淀。

表 10-6　细菌对重金属离子的沉淀作用

细　菌	重金属离子	资料来源
克氏杆菌（*Klebsiella planticoda*）	Cd^{2+} 转化为 CdS 沉淀（厌氧，存在硫代亚磺酸酯）	Shama 等，2000
大肠杆菌 DH5a	产生 H_2S 沉淀 Cd^{2+}	Bang 等，2000
组合 pBAD33、pCysdesulf/Lac12/Rock、pCysE*/AraC 质粒于大肠杆菌 DHIOB	产生 S^{2-} 与 Cd^{2+} 结合形成 CdS 沉淀	Wang 等，2000
硫还原细菌	Co、Cu、Mn、Ni 和 Zn 沉淀	Harris 等，2000
柠檬酸细菌（*Citrobacter* sp.）的 phoN 基因植入大肠杆菌	分泌磷酸沉淀 UO_3^{2-}、Ni^{2+}	Basnakova 等，1998
柠檬酸细菌	释放磷酸与 Np（V）结合形成沉淀	Lloyd 等，2000
革兰阴性杆菌	Zn^{2+} 形成矿物（Zn，Fe）$SO_4 \cdot 6H_2O$	Cooper 等，2000

注：改编自徐磊辉等，2004。

一些微生物能够产生胞外聚合物，如多聚糖、糖蛋白、脂多糖和核酸等，能够吸附重金属离子，将重金属固定在土壤中。如，具有菌根的植物根际具有较大的黏胶层，由菌根菌产生的黏胶物质、根系分泌物和菌根菌本身组成，有利于将重金属离子滞留在根外（弓明钦，1997）。

淋滤作用滤除污染环境中的重金属　氧化硫杆菌、氧化亚铁杆菌等是通过提高氧化还原电位、降低酸度等作用，滤除污泥、土壤和沉积物中的重金属。细菌对重金属的淋溶作用与种类有关，嗜酸细菌＞嗜中性细菌，氧化亚铁杆菌＞氧化硫杆菌＞氧化亚铁杆菌＞土著微生物（莫测辉等，2001）。污泥中驯化分离的氧化亚铁硫杆菌淋滤污泥中的重金属 8 d 后，Cu 和 Ni 的去除率分别达到 90％ 和 40％（Shi 等，2001）。

改变环境中重金属的形态及其在固液体系的分配，促进超累积植物对重金属离子的吸收，有助于重金属污染的生物修复　植物可以为土壤微生物提供生长所需的碳源和能源，细菌可以分泌小分子有机酸来活化重金属，也可以通过降解有机螯合物，释放螯合物所结合的重金属，使其具有更高的生物有效性，更有利于超累积植物对重金属的吸收（湛方栋等，2007）。

10.1.2.2　微生物修复技术的特点及调控途径

微生物修复技术投资费用低，对环境影响较小，适用于其他修复技术难以开展的场所，如建筑物或公路下的重金属污染土壤，并能同时修复土壤和地下水。但是，微生物处理具有一定的专一性，不能同时处理所有的污染物，微生物的活性受到温度、pH 值、土壤质地和其他环境条件的影响，导致修复效率的变异性。

微生物修复技术的影响因素包括微生物的类型、污染物的性质和环境特点。因此，为了提高微生物修复的效率，微生物活性调控和环境调控具有重要的意义。微生物活性调控指通过一定的途径选择或接种特异微生物吸收和积累重金属，提高微生物对重金属的吸附和累积能力。环境调控指通过调节土壤物理或化学性质、污染物形态和使用络合剂等改善土壤环境，促进微生物对重金属的活化作用。具体调控措施包括：

① 接种微生物进入土壤，依赖其特有的修复重金属的能力，提高重金属修复的效率。

一般情况下，需要更充分地调动土著微生物的活性，使其具有更强的代谢能力，但污染物浓度过高或对土著微生物产生毒性时可以采用接种外来微生物。在对意外事故污染点进行快速的生物修复的时候，也可以考虑接种微生物。高接种量是保证足够的存活率和一定水平种群的保证，因为土著微生物和原生动物的竞争将导致接种微生物数量的迅速下降，高接种量一般应该达到 10^8 CFU/g 土；

② 适当添加 N、P 等营养元素，调节 C/N 比，改善微生物的生长条件，提高 N、P 利用率，促进微生物修复的效率的提高；

③ 调节土壤通气条件，满足微生物对氧气的需要。土壤中分为三个溶解氧的层次：好氧带、缺氧带和厌氧带。增加土壤中氧气的含量，可以促进土壤中好氧微生物的生长。提高土壤中溶解氧的方法包括：对土壤鼓气或添加产氧剂（H_2O_2）、对土壤进行适当的耕作、防止土壤本水饱和、避免土壤板结和降低土壤中耗氧有机质含量等；

④ 重金属的毒性、形态和浓度均影响着微生物的生长和活性；

⑤ 土壤温度、质地、孔隙度和水气比，以及地理、气象和水文等因素都会对微生物修复的效率产生一定的影响。

10.1.2.3　微生物修复技术的应用

微生物修复技术包括：原位微生物修复技术和异位微生物修复技术。

（1）原位微生物修复技术

主要包括投加活菌法、培养法、生物通气法、生物翻耕法和植物—微生物联合修复法等。

投加活菌法　通过发酵工程获得的活性微生物和必需的营养物质直接接种到重金属污染的土壤，对重金属污染土壤进行修复。微生物通过氧化作用、还原作用、甲基化作用和去烷基化作用对重金属的形态进行转化。阴沟肠杆菌（*Enterpbacter cloacae*）在厌氧的条件下，能使 CrO_4^{2-} 还原为 Cr^{3+}，发生沉淀反应而去除。柠檬酸杆菌（*Citrobacter* sp.）细胞表面存在酸性磷酸酶，可以催化有机磷酸如 2-P-甘油释放 HPO_4^{2-}，与二价阳离子发生沉淀反应，形成沉淀物累积于细胞表面，从而去除环境中的重金属污染。

培养法　向重金属污染的土壤中添加外源活性物质，如 N、P 营养盐、O_2、NO_3^-、SO_4^{2-} 等电子受体、表面活性剂等，刺激土著微生物的生长和活性，依赖自然菌群的联合代谢，修复污染土壤。例如，提供乙醇作为微生物生长的底物，利用脱硫弧菌，在厌氧条件下，产生 H_2S，与重金属 Zn、Cd、Cu、Fe 和 Pb 等形成难溶化合物。

生物通气法　在污染的土壤上打井，安装鼓风机和抽真空机，将空气压入土壤，同时也可以将氨气压入作为微生物生长的 N 源，然后抽出，可以将土壤中挥发态重金属化合物或元素抽出，而得以修复。利用抗 Hg^{2+} 的细菌，可以把 Hg^{2+} 还原为 Hg^0，Hg^0 的挥发速率为 2.5 mg/(L·h)，Hg^{2+} 的去除率为 98%。有机汞在微生物的有机汞裂解酶作用下，产生有机质和 Hg^{2+}，Hg^{2+} 继续被微生物还原为 Hg^0，而得以去除。另外，重金属的甲基化反应，产生的甲基化合物具有一定的挥发性，可以达到去除的效果。

生物翻耕法　通过将污染土壤进行翻耕，提高土壤的通气性，配施一定的肥料，改善土壤微生物生长的条件，有助于不同深度的污染物的去除。

植物—微生物联合修复法　利用超累积植物及其根际周围土壤微生物的联合作用，共同对土壤重金属元素进行转化、吸收和累积，达到修复的目的。

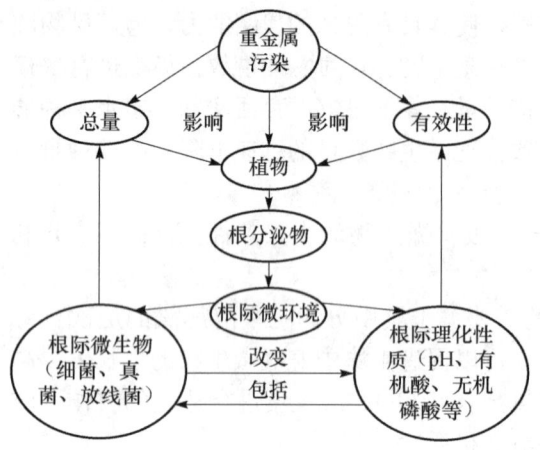

图 10-2　植物—微生物根际微生态系统对土壤中重金属的固定

植物根际—微生物形成的微生态系统形成互惠互利的关系，对土壤重金属表现出协同抗性作用。根际微生物对重金属吸收、富集和转化，加强了根际对重金属污染的屏蔽作用，根分泌物对重金属的结合钝化也减轻了污染物对微生物的伤害（图10-2）。

（2）异位微生物修复技术

异位微生物修复技术主要包括微生物淋滤堆浸法、堆制法、填充床生物反应器和流体床反应器等。

微生物淋滤堆浸法　微生物淋滤是White等（1998）提出的重金属污染土壤的微生物修复模式，利用好气性的硫氧化菌（如硫杆菌）氧化硫为硫酸，将重金属进行淋滤，最后，利用厌氧性的硫还原菌将重金属硫酸盐还原为硫化物沉淀，达到修复的目的。如，土壤中 Cu、Ni 和 Mn 的去除率可以达到69%。一般采用地表堆浸处理（图10-3）来修复重金属污染的土壤，浸堆需要保持30%的空隙，增加通风透气能力，提高修复的效率。

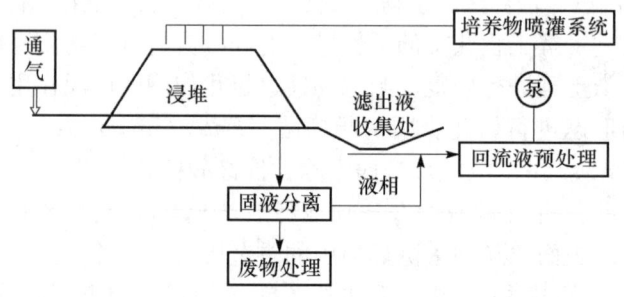

图 10-3　地表堆浸处理基本工艺流程（李顺鹏，2002）

堆制法　将树皮、稻草、泥炭和粪肥等物质作为支撑材料均匀拌入污染土壤中制成堆体，调节 pH 值，使用充气系统进行充气，并接种微生物，微生物可以采用一定的固定材料进行固定，避免微生物的损失，提高修复效率。真菌（包括酵母菌）细胞壁具有吸附和累积重金属的能力，微生物可以通过包埋法或交联法进行固定，材料包括琼脂、纤维素、海藻酸盐和聚丙烯酰胺等，将其经过碳酸盐或洗涤剂处理，可增加对重金属的通透性，提高对重金属的去除效率。

填充床生物反应器和流体床反应器　将污染的土壤挖出转移到生物反应器中，加入一定的水、营养物质和表面活性剂等，接种微生物并搅拌均匀，反应一定时间后，快速脱水，并将处理后的土壤回填的方法。

微生物修复技术随着现代生物技术的发展，分子生物学和基因工程技术应用于超富集、高耐性微生物的培育和筛选，促进了微生物修复技术的发展。微生物修复技术逐步成为重金属污染土壤修复的主要技术之一。

10.2 土壤重金属污染的物理修复

污染土壤的物理修复技术是借助物理手段将污染物从土壤胶体上分离的技术，包括物理分离修复、电动力学修复、蒸汽浸提修复、玻璃化修复、低温冰冻修复、热力学修复等。而重金属污染的物理修复过程中，主要采用的技术有物理分离修复、电动力学修复和农业工程改土技术（表10-7）。

表10-7 重金属污染土壤的物理修复技术

方　法		修复剂	适用范围	机　理
物理分离修复		分离器	重金属严重污染的土壤	根据重金属的存在粒径特征进行分离
电动力学修复		电极	重金属严重污染的土壤	根据重金属电荷特征进行分离
农业工程改土技术	换土法、排土法	新的清洁土壤	重金属污染严重土壤	将重金属严重污染的土壤转移到安全的地方，减少对食物链富集
	覆土法、客土法	未污染的土壤	重金属中轻度污染的土壤	将未污染的土壤覆盖在污染的土壤上20~25 cm，使植物的根系分布在客土中
	稀释法	未污染的土壤	重金属中轻度污染的土壤	将未污染的土壤与污染的土壤混合，使土壤中的重金属含量减低
	翻土法	深层未污染土壤	重金属中轻度污染的土壤	将污染的土壤深翻入下层，使植物的根系不能吸收到重金属元素

注：引自周启星等，2004。

10.2.1 土壤重金属污染的物理分离修复技术

10.2.1.1 土壤重金属污染的物理分离修复技术的概念、类型

土壤重金属污染的物理分离修复技术是根据土壤和污染物的粒径、密度、磁性和表面特征等将重金属颗粒从土壤胶体上分离下来，包括粒径分离、水动力学分离、密度分离、泡沫浮选和磁分离等（表10-8）。与选矿和采矿中所使用的物理分离技术相似，如射击场或爆破点的铅污染土壤常采用重力分离方法，把铅和土壤颗粒分离开。该技术是初步的分选过程，不能充分达到土壤修复的目的，工艺简单，费用低，没有高度的选择性。

表10-8 采用物理分离技术的适用粒度范围及特点

分离过程	所需设备	粒度范围（μm）	优　点	局限性
粒径分离	干筛分	>3 000	设备简单，费用低，可持续高处理产出	筛子易被塞住和损坏，干筛过程产生粉尘
	湿筛分	>150		
水动力学分离	淘选机	>50	设备简单，费用低，可持续高处理产出	土壤中存在较大比例黏粒、粉粒和腐殖质时难操作
	水力旋风分离器	5~15		
	机械粒度分离机	5~100		
密度（重力）分离	振动筛	>150	设备简单，费用低，可持续高处理产出	土壤中存在较大比例黏粒、粉粒和腐殖质时难操作
	螺旋富集器	75~3 000		
	摇床	75~3 000		
	比目床	5~100		
泡沫浮选	空气浮选塔或室	5~500	适合于细粒级处理	颗粒必须以较低浓度存在
磁分离	电磁装置、磁过滤器		可以恢复较宽范围的介质	费用比较高

注：引自周启星等，2004。

(1) 粒径分离

粒径分离是根据颗粒的直径大小的差异，通过特定网格大小的筛子，将粒径大于筛子网格的颗粒留在筛子之上，粒径小于筛子网格的颗粒通过筛子，对颗粒进行分离的方法。粒径分离的方法包括干筛分、湿筛分和摩擦—洗涤。干筛分是将石砾、树枝或较大的物质从干燥的土壤中进行分离的方法，适合于粒径>3 000 μm 颗粒的分离。湿筛分适宜于湿润和粒径较小的土壤，适合于粒径>150 μm 颗粒的分离。重金属以颗粒状存在时分离效果比较理想。摩擦—洗涤是颗粒或密度方法分离的前处理阶段，利用摩擦洗涤器将土壤团聚体打碎，使氧化物或其他胶膜从土壤胶体上洗涤下来。

(2) 水动力学分离

水动力学分离是根据颗粒在流体中的移动速度的不同而将其进行分离的技术。颗粒在流体中的移动速度取决于颗粒的大小、密度和形状。水动力学分离设备包括淘选机、机械粒度分级机和水力旋风分离器等。淘选机是将水从直立圆筒的底部流向顶部，待处理的土壤从顶部进入，通过调整水的流速，较小和轻的颗粒随水上升，较大和重的颗粒沉降而达到底部，最终达到分离的目的，适合于粒径>50 μm 颗粒的分离。机械粒度分级机是将土壤和水组合而成的混合泥浆置于一个倾斜的槽内，质地较粗的颗粒从泥浆中沉淀进入槽底而清除，黏泥从槽较低的一端溢出，适合于粒径为5~100 μm 颗粒的分离。水力旋风分离器是利用离心力加速颗粒的沉降速度。土壤以泥浆的方式在旋转的圆锥筒顶部沿切线方向加入，粒径大或密度高的快速沉降颗粒在离心力的作用下，以螺旋的方式沿筒壁向下落入底部，质地细的颗粒聚集在中间，并可以通过管道吸出筒外，适合于粒径为5~15 μm 颗粒的分离。

(3) 密度（重力）分离

密度（重力）分离是利用物质的密度差异，采用重力富集方式对颗粒进行分离的技术。通过振动筛、螺旋富集器、摇床和比目床等进行分离。振动筛是通过土壤在水的竖直波动流的作用下交替抬升和下降，较重的颗粒沉入底部，较轻的颗粒随水流溢出的过程，适合于分离150 μm 至 5 cm 的颗粒。螺旋富集器、摇床和比目床分别适合于分离 75 μm 至 3 mm、100 μm 至 3 mm 和 5~100 μm 的颗粒。

(4) 泡沫浮选

泡沫浮选是通过向泥浆中添加一定的浮选剂强化矿物的表面特征，利用不同矿物具有不同的表面特性的原理，气体从底部喷射进入含泥浆的池体，特定类型的矿物选择性的黏附在气泡上并随气泡上升到顶部形成泡沫，从而达到分离的目的，适合于粒径为 5~500 μm 颗粒的分离。

(5) 磁分离

磁分离是利用传送带或转运筒将待处理的土壤连续不断通过强磁场，利用矿物的磁性的差异而达到分离的目的。特别适合于将铁从非铁材料中进行分离。

10.2.1.2 土壤重金属污染的物理分离修复技术的特点及应用

土壤重金属污染的物理分离修复技术的优点在于工艺和设备简单、费用低。但是技术的有效性取决于许多影响因素，要求污染物具有较高的浓度，并且存在于具有不同物理特征的介质中，并且，在筛分干污染物时，易于产生粉尘，筛子易于被塞住和损坏。固体基质中的细粒径部分和废液中污染物需要进行再处理，不能彻底修复污染土壤（表10-8）。

在射击场，可以通过物理分离修复技术对子弹残留的重金属进行分离，先采用干筛分从土壤中去除以原状或仅小部分缺失的弹头，再采用其他物理方法，如重力分离法、泡沫浮选法等去除较小颗粒的重金属，最后采用化学方法（如酸淋洗技术）等进一步去除土壤中分子/离子态存在的重金属（图10-4）。

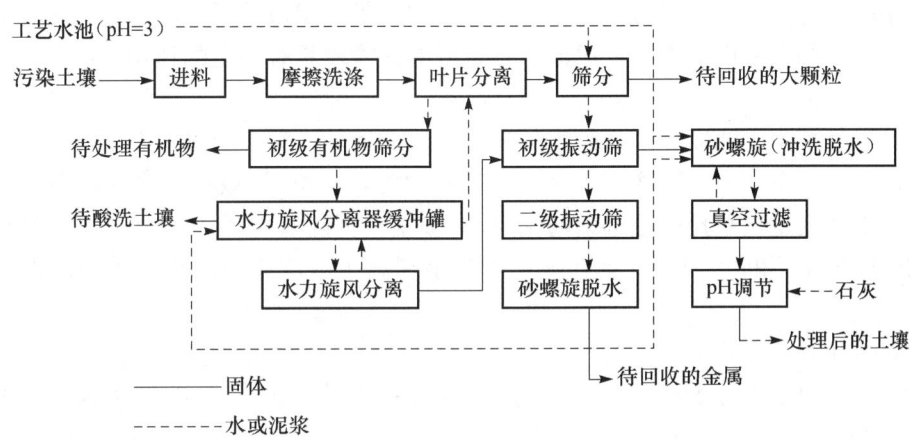

图 10-4　污染土壤物理分离修复技术过程（引自周启星等，2004）

土壤重金属污染的物理分离修复技术可以作为土壤污染修复的第一步，快速减少需要进一步修复土壤的体积，使随后的修复效率大大地提高。因此，物理分离修复技术在重金属污染土壤的修复过程中具有不可替代的重要地位。

10.2.2　土壤重金属污染的电动力学修复

10.2.2.1　土壤重金属污染的电动力学修复技术的概念及原理

土壤重金属污染的电动力学修复技术是指利用插入土壤的电极产生的低强度直流电作用，在土壤中的重金属通过电迁移、电渗析、电泳、自由扩散和酸性迁移等过程穿过土壤移向电极区，富集在电极区的重金属污染物用一定的收集系统收集后进行处理（电镀、沉淀/共沉淀、抽出、吸附、离子交换树脂等）而得以去除的方法。对于低渗透性土壤中 As、Cd、Cu 和 Pb 的去除率可以达到 85%～95%，而对多孔、高渗透性的土壤中重金属的去除率低于 65%。电动力学修复技术对土壤重金属污染的修复已经在美国、日本、德国和中国等国家和地区开展了大量的研究和应用（林君锋等，2004）。

（1）电迁移

电迁移是离子或络合离子向相反电极的移动，离子态的污染物主要通过电迁移而去除。电迁移速度与离子浓度、电场强度、离子电荷数、温度、土壤孔隙率和土壤孔隙扭曲系数等因素有关，与电场强度和离子电荷数成正比。

（2）电渗析

电渗析是土壤中的空隙水在电场中从一极向另一极的定向移动，非离子态污染物随着电渗流移动而被去除。其原因在于土壤颗粒表面带有负电荷，并与土壤空隙水中的离子形成扩散双电层，导致空隙水沿电场从阴极向阳极方向移动。电渗流的强度取决于动电电流、Zeta

电位、液体黏度、电解质浓度、介质的介电常数和土壤的孔隙率等,其中,电解质浓度对于修复效率的控制具有重要的作用。

(3) 电泳

电泳是带电粒子或胶体在直流电场作用下迁移,吸附在可移动的颗粒上的污染物得以去除。土壤中的重金属胶体一般带负电荷,带电胶体粒子向阳极移动,将不利于重金属离子的富集,向土壤中加入表面活性剂,电泳对重金属的去除才具有一定的作用。

(4) 自由扩散

自由扩散是指由于浓度梯度而产生的化学物质的运动,对于土壤重金属污染的去除具有重要的作用。由于重金属污染物在土壤中分布不均匀,土壤固/液相介质中存在一定程度的自由扩散。扩散通量一般比电迁移的通量小 10 多倍,但随着电动力修复过程的进行,重金属离子的浓度梯度不断增加,土壤孔隙中的重金属离子浓度逐渐减少,扩散的作用将不断加强。

(5) 酸性迁移

酸性迁移是由于水分子在两电极表面产生的电解反应,阴极电解产生 H_2 和 OH^-,阳极电解产生 H^+ 和 O_2,两极的主要反应如下:

阳极:$2H_2O - 4e \rightarrow O_2 \uparrow + 4H^+ \quad E_0 = -1.229 \text{ V}$

阴极:$E_0 = -0.828 \text{ V}$

$$2H_2O + 4e \rightarrow H_2 \uparrow + 4OH^-$$

$$2H^+ + 2e \rightarrow H_2$$

$$Me + ne \rightarrow Me$$

$$Me(OH)_n(s) + ne \rightarrow Me + nOH^-$$

随着电动力学修复过程的进行,阳极产生大量的 H^+,导致阳极的 pH 值降低,形成酸区,同时 H^+ 向阴极迁移,促使酸区也向阴极迁移。随着 H^+ 的迁移,吸附在土壤颗粒上的重金属不断被解吸,重金属氧化物、氢氧化物和碳酸盐沉淀等不断被溶解,重金属污染物转化为离子态向阴极迁移。同时,阴极产生大量的 OH^-,OH^- 向阳极迁移的速度低于 H^+ 向阴极的迁移速度,在靠近阴极的土壤可能发生二者的相遇中和,导致污染物的溶解度降低,在高电压和高能量的消耗条件下,仍能确保修复效果。

10.2.2.2　土壤重金属污染的电动力学修复技术的特点及调控途径

土壤重金属污染的电动力学修复技术的优势在于费用低,处理效率高,一般可以达到90%以上,可以进行原位或异位修复,对周围环境的影响小,所需要的化学试剂少,工程操作方便。但是电动力学修复技术也受到许多影响因素的制约,特别是土壤极化现象、pH 值、温度、含水量和土壤中杂质(碳酸盐、赤铁矿、岩石和砂砾等)等。土壤的极化现象一方面指水的电解过程中产生的氢气和氧气覆盖在电极的表面,形成绝缘,导致电导性下降和电流降低,另一方面阴极产生的 H^+ 和阳极产生的 OH^- 分别向电性相反的电极移动,如果酸碱不能及时中和,也会导致电流的降低。电动力学修复后,在阴极表面形成一层白色由不溶性盐或杂质形成的膜,降低电流。土壤 pH 值对于修复效率的提高具有重要的意义,尽量控制 pH 值在一定范围是电动力学修复的基础和保证。

电动力学修复技术对于渗透性较差、pH值低和酸碱缓冲能力较低的黏土、高岭土中重金属的去除率最高，而高含量的有机质和CEC，均会降低去除效率。因此，可以通过一定的途径提高电动力学修复的效率（林君锋等，2004），具体调控措施包括：

① 阻止阴极OH^-向土柱内移动，避免聚焦现象（阴极产生的OH^-向阳极移动的过程中与向阴极移动的重金属离子在土壤内部结合，导致重金属离子发生沉淀而严重影响去除效率的现象）的发生是电动力学修复的关键。在阴极土壤添加酸中和OH^-，有机酸（乙酸、草酸、柠檬酸等）的应用是较好的选择，因为有机酸与重金属形成的配合物具有水溶性，对环境的影响较小，能被微生物降解，而无机酸如盐酸可能产生对土壤结构的影响，在阳极产生的氯气可能对大气产生污染。不断用新鲜水更换阴极池碱溶液，可以稀释OH^-，具有一定的作用。另外，在土壤和阴极之间用阳离子交换膜限制OH^-的移动，或者土壤和阴极之间保持一定的距离，用电解质溶液形成盐桥，可以改善重金属污染土壤的电动力学修复的效率。

② 添加氧化剂、还原剂或络合剂等改变重金属离子的形态，是影响电动力学修复的效率的重要方面。采用I_2/I^-浸滤液，可以将土壤中难溶性HgS、Hg^+和Hg_2Cl_2转化为HgI_4^{2-}而被去除（Cox，1996）。向阴极室添加氧化剂NaClO，可以改善As和Cr的修复效率（Hansen等，1997；Reddy等，1999）。

③ 利用添加剂促进土壤中重金属的形态向可溶态转化，能有效提高电动力学修复的效率。采用盐酸、乙酸、EDTA等都可取得较好的修复效果，而且EDTA还可以分离回收，降低修复的成本。选择添加剂时需要满足以下几个条件：添加剂能够产生通过电迁移和电渗析机制去除的可溶性盐、酸性条件较稳定；添加剂具有较强的配位能力，能有效鉴赏土壤对重金属离子的吸附作用；添加剂不产生有毒残留物，并且不会通过食物链产生生物放大现象而产生毒性；添加剂不会导致土壤矿物的溶解而影响土壤性质和结构。

10.2.2.3 土壤重金属污染的电动力学修复技术的应用

土壤重金属污染的电动力学修复技术已经在Pb、Cd、Cu、Cr、As和Zn污染土壤的修复上得到了广泛的应用。铅浓度为15 900 mg/kg的土壤中，施加23.78 V的直流电282 h，阳极区土壤pH值降低，导致$Pb(OH)_2$和$PbCO_3$等沉淀溶解，铅的去除率大于90%，而阴极区土壤中铅的浓度急剧上升，为了防止铅在阴极的沉淀，可以在阴极室中投加柠檬酸或乙酸，使迁移到阴极的Pb^{2+}被移动到阴极室内而不被再次沉淀（Zhong等，1996）。Pb和Cu浓度分别为300～1 000 mg/kg和500～1 000 mg/kg的土壤每天通电10 h，43 d后Pb和Cu的去除率分别达到70%和80%（Lageman，1989）。Marceau等（1999）采用电流0.3 mA/cm³，电极间距1 m，阴极用硫酸进行控制的电动力学修复方法，处理Cd浓度为882 mg/kg的3.25 t土壤259 h，使98.5%的Cd被去除。

土壤重金属污染的电动力学修复处理过程中阳极一般选用惰性电极，如石墨、铂、金和银等，阴极为普通的金属电极。而钛、镀膜钛、不锈钢和石墨电极在实际应用中较为常见。电极可以直接竖直安装在潮湿的土壤中，或与土壤直接接触的溶液中，也可以通过向极室加入促进液或清洁水。电压和电流是修复操作过程中的主要参数。一般使用的电流强度为10～100 mA/cm³，电压梯度为0.5 V/cm左右。

土壤重金属污染的电动力学修复技术工艺包括：Lasagna工艺、阴极区注导电性溶液工艺、阳离子选择性透过膜工艺、CEHIXM工艺、Electro-Klean™电分离工艺、电化学自然氧化工艺、电化学离子交换工艺和电吸附工艺等（金春姬等，2004）。以下简要介绍前3种工艺。

(1) Lasagna 工艺

在污染土壤中建立近似断面的渗透性区域，在该区域添加吸附剂、催化剂、微生物或缓冲剂等，采用电动力修复方法，利用电场促进水和可溶性污染物的迁移，将重金属污染物加以去除。该工艺适合于低渗透性的土壤，可以与生物修复方法联合使用。Lasagna 工艺包括2种结构的电极装置：水平结构的电极装置和垂直结构的电极装置。

水平结构的电极装置适合于超固结黏土，该装置在污染土壤的上、下两面插入石墨电极形成垂直电场。垂直结构的电极装置适合于浅层污染土壤及非超固结土壤，该装置在污染土壤的两侧插入石墨电极形成水平方向的电场（图10-5）。

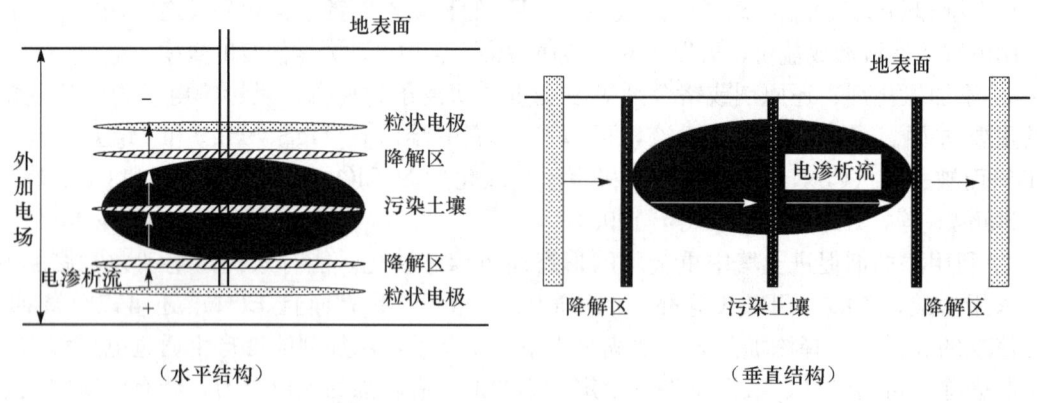

图 10-5　Lasagna 工艺的示意（引自 Ho 等，1997）

(2) 阴极区注导电性溶液工艺

为了防止聚焦现象的发生，在处理土壤和阴极之间注入导电性溶液，导电性溶液和阴极放在地表容器中，通过一定的导管注入多孔墙中进行修复的技术（图10-6）。

(3) 阳离子选择性透过膜工艺

将阳离子选择性透过膜放在靠近阴极的土壤中，H^+和重金属离子可以透过膜向阳极运动，而OH^-不能通过，有效地减少了聚焦现象的发生，提高修复效率（图10-7）。

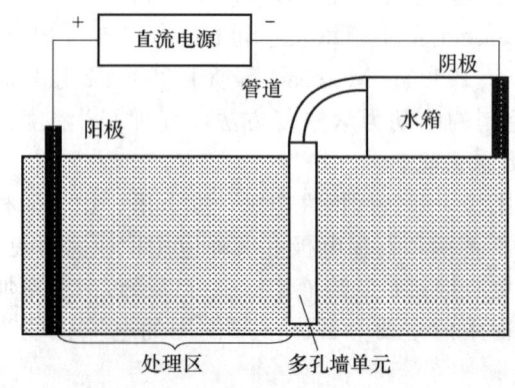

图 10-6　阴极区注导电性溶液工艺示意

（引自 Li 等，1996）

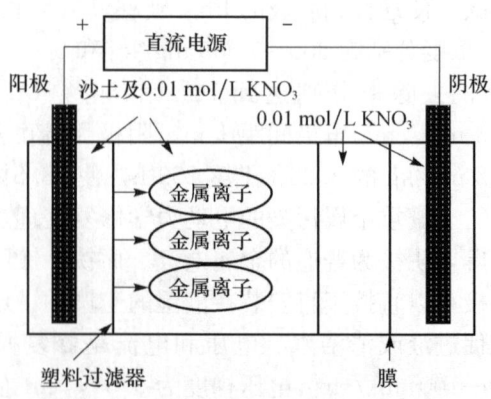

图 10-7　阳离子选择性透过膜工艺示意

（引自金春姬等，2004）

10.2.3 土壤重金属污染的农业工程改土修复技术

10.2.3.1 土壤重金属污染的农业工程改土修复技术的概念、类型

土壤重金属污染的农业工程改土修复技术通过农业工程改土方法降低土壤中重金属的含量，减少重金属对土壤-植物系统产生的毒害，从而使农产品达到食品卫生标准，包括换土法、覆土法、深耕翻土和稀释法等。换土法适用于土壤重金属重污染区域的修复，覆土法、深耕翻土和稀释法适用于重金属轻度污染的土壤修复。

（1）换土法

换土法是利用清洁的土壤置换重金属污染的土壤，并将污染土壤进行异位修复或异地处理的方法。换土法对于小范围的重金属污染严重的区域土壤的修复是比较快速有效的方法，能够彻底解决土壤污染所带来的一系列环境问题。但由于具有较大的工程量，费用较高，在大范围的重金属污染区域土壤的修复上应用具有较大的限制。

（2）覆土法客土法

覆土法或客土法是将清洁的土壤覆盖在污染的土壤之上，使植物的根层生长在清洁的土壤中，减少重金属污染物向植物中的迁移和转化。覆盖的清洁土壤可以防止污染物通过地表径流或灰尘进入水体或大气，能快速有效改善地表结构和环境，对于土壤微生物的活性提高和植物的生长提供有利的条件。选择清洁土壤时，除考虑土壤的重金属含量外，还需要注意土壤的质地、黏粒含量、渗透能力、土壤肥力和覆盖土层的厚度等，同时，可以通过加入一定的其他材料（细燃料灰、矿渣、水泥、石灰等），改善土壤的物理化学性质，促进植被的恢复、植物的生长、污染物的生物修复和其他物理化学修复。

（3）深耕翻土

深耕翻土是将深层污染程度较轻或无污染的土壤通过深翻成为表层土壤，而受到重金属污染的表层土壤进入下层，使植物根系不能达到污染区域而减少对重金属的吸收，降低污染物对植物的危害的目的。深耕翻土的深度取决于重金属污染物的迁移能力、重金属在土壤剖面的分布规律、土壤的质地和地下水位高度等因素。深度越深，所需要花费的劳动力和成本越高。重金属（Cu、Zn、Cr、Pb、Cd、As、Mo 和 Hg 等）在土壤剖面上的分布与土壤形成过程、土壤母质、元素的循环特征、土地利用方式、有机质含量、铁的氧化物含量、土壤 pH 值和人类活动有关（Koretsky 等，2007）。重金属主要积累在 0～50 cm，Cd 和 Cu 由于容易在剖面向下迁移，可能分布并累积在 60 cm 以下。因此，针对不同的重金属污染，深翻的深度需要具体分析。深翻的土壤与表层土壤性质和结构具有一定的差异，需要进行一定的调节，配施合适的肥料，以促进植物的生长和植被的恢复。

（4）稀释法

稀释法是将清洁的土壤与污染的土壤充分混合，降低土壤重金属元素的浓度，从而减少植物对重金属元素的吸收。稀释法一般适宜于轻度污染的土壤的修复，能够快速有效的降低土壤中重金属的浓度，满足环境安全的标准和植物的生长条件。

农业工程改土技术除了客土法、覆土法、深耕翻土和稀释法等外，还可能包含其他工程措施，如生态围隔、生态覆盖系统、阻控系统和水力学措施等，尽量减少污染物对植物和生态系统的影响，使生态系统的结构和功能得以恢复，实现重金属污染土壤的修复。

10.2.3.2 土壤重金属污染的农业工程改土修复技术特点及应用

土壤重金属污染的农业工程改土技术是经典的土壤重金属污染治理措施。具有彻底、稳定的优点，但实施工程量大、操作费用高、破坏土体结构、引起土壤肥力下降，并且还要对换出的污染土壤进行堆放或处理。覆土法和深耕翻土仍然存在较大的生态风险，污染物向地下水的迁移和长期的环境威胁已经严重制约着该修复技术的推广和应用，推广应用的范围受到极大的制约。

汪雅谷等（2001）利用农业工程改土技术对重金属污染的菜地土壤进行改造，将污染土壤进行深翻，使土壤中镉含量由原来的 4.30 mg/kg 降低为 2.61 mg/kg（深翻 40 cm）和 1.48 mg/kg（深翻 60 cm）；换土法去除表土 25 cm 可以使镉含量降低为 1.27 mg/kg；利用覆土法进行覆盖 20 cm 或 30 cm 的效果最好，可以使镉含量降低为 0.31 mg/kg。

重金属污染土壤的农业工程改土修复技术属于工程措施，在实际应用过程中应该配合其他的修复方法和生态恢复方法，才能获得最大的经济效益、生态效益和环境效益。

10.3 土壤重金属污染的化学修复

污染土壤的化学修复技术是利用加入到土壤中的化学修复剂与污染物发生化学反应，使污染物毒性降低或去除的修复技术，主要包括化学淋洗修复技术、固定/稳定化修复技术、溶剂浸提修复技术、化学氧化修复技术、化学还原与还原脱氯修复技术和土壤性能改良修复技术等（表 10-9）。

表 10-9 重金属污染土壤的化学修复技术

方法	修复剂	适用范围	机理
淋洗修复技术	酸、络合剂（如 EDTA） 碱、络合剂（如 EDTA）	镉、铜、锌、铅、锡	将重金属转移到淋洗剂中，然后进行进一步的处理
固定/稳定化修复	石灰、水泥等	重金属	沉淀、吸附、离子交换，降低重金属的生物有效性
化学还原修复技术	二氧化硫、硫化氢、Fe^0 胶体等	铬	铬酸盐被还原为三价铬，产生沉淀而被固定
土壤性能改良修复	石灰、厩肥、污泥、活性炭、离子交换树脂、磷酸盐等	镉、铜、镍、锌等	石灰可以使土壤的 pH 值升高，导致土壤颗粒对重金属离子的吸附能力增加，降低植物对重金属离子的吸收；而有机质能对重金属进行吸附和固定
	调节 Eh		减少重金属的生理有效性

注：引自周启星等，2004。

10.3.1 重金属污染土壤的化学淋洗修复技术

10.3.1.1 重金属污染土壤的化学淋洗修复技术的概念、类型

重金属污染土壤化学淋洗修复技术是利用清水淋洗剂或能促进土壤中重金属溶解和迁移的溶剂，通过水力推动淋洗剂进入被污染的土壤中，然后将含有重金属的液体从土壤中抽提出来进行分离和污水处理的技术。

淋洗剂包括清水、无机淋洗剂、螯合剂、表面活性剂和复合淋洗剂等。无机淋洗剂包括酸、碱和盐等无机化合物。酸性化合物有助于提高重金属的溶解度，使吸附在土壤颗粒表面

的重金属清洗出来。磷酸盐对土壤中铁铝结合态砷的去除具有较好的效果，对土壤中砷的去除率达到40%以上（Alam等，2001）。无机淋洗剂对土壤中重金属的去除效果较好，速度快，但对土壤的结构和性质的影响需要加以注意和重视。

螯合剂与土壤中重金属发生螯合或络合作用，改变重金属在土壤中的存在形态，使重金属解吸，从而提高淋洗修复效率。螯合剂分为人工螯合剂和天然螯合剂，人工螯合剂包括乙二胺四乙酸（EDTA）、二乙基三乙酸（NTA）、二乙烯三胺五乙酸（DTPA）等；天然螯合剂包括柠檬酸、苹果酸、丙二酸、草酸、酒石酸和醋酸等。天然螯合剂相对于人工螯合剂而言，在土壤中易于分解，不易产生二次污染，对土壤的物理化学性质和结构的影响小，在实际应用中易于接受。研究表明随着柠檬酸、醋酸浓度的增加，其对重金属的淋洗效果呈增加的趋势，柠檬酸对Cu、Pb、Cd的淋洗效果明显。采用土柱淋洗法研究酒石酸对冶炼厂重金属污染土壤的淋洗修复效果表明，酒石酸淋洗能去除91.3%Cd、11.1%Pb、39.2%Zn和11.2%Cu，酒石酸能有效降低土壤中交换态、碳酸盐结合态和氧化物结合态重金属的含量。

表面活性剂具有固定的亲水、亲油基团，通过改变土壤表面性质，增强有机配位体在水中的溶解性，或发生离子交换，促进金属阳离子或配合物从固相转移到液相中，提高淋洗效率。表面活性剂分为阴离子表面活性剂（十二烷基硫酸钠SDS、十二烷基苯磺酸钠LAS）、阳离子表面活性剂（溴化十六烷基三甲铵CTMABA、十六烷基三甲基溴化胺CTAB）、非离子表面活性剂（辛基苯基聚氧乙烯醚OP、脂肪醇聚氧乙烯醚AEO-9、聚氧乙烯月桂醚Brij35）和生物表面活性剂（鼠李糖脂、槐糖脂、皂角苷和莎凡婷等）。生物表面活性剂是由细菌、真菌、酵母菌等在细胞膜上或细胞体外分泌的具有一定活性的代谢产物，具有生物可降解性、毒性低、表面活性高和可回收性等特点，且对土壤结构和理化性质破坏不大，在重金属污染土壤的修复中具有重要的意义。随着皂角苷质量分数的增加，重金属的解吸率逐渐增加，在皂角苷质量分数为3%时，Cd、Pb、Cu和Zn的解吸率分别达到95.11%、83.54%、43.87%和20.34%（蒋煜峰等，2006）。李光德等（2009）采用土柱淋洗法研究茶皂素对土壤重金属的淋洗效果，结果表明7%的茶皂素对Pb、Cd、Zn和Cu的去除率分别为6.74%、42.38%、13.07%和8.75%，茶皂素淋洗能有效去除酸溶态和可还原态的重金属，降低重金属的环境风险。Mulligan等（2001）采用土柱淋洗法研究认为0.5%鼠李糖对土壤中Cu和Zn的去除率分别为65%和18%，4%槐糖脂对Cu和Zn的去除率分别为25%和60%。

10.3.1.2 土壤重金属污染的化学淋洗修复技术的特点及应用

土壤重金属污染的化学淋洗修复技术的优点具有长效性和易操作性、效果好、速度快、成本低、适合治理的污染物范围广。采用化学淋洗修复重金属污染土壤效果明显，在许多国家已经进行了应用。美国使用10^{-3}mol/L HCl溶液作为淋洗剂用于对镉污染土壤的修复，在2年时间内，使30 000 m³的土壤的镉含量从20 mg/kg降到2.5 mg/kg。加拿大魁北克运用酸淋洗的方法处理重金属污染的城市土壤，对Cu、Pb和Zn的去除率分别达到44%、60%和25%（Dermont等，2006）。美国俄勒冈州Cirvallis地区的铬生产基地，土壤铬含量超过60 000 mg/kg，污染土壤达到5.5 m，使用土壤化学淋洗技术对铬污染的土壤进行治理，原位化学淋洗修复技术采用提取井和过滤沟，异位化学淋洗修复将需要处理的土壤1 100 t移出，并在特制的淋洗液处理设施进行淋洗过滤，而滤出液中的铬采用还原、化学沉淀的方法去除。

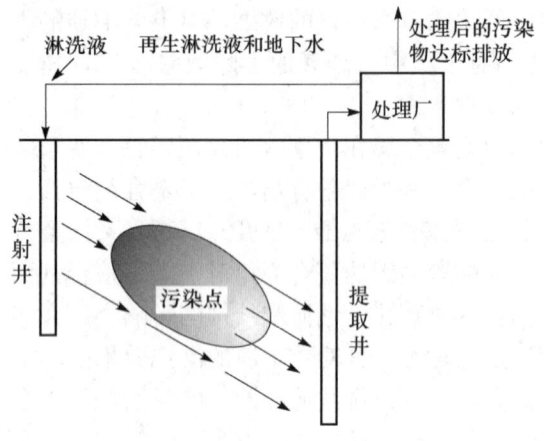

图 10-8　原位土壤化学淋洗修复系统示意

土壤重金属污染的原位化学淋洗修复技术适合于多孔隙和易渗透的土壤，一般要求土壤水传导系数大于 10^{-3} cm/s、比表面积小于 0.1 m²/g、土壤有机碳（TOC）含量小于 1% 和低阳离子交换量（CEC）。原位化学淋洗修复系统包括向土壤施加淋洗液的设备、下层淋出液收集系统和淋出液处理系统三部分（图10-8）。施加淋洗液的方式可以采用在地面表层喷洒、漫流、沟渠和下表面注射（注射井），淋出液收集系统包括屏障、收集沟和提取井，含重金属污染物的淋出液处理措施包括化学沉淀和离子交换等。

土壤重金属污染的异位化学淋洗修复技术通常将挖掘出的土壤进行物理处理，一般污染物集中在某些细粒级的部分，根据土粒进行分级，减少清洗处理的体积。土壤黏粒含量要求小于 25%。在马萨诸塞州 Monsanto 地区对 34 hm² 的含 As、Pb、Zn 等污染物的棕壤进行异位淋洗技术，耗时 6 个月，处理土壤达到 9 600 t，土壤清洗和生物修复的费用 90 万美元（周启星等，2004）。在韩国首尔对矿区土壤进行修复时，将土壤采用酸浸（盐酸、硫酸或磷酸）强化后进行滚筒式摩擦洗涤，对 As、Ni 和 Zn 的去除率分别达到 65%、60% 和 45%（吕青松等，2010）。

化学淋洗修复技术已经在重金属污染土壤的修复方面取得了一定的成果，但由于淋洗剂的局限性，使该技术的推广和应用存在较大的困难，并且对土壤物理化学性质和结构的影响大，具有产生二次污染的潜在威胁。天然有机酸、生物表面活性剂的开发和研究将是淋洗修复技术发展的重点，将为重金属污染土壤淋洗修复技术提供更加广泛的应用前景。

10.3.2　土壤重金属污染的固定/稳定化修复技术

10.3.2.1　重金属污染土壤的固定/稳定化修复技术的概念及原理

重金属污染土壤的固定/稳定化修复技术，或化学固定修复技术，常用于重金属和放射性污染物污染的土壤的处理。固定/稳定化修复技术是指利用磷酸盐、硫化物、碳酸盐、石灰、有机质、沸石和磷酸盐等作为稳定剂加入土壤中，调节和改变重金属在土壤中的物理化学性质，使其产生沉淀、吸附、离子交换、腐殖化和氧化—还原等一系列反应，降低其在土壤环境中的生物有效性和可迁移性，减少重金属元素对动植物的毒性。

稳定剂应具备以下 5 个条件：①较高的稳定性，不易随时时和环境的改变而分解；②较强的结合性，通过专性吸附、沉淀或共沉淀等对重金属离子有较高的吸附结合能力，使重金属离子钝化或失活；③环境友好性，对土壤的结构和性质不产生破坏，对植物、动物和微生物不形成新的毒害；④可操作性，成本低廉，可在实践生产中大面积推广应用。考虑低成本和高溶解性，水泥和石灰是最有效的固定物质。如，CaO 的加入使土壤 pH 值迅速升高，对重金属镉的固定效果明显；⑤低选择性，不仅可钝化某一种重金属离子，而且还可修复重金属复合污染的土壤。稳定剂可分为有机、无机和有机-无机复合 3 种类型（易利萍，2010；

胡克伟和关连珠，2007）。

(1) 无机固定剂/稳定剂

主要包括 3 类：①石灰、钢渣、高炉渣、粉煤灰等碱性物质，通过对重金属的吸附、氧化还原、颉颃或沉淀作用降低土壤中重金属的生物有效性；②羟基磷灰石、磷矿粉、磷酸氢钙等磷酸盐，增加离子吸附和沉降，减少水溶态含量及生物毒性；③天然、天然改性或人工合成的沸石、膨润土等矿物提高固定效果。海泡石和钠化改性膨润土对 Cd 具有较大的吸附作用，海泡石对 Cd 的最大吸附值达 3 160 mg/g。天然沸石对 Cd、Zn、Pb、Hg 都具有较好的吸附作用，能有效降低重金属在紫花苜蓿、黑麦草、莴笋、燕麦和黑麦草等植物中的累积，导致土壤中重金属的移动性和生物有效性降低（Gworek，1992；Haidouti，1997；Garcis-Sanchez，1999）。

但无机固定剂需要较大的施入量，具有诱发新的环境问题的可能。如磷灰石的大量施用会使土壤累积较多的磷，对周围水体带来富营养化的潜在威胁。

(2) 有机固定剂/稳定剂

按其来源可分为 4 类：第一性生产废弃物（作物秸秆、枯枝落叶等）、第二性生产废弃物（畜禽粪便等）、工副业有机废料（农畜产品加工废弃物）和人类生活废弃物（城乡生活垃圾、人粪尿等）。有机固定剂具有的活性基团（如：COO—、—NH、=NH、=PO、—S—、—O—等），作为配位体与重金属元素 Zn、Mn、Cu、Fe 等络合或螯合，钝化土壤中的重金属。有机固定剂提高土壤 pH 值，增加土壤固相有机质对重金属的吸附；有机分解产物与重金属形成难溶性沉淀（如硫化物）。但是低分子有机物通过螯合作用活化土壤中重金属。有机固定剂取材方便、经济，在土壤重金属污染修复中得到了广泛应用。Bolan 等（2003）采用堆肥、厩肥、鱼粉、马粪、蘑菇糟渣、猪粪和鸡粪等降低了低有机质土壤中 Cr^{6+} 的生物有效性，堆肥在降低 Cr 的生物毒性方面效果最明显。有机物质施入土壤时可以增加重金属的吸附和固定，降低其有效性，减少植物的吸收；但是随着有机物质的矿化分解，有可能导致被吸附的重金属离子在第 2 年或第 3 年重新释放，增加植物的吸收。因此，利用有机物质固定土壤重金属修复污染土壤具有一定的风险，有机物质对重金属离子的钝化及降低其生物有效性取决于有机物的种类、金属离子类型和施用时间。

(3) 有机-无机复合固定剂/稳定剂

包括城市固体废弃物、污泥、石灰化生物固体、以天然黏土矿物和有机化学试剂混合而成的人工合成有机—无机复合体。有机—无机复合固定剂对重金属的吸附、沉淀、凝聚、络合等能力比单一的有机物或无机物的修复效果更加突出。

固定/稳定化修复的主要原理包括：①在高 pH 值条件下重金属与稳定剂形成难溶性的复合物，产生固定，使金属离子难以向地下水淋溶；②在固定过程中重金属离子被整合到黏性复合体的晶体结构中，难于被溶解和渗滤；③金属离子被截留在黏性复合体低渗透性的基质中而被固定（郭观林等，2005）。

在重金属严重污染的土壤中，沉淀是固定中的现象之一，具有重要的意义。施用石灰等碱性物质导致土壤 pH 值提高，土壤中 Cd、Cu、Hg 和 Zn 等形成氢氧化物或碳酸盐结合态沉淀或共沉淀，土壤中的磷酸根离子与多种金属离子形成金属磷酸盐沉淀，磷酸盐还可与铅形成类似磷氯铅矿 $[Pb_5(PO_4)_3Cl]$ 的沉淀，磷氯铅矿的溶解度比其类似物碳酸铅和硫酸铅低几个数量级。但沉淀物可能随着土壤性质的改变、植物根系从土壤溶液中吸收营养物质而溶解。

吸附作用是吸附物质经过物理化学作用聚集液态重金属离子在吸附剂表面，土壤中的重金属元素以水合离子、阴阳离子和无电荷联合体被吸附。重金属元素对碱性和碱土金属元素具有较强的置换能力，在有机质和氧化物表面具有很高的亲和性。McBride 等（1974）推断在溶液中，自然和人工形成的与沸石类似的硅酸盐和矿物栅格作为吸附金属元素的表面吸附架构，可交换的 2 价重金属离子，如 Cd、Ni、Cu、Pb 和 Zn，经过脱水后进入蒙脱石表面的六边形孔状物中，并进一步渗入八面型晶体层，从而降低黏土矿物的表面电荷，在这些孔隙中发生离子交换，随着孔隙中高水合性离子（如 Na^+）被低水合性离子（如 Ca^{2+}、Mg^{2+}）置换，或由于形成硅铝酸钙而产生黏连，能使大量相关的孔隙稳定性提高。随着大孔隙的消失，进一步黏连，维持和加强吸附质和吸附剂之间的稳定性，导致土壤中游离态的金属离子被俘获和固定。沸石是碱金属或碱土金属的水化铝硅酸盐晶体，具有三维晶体结构和很强的离子交换能力，通过离子交换吸附降低土壤中重金属的有效性。矿物凹凸棒石是具有层链状晶体结构的含水富镁硅酸盐晶体，颗粒较小，外形呈不对称针棒状，对重金属表现出良好的吸附能力和胶体性能。

土壤矿物和铁铝氧化物可吸附重金属离子，通过表面络合及表面沉淀机制形成氢氧化物沉淀。Fe、Mn、Al 氧化物能专性吸附重金属，使其生物有效性降低（李鱼等，2009）。吸附密度低时形成单核、单配位基和双配位基内圈络合物，吸附密度高时形成多核束和表面沉淀。土壤中重金属离子浓度较低时，Fe、Mn 氧化物对重金属离子的专性吸附随 pH 值增大而升高（王洋等，2008）。吸附 Cu 和 Zn 的能力大小顺序为：黏土矿物＞有机质＞铁锰氧化物（王燕萍，2007）。腐殖酸具备的络合（螯合）能力和胶体特性，可与金属离子形成具有一定稳定程度的腐殖酸-金属离子络合（螯合）物，大分子的腐殖酸较小分子的腐殖酸更能有效地降低重金属的生物有效性。另外，有机物质在分解过程中消耗大量氧气，使土壤处于还原状态，也可能形成 CdS、PbS 等沉淀，从而降低重金属离子的活性。

10.3.2.2 土壤重金属污染的固定/稳定化修复技术的特点及应用

土壤重金属污染的固定/稳定化修复技术可以应用于低浓度重金属污染的治理，尤其对由于农业活动引起的程度较轻的土壤重金属污染作用明显。而且修复成本低、操作方便、效果快速，可以处理多种复杂的污染物。美国 Meegoda 采用硅土作为稳定剂，使土壤淋滤液中铬含量由原来的大于 30 mg/L 降低到 5 mg/L 以下。

土壤重金属污染的固定/稳定化修复技术的主要限制因素包括：①土壤的成土母质、黏粒含量、pH 值等理化性质影响固定剂的修复效果。环境条件的改变影响固定剂对重金属的固定作用。每一种固定剂应用于实践需要科学的技术参数作支撑。在盆栽试验中，猪粪和泥炭均降低了潮土中水溶性 Cu 的含量，红壤中水溶性 Cu 的含量降低不显著（李剑超和王果，2003）。②金属离子仍然存留在土壤环境中，并可能随着环境条件的改变，生物有效性发生变化。并且，石灰和水合离子氧化物等固定物质能降低金属离子水溶性和可交换性，可能在土壤中加入含钙化合物（如石灰和石膏等）时，Ca^{2+} 能置换出土壤固体表面的金属离子，使其在土壤溶液中的浓度上升，提高金属离子的生物有效性，因此对植物吸收金属离子的影响不明显。例如，磷酸二氢铵在修复过程中加快了砷和磷在土壤中的洗脱（Basta 等，

2004)。③化学合成的有机-无机复合体应用于重金属污染土壤修复，不仅治理成本过高，具有相当高的环境风险。在土壤中添加沸石或与沸石类似的硅酸盐物质，将导致土壤溶液中可溶性有机碳（DOC）升高，使土壤中镉和锌的淋溶性加大（Bolon 等，2003；Singh and Oste，2001）。特别是砷和铬在碱性溶液中具有较强的溶解性，不能通过添加外源物质后提高土壤溶液的pH值而达到固定和降低毒性的效果。④在修复过程中由于土壤过度石灰化，土壤pH值升高，对植物、土壤动物和土壤本身可能带来负面影响，并导致农作物减产。另外，水分、有机质和黏粒含量过高等也会导致土壤与固定剂或稳定剂混合不均匀，影响修复的效果。

土壤重金属污染的固定/稳定化修复技术包括原位固定/稳定化修复技术和异位固定/稳定化修复技术。利用机械设备搅动土壤，使污染的土壤与固化剂/稳定剂充分混合，同时，对粉尘和挥发性物质进行收集控制，具体的修复示意见图9-5。

土壤重金属污染的固定/稳定化修复技术是土壤重金属污染治理过程中一种非常有效的方法，但是固定/稳定化修复技术的环境安全必须给予充分关注。对于如何监测评估重金属生物有效性的变化和如何保证和控制长时间的固定效率，是保证固化/稳定化修复技术的推广和应用的前提和基础。高效、低成本、环境安全及对土壤负面扰动较小的固定剂，是固定物质合成和筛选的主要目标。在环境变化胁迫下被固定的重金属离子的释放，采用精准的数学模型描述固定和释放的动力学过程，是评估固定效率和风险的重要内容，经济效益和环境风险分析为评价固定/稳定化修复效果提供依据。

10.3.3 土壤性能改良修复技术

10.3.3.1 土壤性能改良修复技术的概念、类型

土壤性能改良技术是比较经济有效的原位修复技术，对于轻度污染的土壤，可以通过采用土壤性能改良技术降低土壤重金属活性，减少土壤重金属向生物和周围环境的迁移。

土壤性能改良技术的关键之一在于选择经济有效的改良剂，不同改良剂对重金属的作用机理不同，如，施用石灰或碳酸钙主要是提高土壤pH值，促使土壤中重金属元素形成氢氧化物或碳酸盐结合态盐类沉淀。土壤改良剂包括石灰性物质、有机物质、黏土矿物、离子颉颃剂和化学沉淀剂等，如石灰、沸石、堆肥、氮肥、磷肥、粪肥、硫磺、高炉渣、铁盐和硅酸盐，通过改变土壤酸碱度、重金属离子的形态、土壤阳离子交换量和土壤肥力条件等，使土壤中重金属以沉淀、络合、螯合或吸附的状态存在，减少重金属的毒性和移动性。

石灰性物质包括熟石灰、硅酸钙、硅酸镁钙和碳酸钙等，不仅可以增加土壤的pH值，降低重金属的溶解度，而且可以增加土壤的阳离子交换量、土壤胶体的凝聚性等。一般1 mol $CaCO_3$能够中和酸性土壤中2 mol的酸，即中和2 mol H^+或2.3 mol Al^{3+}，同时Ca^{2+}有效性增加，改善土壤结构，增强植物根表面对重金属离子的颉颃作用。添加碳酸钙能显著降低红壤水溶性Cu、Cd和0.1 mol/L HCl可提取态Cu、Cd的含量，使红壤中可溶态、交换态Cu、Cd显著向有机态、铁锰氧化物结合态和硫化物态转化（吴留松等，1995）。土壤施加石灰后，水溶态Cd随石灰用量增加而减少；在pH>5.5时，交换态Cd、有机结合态Cd随石灰用量增加而急剧减少；氧化物结合态Cd、残留态Cd随石灰用量增加而增加；pH>7.5时，Cd主要以黏土矿物和氧化物结合态及残渣态形式存在（Zu，2008；廖敏等，

1998)。陈晓婷等（2002）研究表明，施用石灰和泥炭能消除或减轻重金属污染土壤对小白菜的毒害作用并抑制重金属的活性，维持和改善土壤的肥力。石灰性物质的施用可能对土壤结构和营养元素的有效性产生一定的影响，因此，应该注意选择合适的施用时期、施用频率和施用量，并配合施用其他肥料和一定的耕作措施。

有机物质进入土壤可以与重金属发生强烈的络合、螯合和吸附作用，使重金属失去生物有效性，参与土壤的离子交换作用、改善土壤的结构，提高土壤微生物的活性，从而减轻对生物和环境的危害。有机物质包括：动物粪肥、厩肥、泥炭类物质和污泥等，有机质是重金属的络合或螯合剂，其中胡敏素和胡敏酸与重金属离子形成的络合物是不易溶解的，能有效地降低重金属的有效性。动物粪肥含有丰富的微生物，能加快植物残体的分解，为土壤微生物提供基质和营养，间接促进土著微生物的修复。厩肥中含有胡敏酸胶体、乳酸、酒石酸等，可促进土壤团粒结构和重金属络合物的形成，提高土壤的缓冲能力，促进植物的生长和减少重金属的吸收。李瑞美等（2002）采用钙镁磷肥、钙镁磷肥＋泥炭、钙镁磷肥＋猪粪等对钢厂附近重金属污染土壤进行改良，水稻、花生对 Cd、Pb 的吸收受到显著的抑制，作物产量显著提高。腐殖质中的富里酸与金属离子形成的络合物易溶，当（富里酸/金属离子）＞2 时，络合物可溶，此时可以通过适当的灌溉措施，将金属络合物淋洗出土壤根层，随水流出，配合化学淋洗修复技术，减轻对植物的影响和对食物链的潜在危害。

合理施用氮肥和磷肥能改善植物生长条件，降低土壤中重金属的有效性。一般来讲，施用磷肥，可溶性磷酸盐可以与土壤中重金属反应形成难溶性的重金属磷酸盐。施用石灰和钙镁磷肥能减少重金属对小白菜的毒害作用，显著地降低小白菜体内 Cd、Pb、Cu 和 Zn 的含量（Cheng 等，2002）。Karblene（1994）研究不同农田管理措施对马铃薯、黑麦草植株含镉量影响表明：增施磷肥能明显降低植物体内的镉含量，降低幅度为 41% 左右。He 和 Singh（1994）在燕麦、黑麦草、胡萝卜和菠菜上也得到类似的结果，但是，磷对植物吸收重金属的影响还与土壤性质、植物种类和环境条件等有关。当土壤存在 As 与其他金属离子复合污染时，施用磷酸盐可增加 As 的水溶性，提高其生物活性（Peryea 等，1991）。不同的氮肥产生的影响具有显著的差异，铵态氮会导致质子外渗和土壤酸化，而硝态氮会增加质子的吸收和土壤 pH 值。施入硝态氮肥可以大大降低植物对重金属的吸收和累积，而施入铵态氮肥则会增加植物组织中的重金属含量（祖艳群等，2008）。Young 等（2002）发现仅 NH_4^+-N 的硝化作用可使表土不同土层 pH 值下降 0.2～1.4 单位。楼玉兰等（2005）施用 NH_4^+-N 处理的玉米根系和地上部 Cu、Zn 和 Pb 的含量均显著高于 NO_3^--N 处理，其增幅均在 20% 左右。一方面可能是 N 素的施用降低了重金属的有效性，减少了植物体对重金属的吸收，降低植物体内的含量，减轻重金属胁迫的毒害程度；另一方面，氮对植物生长的促进作用，导致植物对重金属的稀释效应，而减轻了重金属的毒害作用。

黏土矿物对重金属形成强烈的吸附作用，并通过改变重金属离子的形态而影响重金属离子的毒性。祖艳群等（2004）用氧化还原平衡法研究了水钠锰矿、钙锰矿和黑锰矿等土壤与沉积物中 3 种氧化锰矿物对 As^{3+} 的氧化特性，水钠锰矿、钙锰矿和黑锰矿对 As^{3+} 的最大氧化量分别为 480.4、279.6 和 117.9 mmol/kg，其氧化能力与氧化锰矿物的结构、Mn 氧化度、表面电荷性质以及结晶度等因素有关；体系中存在针铁矿时，通过针铁矿对氧化生成的 As^{5+} 的吸附增强体系氧化能力。离子颉颃剂通过竞争植物根部重金属元素的同一吸收位点，减轻重金属对植物的毒性。如，由于锌和镉具有相似的化学性质，通过施用微量锌肥，可以减轻镉对农作物的毒害作用。

调节土壤的氧化还原电位，能有效地控制砷、铬等重金属的迁移，根据不同离子的生理活性特征，调节土壤的含水量，改变重金属离子的形态，减轻变价重金属元素的生理毒性。如铬污染的土壤，将旱地改为水田，降低 Eh，减少 Cr^{3+} 氧化为 Cr^{6+} 的可能，降低对环境的危害风险。砷污染的土壤，将水田改为旱地，可以降低砷的毒性。在旱地的条件下，砷以 As^{5+} 存在；而一般在 Eh 较低的条件下，砷以亚砷酸的形态存在，作物对 As^{3+} 的吸收高于 As^{5+}。

土壤性能改良修复技术通过改变土壤的物理、化学性质来调节土壤中重金属离子的形态和生物有效性，减少重金属的迁移能力和植物对重金属的吸收，能够有效地达到修复目的。

10.3.3.2 土壤性能改良修复技术的特点及应用

土壤性能改良修复技术优点在于操作简单、易于推广和使用，而且取材方便、经济有效，不需要复杂的工程设备，可以进行原位修复。但是可能导致土壤中某些营养元素的有效性降低和微量元素的缺乏，诱导复合污染的产生，并且没有彻底去除土壤重金属，当环境条件发生变化时，可能带来潜在的威胁。

土壤性能改良修复技术在我国的应用具有较大的前景和重要的意义。我国土壤重金属污染的范围广，土地面积有限。在不改变土地利用方式的前提下，保证农业生产的持续发展、农业收入持续增加和保障农产品的安全，土壤性能改良修复技术是重金属污染土壤修复的最佳选择之一。

思考题

1. 简述植物修复技术的概念、类型及其特点。
2. 简述微生物修复技术的原理及调控途径。
3. 简述电动力学修复的原理及方法。
4. 比较化学淋洗修复技术和固定/稳定化修复技术的特点。
5. 分析说明土壤改良修复技术在我国农业土壤重金属污染修复中的重要意义。

推荐读物

环境生物学. 段昌群. 科学出版社，2010.
污染土壤修复原理与方法. 周启星. 科学出版社，2004.
土壤中化学物质的行为与环境质量. 陈怀满. 科学出版社，2002.
环境污染与生态修复. 黄铭洪. 科学出版社，2004.

参考文献

陈海凤，莫良玉，范稚莲. 2009. 有机酸对重金属污染耕土壤的修复研究 [J]. 现代农业科学，16 (3)：141-143.

陈同斌，韦朝阳. 2002. 砷超富集植物蜈蚣草及其对砷的富集特征 [J]. 科学通报，47 (3)：207-210.

陈晓婷，王果，张亭旗，等. 2002. 石灰与泥炭配施对重金属污染土壤上小白菜生长和营养元素吸收

的影响 [J]. 农业环境保护, 21 (5): 453-455.

段昌群. 2010. 环境生物学 [M]. 北京: 科学出版社.

方其仙, 祖艳群, 湛方栋, 等. 2009. 小花南芥 (Arabis alpinal var. parviflora Franch) 对 Pb 和 Zn 的吸收累积特征研究 [J]. 农业环境科学学报, 28 (3): 433-437.

冯海艳, 刘茵, 冯固, 等. 2005. 接种 AM 真菌对黑麦草吸收和分配 Cd 的影响 [J]. 农业环境科学学报, 24 (3): 426-43.

冯玉洁, 李晓岩, 尤宏, 等. 2002. 电化学技术在环境工程中的应用 [M]. 北京: 化学工业出版社.

郭观林, 周启星, 李秀颖. 2005. 重金属污染土壤原位化学固定修复研究进展 [J]. 应用生态学报, 16 (10): 1990-1996.

郝蓉, 白中科, 赵景逵, 等. 2003. 黄土区大型露天煤矿废弃地植被恢复过程中的植被动态 [J]. 生态学报, 23 (8): 1470-1477.

胡克伟, 关连珠. 2007. 改良剂原位修复重金属污染土壤研究进展 [J]. 中国土壤与肥料, (4): 1-5.

黄艺, 黄志基. 2005. 外生菌根与植物抗重金属胁迫机理 [J]. 生态学杂志, 24 (4): 422-427.

蒋煜峰, 展惠英, 张德懿, 等. 2006. 皂角苷络合洗脱污灌土壤中重金属的研究 [J]. 环境科学学报, 26 (8): 1315-1319.

金春姬, 李鸿江, 贾永刚, 等. 2004. 电动力学法修复土壤环境重金属污染的研究进展 [J]. 环境污染与防治, 26 (5): 341-345.

可欣, 张昀, 李培军, 等. 2009. 利用酒石酸土柱淋洗法修复重金属污染土壤 [J]. 深圳大学学报理工版, 26 (3): 240-245.

李光德, 张中文, 敬佩, 等. 2009. 茶皂素对潮土重金属污染的淋洗修复作用 [J]. 农业工程学报, 25 (10): 23-235.

李剑超, 王果. 2003. 外源铜镉及添加有机物对土壤溶液性质影响研究 [J]. 武汉科技学院学报, 16 (2): 64-67.

李瑞美, 王果, 方玲. 2002. 钙镁磷肥与有机物料配施对作物镉铅吸收的控制效果 [J]. 土壤与环境, 11 (4): 348-351.

李顺鹏. 2002. 环境生物学 [M]. 北京: 中国农业出版社.

李永庚, 蒋高明. 2004. 矿山废弃地生态重建研究进展 [J]. 生态学报, 24 (1): 95-100.

李鱼, 高茜, 等. 表层沉积物中黏土及其主要组分吸附 Cu 和 Zn 的行为研究 [J]. 华北电力大学学报, 2009, 36 (2): 89-93.

李元, 方其仙, 祖艳群. 2008. 2 种生态型续断菊对 Cd 的累积特征研究 [J]. 西北植物学报, 28 (6) 1150-1154.

廖敏, 黄昌勇, 谢正苗. 1998. 施加石灰降低不同母质土壤中镉毒性机理研究 [J]. 农业环境保护, 17 (3): 101-103.

林君锋, 李玉林, 王果, 等. 2004. 重金属污染土壤动电修复技术研究进展与应用前景 [J]. 武夷科学, 20: 174-183.

刘瑞霞, 劳伟雄. 2002. Cu (II) 离子在 Micrococcus luteus 细菌上的吸附机理 [J]. 环境化学, 24: 50-55.

龙新宪. 2002. 东南景天 (Sedum alfredii) 对锌的耐性和超累积机制研究 [D]. 杭州: 浙江大学博士学位论文.

楼玉兰, 章永松, 林成永. 2005. 氮肥形态对污泥农用土壤中重金属活性及玉米对其吸收的影响 [J]. 浙江大学学报 (农业与生命科学版), 31 (4): 392-398.

吕青松, 蒋煜峰, 杨帆, 等. 2010. 重金属污染土壤淋洗技术研究进展 [J]. 甘肃农业科技, 3: 33-37.

莫测辉, 蔡全英, 吴启堂, 等. 2001. 微生物方法降低城市污泥的重金属含量研究进展[J]. 应用与环境生物学报, 7 (5): 511-515.

沈振国, 陈怀满. 2000. 土壤重金属污染生物修复的研究进展[J]. 农村生态环境, 16 (2): 39-44.

苏德纯, 王激清, 茹淑华. 2003. 用于修复土壤超累积镉的油菜品种筛选[J]. 中国农业大学学报, 8 (1): 67-70.

孙铁珩, 周启星. 2000. 污染生态学的研究前沿与展望[J]. 农村生态环境, 16 (3): 42-45, 50.

滕应, 黄昌勇. 2002. 重金属污染土壤的微生物生态效应及其修复研究进展[J]. 土壤与环境, 1 (1): 85-89.

王燕萍. 2007. Cu 和 Zn 在表层沉积物中黏土及黏土矿物上的吸附 (D). 吉林大学.

王洋, 刘景双, 等. 土壤 pH 值对冻融黑土重金属 Cd 赋存形态的影响[J]. 农业环境科学学报 2008, 27 (2): 574-578.

汪雅谷, 张四荣. 2001. 无污染蔬菜生产的理论与实践[M]. 北京: 中国农业出版社.

韦朝阳, 陈同斌. 2002. 大叶井口边草——一种新发现的富集砷的植物[J]. 生态学报, 22 (5): 777-778.

魏巧. 2008. 氮肥和有机肥对小花南芥生物量和 Pb、Zn 累积特征的影响[D]. 昆明: 云南农业大学硕士学位论文.

吴留松, 顾宗濂, 谢思琴, 等. 1995. 添加物对土壤提取液中的铜、镉生物毒性的影响[J]. 土壤学报, 29 (4): 377-382.

吴双桃, 吴晓芙, 陈少瑾, 等. 2004. 铅锌冶炼厂土壤污染及重金属富集植物的研究[J]. 生态环境, 13 (2): 156-157, 160.

武玫玲. 1989. 土壤对铜离子的专性吸附及其特征的研究[J]. 土壤学报, 26 (1): 31-41.

熊建平, 龙育堂, 刘世凡, 等. 1994. 苎麻对稻田土壤汞净化效果研究[J]. 农业环境保护, 13 (1): 30-33.

徐磊辉, 黄巧云, 陈雯莉. 2004. 环境重金属污染的细菌修复与检测[J]. 应用与环境生物学报, 10 (2): 256-262.

易利萍. 2010. 原位固定修复重金属污染土壤研究[J]. 中国高新技术企业, 148 (13): 31-32.

曾文炉, 赵飞飞, 曹照根, 等. 2009. 固定化转小鼠金属硫蛋白-I 基因聚球藻去除重金属的研究[J]. 化学工程, 37 (2): 46-50.

湛方栋, 何永美, 祖艳群, 等. 2007. 铅锌矿区和非矿区毛萼蝇子草 (Silene pubicalycina) 根际细菌群落结构研究[J]. 农业环境科学学报, 26 (增): 524-528.

张志权, 束文圣, 廖文波, 等. 2003. 豆科植物与矿业废弃地植被恢复[J]. 生态学杂志, 21 (2): 46-53.

郑小林, 朱照宇, 黄伟雄, 等. 2007. N、P、K 肥对香根草修复土壤镉、锌污染效率的影响[J]. 西北植物学报, 27 (3): 560-564.

周启星, 宋玉芳, 于颖, 等. 2004. 污染土壤修复原理与方法[M]. 北京: 科学出版社.

祖艳群, 冯雄汉, 刘凡, 等. 2004. 针铁矿对几种氧化矿物氧化 As^{3+} 特征的影响[J]. 生态环境, 13 (4): 538-541.

祖艳群, 李元, 胡文友. 2008. 重金属与植物 N 营养之间的交互作用及其生态学效应[J]. 农业环境科学学报, 27 (1): 7-14.

ALAM MGM, TOKUNGA S, MAEKAWA T. 2001. Extraction of arsenic in a synthenic arsenic-contaminated soi using phosphate [J]. Chemosphere, 43: 1035-1041.

BALON N S, ADRIANO D C, DURAISAMY P et al. 2003. Immobilization and phytoavailability of cadmium in variable charge soils I. Effect of phosphate addition [J]. Plant Soil, 250: 83-94.

BASTA N T, MCGOWEN S L. 2004. Evaluation of chemical immobilization treatments foe reducing heavy metal transport in a smelter-contaminated soil [J]. Environ Poll, 127: 73-82.

BOLAN N S, ADRIANO D C, NATESAN R, et al. 2003. Effects of organic amendments on the reduction and phytoavailability of chromate in mineral soil [J]. Journal of Environmental Quality, 32: 120-138.

BORREMANS B, HOBMAN J L, PROVOOST A et al. 2001. Cloning and functional analysis of the pbr Lead resistance determinant of Ralstonia metallidurans CH34 [J]. J Bacteriol, 183: 5651-5658.

BROWN S L, CHANEY R L, ANGLE J S, et al. 1995. Zinc and cadmium uptake by hyperaccumulator Thaspi caerulescens grown in nutrient solution [J]. Soil Sci Soc Am J, 59: 125-133.

CELAYA R J, NORIEGA J A, YEOMANS J H et al. 2000. Biosorption of Zn (II) by Thiobacillus ferrooxidans [J]. Bioprocess Engin. , 22: 539-542.

CHENG X T, WANG G, LIANG Z C. 2002. Effect of amendments on growth and element uptake of pakchoi in a cadmium, zinc and lead contaminated soil [J]. Pedoshpere, 12 (3): 243-250.

FILALI B K, TAOUFIK J, ZEROUAL Y, et al. 2000. Waste water bacterial isolates resistant to heavy metals and antibiotics [J]. Curr Microbiol, 45: 151-156.

GARCIA-SANCHEZ A, ALASTUEY A, QUEROL X. 1999. Heavy metal adsorption by different minerals: application to the remediation of polluted soils [J]. The Science of the Total Environment, 24 (2): 179-188.

GWOREK B. 1992. Lead inactivation in soils by zeolites [J]. Plant and soil, 143 (1): 7174.

HAIDOUTI C. 1997. Inactivation of mercury in contaminated soils unsing natural zeolites [J]. The Science of the Total Environment, 208: 105-109.

HANSEN H K, OTTOSEN L M, KLIEM B K, et al. 1997. Electrodialytic remediation of soils polluted with Cu, Cr, Hg, Pb and Zn [J]. J Chem Technol Biotechnol, 70: 67-73.

HE Q S, SINGH B R. 1994. Crop uptake of cadmium from phosphorus fertilizers: Yield and cadmium content [J]. Water, Air and Soil Pollution, 74: 251-265.

HERNANDEZ A, MELLADO R P, MARTINEZ J L. 1998. Metal accumulation and Vana-dium-induced multidrug resistance by environmental isolates of Esche-richia hermannii and Eeterobacter cloacae [J]. Appl Environ Microbiol, 64: 4317-4320.

HO S V, ATHMER C J, SHERIDAN P W, et al. 1997. Scale-up aspects of the LasagnaTM process for in situ soil decontamination [J]. Journal of Hazardous Materials, 55: 39-60.

KARBLANE H. 1994. The effect of organic lime and phosphorus fertilizers on Pb, Cd, and Hg content in plant [J]. Proceedings of the Estonian Academy of Sciences Ecology, 6: 52-56.

KRAMER U, PICKERING I J, PRINCE R C, et al. 2000. Subcellurlar localization and speciation nickel in hyperaccumulator and non-accumulator Thlaspi species [J]. Plant Physiol. , 122: 134-1353.

LAGEMAN R, POOL W AND SEFFIGA G. 1989. Electro-remediation: Theory and practice [J]. Chem. Ind. , 18: 585-590.

LASAT M M, PENCE N S, GARVIN D F, et al. 2000. Molecular physiology of zinc transport in the Zn hyperaccumulator Thlaspi caerulescens [J]. J. Exp. Bot. , 51: 71-79.

LI Z M, YU J W, NERETNIEKS I. 1996. A new approach to electrokinetic remediation of soils polluted by heavy metals [J]. Journal of Contaminatant Hydrology, 22: 241-253.

MCBRIDE M B, MORTLAN M M. 1974. Copper (II) interactions with montmorillonite: Evidence from physical methods [J]. Soil Sci Soc Am Proc, 35: 33-38.

MCLEAN J, BEVERIDGE T J. 2001. Chromate reduction by a Pseudomonad isolated from a site contaminated with chromated Copper Arsenate [J]. Appl En-viron Microbiol, 67: 1076-1084.

MERCEAU P AND BATICLE P. 1999. Electrokinetic remediation of cadmium-spiked clayey medium. Pilot test [J]. Geo-chemistry, 328: 33-37.

MULLIGAN C N, YONG R N, GIBBS B F. 2001. Surfactant-enhanced remediation of contaminated soil [J]. Engineering Geology, 60: 371-380.

PERYEA F J. 1991. Phosophate-induced release of arsenic from soils contaminated with lead and arsenic [J]. Soil Sci. Soc. Am. J., 55: 1301-1305.

REDDY K, DONAHUE M, SASSAOKA R. 1999. Preliminary assessment of electrokinetic remediation of soil and sludge contaminated with mixed waste [J]. Air waste management Assoc, 49: 823-830.

SHI Y, ZHANG TP, LI MG, et al. 2008. Bio-leaching of heavy metals from electroplating sludge by Thiobacillus [J]. Ecology and Environment, 17 (5): 1787-1791.

SINGH B R, OSTE L. 2001. In situ immobilization of metals in contaminated or naturally metal-rich soils [J]. Environ Rev, 9: 81-97.

URRUTIA M M, BEVERIDGE T J. 1993. Remobilization of heavy metals retained as oxyhydroxides or silicates by Bacillus subtilis cells [J]. Appl Environ Mi-crobiol, 59: 4323-4329.

YOUNG S R, BLACK A S, CONYERS M K. 2002. Distribution of nitrification within surface soils under pasture [J]. Comm. Soil Sci. Plant Anal, 33 (9-10): 1507-1518.

ZU YANQUN. 2008. Trace elements in soils and vegetables in a periurban market garden in Yunnan Province (P. R. China): evaluation and experimentation [D]. Beigium: Ph. D. Thesis in Gembloux Agricultural university.

11 土壤有机物污染的修复与防治

本章提要

　　土壤有机物污染是土壤污染中最突出而又难治理的一类，针对土壤有机物污染的修复方法及污染防治措施的研究是土壤污染与防治的重点、热点及研究的难点内容之一，因此，本章是全书的重点章节。主要介绍了土壤有机物污染的生物修复的概念、分类及其与其他方法的比较优势，并对土壤有机物污染的微生物修复及微生物－植物联合修复技术做了系统的阐释。同时还对土壤有机物污染的物理修复及物理化学修复的技术方法做了较为详细的论述。通过对本章知识的学习，可以使学生系统的了解和掌握土壤有机物污染的修复及防治的方法原理及技术体系。

11 土壤有机物污染的修复与防治

目前，有机物的污染威胁着人类环境的安全，有机物质存在于大气、水体、土壤环境中，而且在动、植物的组织中也有大量积累，甚至进入生殖细胞破坏或改变生物遗传物质，并通过食物链转移进入人体危害其健康。为了修复有机污染土壤，专家学者致力于研究各种土壤有机物污染的修复与防治方法。

11.1 土壤有机物污染的生物修复

土壤是人类赖以生存的物质基础，是人类不可缺少、不可再生的自然资源，也是人类环境的重要组成部分。土壤污染对人类的危害极大，它不仅直接导致粮食减产，而且通过食物链影响人体健康。此外，土壤中的污染物通过地下水以及污染物的转移，对人类生存环境多个层面上构成不良胁迫和危害。正确认识土壤环境，有利于加强土壤肥力的培育，防治土壤污染，充分利用土壤的自净功能，实施污染土壤的清洁生产。

对污染土壤的修复，选择哪些方法最适宜，除了考虑待处理污染物所在地点、污染物负荷、处理效果的好坏、所需时间的长短、处理的难易程度等技术因素外，还要考虑处理费用等经济因素。生物修复技术与传统的物理修复和化学修复技术相比，具有工程简单、费用低、修复效果彻底等优点，但也存在修复处理周期长、修复污染物种类有限等问题。

11.1.1 土壤有机物污染的微生物修复

11.1.1.1 微生物修复的定义及分类

在没有人类干预的情况下，自然及人工产生的污染物都能自然降解，这一过程是由微生物、酶、某些化学物质及大气的联合作用实现的。最近，新兴发展的微生物技术，能大大加快自然净化过程。通过筛选、分离、浓缩、驯化微生物来去除一些以碳氢化合物为骨架的毒素（如石油类废物等），降解这些物质的时间由原来的几十年缩至短短的几个星期。

目前，微生物修复技术被划分为原位生物修复和异位生物修复。

11.1.1.2 微生物修复技术发展

1972 年，美国清除宾夕法尼亚州的 Amble 管线泄漏的汽油是史料所记载的首次应用生物修复技术的成功范例。早期微生物修复的应用规模很小，处于试验阶段。直到 1989 年，美国阿拉斯加海域受到大面积石油污染以后，才首次大规模应用微生物修复技术。微生物修复受污染的阿拉斯加海滩的成功，最终得到了美国环境保护署（USEPA）的认可，成为微生物修复发展史上的里程碑事件。1991 年，美国开始实施庞大的土壤、地下水、海滩等环境危险污染物的治理项目，并称之为"超基金项目"。20 世纪 80 年代中期，欧洲各发达国家也开始对微生物修复进行了初步研究，并完成了一些实际的处理工程，其生物修复技术可与美国并驾齐驱，德国、荷兰等国位于欧洲前列。中国的生物修复处于刚刚起步阶段，在过去的 10 年中主要是跟踪国际生物修复技术的发展，大面积应用的例子还较少。最初的微生物修复主要是利用细菌治理石油、农药之类的有机污染，随着研究的不断深入，微生物修复逐步应用在地下水、土壤等环境要素的污染治理上。并且生物修复已由细菌修复拓展到真菌修复、植物修复和动物修复，由有机污染物的生物修复拓展到无机污染物的生物修复。

11.1.1.3 微生物修复机理

通常在刚被有机物污染的土壤中的土著微生物并不能降解污染物，污染点的细菌需经过一段时间驯化后，才能产生降解代谢污染物的能力，这种现象称为适应性。微生物的适应性为有机物污染的修复提供了可能，适应性导致能够代谢污染物的细菌总数增加，或者个体细菌遗传性或生理特性发生改变。这一过程包括以下3种机制：①特定酶的产生和失活；②基因突变产生新的代谢群体；③能够迁移降解有机物烃的微生物富集。

各种不同的有机污染物能否被降解取决于微生物能否产生相应的酶系，酶的合成直接受基因控制。有机物降解酶系的编码多在质粒上，携带某种特殊有机物基因的质粒称为降解质粒，而降解质粒的出现是微生物适应难降解物质的一种反应。

微生物对有机物中不同烃类化合物的代谢途径和机理不同。通常，在微生物作用下，直链烷烃首先被氧化成醇，然后在醇脱氢酶的作用下被氧化为相应的醛，醛则通过醛脱氢酶的作用氧化成脂肪酸。氧化途径有单末端氧化、双末端氧化和次末端氧化等，其可能途径如下：

$$R-CH_2-CH_3 + O_2 \longrightarrow R-CH_2-CH_2-OH \longrightarrow R-CH_2-CHO \longrightarrow R-CH_2-COOH$$

$$H_3C-(CH_2)_n-CH_3 + O_2 \longrightarrow OHC-(CH_2)_n-CHOOH \longrightarrow CHOO-(CH_2)_n-CHOOH$$

$$HOH_2C-(CH_2)_n-COOH \longrightarrow OHC-(CH_2)_n-CHOOH \longrightarrow CHOO-(CH_2)_n-CHOOH$$

$$H_3C-(CH_2)_{11}-CH_3 \longrightarrow H_3C-(CH_2)_{10}-CH(OH)-CH_3 \longrightarrow H_3C-(CH_2)_{10}-COCH_3 \longrightarrow$$

$$H_3C-(CH_2)_9-CH_2-O-COCH_3 \longrightarrow H_3C-(CH_2)_9-CH_2OH + CH_3COOH$$

脂环烃类的生物降解是环烷烃被氧化为一元醇，并在大多数研究的细菌中环烷烃醇和环烷酮通过内酯中间体的断裂而代谢，大多数利用环乙醇的微生物菌株，也能在一些脂环化合物中生长，包括环己酮、顺（反）-环己烷-1,2-二醇和2-羟基环己酮，环己烷分解代谢的可能途径如图11-1所示。

图 11-1　环己烷分解代谢的途径

11.1.1.4 常用的生物修复技术方法

包括投菌法，生物培养法，植物修复，生物通气法，农耕法，堆肥法，生物反应器。具体方法在前面章节有所体现，在此不再赘述。

11.1.1.5 微生物修复的影响因素

（1）微生物营养

主要是维持一定的C、N、P比和一定的pH值，据报道海水天然自净过程中对原油的生物降解率为3%，其中1%为原油矿化，而在加入一定量的硝酸盐和磷酸盐后，原油有70%被生物降解，其中有42%被矿化。

（2）添加电子受体

微生物的活性除了受营养的限制外，污染物分解的最终电子受体的种类与浓度也极大地影响着生物修复的速度和程度,包括O_2、H_2O_2和其他的一些离子等。魏德洲等(1997)的研究认为,当H_2O_2的浓度为600 mg/L时效果最佳,土样中有机污染物的去除率比对照增加了近3倍。

(3) 添加外源营养物

向含苯、甲苯、乙苯和航空燃油等有机物烃的污水中添加氮源促进生物修复的研究表明,其降解率达到66%,不过添加外源营养物,并非越多越好,只有在一定范围内才具有促进作用。

(4) 添加其他物质

在添加生物膨胀剂促进难降解有机物烃的生物降解试验中,按1:1的比例添加两种名为 *Bermuda* 草和 *Alfalfa* 草的干草与有机物污染土壤相混合,在前40 d内,有机物的降解率增加了20%,不过在随后的40 d里,虽然异养微生物的数量增加了10倍,但有机物降解率与对照相比却没有显著增加。试验结果表明,生物膨胀剂能够促进有机物的降解,但持续时间较短。

(5) 共代谢基质

据报道,一株洋葱假单胞菌以甲苯为生长基质时可同时对三氯乙烯共代谢降解。某些分解代谢酚或甲苯的细菌也具有共代谢降解三氯乙烯、1,1-二氯乙烯、顺-1,2-二氯乙烯的能力。

(6) 有机污染物的物理化学性质等

如对于烃类化合物,一般是链烃比环烃易分解,直链烃比支链烃易分解,不饱和烃比饱和烃易分解。主要分子链上的碳被其他元素取代时,对生物氧化的阻抗就会增强。另外,官能团的性质及数量,对有机物的可生化性影响也很大。如苯环上的氢被羟基或氨基取代而形成苯酚或苯胺时,它们的生物降解性将比原来的苯提高。相对分子量大小对生物降解的影响也很大,高分子化合物的生物可降解性较低。

为进一步提高生物修复的治理效果,获得环境污染治理方面的新突破,人们希望通过具有极大潜力的遗传工程微生物系统获得对极毒和极难降解有机污染物高降解能力的工程微生物。其中野外应用载体的研究受到高度重视,一般是把编码降解酶的质粒或基因,整合到能在污染地生长存活的微生物的 DNA 中,使具有很强野外存活能力的微生物获得较强的污染物降解能力,充分发挥生物修复的作用。此外,对生物修复的实验室模拟、生物降解潜力的指标、修复水平的评价、实验室研究的接种物以及风险评价等方面的更深入研究,也会进一步促进生物修复技术的发展和应用。生物修复技术是一项经济、有效、对环境具有美学效应的新兴技术。它对土壤和水体的有机污染物的降解具有重要意义。相信随着生物技术的进一步发展,一些高效、适应性更强的微生物、植物等会诞生出来,生物修复技术将会发挥出更大的作用。

11.1.1.6 几种主要有机污染物的微生物降解

(1) 石油污染物的微生物降解

石油主要是由烃类化合物组成的一种复杂混合物,碳链长度不等,最少时仅含1个C原子(如CH_4),最多时可超过24个C原子(如沥青)。除烃类化合物之外,石油还含有少量的O、N、S等。石油中各组分从气体、液体到固体,理化性质相差很远,生物可降解性也相差很大，有的组分具有很好的可生物降解性，但有的则很难被降解，进入环境中可残留很长时间，造成长期的污染。

石油类物质可以作为微生物的碳源，参与微生物细胞内的代谢，在微生物细胞内经过3种同化作用（好氧呼吸、厌氧呼吸和发酵作用）被降解。简单来说，这一过程可用下式表示：

$$石油类物质 + 生物 + O_2 + 氮源 \longrightarrow CO_2 + H_2O + 副产物 + 细胞体$$

石油类物质的可降解性是由其化学组成决定的。例如，$C_{10} \sim C_{24}$ 的中等长度的链烃降解速度相当快；而更长链的烷烃则不易被降解，当相对分子质量超过 500～600 时，一般不能作为微生物的碳源。

（2）农药的微生物降解

现代农业的发展是建立在大量化学合成农药广泛使用基础之上的。农药在防治农作物的病虫草害及家庭卫生、消灭害虫、防控疾病等方面做出了巨大贡献。有资料表明，世界范围内农药所避免和挽回的农业病虫草害损失占粮食产量的 1/3。由于化学农药使用的广泛性，使得农药残留难以消除。农药对土壤、大气、水体的污染，对生态环境的影响与破坏已引起了世人的广泛关注。进入到环境中的农药，会受到环境因子的作用，土壤的 pH 值、温度、含水量、有机质含量、黏度及气候等均影响农药的降解。例如，在高温湿润、土壤有机质含量高和土壤偏碱性的地区，农药就容易被降解，其中微生物的降解作用占据了主导地位。近几年出现的生物修复技术为消除农药污染提供了新的有效方法。

进入土壤中的农药通过吸附与解吸、径流与淋溶、挥发与扩散等过程，可从土壤中转移和消失，但往往会造成生态环境的二次污染。能够彻底消除农药土壤污染的途径是农药的降解，包括土壤生物降解和化学降解，前者是首要的降解途径，土壤微生物是污染土壤生物降解的主体。

应用在农药污染土壤的生物修复技术主要有：生物修复反应器、堆肥、土地耕作及多种技术的复合应用等。

（3）多环芳烃类化合物的微生物降解

目前，治理多环芳烃类化合物（PAH）的方法主要有焚烧、填埋和生物修复等。与焚烧、填埋等技术相比，生物修复具有二次污染少、安全、无毒、价廉等优点，是降解环境中 PAH 最彻底的方法。微生物修复主要是利用微生物，通过工程措施为生物生长与繁殖提供必要的条件，将土壤、地表及地下水或海洋中的危险性污染物从现场加速去除或降解。研究表明，微生物修复（降解）是环境中 PAH 去除的最主要途径。

（4）五氯酚的微生物降解

五氯酚（pentachlorophenol，PCP）是世界上广泛使用的有毒性、难降解的有机化合物，主要用于木材防腐剂、杀虫剂、除草剂、杀菌消毒剂等化工生产中。PCP 引起的环境污染已受到全球性的关注，美国环境保护署和中国环境监测总站均将该类化合物列为优先控制的污染物。

微生物降解是酚类物质在环境中衰减的一条重要途径。PCP 在酶的作用下首先降解成为四氯代对苯二酚，图 11-2 是其降解途径。

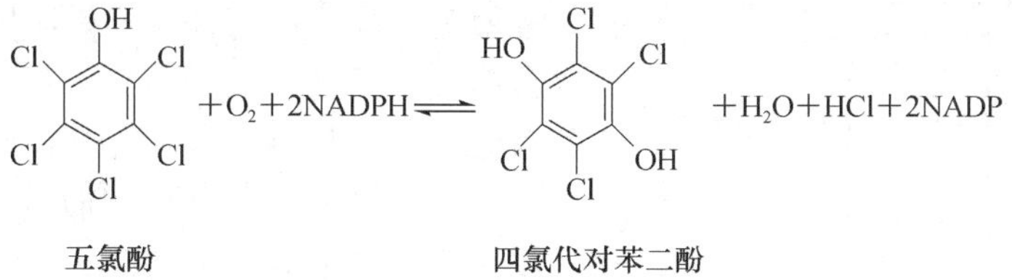

11 土壤有机物污染的修复与防治

$$\underset{\text{五氯酚}}{\text{Cl}_5\text{C}_6\text{OH}} + O_2 + 2NADPH \rightleftharpoons \underset{\text{四氯代对苯二酚}}{\text{Cl}_4\text{C}_6(\text{OH})_2} + H_2O + HCl + 2NADP$$

图 11-2 五氯酚的降解途径

11.1.2 土壤有机物污染的植物修复

随着经济的发展，环境受损日益严重，人们关注水体和大气污染的同时忽视了土壤污染。土壤作为生态圈中重要的组成部分，其污染同样日益严重。植物修复（phytoremediation）是以植物吸收、积累、代谢和转化某种或某些化学元素的理论为基础，通过优选种植物，利用植物及其共存土壤环境体系转移、固定、去除或降解土壤中的污染物，使之不再威胁人类的健康与生存环境，恢复土壤系统正常功能的环境污染治理技术。其是利用土壤-植物-微生物组成的复合体系来共同降解有机污染物的一个强大的"活净化器"。该系统中活性有机体的密度高，生命代谢旺盛；由于植物、土壤胶体、土壤酶和微生物的多样性，该系统可通过一系列的物理、化学及生物过程消解污染物，最终达到净化土壤的目的。

有机污染物是土壤中普遍存在的主要污染物之一，可通过化肥和农药的大量施用、污水灌溉、大气沉降、有毒有害危险物的事故性泄漏等多种途径进入土壤系统，造成严重的土壤、地表及地下水污染。因此，修复有机污染土壤，保障人类健康，已引起各国政府及环境学界的广泛关注。

根据土壤中有机污染物的归趋方式，植物修复土壤有机污染的机理可以概括为：植物对有机污染物的直接吸收；根部释放分泌物和酶促进有机污染物降解；植物强化根际微生物的降解作用。

林道辉等（2003）认为，植物从土壤中直接吸收有机污染物，是植物去除土壤和水体中中等亲水性有机污染物的重要机制之一。20 世纪 60 年代以来，植物吸收土壤有机污染物一直受到学者们的关注。根据美国能源部规定，能用于植物修复的最好的植物应具以下几个特性：①在污染物浓度较低时也具有较高的积累速率；②能在体内富集高浓度的污染物；③能同时积累几种有机物；④生长快、生物量大、根系发达；⑤具有抗虫抗病能力。

有机污染土壤植物修复的机理可用图 11-3 表示。植物吸收有机物后在组织间分配或挥发的同时，某些植物能在体内代谢或矿化有机物，使其毒性降低，但大多数研究只是证明植物能通过酶催化氧化降解有机污染物，对其降解产物的进一步深度氧化过程研究较少。三氯乙烯（TCE）水溶液培养一段时间后，植物体内检出其降解产物三氯乙醇（TCOH），但离开水溶液后 TCOH 逐渐消失，说明 TCOH 在植物体内被进一步降解，其降解产物尚待确定。悬液细胞的矿化试验证实了杂交杨树能通过植物酶的催化氧化将 TCE 并入植物组织，成为不可挥发或不可萃取的组分。三硝基甲苯（TNT）是著名的环境危险物，在环境中非

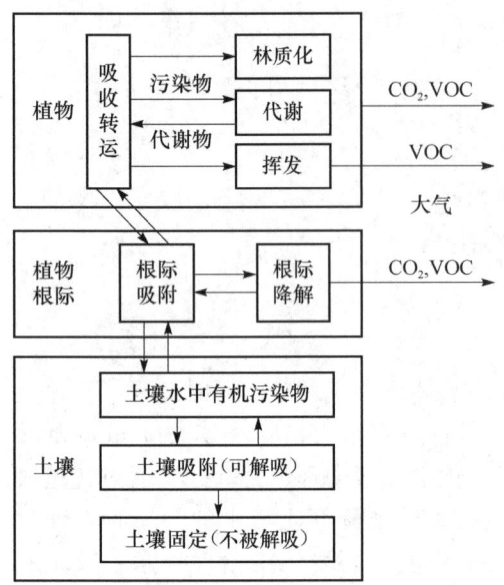

图 11-3 有机污染土壤植物修复主要机理

常稳定。高等植物杨树、曼陀罗等均可从土壤和水溶液中迅速吸收 TNT，并在体内迅速代谢为高极性的 2-氨基-4,6-二硝基甲苯和脱氨基化合物。杂交杨树从土壤中吸收的 TNT 75%被固定在根系，10%转移到叶部。

阿特拉津、林丹和氯丹这几种化合物在黑藻（*Hydrilla vericillata*）体内达到吸收—释放平衡所需时间分别为：阿特拉津 1～2 h，林丹 24 h，氯丹 144 h，其富集系数分别为 9.62、38.2 和 1 061，证明该植物对氯苯类化合物有较强的富集能力，而这类化合物也已证明是可通过食物链进行生物放大的危险性化合物。

因体内酶活性和数量的限制，植物本身对有机污染物的降解能力较弱，为提高植物修复效率，可利用基因工程技术增强植物本身的降解能力，如把细菌中的降解除草剂基因转移到植物中产生抗除草剂的植物或从哺乳动物的肝脏和耐药性强的昆虫中提取降解基因，用于植物修复等。植物体内转化、降解有机污染物的研究刚刚起步，还处于发现和验证阶段，其转化过程和机理均需进一步研究。

11.1.3　土壤有机物污染的微生物—植物联合修复

利用植物进行污染修复的过程中，要针对不同污染种类、污染程度的土壤选择不同的植物类型，很早以来，人们就已经知道植物的生长对周围环境会产生一定的影响，在有植物生长时，其根系为微生物提供了适宜的营养条件，保证微生物数目和维持其活性；反过来，微生物的旺盛生长，增强了对污染物的降解，也使植物有更优化的生长空间。污染土壤的生物修复技术由于具有成本低、无二次污染及处理效果好等优点，近年来备受关注。对植物根际微域的研究表明，植物与微生物共同配合能明显提高修复的效果。

植物修复可用于石油化工污染、炸药废物、燃料泄漏、氯化溶剂、填埋淋滤液和农药等有机污染物的治理。例如稞麦（*Lolium perenne*）可以促进脂肪烃的生物降解，在田间试验水牛草（*Buffalo dactyloides*）可以分解萘，冰草属的 *Agropyrom desortorum* 可以使 PCP 矿化。但是有时植物并没有作用，所以正确选择作物对生物修复很重要。

植物降解的成功与否取决于有机污染物的生物有效性，即通过植物—微生物系统的吸收和代谢能力。生物有效性与化合物的相对亲脂性、土壤的类型（有机质含量、pH 值、黏土含量与类型）和污染物的陈化有关。土壤含有的可生物降解的污染物，会因为土壤的性质和污染物的陈化而变为难降解的污染物。污染物的生物有效性可以在实验室内用微生物测定其生物降解性的方法得到大致的了解。与土壤颗粒紧密吸附的污染物、抗微生物和植物吸收的污染物不能很好地被植物降解。如果污染物既不和其他生物（土壤节肢动物、食草动物）发生相互作用，又不易移动（以淋失表示），可以考虑植物稳定化。

植物修复有机污染存在 3 种机制：①直接吸收并在植物组织中积累非植物毒性的代谢物；②释放促进生物化学反应的酶；③强化根际（根-土界面）的矿化作用，这与菌根菌和共生菌有关。

在应用植物修复时，每个清除点需要种植不同的植物以联合发挥作用，杨树和柳树栽种广泛、耐涝而生长迅速，黑麦草和野牛草生长浓密、覆盖力强，可以根据不同植物不同的特点搭配使用。

植物是一个有效的土壤污染处理系统，它同其根际微生物一起，利用生理代谢功能担负着分解、富集和稳定化污染物的作用。土壤污染的植物修复技术是一项非常有前途的新技术，有许多优点，特别是和其他修复技术相比，费用较低，适合在发展中国家采用。但是由于刚刚起步，它在理论体系、修复机理和修复技术等方面还有许多不完善不成熟的地方，还有许多基础理论研究和应用实践工作要做。在基础研究方面，包括超量累积和耐性去污植物的筛选，植物分解、富集和稳定化污染物的机制，污染物在植物体中的迁移和转化规律，污染物在植物—微生物体系中的作用规律，特定植物的生理特性、栽培特性、生物化学、遗传学、分子生物学和遗传工程等。在实际应用方面，包括选择植物种类、各种植物的搭配、工程设计规范和工程治理标准、提高去除效率和减少费用、克服生物修复局限性、扩大生物修复应用范围以及和其他生物修复技术结合使用等问题。这些研究和实践，需要植物学、生态学、环境化学、土壤学、工程学、生理生化、遗传学、微生物学等多学科的通力合作。

20 世纪 80 年代以来，土壤的石油类污染成为世界各国普遍关注的环境问题。目前，通过生物修复技术改良石油污染土壤，被认为是最有生命力、最具代表性的技术。

微生物对石油污染物代谢的生理过程一般通过接触并吸附石油、分泌胞外酶、石油污染物的吸收及胞内代谢完成。它降解石油的关键是氧化酶对石油的氧化。真菌和细菌主要通过胞外酶和胞内酶（单/双加氧酶等）的作用完成对石油污染物的氧化代谢。

植物也可通过向根际分泌氨基酸等低分子有机物而刺激微生物的大量繁殖，可间接促进有机污染物的根际微生物降解。

根际是指植物根系与土壤微生物间相互作用所形成的独特环境，是受植物根系影响的根-土界面的微区，也是植物-土壤-微生物相互作用的场所。由于根系的存在，增加了微生物的活动和生物量。微生物在根际和非根际土壤中的差别很大，一般会高出 5～20 倍，最高可达 100 倍，且植物根的年龄、类型及其他性质，都会影响根际微生物对特定有机物质的降解速率。

桑伟莲等（1999）通过研究证实植物根际可促进土壤微生物对有机污染物的矿化作用。某些植物根际的菌根真菌与植物形成共生作用，利用其独特的酶途径分解不能被微生物单独转化的污染物。植物根系分泌物输入根际土壤，也可促进微生物对有机污染物的矿化能力。在根际细菌尤其是革兰氏阳性菌增加后，根际土壤中农药三氟梭草醚转化速度明显加快。研究表明，接种菌根的植物，其生物量较对照增加 50%，TNT 的修复效率提高 30%。Chaineau 等（2000）研究表明，植物根际分泌物刺激了细菌的转化作用，在根区形成了有机碳，根细胞的死亡也增加了土壤有机碳，这些有机碳的增加可阻止有机化合物向地下水转移，也可增加微生物对污染物的矿化作用。另有研究发现微生物对阿特拉津的矿化作用与土壤有机碳成分直接相关。

根际中植物—微生物的互惠作用往往是相互的。一方面，根的表皮细胞脱落、分泌物等为根际微生物提供了营养源，根系表面积也是微生物的寄宿之处；另一方面，微生物的活动也会促进植物生长和根系分泌物释放。

根际植物与微生物的相互作用是复杂的，在某些情况下是互惠的，这种相互作用是促进根际污染物降解的重要原因。联合修复前期污染土壤石油降解率与微生物单独修复效果大致相同，随着植物的生长，联合修复污染土壤石油降解率逐渐高于单一修复的石油降解率，说明供试植物可以与所添加的微生物共生，通过植物根系分泌物、微生物胞外酶及它们生长发育过程中的其他产物共同为石油污染物的降解提供适宜的微环境。

11.2 土壤有机物污染的物理修复

11.2.1 改土法

具体方法详见第 9 章相关内容，在此不再赘述。

11.2.2 原位土壤冲洗

原位土壤冲洗是在现场利用冲洗液（水或表面活性物质）将污染物从土壤中置换出来的技术。一般做法是将冲洗液由注射井注入或渗透至土壤的污染区域，使之携带污染物质达到地下水，然后用泵抽取含有污染物质的地下水泵于地上去除污染物。经分离提纯的冲洗液可循环使用。总体而言，原位冲洗技术是一种有待发展的新技术。因为它涉及处理大量的地下水，且一般都需要建设泥浆墙将污染区域隔离，以防污染向四周扩散，所以成本较高。原位土壤抽水冲洗是将污染物同水或是其他相应的溶剂从土壤中抽取出来，然后将抽出的液体使用注射或是渗透的过程通过土壤的合适位置。抽出的液体必须从地下水层得到恢复，当可能的情况下，它们会移走污染物，再回到注射点。

恢复的地下水和冲洗的液体包含着吸附的污染物，可能需要处理以期达到合适的流出标准，优先于地方的循环和排放。为了达到最大的实施区域，恢复液体应当在冲洗过程中再利用。为了能再利用，从恢复的冲洗液中分离表面活性剂是土壤冲洗过程的主要步骤。恢复液体的处理会引起淤泥或是固体残留，必须在布置之前先进行如消耗性碳和消耗性离子交换树脂等合适的处理。产自恢复冲洗液体中的挥发性污染物释放的气体应被适当的收集处理，以达到实施的规章标准。土壤中残留的冲洗添加剂可能是一个问题，需要对明确位置的主要成分进行评价。

在使用表面活性剂的土壤冲洗修复中，表面活性剂浓度的选择非常关键。过小的浓度不能达到去除效果，使用过大浓度的表面活性剂溶液不仅是经济上的浪费，而且也会给土壤生态造成新的污染。

此项技术广泛地用于从原位移走卤化的 SVOC、非卤化的 SVOC、PCB 和炸药，水溶解的无机污染物也可以使用。

技术实施的关键受污染区域的大小和冲洗点的数目，冲洗剂喷洒到非污染区的监测，抽提液的监测，含水层特点等制约。而且存在以下技术难点：低渗透性的土壤处理困难；表面活性剂黏附于土壤降低孔隙度；冲洗液与土壤的反应可以降低污染物的移动性；污染物冲洗的潜力超出容纳区域，则需要在地下引入表面活性剂，这有相关法规的限制；冲洗液需要回收和处理，只有当冲洗的污染物和土壤冲洗液可以包含和回收的特点才可以使用此技术。

原位土壤冲洗法适用于地下水和土壤同时被石油烃类等有机物污染的处理，对渗透性能强和黏粒含量低的土壤尤为适用；但是当土壤渗透系数（$K<1\times10^{-5}$ cm/s）很低时，该技术受到限制，并且工程设计复杂，一般需要建设泥浆墙将污染区隔离以防止污染向四周扩散。

对于石油烃类污染，通过注入水或蒸汽的办法，既冲洗孔隙介质中残留的石油烃，又可加速石油烃所在地区的地下水流动，提高下游抽水井中污染物的回收效率。石油烃残留在土壤中的主要原因是吸附和毛细截留，所以近年来冲洗法的研究主要围绕用表面活性剂溶液进行冲洗展开。表面活性剂既能增加石油烃在水中的溶解度，又可显著减小石油烃与水的界面张力，用表面活性剂溶液冲洗可以大大提高去除效率。

应用实例：通过模拟自然条件下 LNAPLs 的运移情况，分析其最终污染状态，并且利用表面活性剂的原位冲洗法去除包气带的污染物，通过分析包气带中 LNAPLs 含量来评价表面活性剂的处理效果。试验采用长方体形砂槽（86.5 cm×25.5 cm×80.5 cm），由有机玻璃制成。天然环境的多孔介质采用清洗过的石英砂，LNAPLs 污染物选用不易挥发和燃烧的柴油，并用苏丹染色剂染为鲜艳的红色，选用常见的阴离子表面活性剂十二烷基苯磺酸钠作为冲洗溶剂。试验中配置 25.75 g/kg 的 LNAPLs 污染石英砂，冲洗表面活性剂的浓度为 0.7 g/L。表面活性剂从沙丘顶部通过直径约 25 cm 圆形通道进入，并以注入速率 2 倍的速度从混合液抽取点抽出。冲洗过程中能看到包气带中砂的红色污染逐渐变浅。随着表面活性剂的不断加入，毛细带某些区域的红色污染也越来越浅。冲洗试验共进行 470 min，分别在 0、40、86、166、470 min 以及实验结束后 24 h，从砂槽 1~6 取样点通过计算取出 6 批样品来测定砂中含油量，研究讨论各个取样点 LNAPLs 随时间的变化曲线。根据抽取混合液中 LNAPLs 的量，可知活性剂溶液冲洗率约 40%。总之，用表面活性剂处理石油污染土壤能达到较好的效果。

11.2.3 电动修复

在原位土壤修复方面的应用还只是最近几年的事情，是刚发展起来的一种新兴原位土壤污染修复技术，是从饱和土壤层、不饱和土壤层、污泥、沉积物中分离提取有机污染物的过程。电动力学技术主要用于低渗透性土壤（由于水力传导性问题，传统的技术应用受到限制）的修复，可用于吸附性较强的有机物的治理。目前已有大量试验结果证明这项技术具有高效性，涉及的有机物有苯酚、乙酸、六氯苯、三氯乙烯以及一些石油类污染物，最高去除率可达 90% 以上。

电动力学修复技术通常有几种应用方法：①原位修复，直接将电极插入受污染的土壤，污染修复过程对现场的影响小；②序批修复，污染土壤被输送至修复设备分批处理；③电动栅修复，受污染土壤中依次排列一系列电极用于去除地下水中的离子态化合物。

原位电化学动力修复技术多应用于受有机污染的土壤,也可用清洁的液体置换受有机物污染的土壤。到目前为止,已有美国、加拿大、德国、荷兰、英国、法国、日本、韩国、中国台湾等近10个国家和地区相继开展了室内或现场的研究工作。其中德国Karlsruhe大学应用地理系的电动修复小组、美国环境保护署和美国军队环境中心都开展了污染土壤的现场电动修复研究,取得了很好的研究成果。Shapiro等(1993)研究了电化学动力修复去除高岭土中苯酚和乙酸的可行性,实验证明电压梯度为60 V/m时,使用土壤孔隙体积1.5倍的水置换,对于450 mg/L的苯酚去除率大于94%,对于0.5 mol/L的乙酸去除率大于95%。Bruell等(1992)研究了电动去除土壤和地下水中的石油类(BTEX)和氯代烃的可行性,实验证明这类物质可以被去除至溶解度以下,稠环芳香化合物的去除效率高低不一,六氯苯和三氯乙烯的去除率可达60%~70%。Acar等(1992)电动修复苯酚污染的高岭土,去除效率可达85%~95%,能耗是18~39 kW·h/m^3。美国肯塔基州应用Lasagna技术进行三氯乙烯污染去除的结果表明,当三氯乙烯尚未进入地下水时,Lasagna技术对土壤中的三氯乙烯的去除效果很好,处理后的污染物浓度已不对地下水构成危害。为了研究电化学动力修复对土壤中的多环芳烃(PAHs)、苯、甲苯、乙苯和二甲苯(BTEX)的治理效果,对质量为973.2g的土壤进行小规模的试验研究,应用平板电极,在电流密度是3.72 A/m的条件下处理23 d后约有94%的多环芳烃(PAHs)集中在阳极附近的土壤中。对质量46.7 kg的土壤,采用圆柱阴极在中心、周围呈六边形设置若干个阳极的多阳极系统。处理112 d后,在阳极和阴极之间连线,接近阳极的土壤pH值至2.59,其他部分的土壤酸化不明显。PAHs和BTEX的混合物在电渗析的作用下迁向阴极,22 d后,土壤中PAHs的质量分数由720 mg/kg下降到4.7 mg/kg。实验结束后有28 mg的PAHs和9 660 mg的苯集中到活性炭处理区。

国内主要是罗启仕等(2004)通过小型试验研究比较了土壤中苯酚和2,4-二氯酚在均匀和非均匀电动力学作用下的迁移特征和机理。电动力学过程能有效地促进土壤中苯酚及2,4-二氯酚的解吸附和迁移,电渗析和电迁移是其主要的作用机理,其迁移效果与电动力学形式、污染物类型、土壤酸碱性质和电极反应等密切相关,可以采用适当的电动力学工艺修复含酚类化合物的污染土壤,体现出该技术良好的研究及应用前景。

电动力学修复过程中,土壤中的有机物可以通过电渗析等迁移方式迁移到水平或垂直方向的处理区,处理区可以含有吸附剂、催化剂、微生物或者氧化剂等。实验室研究证明,以活性炭作为处理区,硝基苯的去除率可以达到99%;随后进行的现场试验表明,以活性炭作为处理区,在电压梯度是0.35~0.45 V/cm,电流密度是0.20 mA/cm^2的条件下,95%的三氯乙烯能够被去除。

目前,电化学动力修复技术和其他技术的优化组合已经成为研究的热点。可以通过电动技术注入营养物、电子受体、表面活性剂、共代谢物质、活性微生物等,增加原位生物修复的效果。Saichek等(2005)对采用表面活性剂技术去除污染土壤中疏水性有机物的研究进展做了介绍。我国学者曾用Tween80作为表面活性剂增强修复土壤中的疏水性有机物。Hov等(1999)通过电动修复技术注入三氯乙烯共代谢基质安息香酸的可行性研究表明,在1 m长的受三氯乙烯污染的土柱中注入安息香酸后,三氯乙烯的一级厌氧降解速率为(0.039±0.007)/d。目前,这一领域尚有很多问题需要解决。

虽然电化学动力修复技术用于去除土壤及地下水中的有机污染物的实验室研究相对成熟，表现出良好的处理效果，但仍不够完善，存在一系列问题有待解决。如土壤含水率低于10%时，该技术的处理效果大大降低；在电场的作用下，可能产生有害副产物（如：氯气、三氯甲烷、丙酮等）；对非极性有机物的去除效果不好；存在导致电流降低的极化现象等。这些因素已经成为制约土壤电化学动力修复技术发展的瓶颈，所以亟待加强这方面的理论与实践研究。

① 原位电化学动力修复技术与表面活性剂配合使用对于去除土壤中不混溶性、非极性有机污染物有良好的效果，因此寻找最佳的表面活性剂，寻找最佳的控制条件，是今后原位电化学动力修复技术的研究重点之一。

② 原位电化学动力修复及其联用技术可克服单独采用原位电化学动力修复技术的缺点，提高污染物的去除效率，并降低修复成本。原位电化学动力修复可与 Fenton 技术、生物技术、表面活性剂技术和超声技术等联用，这有待进一步研究。

③ 原位电化学动力修复技术处理受有机物污染的土壤仍处于实验室试验探索和总结规律阶段，应当加强原位电化学动力修复污染区域现场中试和示范工程，提高修复效率，扩大电化学动力修复应用的范围。

在 20 世纪 90 年代，Lasagna 技术是由美国环境保护署、能源部与 Monsanto、DuPont、General Electric 等 3 家公司共同开发的新型电动修复技术。Lasagna 技术的特点是：于土壤中设立间隔的污染物处理带，在电场作用下富集并降解流经洗液中夹带的污染物；污染物处理带的设置取决于修复场地的具体要求，浅层土修复（深度小于 15m）一般采用垂直处理带，而深层土修复则多用水平处理带；对于不同目标污染物的处理，处理带中还可加入 Fenton 试剂、降解性微生物等以提高土壤修复效率。

Lasagna 技术实现了将污染物迁移和洗脱强化作用及处理带的原位去污能力的有效结合，可以广泛适用于有机污染物，但复合污染体系的修复还需要更多研究。

11.2.4 热处理法

热处理法是把已经隔离或未隔离的污染土壤进行加热，使污染物热分解的方法，一般多用于能够热分解的有机污染物。从经济实用方面考虑，主要加热方法有红外线辐射、微波和射频方式加热、管道输入水蒸气等。热处理法工艺简单、成熟，但能耗过大、操作费用高，同时可能破坏土壤有机质和结构水，容易造成二次污染。

微波增强的热净化作用是最近兴起的一种热解吸法，因为微波辐射能穿透土壤、加热水和有机污染物使其变成蒸汽从土壤中排出，所以非常有效。此法适用于清除挥发和半挥发性成分，并且对极性化合物特别有效，土壤水导率减少是限制表面活性剂在土壤有机污染修复方面的不利因素，利用共溶剂将大大改善提取剂在土壤中的移动，提高修复效率。

微波加热技术具有加热速度快、内外同时加热及选择性加热特点，将其用于污染土壤修复可以避免上述传统热修复中的不利问题。目前利用微波加热技术修复有机污染土壤的研究主要有：对挥发性、半挥发性有机物污染土壤，采取微波诱导蒸汽蒸馏的方法进行修复，即向土壤中加入一定量的水，水作为强微波吸收体在微波辐照下迅速升温，污染物几乎与水同时受热并随水蒸气挥发出土壤；对持久性有机物污染土壤，向土壤中加入一定量的金属氧化物和强酸（碱）作为吸波材料或催化剂，使土壤中大部分有机污染物在微波辐照下被催化热分解。利用微波加热技术的特点快速修复原油污染土壤并将污染油有效回收的研究还鲜有报道。

颗粒活性炭作为一种环境友好的强微波吸收体，加入土壤中可以显著提高土壤的微波加热效果。颗粒活性炭增强的微波热修复方法可快速、有效地净化原油污染土壤。污染土壤的修复效果受颗粒活性炭剂量、微波功率、微波辐照时间、载气流速及系统压力等因素的影响，其中前三者为主要影响因素，后两者为次要影响因素。在活性炭剂量为 10%、微波功率为 800 W、微波辐照时间为 15 min 条件下，土壤中原油污染物的去除率达 99% 以上。这种颗粒活性炭增强的微波热修复方法，由于微波加热的选择性加热和内外同时加热特点，在去除土壤中污染油的同时避免了污染油组分的大量热解，可实现污染土壤的快速修复及污染油的有效回收。颗粒活性炭可重复用于增强微波热修复污染土壤，重复使用中其增强微波热修复的能力基本不变。

11.2.5 冰冻法

通过降到 0℃ 以下冻结土壤，形成地下冻土层以防止土壤中的污染物质扩散的方法，是一门新兴的污染土壤修复技术。

冰冻修复技术适用于中短期的修复项目，因为长期对土壤进行冰冻隔离时，需要有其他辅助措施加以联合应用。另外，土壤修复完后需要将冻土层及时去除。

由于现场水文学、水力学等条件的复杂性，冰冻土壤修复技术还需要发展原位地下探测技术，如雷达探测、地震波探测、声波探测和电势分析及示踪等以探测地下冻土层的结构状况，以防止污染物泄露的发生。此外，关于不同的土壤扩散特性、不同污染物种类、不同污染物浓度以及污染物溶液对冻土层退化的影响问题，需要进一步从理论和实践 2 个方面进行探讨。

应用实例：1994 年，美国科学生态组织利用美国能源部原位修复综合示范项目资金的支持，在田纳西州进行一项土壤原位冰冻修复的研究试验。试验场地构筑了"V"形结构的冰冻"容器"（17 m×17 m×8.5 m），并采用 200 mg/L 的若丹明溶液作为假想的污染物，用来考察冻土层的整体性特征。这项试验对土壤原位冰冻修复技术形成的冻土层进行了如下的测试：

（1）土壤运动情况测试

测量土壤运动和压力变化情况，也可以测定使用加热格网（heat grid）对土壤运动的影响效果。部分测试结果如下：①计算分析的最大压力为 4 000 psi，碳钢的容许压力为 12 000 psi；②前 70 d 内土壤运动距离为 0.5 m，与计算预测值 0.37～0.68 m 比较吻合；③最大抬升高度为 0.68 m；④加热格网在控制冻土层（冰）向内延伸方面非常有效。

（2）扩散和"容器"泄露测试

为了计量冰冻层土壤在防止有害物质以水溶性化学形态扩散的效果，专家设计了专门的示踪试验：在冰冻层未形成前，利用荧光物质示踪测定砂土的水力传导性能；在冻土层形成之后，利用若丹明-WT 示踪，将结果与对照场地的天然土壤中若丹明-WT 示踪结果进行比较。

（3）冻土层完整性（防渗性）测试

主要包括：①土壤电动势测定，以验证冻土层在阻碍粒子运动方面的作用；②对冻土层进行地面雷达穿透实验研究，测定冻土层的厚度和消长规律。电动势测量显示冻土层离子运动的速率高低，雷达穿透测试显示砂质土壤中冻土层 3.6～4.6 m，黏质土壤中冻土层厚 1.5～2.7 m。

以上测试结果表明：①对于饱和土壤层的铬酸盐（4 000 mg/kg）和三氯乙烯（6 000 mg/kg），冰冻技术可以形成有效的冻土层（水力渗透能力<4×10^{-10} cm/s），利用^{137}Cs 进行同位素示踪显示无明显的扩散现象发生；②利用冰冻土壤的低电导率特性进行电动势研究表明，通过冻土层颗粒运动速率很低，这表明冻土屏障也是很好地防止离子传输的屏障；③以若丹明为示踪剂的扩散试验表明，冻土层的整体防渗性能良好。

11.3 土壤有机物污染的物理化学修复

11.3.1 溶液浸提技术

溶液浸提技术（solvent extraction technology）一般也被称为化学浸提技术，主要是利用溶液将有害的化学物质从被污染的土壤中提取出来或去除出去的一种技术。一般处理像 PCBs、油脂类等不溶于水的，易吸附或粘贴在土壤、沉积物或污泥上，难于处理的化学物质。溶液提取技术能够克服土壤处理、污染物迁移、过程调节等技术瓶颈，完成土壤中的 PCBs、油脂类等化学污染物的处理。

（1）技术概述

溶液浸提技术的处理系统是利用批量平衡法，在常温下采用优先溶液处理被有机物污染的土壤的技术。它需要将污染的土壤放置于一个容量为 12～13 m³ 的提取箱内，然后加入溶液直至完全浸没土壤，使土壤中的污染物能够充分地与溶液进行接触。图 11-4 为溶液浸提技术的流程图。

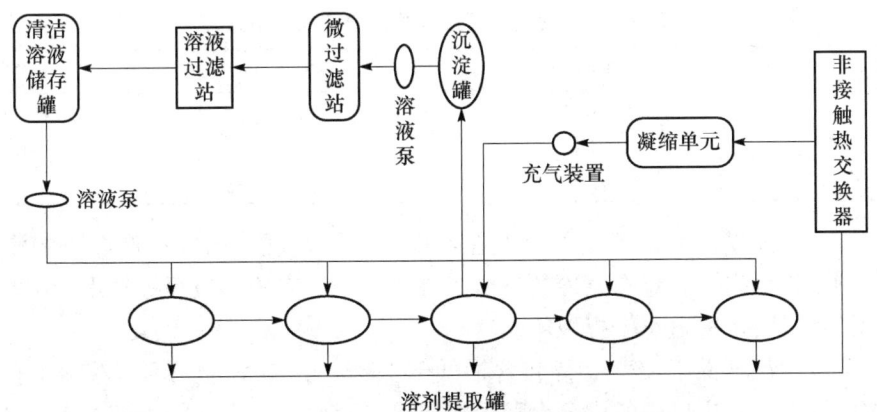

图 11-4　溶液浸提技术过程

首先，将被污染的土壤取出来，去除垃圾、石块等较大的杂质，然后再将处理过的土壤放入提取箱内。提取箱必须有极好的密封性，在其中进行溶液与污染物的离子交换等化学反应过程，用以提取其中的土壤污染物而不需要混合。溶液的类型取决于污染物的化学结构和土壤特性，浸泡的时间取决于土壤的特点和污染物的性质。当土壤中的污染物几乎完全溶解于浸提溶液时，借助泵的力量将其中的浸出液从提取箱内排出，并引导到溶液恢复系统中。按照这种方式反复进行，直到目标土壤中的污染物水平降低到预期标准。一般来说，要对处理过的土壤和浸提液多次进行采样分析，以判断浸提过程的进展情况。土壤中污染物的浓度是否达标，需要在实验室内进行气相色谱的分析才能确定。

土壤中的污染物经过溶液浸提技术的处理，一般会存在于吸附介质中，或者富集在蒸馏部分底部。这些污染物可进行原位降解处理，也可以运离原地另寻其他处理地点。

对于污染物浓度达标的土壤还需进行处理，通过引入活性微生物和富营养介质使土壤中残留的浸提液能快速降解，再将处理过的土壤就地填埋。残留在土壤中的洁净的浸提溶液可利用液体蒸发的方法进行系统恢复，以达到将其去除的目的。通过加热的方法，使残留在土壤中的剩余溶液从液态变成气态，从而从土壤中逸出，对逸出的气体进行收集，将其冷却后又变为液态，从而达到循环再利用的目的；可通过真空抽提和生物处理手段去除仍然滞留在土壤中的浸提液，例如，在具有离心力的鼓风机的作用下，将浸提液蒸汽和空气从浸提箱出口，经过浓缩装置和液相过滤后，释放到空气或回转到提取箱中。

(2) 适用范围

污染物 溶液浸提技术适用于修复被有机污染物污染的土壤，如PCBs、油脂类等。同时，这项技术也在全方位上，成功地应用在像被农药等其他有机污染物污染的土壤上。实验数据表明，经过3次循环提取，土壤中农药的浓度降幅达98%以上（表11-1）。而在另一次采用溶液浸提技术修复土壤的实验中，经过57次循环提取，土壤中PCBs的浓度从300 mg/kg降低到6 mg/kg。在这两个例子中，达到处理目的所需的循环提取次数之间的巨大反差，是因为土壤颗粒大小、有机质含量、持水量、污染物浓度和种类等因素所造成的。一般来说，溶液浸提技术不适用于去除无机污染物和重金属，因为在待处理土壤上开展的淋溶试验的结果表明，土壤经修复处理后，无机污染物和重金属的淋溶特性没有明显的改变。

表 11-1　小规模土壤修复试验中农药去除效率　　　　单位：mg/kg

项　目	DDD	DDE	DDT
未处理土壤	12.2	1.5	80.5
处理后的土壤	0.024	0.009	0.093
去除率（%）	98	99.4	98.8

目前，该技术还仅仅适用于室外温度在零度以上的情况，温度过低会影响浸提液的流动，从而影响浸提效果。若想在寒冷的气候条件下，仍可实施溶液浸提技术，则需提高整个流程的温度，并且要求覆盖每个提取箱。

土壤 土壤的湿度低于20%、黏粒含量低于15%，是最适合采用溶液浸提技术的土壤条件。土壤的湿度高，土壤中的水分会稀释提取液，因此，为了降低溶液中水分的累积，防止水分稀释提取液从而降低污染物的溶解度和迁移效率，湿度较高的土壤就需要进行土壤风干和溶液蒸馏。即当土壤水分含量过高时，该技术还要增加一步蒸馏阶段以保持浸提溶液的有效性；而对易挥发态的土壤污染物，土壤则要在密闭容器中进行干燥。如果土壤的黏粒含量较高，就要相应增加循环提取次数，同时也要采用合理的物理手段降低黏粒的聚集度。黏粒含量高于15%的土壤很难采用溶液浸提技术去除污染物，因为土壤胶体会强烈地吸持污染物，土壤胶体本身也形成了很难打破的聚合物，导致提取液无法有效地渗入到土壤中，因此为了降低土壤的黏粒含量，还要采取额外的处理方式。

循环次数和时间的确定取决于某一特定地点需要达到的污染物水平和现有的污染物浓度。一般来讲，某一地点土壤中污染物的浓度越高、需要达到的修复浓度又有所限制时，相应的清洁过程就会需要更多的循环次数和更长的处理时间来降低土壤中污染物的含量。因此，在决定实施溶液浸提技术之前，要做一些可行性试验以保证达到系统设计的修复目标。

（3）技术特点

与其他处理技术相比，溶液浸提技术的优势在于可以处理像PCBs、油脂类等难以从土壤中去除的有机污染物。溶液浸提技术通常更便宜、更快捷。该技术通常不需要将污染的土壤运输到其他处理工厂去，只需要在原地开展即可，因此节省了运输和额外的土壤处理费用，也避免造成其他污染。再者，溶液浸提技术的处理装置所需要的组件可以根据所需处理的土壤的体积大小进行调节，改变成适宜的系统容量，可调性大，灵活方便。处理系统中许多组件都可以在试验进行的当地购买，方便易得，还能节省运费。

当处理程序结束后，可采用加热的方法，使土壤中的溶液由液态变成气态逸出，再收集冷却成液态，以达到回收再利用的目的，节约成本。

一般来说，只要溶液浸提技术设计和运用得当，它是比较安全有效的土壤清洁技术。由于溶液浸提技术的大部分流程都是在密闭的环境中进行的，任何蒸发出来的有害化学物质和溶液都能被收集并做进一步处理，不会对周围大气产生污染和对人体健康造成危害。

11.3.2 原位加热—真空提取

原位加热—真空提取（*in-situ* heating-vacuum extraction）过程近似于标准的土壤气提法，使用电磁波加热、电阻加热或是热空气注射提高半挥发性物质的移动性，要求有加热辅助提取并协助提取的技术。技术实施的关键受污染物的浓度和挥发性、土壤的水分含量、污染的类型和地下土壤的特征等影响和制约。

（1）技术概述

电磁波加热主要是利用无线电波中的电磁能量进行加热，过程不需要土壤的热传导，而是为土壤基质提供了一个快速均匀的温度，利用热量强化土壤蒸汽浸提技术，能量通过插入土壤基质的电极导入到土壤中，温度的提高导致挥发性有机化合物和半挥发性有机物的挥发速度大大加快，使污染物在土壤颗粒内解吸而达到污染土壤的修复目的，污染物在原位被去除并通过真空泵收集送至处理系统。根据所需修复的土壤污染范围、土壤基质的电介质特性来确定所需的提取频率，然后使用一个经过改造的电源传送调整后的电磁波，在工业、医疗和科研用的波段内选择需要的频率。

电阻加热主要是利用土壤作为电流的传导路径进行加热，使土壤温度升高，使土壤中的水分蒸发加快，导致所有挥发性的污染物挥发出来，再通过真空泵提取。因为电源是电流的，所以能量提供比电磁波加热简单。可在土壤中插入金属管，形成一个排列的导体使电流通过。

热空气注射可分为移动系统和固定系统 2 种注射方法。移动系统利用带有蒸汽注射头的设备钻入地下进行土壤加热，蒸汽与土壤混合后使污染物蒸发进入真空收集系统。固定系统主要是利用蒸汽注射进入竖直井加热土壤，从而蒸发污染物，利用真空泵收集，送至处理设施（图 11-5）。

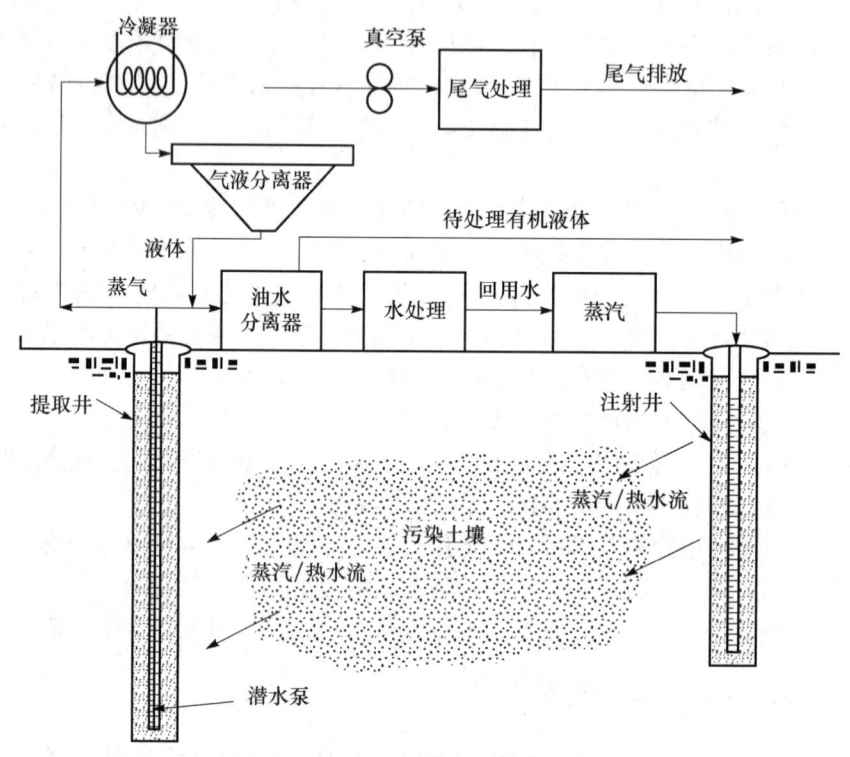

图 11-5　热空气注射修复污染土壤的过程

（2）应用范围

原位加热—真空提取技术可以用来处理挥发性有机化合物和半挥发性有机物，热空气注射法还可以处理半挥发性卤代物和非卤代物。原位加热技术也可以处理一些石油类污染物，处理条件取决于能够达到的温度。此技术在土壤中如石块、垃圾等大介质较少的区域进行效果更好，因此采用此技术前应进行清理。

（3）技术特点

土壤的结构、含水量、渗透性等都会影响原位加热—真空提取技术的效果。可以根据选择过程调整位置的土壤结构，如果土壤中水分含量较高，空气的渗透性会降低，阻碍半挥发性有机物的热量提高，这时就需要输入更多的能量用于提高温度和真空泵提取。不同的土壤渗透性会导致气流在污染区域不均匀的流动，对于污染物提取的性能会根据选择过程所能达到的最高温度不同而不同。此外，还需要对挥发出来的气体进行监控，以免对外界环境造成污染，残留在土壤中的液体和活性炭也需要做进一步的处理。当湿度降低、温度升高时，电导会由于为其提供主要传导路径的水分减少而降低。

11.3.3 原位土壤气提

原位土壤气提（in-situ soil vapor extraction，SVE）是一项原位不饱和区域土壤的修复技术。是利用物理方法去除不饱和土壤中挥发性有机组分污染的一种原位修复技术，主要是利用真空泵产生负压驱使空气通过污染的土壤孔隙而解析并夹带有机组分流向抽取井，并最终在地上进行处理（见图9-2）。原位土壤气提技术实施的关键受土壤的渗透性、污染物的浓度及挥发性、空气通过土壤的速度等影响和制约。

（1）技术概述

原位土壤气提技术主要是利用真空通过布置在不饱和土壤中的提取井向土壤中导入气流，气流经过土壤时，挥发性和半挥发性的有机污染物挥发随空气进入真空井，气流经过之后，土壤得到了修复（图11-6）。通常，垂直提取井的深度为1.5 m，而且已经成功地应用于91 m深的地方。水平提取井可用于修复由于实际地形、钻探条件或其他现场的具体情况的不同而导致差异的污染区域。为了增加空气流速和压力梯度，有时需要在污染的土壤中安装若干空气注射井。采用真空提取时，有时会引起地下水位上涨，可以利用低压水泵控制地下水或者加深渗流层深度。

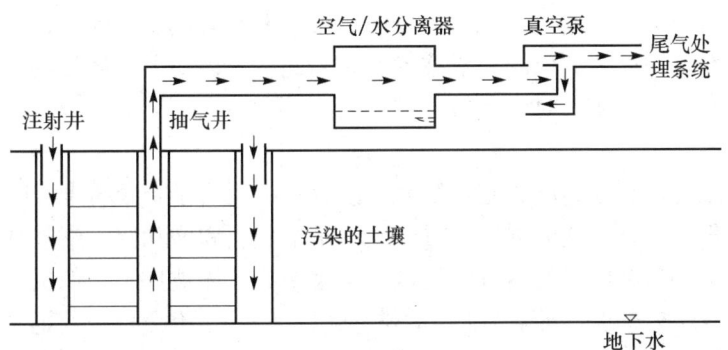

图11-6 SVE操作系统

在很多情况下，可以通过在污染的土壤中安装空气注射井的方法来增加压力梯度和空气流速。通过真空泵引入可调空气流，将挥发性和一些半挥发性的污染物从土壤中转移。为了避免排出的气体对外界环境造成污染，离开土壤的气体需要进行收集处理，以达到国家和地方的空气排放法规的要求，残留液体和消耗性活性炭也需要处理。

原位土壤气提技术最早于1984年获得专利权，由于其巨大的商业价值而广泛应用。20世纪90年代以来，原位土壤气提技术发展迅速，其中最重要的是原位空气喷射（in-situ air sparging，ISAS）技术，该技术将原位土壤气提技术的应用范围拓展到对饱和层土壤及地下水有机污染的修复。

（2）应用范围

原位土壤气提技术主要用于去除不饱和土壤中挥发性有机组分的污染，也可以用于去除某些燃料。通常应用的污染物是那些亨利常数大于0.01或者是气压大于66.5 Pa的挥发性化合物。空气注入对于深层土壤污染、低渗透性土壤污染以及饱和土壤区污染的污染物提取效果很好。原位土壤气提技术不能移出重油、金属、PCB、二氧（杂）芑。

土壤湿度、温度、土壤容重、孔隙度、土壤质地、有机质含量、空气传导率以及地下水深度等土壤理化特性对原位土壤气提修复技术的应用效果有较大的影响。经验表明，采用原位土壤气提修复技术的土壤应具有质地均一、渗透能力强、孔隙度大、湿度小、地下水位较深的特点。

(3) 技术特点

原位土壤气提技术的优点在于它处理污染物的范围宽并且不会破坏土壤结构、对回收利用废物有潜在的价值、可操作性强、可由标准设备操作等。可以通过提高真空泵的强度来应对土壤坚实，或者是湿度高（>50%）的污染区域，以避免其导致空气渗透性降低，从而影响原位土壤气提技术的应用效果。对于低渗透性土层的抽取井还需要大孔径筛网。在饱和区域，原位土壤气提技术无效，但是降低水位可以使更多的介质用于 SVE 修复。

由于原位土壤气提是向土壤中引入连续空气流来带走污染物，这样还促进了土壤环境中一些低挥发性化合物的生物好氧降解过程。

11.3.4 二阶段提取

二阶段提取（two-phase extraction）通常也被称为两相提取，是指利用蒸汽浸提或者生物通风技术向不饱和土壤中输送气流，用以修复被挥发性有机物和油类污染物污染的土壤的过程。二阶段提取是一项全方位的提取技术。应用此技术需要了解区域的地质概况和污染物的特征、分布状态，并且要求对水和气体进行处理。

(1) 技术概述

二阶段提取主要是利用高压真空系统从低渗透性或是异质结构中同时移走气体和液体。在二阶段提取过程中，真空提取井同时置于土壤不饱和层和饱和层，它包括污染土壤和地下水区域的过筛部分。当施以真空后进行提取，土壤中的气体被抽出，使提取井附近产生锥形真空低压区，形成压力梯度。随着气体被不断抽出，引导气流会将先前饱和的土壤中的挥发性有机污染物气提出来，同时也可以将地下水提取到地上来进行处理。等到挥发性有机污染物气提到地上后，再对污染物蒸汽与水分进行分离处理（图 11-7）。

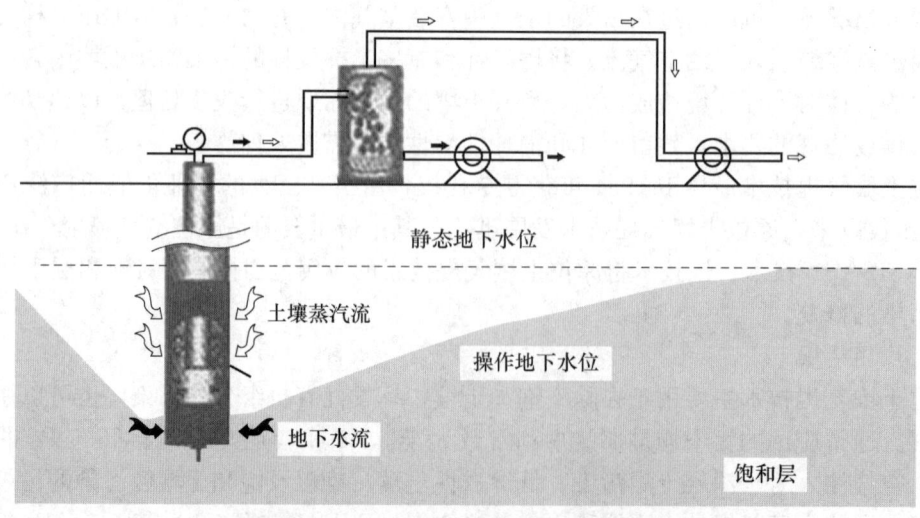

图 11-7　土壤污染的二阶段提取修复技术

11 土壤有机物污染的修复与防治

真空提取管的位置在地下水位以下，随着真空提取的进行，更多的污染土壤被暴露了出来，又可以通过蒸汽浸提加以修复。二阶段提取采用高真空泵，利用抽气管深入到提取井中，从提取井中提取土壤蒸汽和地下水。

（2）适用范围

一般来说，二阶段提取技术主要用于修复被污染的土壤和地下水，对中、低度渗透性的土壤具有较好的修复效果。对于高渗透性的土壤，由于其污染修复过程中需要对含水层进行高效脱水，所以并不适合使用二阶段提取技术。此外，二阶段修复主要用于修复被燃料和VOC等污染的土壤。并且对于异质性黏土和细砂的污染修复，二阶段提取技术比SVE有更好的修复效果。

二阶段提取技术修复土壤的时间由半年到几年不等，原位处理量、污染物浓度及分布、修复目标要求、现场情况等都会影响修复的时间。二阶段提取技术既需要气体处理设施也需要水处理设施。在含水丰富地区可能需要泵出处理等其他辅助措施。地下水污染的异质性会影响地下水污染物的收集和受污染土壤的充氧氧化过程，从而影响二阶段提取技术对土壤的修复效果。

表11-2是二阶段提取技术的成本估算。但工程设计、审批费用、厂区特征确定、可行性研究测试、运行合同等，未计在内。

表 11-2 二阶段提取技术的成本估算

固定成本	可变成本	其他成本
提取井及真空系统安装	运行维护人工费	尾气处理
气体处理系统安装	动力费	通过下水管道送至市政污水处理厂
监测井安装	现场监控 现场卫生、安全保障 工艺控制采样分析	

（3）技术特点

针对挥发性卤代物、非卤代物以及半挥发性有机非卤代物的修复，二阶段提取技术明显要好于其他提取技术，因为它强化了气流对不饱和土壤中污染物的修复效果。

二阶段提取技术也常常与生物修复、空气喷洒或者是生物通气联合使用，用以处理包括长链烃在内的污染物，并且可以大大地缩短清洁时间。由于已经被证实对地下水有很好的调控作用，也常常被与泵处理技术一同使用，从易受影响的含水层恢复地下水。实验表明，二阶段提取技术在气体和液体的处理上要比气体喷洒的效果好。如表11-3为二阶段提取技术的优缺点对比。

表 11-3 二阶段提取技术的优缺点

优 点	缺 点
地下水汽提：污染物液相—气相转移率高达98%	深度有限制：最深地下150 m
井内无需泵及其他机械设备	地下水流速有限：最大5 g/min
可用于现有的提取、观测井	由于需要提水到地面，耗费较大真空

11.3.5 化学氧化修复技术

化学氧化修复技术（in-situ chemical oxidation），即通过掺进土壤中的化学剂与污染物所产生的氧化还原反应，而降低土壤污染毒性的一项土壤修复技术。在修复中，化学氧化技术不需要将污染土壤全部挖掘出来，只是在污染区的不同深度处钻井，然后通过泵将氧化剂注入土壤中，氧化剂与污染物混合、反应，通常一个井注入氧化剂，另一个井抽提废液（图9-9）。

(1) 常用氧化剂

化学氧化修复技术常采用的氧化剂为 K_2MnO_4 和 H_2O_2，K_2MnO_4 和 H_2O_2 利用泵以液体形式泵入地下的污染区。与此同时可以向氧化剂中加入催化剂，增强氧化能力，加快反应的速率。

(2) 化学氧化修复技术的优点

原位处理污染土壤；污染土壤修复完成后，二次污染较少；可以用来修复其他处理方法无效的污染土壤。由于具有这些优势，西方的发达国家已有许多地点尝试采用化学氧化技术修复污染的土壤。

化学氧化技术主要用来修复受有机溶剂、油类、农药、POP 以及非水溶态氯化物污染的土壤，一般来说，这些污染物在土壤中长期存在，很难被生物降解。

(3) 应用实例

① 俄亥俄州 Piketon 地区 DOE Portsmouth 煤气输送厂（X-231B 号修复地点）

修复的污染物：易挥发有机物（VOCs）。

采用的氧化剂：H_2O_2。

设计的目的是为了估测土壤经过混合后，H_2O_2 对 VOCs 的氧化效率。5%（质量分数）H_2O_2 稀释液从周围空气压缩系统注射到空气运送管道。处理过程在地下 4.6 m 深处延续了 75 min，大约 70% 的 VOCs 被降解。

② 俄亥俄州 Piketon 地区 DOE Portsmouth 煤气输送厂（X-701B 号修复地点）

修复的污染物：氯化溶剂，主要是 TCE。

采用的氧化剂：$K_2M_nO_4$。

实验采用了 ISCOR 技术，将地下水从一个水平井抽提出来，加入 K_2MnO_4 再注射到距离大约 27 m 远的平行井中。在 1 个月的处理时间内，加入的 K_2MnO_4 溶液体积大约占土壤总毛孔面积的 77%。21 d 后，在距离注射井 4.6 m 远的几个监测井中都含有氧化剂。地下水监测井（在处理开始 8~12 周后）的监测数据表明，TCE 的浓度从 700 000 $\mu g/L$ 降低到不足 5 $\mu g/L$。

③ Savannah 河流域 A/M 地区

修复的污染物：DNAPLs，主要是 TCE 和 PCE。

采用的氧化剂：Fenton 试剂。

估计待处理地区 DNAPLs 含量有 272 kg，PCE 含量在 10~150 $\mu g/g$。Fenton 试剂采用 Geo-Cleanse 公司开发的技术注射到土壤中。处理过程持续了 6 d，大约 90% 的 DNAPLs 被降解，目标区污染物残留量为 18 kg。

④ 堪萨斯州 Hutchinson 干洁设备公司

修复的污染物：PCE。

采用的氧化剂：O_3。

处理对象是 PCE（浓度为 30～600 μg/L）污染的含水土层，处理过程采用 C-Sparge 专利技术，O_3 的流量为 0.085 m^3/min。对离注射井 3 m 远的多点取样分析表明，91% 的 PCE 被除去。

⑤ 美国加利福尼亚州 Sonoma 地区工厂废弃遗址土地

修复的污染物：PCP 和 PAH_s。

采用的氧化剂：O_3。

待修复的土壤大约含有 1 800 mg/kg 的 PAH_s、3 300 mg/kg 的 PCP。O_3 通过注射井被注射到地下水位线以上的区域，采用流量变换方式，最大流量为 0.28 m^3/min。大约 1 个月后，10 个地点的取样结果表明，67%～99.5% 的 PAH_s、39%～98% 的 PCP 被去除。土壤气体分析证明注入的 O_3 消耗了 90%。

11.3.6 光化学降解技术

(1) 概述

在环境中，有机污染物大多是通过厌氧降解得以去除，但土壤表层有机污染物和空气直接接触，很难或者不能进行厌氧降解。光化学降解对表层土壤中一些有机污染物的降解起到非常显著的作用。土壤中的腐植酸、富里酸等有机质成分是天然光敏化剂，能够将吸收的紫外光的能量传递给氧分子形成 O 和 OH 自由基，进而加快有机物的光化学降解速率。

光化学降解技术可以破坏有机物的分子结构，使长链分子断裂，加快了微生物对有机污染物的降解，可以有效地提高有机污染物的处理效率。

(2) 土壤中农药光化学降解作用

对于受污染的土壤，光化学降解是消除土壤环境中农业化学品的重要途径，在光的作用下农药分子中的化学键断裂形成异常活跃的中间产物自由基，自由基再与溶剂或者其他反应物作用生成光化学降解产物。

土壤中农药光化学降解过程主要包括光氧化、光还原、光水解分子重排和光异构化等光反应类型。

光氧化（photo oxidation）光氧化是农药光化学降解最常见也是最重要的途径之一。在氧气充足的环境下，大多数农药较易发生光氧化反应而生成一些氧化中间产物，比如倍硫磷、灭虫威、丁叉威、乙拌磷等农药分子中的硫醚键可光氧化生成亚砜和砜。当农药芳香环上带有烷基时，此烷基会逐渐发生光化学反应，比如氧化成羟基、羰基或羧基。

光还原（photo reduction）有机氯农药能被还原脱氯，比如，二氯苯醚菊酯在光照作用下生成一氯苯醚菊酯。有些农药还可以进行光化学的脱羟基反应并且得到多数分解产物，如在光作用下氟乐灵能够脱羟基和硝基，同时产生苯并咪唑衍生物。

光水解（photo hydrolysis）在土壤的表面，有紫外光作用下许多具有酯键或醚键的农药可发生光水解反应。一般水解部位发生在醚位上或酯基上，如哌草丹除草剂光照后在硫醚位发生断裂水解。

分子重排和光异构化（rearrangement and photo isomerization） 农药分子光分解后本身会产生自由基，在一定条件下自由基发生重排。比如，草萘胺（napropamide）除草剂光化学降解后会产生自由基，该自由基可以进一步反应进而得到对位转位体，在农药光化学降解过程中伴随着自由基的光转化是不能忽视的。光异构化总是形成对光更稳定的异构体，比如一些有机磷农药光照下分子中的硫逐型（P=S）转化为硫赶型（P—S）。另外，农药在土壤环境中还可发生光亲核取代反应和光结合反应等。有机物污染的土壤中，各种光反应类型可以直接和间接降解农药，因为土壤颗粒的屏蔽使到达土壤下层的光子数急剧减少，因此只有处于土壤表层的农药能够接受光能并发生直接光解；但土壤中普遍存在的光敏物质使得许多农药发生间接光化学转化，光照的土壤表面形成许多氧化剂，这些氧化剂垂直移动的深度要大于光所能穿透的土层厚度，对稍深层的农药也有潜在的降解能力。一般来讲光化学降解作用生成物毒性都低于反应物的毒性；但也有的农药发生光化学降解反应后的生成物毒性增大。例如，甲基苯硫磷、对硫磷、乐果等在紫外线照射作用下可以发生光化学降解反应转变为毒性更强的产物。

(3) 影响农药光化学降解的土壤因素

土壤质地 土壤的团粒、微团粒结构影响农药分子的扩散移动性及光的穿透能力，在高孔隙度土壤中农药的迁移速率很快并且光线可以穿透更深层的土壤。研究表明 2-甲基-4-氯丙酸和 2, 4-D 丙酸除草剂在质地较粗的土壤中光化学降解速率快。

土壤水分含量 在光照条件下，潮湿的土壤表面容易形成大量过氧基、羟基、过氧化物和单线态氧等加速农药光化学降解的自由基。此外，土壤的水分增加能够增强农药在土壤中的移动性，进而有利于农药的光化学降解。研究表明，在水分含量较低的土壤中，咪唑啉酮除草剂光化学降解速率低，相反，在水分含量较高的土壤中光化学降解速率高。

土壤矿物组分 土壤黏粒矿物质具有相对较高的电荷密度和表面积，可通过催化降解作用使所吸附的农药失活。研究表明，在光照条件下，氧在潮湿的黏粒矿物表面极易形成活性氧自由基，活性氧自由基对吸附农药的光化学降解会有明显影响。

土壤深度 因为土壤颗粒的屏蔽作用大大减少了到达土壤下层的光子数，因而土壤中农药的光化学降解通常局限在土壤表层的 1 mm 范围内。但是，土壤中光敏化物质在光照时能产生活自由基，例如单重态氧，它的垂直移动距离可大于光穿透的土壤深度，这使得较深层土壤（表土以下 3~5 mm 的土层）中的农药光化学降解在通氧条件下，明显有乙撑硫脲的光氧化产物生成，在光照下土壤中生成的活性氧基可引起间接光化学降解作用。

(4) 光化学降解的应用

光化学降解是土壤中农药及其中间体在环境中消失的重要途径，对农药在大气甚至水环境介质中的残留与归宿起着决定性的影响。有些农药的最大吸收波长在可见光和近紫外光部分，它们的降解相对容易很多；但许多含氯农药、酰胺类除草剂等的最大吸收波长在紫外光区域，因而在地表环境不易发生降解。

对于 PCBs 污染土壤的光化学降解处理，可以用表面活性剂洗脱污染土壤中的 PCBs，再对洗脱液中的 PCBs 进行光化学降解作用，已发展成治理 PCBs 污染土壤的一种新方法。Hawarl (1992) 研究了太阳光对污染土壤中的 Aroclor1254 的光化学降解作用，再用碱性丙醇将污染土壤中的 PCBs 脱附进入溶剂相，在其中加入吩噻嗪（phenothiazine）作为光敏剂，光敏剂的加入可以导致PCBs在太阳光作用下发生有效脱氯作用。据报道,利用一个100 kW的光化学降解系统以1 m³/d的处理效率来治理土壤,治理费用为120~250美元/m³。由此可见,利用紫外光可以有效地降解土壤中的污染物PCBs,并且可以发展成为一种具有实用价值的土壤治理技术。

11.3.7 原位覆盖技术

(1) 概述

原位覆盖技术（*in-situ* capping）是指用带有清洁剂的地下水去覆盖污染沉积物以及有或者没有侧面墙的少量污染物沉积物。虽然在技术上来讲,原位覆盖污染沉积物是可行的,但也有矛盾方面,比如航运会要求污染沉积物从它的原位移走。

(2) 技术应用范围

原位覆盖技术可应用于存在混合废物的区域,可处理由周围沉积物和水中分离出来的各种类型的化合物。原位覆盖技术适用于以下情况:①需要有效果有选择的办法提供足够的保护;②停止点源排放;③转移和治理污染沉积物的费用和环境影响大;④可以获得合适的覆盖材料;⑤水利条件不会破坏区域;⑥底部能够承受得住盖子;⑦区域能够挖泥。

(3) 技术特点

在技术上对于原始地区的污染沉积物可以进行覆盖处理,但一些有冲突性的使用,例如航海,需要规定污染沉积物从处理的区域转移。需要考虑由于在放置倾斜所引起沉积物的流向趋势,一定地区的条件要求需直接放置盖子,再限制水容量影响的时候能够考虑挖出泥状物质的放置。

(4) 技术实施的影响因素

在最初的6个月必须经常检测,使用几年后,覆盖的完整性也不是确定的,也应当有规律地进行检查。覆盖成功须具备以下条件:

① 仔细选择和操作挖泥设备;

② 污染物要在同一设备中传送到处理场地;

③ 选择处理和覆盖场;

④ 区域的水体影响（如水流、水深、底部轮廓线等）可以影响到盖子的安放完整性和准确性;

⑤ 选择覆盖材料,覆盖的厚度,完整性,和快速直接覆盖能力的材料是重要的条件;

⑥ 放置技术（放置的准确性）;

⑦ 监测的有效性,对覆盖的监测是很有必要的,以确保完整性不会由于水体或者其他原因受影响。

思考题

1. 简述微生物修复的定义及分类。
2. 简述常用的生物修复技术方法。
3. 简述五氯酚的微生物降解途径。
4. 简述微生物—植物联合修复的优点。

5. 简述什么是原位土壤冲洗，它的技术特点是什么。
6. 简述什么是热处理法，简述微波加热技术。
7. 简述溶液浸提技术中溶液回收再利用的过程。
8. 简述在原位加热—真空提取过程中，含水量高的土壤提取效果不好的原因。
9. 简述二阶段提取的技术原理。
10. 简述化学氧化修复技术的概念及其技术特点。
11. 简述土壤中光化学降解作用的概念及分类，影响农药光化学降解的土壤因素。
12. 简述原位覆盖技术。

推荐读物

土壤环境学．王红旗．高等教育出版社，2007.
土壤污染形成机理与修复技术．孙铁珩．科学出版社，2005.
污染土壤修复原理与方法．周启星．科学出版社，2004.

参考文献

王红旗，刘新会等．2007．土壤环境学 [M]．北京：高等教育出版社．
孙铁珩，李培军，等．2005．土壤污染形成机理与修复技术 [M]．北京：科学出版社．
周启星，宋玉芳，等．2004．污染土壤修复原理与方法 [M]．北京：科学出版社．
张从，夏立江．2000．污染土壤生物修复技术 [M]．北京：中国环境科学出版社．
孙铁珩，周启星．2001．污染生态学 [M]．北京：科学出版社．
李法云，曲向荣，吴龙华，等．2005．污染土壤生物修复理论基础与技术 [M]．北京：化学工业出版社．
陈坚．1999．环境生物技术 [M]．北京：中国轻工业出版社．
巩宗强，李培军，等．2001．多环芳烃污染土壤的生物泥土壤的生物泥浆法修复 [J]．环境科学，22 (5)：112-116.
魏德州．1997．石油污染土壤微生物治理过程中的作用 [J]．中国环境科学，17 (5)：429-432.
沈德中．2001．污染环境的生物修复 [M]．北京：化学工业出版社．
罗启仕，王慧，等．2004．土壤中 2,4-二氯酚在非均匀电动力学作用下的迁移 [J]．环境科学学报，24 (6)：1104-1109.
罗启仕，张锡辉，等．2004．土壤酚类污染物在电动力学作用下的迁移及其机理 [J]．中国环境科学，24 (2)：134-138.
ACAR Y B, LI H, GALE R J. 1992. Phenol removal from kaolinite by electrokinetics [J]. J. Geotech. Eng., 118 (11): 1837-1852.
BRUELL C J, SEGALL B A, WALSH M T. 1992. Electroosmotic removal of gasoline hydrocarbons and TCE from clay [J]. J. Environ. Eng., 118 (1): 68-83.
CARRIGAN C R, NITAO J J. 2000. Predictive and diagnostic simulation of in situ electrical heating in contaminated, low-permeability soils [J]. Environ. Sci. Technol., 34 (22): 4835-4841.
GIACOMO M, AJAY K S, CHRISTOPHER J. K., et al. 2000. Electrokinetic remediation of metals and organics from historically contaminated soil [J]. J. Chem. Technol. Biotechnol., 75 (8): 657-664.
HO S V, ATHMER C, SHERIDAN P W, et al. 1999. The Lasagna technology for in situ soil remediation. 2. Large field test [J]. Environ. Sci. technol., 33 (7): 1092-1099.
KAWALA Z, ATAMANCZUK T. 1998. Microwave-enhanced thermal decontamination of soil [J].

Environ. Sci. Technol., 32 (17): 2602-2607.

SAICHEK R E, REDDY K R. 2005. Electrokinetically enhanced remediation of hydrophobic organic compounds in soils: a review [J]. Crit. Rev. Environ. Sci. Tec., 35 (2): 115-192.

SHAPIRO A P, PROBSTEIN R F. 1993. Removal of contaminants from saturated clay by electroosmosis [J]. Environ. Sci. Technol., 27 (2): 283-291.

12 土壤污染修复的工程实例

本章提要

污染土壤的工程应用可分为生物修复、物理修复和化学修复,本章以国内外土壤污染修复技术方面的优秀案例为基础,着重介绍了以上 3 种土壤污染修复方法的具体典型实例,通过本章的学习,将能更好了解各种修复技术的原理、方法、过程和效果。

12 土壤污染修复的工程实例

污染土壤修复技术的研究与应用起步于20世纪70年代后期。在过去的30多年期间，欧、美、日、澳等国家纷纷制定了土壤修复计划，巨额投资研究了土壤修复技术与设备，积累了丰富的现场修复技术与工程应用经验，成立了许多土壤修复公司和网络组织，使土壤修复技术得到了快速的发展。我国的污染土壤修复技术研究起步较晚，在"十五"期间才得到重视，其研发水平和应用经验都与美、英、德、荷等发达国家存在相当大的差距。

经过近十多年来全球范围的研究与应用，包括生物修复、物理修复、化学修复及其联合修复技术在内的污染土壤修复技术体系已经形成，并积累了不同污染类型场地土壤综合工程修复技术应用经验。一些土壤污染修复技术的特点、适用的主要污染类型见表12-1。虽然土壤污染的修复技术很多，但是没有一种修复技术可以针对所有的污染土壤。相似的污染状况，不同的土壤性质、不同的修复要求，也会限制一些修复技术的使用。

表12-1 土壤污染修复技术优缺点比较

方法类型	方法名称	方法特点	适合的污染类型
生物修复	植物修复	优点：低成本、不改变土壤的性质、没有二次污染 缺点：修复的时间很长，一般需要十几年甚至几十年的时间，污染程度不能超过修复植物的正常生长范围	重金属污染、有机污染等
	原位生物修复	优点：快速、安全、费用低 缺点：条件严格，且不宜用于治理重金属污染、有些还处于研究过程中	有机污染
	异位生物修复	优点：快速、安全、费用低 缺点：条件严格，且不适于重金属污染，有些方法还不成熟	有机污染
化学修复	原位化学淋洗技术	优点：长效性、易操作性、费用合理性 缺点：治理深度受到一定的限制，存在淋洗液的处理问题，可能引起二次污染	重金属、苯系物、石油、卤代烃、多氯联苯等
	异位化学淋洗技术	优点：长效性、易操作性、治理深度不受限制 缺点：费用较高，存在淋洗液的处理问题，可能引起二次污染	重金属、苯系物、石油、卤代烃、多氯联苯等
	溶剂浸提技术	优点：效果好、长效性、易操作性，治理深度不受限制 缺点：费用高，需要解决容积污染问题	多氯联苯等
	原位化学氧化技术	优点：效果好、易操作性、治理深度不受限制 缺点：使用范围较窄、费用较高，可能存在氧化剂污染问题	多氯联苯等
	原位化学还原与还原脱氯技术	优点：效果好、易操作性、治理深度不受限制 缺点：使用范围较窄、费用较高，可能存在还原剂污染问题	有机物
	土壤性能改良技术	优点：成本低、效果好 缺点：适用范围较窄、稳定性较差	重金属
物理修复	蒸汽浸提技术	优点：效率较高 缺点：成本较高，时间较长	VOC
	固定/稳定化修复技术	优点：效率较高，时间短 缺点：成本高，处理后土壤不能再农用	重金属等
	物理分离修复技术	优点：设备简单，费用低廉，可持续高处理产出 缺点：处理过程有扬尘，土壤颗粒组成被破坏	重金属等
	玻璃化修复技术	优点：效果好 缺点：成本高，处理后的土壤不能再农用	有机物、重金属等

续表

方法类型	方法名称	方法特点	适合的污染类型
物理修复	热力学修复技术	优点：效率较好 缺点：成本高，处理后的土壤不能再农用	有机物、重金属等
	热解吸修复技术	优点：效率较好 缺点：成本高	有机物、重金属等
	电动力学修复技术	优点：效率较好 缺点：成本高	有机物、重金属等，低渗透性土壤
	换土法	优点：效果好 缺点：成本高，污染土作为有害垃圾还需治理	有机物、重金属等

注：引自梅祖明等，2010。

12.1 生物修复技术工程应用实例

生物修复污染物降解彻底、无二次污染、操作较简单及整体费用低、适用不同类型的修复处理方式和能同时恢复生态系统美化环境等优点，成为最新、发展最快的治理技术，是一类低耗、高效和环境安全的生物技术。

12.1.1 植物修复技术应用实例

近十几年来植物修复领域一系列重大的发现，同时多学科间的交流与结合使得这一技术的优点很突出，取得了丰硕的科研成果，也出现了大量的成功应用实例。国内外有关植物修复的研究与应用主要集中于重金属超积累植物及土壤长残留有机污染的有效修复方面。该项技术主要应用现状见表12-2。

表12-2 典型的植物修复应用现状

过程	修复目标	污染物介质	污染物	所用植物	应用状态
植物提取	提取收集污染物	土壤、沉积物、污泥	As、Ag、Cd、Co、Cr、Cu、Hg、Mn、Mo、Ni、Pb、Zn、Sr、Cs、Pu、U	印度芥菜、遏蓝菜、向日葵、杂交杨树、蜈蚣草	实验室、中试、野外工程试验均已展开
根际过滤	提取收集污染物	地下水、地表水	重金属、放射性元素	印度芥菜、水葫芦	实验室及中试
植物稳定	污染物稳定	土壤、沉积物、污泥	As、Cd、Cr、Cu、Hg、Pb、Sr	印度芥菜、向日葵	工程应用
植物挥发	从介质中提取挥发至空气中	地下水、土壤、沉积物、污泥	有机氯溶剂、As、Se、Hg	杨树、桦树、印度芥菜	实验室、野外工程应用

注：仿杨卓，2009。

12.1.1.1 利用三叶鬼针草修复镉污染土壤的应用实例

中国科学院沈阳应用生态研究所陆地生态过程重点实验室应用三叶鬼针草修复镉（Cd）污染土壤，考察了三叶鬼针草（*Bidens pilosa*）幼苗对镉污染的耐性能力（包括生长反应和生理生化特性）以及对Cd的吸收积累特征。

图12-1表示的是不同浓度Cd处理对三叶鬼针草体内Cd含量的影响。从中可以看出，地上部和根部Cd含量随着土壤中Cd浓度呈极显著的线性增加关系。通过一元线性回归分析可得回归方程分别为：根部$y=14.74x-8.86$，$R^2=0.98$（$P<0.01$）；地上部$y=22.07x-14.89$，

$R^2=0.97$（$P<0.01$）。当三叶鬼针草幼苗地上部干重没有受到抑制时（Cd 32 mg/kg），地上部的 Cd 含量达到 43.8 mg/kg，随着土壤中 Cd 投加浓度增加到 100 mg/kg，地上部 Cd 含量达到 119.1 mg/kg，超过 Cd 超富集植物临界含量标准，即 100 mg/kg。虽然在土壤中 Cd 浓度为 32 mg/kg时，三叶鬼针草幼苗体内 Cd 浓度没有达 Cd 超富集植物临界含量标准。

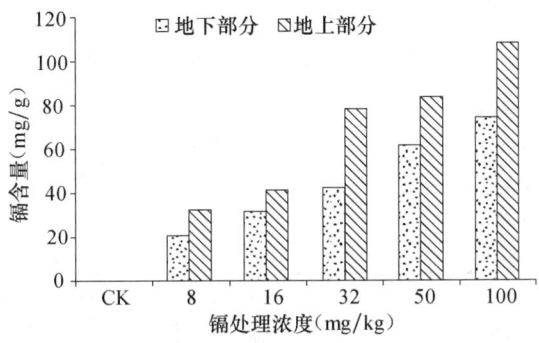

图 12-1　不同镉处理下三叶鬼针草体内镉含量（仿孙约兵等，2009）

由表 12-3 可以看出，在各浓度 Cd 处理中三叶鬼针草的富集系数介于 1.19～4.83，都大于 1.0，具备了 Cd 超富集植物富集系数特征。然而，随着土壤中 Cd 浓度的增大，其富集系数逐渐减少，说明了高浓度 Cd 处理抑制了植物对 Cd 的吸收和积累。三叶鬼针草的转移系数介于 1.21～2.28，具备了 Cd 超富集植物转移系数特征。当土壤中 Cd 浓度达到 32 mg/kg 时，三叶鬼针草对 Cd 的吸收量和提取率达到最大，分别为 17.92 μg/pot 和 0.1%。以上表明，三叶鬼针草幼苗对 Cd 有很强的耐性和累积 Cd 能力，这对修复 Cd 污染土壤具有一定应用潜力和价值。

表 12-3　Cd 处理下三叶鬼针草的富集系数、转移系数、吸收量和提取率

Cd 浓度（mg/kg）	富集系数（BF）	转移系数（TF）	吸收量（μg/pot）	提取率（%）
CK	—	2.28	0.34	—
8	4.83	1.47	8.59	0.048
16	2.74	1.21	8.95	0.05
32	2.55	1.64	17.92	0.10
50	1.78	1.37	5.58	0.031
100	1.19	1.52	5.95	0.033

注：引自孙约兵等，2009。

12.1.1.2　利用紫花苜蓿修复有机农药污染土壤的应用实例

南京林业大学利用紫花苜蓿对有机农药 DDT 污染土壤进行了修复，研究了紫花苜蓿（*Medicago sativa*）对污染土壤中 DDTs 的吸收能力和累积规律，了解和掌握了紫花苜蓿对 DDT 的耐性和吸收能力。在明确紫花苜蓿对 DDT 的吸收特征，为有机氯农药污染土壤的植物修复理论研究和实际应用提供了参考依据。

如表 12-4 所示，植物生长过程中，体内累积了一定浓度的污染物。0.5 mg/kg DDT 浓度处理下紫花苜蓿体内 DDTs 浓度变化范围是 0.085～0.134 mg/kg，在 2.4mg/kg DDTs 浓

度处理实验中，紫花苜蓿体内吸收 DDTs 浓度变化范围是 0.217~0.481 mg/kg。基本上是随着紫花苜蓿的生长，吸附在植物体内的 DDTs 浓度也逐渐变高。浓度高还反映出，植物吸收 DDTs 的速度超过植物生长产生的重量增加。

表 12-4　植株、土壤各部分 DDTs 浓度变化　　　　单位：mg/kg

设置浓度	各部分浓度变化	45 d	60 d	75 d	90 d	105 d
0.5 mg/kg DDTs	植物体内浓度	0.085	0.092	0.088	0.091	0.134
	土壤中实际 DDT 浓度	0.463	0.349	0.301	0.295	0.238
	对照土壤中 DDT 浓度	0.482	0.408	0.369	0.364	0.361
2.4 mg/kg DDTs	植物体内浓度	0.217	0.283	0.351	0.481	0.416
	土壤中实际 DDT 浓度	1.669	1.555	1.537	1.402	1.258
	对照土壤中 DDT 浓度	1.722	1.7	1.572	1.52	1.41

注：引自王玉红，2006。

土壤和对照土壤中 DDTs 含量也发生了变化。在 0.5 mg/kg DDTs 浓度处理中，对照土壤中的 DDTs 含量随着时间的延长而逐渐降低，范围从 0.482 mg/kg 降低至 0.361 mg/kg；种植紫花苜蓿的土壤中，DDTs 含量同样逐渐降低，变化范围是 0.463~0.238 mg/kg；2.4 mg/kg DDTs 浓度处理中对照土壤 DDTs 的含量从 1.722 mg/kg 降低至 1.410 mg/kg，而种植紫花苜蓿的土壤中 DDTs 的含量变化范围是 1.669~1.258 mg/kg。可以得知经过 3 个多月的实验，对照土壤和种植植物的土壤中虽仍有大量的 DDTs 残留，但种植植物的土壤中污染物的含量要明显低于没有种植植物土壤中的 DDTs 含量。说明种植紫花苜蓿对 DDTs 的降解和转移起到了一定的作用。

虽然 DDT 属于脂溶性有机化合物，但在土壤-植物系统中仍然可以由土壤转移到植物根部并通过根转运到地上部分。紫花苜蓿体内各部分 DDTs 含量及总 DDTs 含量动态变化如图 12-2 和表 12-5。随着时间的延长，两种浓度处理紫花苜蓿体内累积 DDTs 的含量不断升高，2.4 mg/kg 浓度处理在第 90 天时达到最高值，为 10.3 μg，转移到植物体内的 DDTs 含量占土壤中实际总含量的 0.68%，而后植株体内 DDTs 含量降低；0.5 mg/kg 浓度处理紫花苜蓿累积 DDTs 含量在第 105 天时达到最高值 2.06 μg，转移到植株体内的含量占土壤中实际总含量的 0.57%，通过此图可以看出，随着实验时间的延长，2.4 mg/kg 浓度处理紫花苜

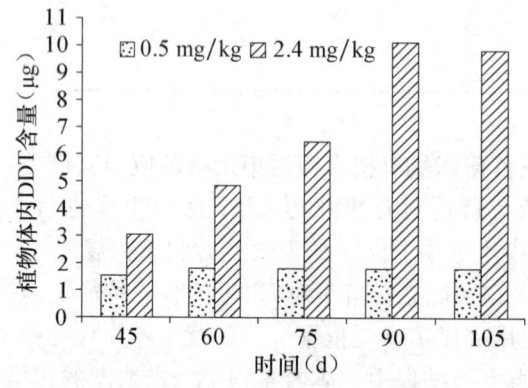

图 12-2　不同浓度处理下紫花苜蓿体内吸收 DDTs 的规律（仿王玉红，2006）

12 土壤污染修复的工程实例

表 12-5 紫花苜蓿体内各部分 DDTs 含量变化

DDT 处理浓度	取样时间	45 d	60 d	75 d	90 d	105 d
0.5 mg/kg	茎叶部浓度（mg/kg）	0.084	0.088	0.072	0.056	0.048
	茎叶部生物量（g）	9.6	12.5	14.6	14.7	16.4
	茎叶部含量（μg）	0.81	1.10	1.05	0.82	0.79
	根部浓度（mg/kg）	0.09	0.102	0.126	0.165	0.141
	根部生物量（g）	3.1	4.8	6.3	6.9	9.0
	根部含量（μg）	0.28	0.49	0.79	1.14	1.27
	全植株含量（μg）	1.09	1.59	1.84	1.96	2.06
2.4 mg/kg	茎叶部浓度（mg/kg）	0.082	0.086	0.066	0.144	0.057
	茎叶部生物量（g）	9.2	11.2	14.0	14.3	15.0
	茎叶部含量（μg）	0.75	0.96	0.92	2.06	0.86
	根部浓度（mg/kg）	0.595	0.684	0.995	1.16	0.989
	根部生物量（g）	3.3	5.5	6.2	7.1	9.4
	根部含量（μg）	1.96	3.76	6.17	8.24	9.30
	全植株含量（μg）	2.71	4.72	7.09	10.30	10.16

注：引自王玉红，2006。

蓿体内累积 DDTs 的含量在不断升高，到第 105 d 时含量由最大值 10.30 μg 降至 10.16 μg，降幅为 1.4%。0.5 mg/kg 浓度处理整体上升趋势缓慢，累积 DDTs 含量变化幅度不大。

从表 12-5 可以看出，0.5 mg/kg DDTs 浓度处理下植物体内不同时期累积 DDTs 含量范围是 1.09~2.06 μg，紫花苜蓿对同时期土壤中 DDTs 的富集率范围在 0.23%~0.57%，而 2.4 mg/kg DDTs 浓度处理植物体内累积 DDTs 含量范围是 2.71~10.3 μg，对土壤中 DDTs 的富集率为 0.16%~1.81%，富集率与设计浓度呈正相关。2 种浓度处理下根部 DDTs 富集量在整个实验阶段随着生物量的增加而上升，茎叶部 DDTs 富集量随着生物量的增加呈现先升后降的趋势。

0.5 mg/kg DDTs 浓度处理下紫花苜蓿根与茎叶含量比值分别是 0.35、0.45、0.75、1.39、1.61；2.4 mg/kg DDT 浓度处理下紫花苜蓿根部和茎叶部含量比值分别是 2.61、3.92、6.71、4.00、10.81。从整体趋势上来看，紫花苜蓿对 DDTs 的吸收主要集中在根部。低浓度处理下 45~75 d 内 DDTs 主要集中在茎叶部，这与这个时期茎叶部的生物量较高而根部生物量相对较低有关，到了后期阶段根部累积含量要高于茎叶部。整个实验过程中，0.5 mg/kg 浓度处理下根/茎叶的浓度比值为 1.07~2.95，在 2.4 mg/kg 处理中浓度比值达 7.26~17.35，这也说明了 DDTs 主要集中在紫花苜蓿的根部，这与植物种类有着很大的关系，紫花苜蓿属于豆科植物，植物根系发达，因而根分泌物也相对较多，分泌的各种酶类较多，可能参与了植物根系对 DDTs 的吸收。

不同浓度处理下植物体内均累积了一定量的 DDTs，说明紫花苜蓿对 DDTs 有直接吸收修复的作用。

12.1.2 微生物修复技术工程应用实例

根据污染土壤是否改变分为原位生物修复和异位生物修复或者两者结合的方式。Taddeoa 研究了用强制通气的方法处理被煤焦油严重污染的土壤，结果表明对多环芳烃降解效果良好。生物强化是基于改变微生物的活性和强度而设计的，Wang 等使用 3 种补充的营养液与分枝杆菌属（Mycobacterium sp.）一起注入土壤，取得了良好效果。生物强化修复可分为生物培养法（bioculture）和投菌法（bioaugmentation）。Jeevan等通过采用投菌法对4 000 m²的石油污染土地进行处理，结果证明该方法确实可行，Juhasz等在实验室利用生物强化法修复多环芳烃污染土壤，结果表明，实验中所有的多环芳烃含量都有明显下降，91 d后苯并芘的含量降低了约25%。该方法重要之处是能够形成优势菌群，加速降解过程。当原位生物修复方法难以满足要求时，异位生物修复成为重要选择。丁克强等利用自行设计的生物反应器进行多环芳烃菲污染土壤的生物修复研究，表明该方法能快速高效地清除土壤中的有机污染物，实现其异位修复。

白腐菌可以通过其分泌的酶降解多环芳烃、氯代芳香族有机物，如农药等。Field等分离出8株白腐真菌，它们都有降解多环芳烃的效果，其中 Bjerkandera sp. 菌株 BOS 55对蒽和苯并芘有很好的降解效果，28 d后蒽去除率达到99.2%，苯并芘去除率达到83%。罗雪梅等以枯草芽孢杆菌为接种微生物，研究微生物对沉积物和湿地土壤吸附多环芳烃菲、苯并芘过程的影响，结果表明枯草芽孢杆菌对菲与苯并［α］芘都可进行吸附或生物降解，48 h液相多环芳烃浓度达到平衡时，微生物消除菲98%，消除苯并［α］芘85%。据报道，真菌可以通过分泌氨基酸、有机酸及其他代谢产物，溶解重金属化合物和含重金属的矿物。陈文清等发现鱼腥草的根际微生物能促进其对镉的富集，刘茵等发现菌根真菌能够减少紫羊茅地上部 Cd 含量，调节生态系统中重金属 Cd 的生物循环。在石油废水排放地被多环芳烃污染的土壤中，微生物降解多环芳烃的能力远高于未被污染的土壤。从这些土壤中分离筛选高效多环芳烃降解菌是开展多环芳烃污染修复的基础。杨晓磊等采用选择性富集培养法，从东北工业区石油污染土壤中分离到能以高浓度荧蒽为唯一碳源和能源，并且生长良好的优势菌 JU1。

12.1.2.1 微生物修复石油污染土壤实例

石油污染土壤的治理研究受到国内外专家学者的普遍重视，长安大学的李春荣等人从炼油厂污水池底泥中驯化、分离、筛选，得到1#、2#、8#、6#共4株优势石油降解菌，分别属于 Bacillus、Pseudomonas、Arthrobacter、Microbacterium，并利用微生物对石油污染土壤展开修复研究，取得了显著的成果。

实验选用的纯化单菌株及其混合菌株（H#），于5、10、15、20和25 d时的石油烃降解率测定结果见表12-6。

表12-6　菌对石油烃的降解率

菌　株	5 d	10 d	15 d	20 d	25 d
1#	32.79±121 c	47.16±1.35 c	58.31±1.57 c	66.42±2.10 c	74.36±2.56 c
2#	27.67±1.07 d	35.74±1.09 d	42.63±1.15 e	49.83±1.43 e	54.36±1.66 e
6#	38.51±1.34 b	53.86±1.76 b	62.79±2.12 b	70.68±1.54 b	78.19±2.49 b
8#	28.38±0.88 d	45.01±1.14 c	51.23±1.43 d	57.84±1.85 d	62.17±2.04 d
H#	40.42±1.89 a	55.49±1.53 a	66.82±2.14 a	75.36±2.34 a	83.73±2.08 a
CK	12.03±0.46 e	17.31±0.62 e	20.21±0.53 f	21.08±0.77 f	21.16±0.74 f

注：表中数据为平均值±标准差（$n=3$）；同列数据不同字母表示在 $P<0.05$ 水平上差异显著。
引自李春荣等，2008。

由表12-6可见，4株菌对石油烃均有一定的降解能力。混合菌降解速度高于4种单菌株，25 d降解率达到83.73%。这可能是因为单一菌株培养时只能代谢一定范围内不同种类的烃，对石油这样一个复杂的混合物将具有不同酶活力的菌株进行混合培养对石油烃降解会产生协同和共代谢作用。第25天6♯、1♯、8♯、2♯单菌和混合菌生物降解率分别为57.03%、53.20%、41.01%、33.20%和62.57%，生物降解占主导地位。

试验田分为黄豆试验区（H01，HJ01），苜蓿试验区（M01，MJ01）和无植被对照区（K01）共计5个处理。各处理单元土壤石油烃降解率测定结果见表12-7。

表12-7　各处理区石油烃的降解率

处理	降解率			
	30 d	60 d	90 d	120 d
K01	20.21±1.51 a	21.76±1.78 d	23.62±2.06 d	24.19±2.11 e
H01	20.96±1.41 a	24.61±1.18 c	32.78±2.17 c	41.27±1.56 d
HJ01	21.07±1.37 a	28.42±1.23 a	42.89±2.51 a	56.92±2.28 b
M01	21.12±1.56 a	23.97±1.91 c	32.28±2.20 c	46.83±2.69 c
MJ01	21.17±1.24 a	25.78±1.32 b	37.64±1.92 b	67.14±3.51 a

注：表中数据为平均值±标准差（$n=3$）；同列数据不同字母表示在$P<0.05$水平上差异显著。
引自李春荣等，2008。

60 d 4种处理的降解率明显高于对照，且HJ01、MJ01区降解率分别较H01、M01高出15.48%和7.55%；90 d以后各处理石油烃降解速度明显加快，这与试验区嗜油菌数量的变化是一致的。至120 d，M01和H01处理的降解率分别高出对照93.50%和70.61%。120 d,MJ01、HJ01区的降解率较M01、H01提高了43.37%和37.92%，分别达到67.14%和56.92%。外源混合菌的投加对生物修复起到了强化作用。这是因为供试菌（芽孢杆菌、假单胞菌、节杆菌和微杆菌）是来自微生物多样性的含油底泥，它们不仅对石油烃具有强的降解能力，而且对石油污染的环境有较强的适应性。其次，植物根际圈存在的丰富有机质营养物不仅为外源菌的生长、繁殖提供了充足营养源，而且外源菌在对根际圈中的某些有机质或石油烃代谢时，可能刺激某些原本不能转化或转化石油烃非常慢的土著微生物利用石油烃，加快石油烃的降解。

12.1.2.2　利用微生物修复重金属污染土壤实例

湖南某厂铬渣堆场土壤生活着有铬还原能力的土著微生物（P. Phragmitetus），直接向土壤中添加营养物质可刺激土著微生物活性，进行铬污染土壤的原位修复。土壤中总铬、总六价铬和水溶性六价铬的含量分别是1 325.6 mg/kg、462.8 mg/kg和381.3 mg/kg，黄顺红开展了生物修复研究。

对铬渣堆场铬污染土壤进行2组对比实验，一组土壤灭菌，一组土壤未灭菌。2组土壤均设2个处理（处理1：加灭菌水；处理2：灭菌培养基），每个处理土液比均为1:1。于30℃培养箱中培养10 d后，添加了无菌水和灭菌培养基的灭菌土以及添加无菌水的未灭菌土，土壤总六价铬均没有明显变化。添加培养基的未灭菌土壤中，土壤总六价铬逐渐降低，到培养后的第4天，从最初的462.8 mg/kg降至36.4 mg/kg，总六价铬的去除率达到92%，到培养实验结束之时（10 d），土壤总六价铬仅为10 mg/kg，其去除率达到98%。说明向铬渣堆场污染土壤中直接添加培养基,可以刺激土著微生物的活性,这是因为有了足够的营养物质,生活在铬渣堆场土壤中的铬还原菌才能大量繁殖,当微生物的数量达到一定的生物量时,开始对土壤中六价铬进行还原。

利用 P. Phragmitetus 进行修复实验,灭菌土壤中,经过 10 d 的培养后,土壤水溶性六价铬、交换态六价铬、碳酸盐结合态六价铬含量都没有减少,在培养过程中,其含量没有明显变化,然而,这 3 种形态六价铬在未灭菌土壤中都随着培养时间的递增而减少,其中,培养 4 d 后,水溶性六价铬从初始的 381.3 mg/kg 降至 5.5 mg/kg,水溶性六价铬去除率为 99%,当培养 5 d 后,土壤中水溶性六价铬已基本去除。交换态六价铬在培养 2 d 后去除率近 50%,培养 5 d 后,铬渣堆场污染土壤中交换态六价铬从最初的 36.4 mg/kg 降为 4.1 mg/kg,去除率达到 89%,经过 10 d 的培养,交换态六价铬基本去除。而土壤碳酸盐结合态六价铬在培养 5 d 后,从初始的 42.6 mg/kg 降至 18.3 mg/kg,培养 10 d 后,只有 6.8 mg/kg 没有被还原。结果表明,铬渣堆场铬污染土壤中土著微生物 P. Phragmitetus 不仅能还原土壤水溶性六价铬,而且能还原土壤交换态六价铬和碳酸盐结合态六价铬。

12.1.3 植物—微生物联合修复技术工程应用实例

植物—微生物联合修复是土壤修复领域研究的热点,可以将两种修复方法的优点相结合,从而强化根际有机污染物的降解。江春玉等从土壤样品中筛选出一株对碳酸铅、碳酸镉活化能力强的铅镉抗性细菌,通过盆栽试验发现菌株 WS34 能促进供试植物印度芥菜和油菜的生长,使其干物质量分别比对照增加 21.4%~76.3% 和 18.0%~23.6%,Idris 等在遏蓝菜属植物 Thlaspigoesingense 根际分离出大量对 Ni 耐受性较强细菌,这些细菌可以明显提高 Thlaspigoesingense 对 Ni 的富集能力。可见,植物修复重金属污染土壤过程中向土壤中接种专性菌株,不仅可以提高植物生物量,而且还可以提高土壤中重金属的生物可利用性。欧阳威等将投加外源微生物菌剂与种植高羊茅相结合修复石油污染土壤,研究得出,在成熟高羊茅草坪条件下,微生物菌剂的强化分解作用可提高 15%~19%。李春荣等研究发现节细菌(DX-9)的施加显著加快了玉米、向日葵修复的速度,石油降解率提高了 71.3% 和 64.6%。在投加特性降解菌的同时应注意土壤中总石油烃浓度不宜过高,才能有效利用外源菌与植物的联合作用。在石油烃污染土壤中种植玉米和大豆,并施加不同的 AMF(丛枝菌根真菌)菌剂,一个生长季后,土壤中石油类污染物降解率可达 53%~78%。

12.1.3.1 植物—微生物联合修复 PCBs 污染土壤实例

高世珍从天津塘沽开发区潮间带污染沉积物中成功分离筛选到一株对 PCBs 具有降解能力的特异降解菌,该菌能以 PCBs 为唯一碳源生长,在驯化培养基中对 PCBs(1 μg/ml)6 d 的降解率达到 50% 左右。选用潮间带沉积物和盐沼植物翅碱蓬进行了植物-微生物联合修复持久性有机污染沉积物,探讨了联合修复多氯联苯污染沉积物的效果。

在中国环境科学研究院土壤所科研温室内进行研究。PCBs 浓度设 4 个污染水平(T0、T1、T2、T3),T0 为无污染物对照,T1、T2、T3 分别为 100 μg/mg、1 000 μg/mg、5 000 μg/mg 的 PCBs 污染处理。进行试验,设置单一翅碱蓬、单一降解菌、翅碱蓬-降解菌和对照等处理,试验进行 90 d。沉积物中 PCBs 的残留浓度。随着处理浓度的增加,沉积物中 PCBs 的残留量逐渐增加。各处理中对照(CK)的残留浓度最高,翅碱蓬—降解菌处理的沉积物中 PCBs 残留浓度最低。经 90 d 处理，翅碱蓬—降解菌处理的沉积物在不同浓度处理组中 PCBs 的残留浓度分别为 19.3 μg/mg、261.2 μg/mg 和 700.1 μg/mg，PCBs 的残留浓度比单一翅碱蓬的低 5.1%～25%；比单一降解菌的低 3.9%～27%。说明植物-微生物联合修复的效果优于单一的植物或微生物修复效果。除 1 000 μg/mg PCBs 处理外，单一翅碱蓬的残留浓度均比单一降解菌的高，说明在 PCBs 去除过程中微生物起主导作用，而翅碱蓬起促进作用。通过沉积物中微生物数量的测定发现，PCBs 对细菌的生长具有促进作用，种植翅碱蓬可显著提高沉积物中细菌的数量，翅碱蓬促进微生物的生长繁殖进而促进了沉积物中 PCBs 污染物的降解。

12.1.3.2　植物—微生物联合修复阿特拉津污染土壤实例

东北农业大学环境科学系张颖等人采用富集培养的方法，从长期施用除草剂阿特拉津的黑土中，筛出阿特拉津高效降解菌，并开展了植物—微生物修复农药污染土壤研究。

利用狼尾草、高丹草、黑麦草与专性降解菌 W_7 和 W_{16} 协同作用，对阿特拉津污染土壤进行修复，研究植物—微生物联合修复污染土壤的效果。阿特拉津浓度变化结果如表 12-8 所示，其降解曲线如图 12-3 所示。

表 12-8　植物—降解细菌对土壤中阿特拉津的残留量　　　　　单位：mg/kg

不同处理	阿特拉津浓度	不同处理	阿特拉津浓度
CK	84.41±2.36	黑麦草＋$W_{混}$	10.27±1.46
$W_{混}$	42.73±1.08	高丹草＋$W_{混}$	8.35±2.09
狼尾草＋$W_{混}$	5.96±2.18		

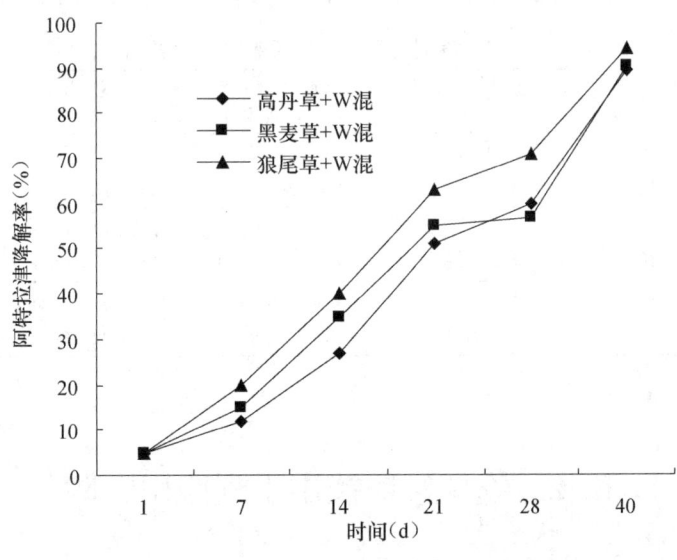

图 12-3　植物与降解细菌联合对阿特拉津的降解

由表 12-8 可以看出，不同处理对土壤中阿特拉津的降解存在显著差异。植物与降解菌联合修复处理的土壤中阿特拉津的降解率明显高于空白对照和仅接菌的处理，与单一种植植物的处理相比，联合修复也高于植物修复。其中，狼尾草＋$W_{混}$菌的联合修复效果最好，修复 40 d 后，阿特拉津浓度降低为 5.96 mg/kg，这可能是由于狼尾草的须根发达，生长快，能较快地将 $W_{混}$ 菌带到土壤各处进行降解。高丹草根系发达，耐旱，适应性广，对土壤要求不严，修复效果弱于狼尾草＋$W_{混}$ 菌。

由图 12-3 中可以看出，狼尾草＋$W_{混}$ 菌的联合修复效果最好，对阿特拉津的降解率达到 94.31%，高丹草＋$W_{混}$ 菌对阿特拉津的降解率为 89.26%，黑麦草＋$W_{混}$ 菌为 90.26%。黑麦草的须根系虽然也发达，但只密布表土，所以其根系不能将 $W_{混}$ 菌带到深层土壤，也可能由于本实验在实验室条件下日照、温度等因素的影响，使黑麦草的生长情况不如狼尾草和高丹草，因此残留在土壤中阿特拉津的浓度是这 3 种植物中最低的，为 10.27 mg/kg。

12.1.3.3 植物—微生物联合修复重金属污染土壤实例

张璐从永州的某一铅锌铜矿周边污染土壤中分离出 2 株具有 Cd 抗性且能产生铁载体的根际细菌（B1、B2），利用这两株菌与油菜开展了联合修复研究。

镉抗性菌株对油菜吸收镉的影响见表 12-9。随着土壤中 Cd 浓度的增加，植物体内金属含量都有所增加。3 种处理的植株体内金属浓度虽然随土壤 Cd 浓度根茎中浓度都增加，但是其总量却并未有显著增加。抗性菌株 B1 对油菜的生长无显著的促进作用，对土壤中有效态镉的影响与对照相比不显著，且在高浓度下略低于对照。在高浓度（Cd 100 mg/kg）下，油菜根部镉含量高于对照处理植株，并且其向地上部转运率也有所降低，小于对照，但是其地上部总镉含量却远高于对照处理植株，这与金属向地上部转运率降低，减少金属对植物的毒害，从而增加植物生物量相关。抗性菌株 B2 对油菜生物量具有明显的促进作用，在土壤不同镉污染水平下，较对照分别增加了 23.8%、42.0%、41.4%。接种 B2 土壤中有效态 Cd 的含量分别达到了 9.4 mg/kg 和 16.8 mg/kg，远远高于对照处理的土壤的 6.5 mg/kg 和 12.7 mg/kg，对土壤中的金属具有活化作用，油菜地上部分和根部镉浓度也显著增加。

表 12-9　镉抗性菌株对油菜吸收镉的影响

处理	Cd 浓度 (mg/kg)	地上部 Cd 浓度 (mg/kg)	地下部 Cd 浓度 (mg/kg)	总 Cd 量 (mg/盆)	转运系数
CK	50	109.94 a	150.24 a	160.50 a	0.72
	100	131.44 b	226.12 cd	159.04 a	0.58
B_1	50	112.5 a	159.65 b	185.69 b	0.70
	100	129.62 b	238.97 cd	183.08 b	0.54
B_2	50	126.57 b	162.22 b	322.75 c	0.78
	100	157.37 c	256.85 e	325.75 c	0.61

注：处理间不同字母表示差异达 5% 显著水平。
引自张璐，2007。

12.2　物理修复技术工程应用实例

物理修复是最先发展起来的修复技术之一，目前已经成功应用于苯系物、多环芳烃、多氯联苯和二恶英等污染土壤的修复。

12.2.1　土壤蒸气提取技术工程应用实例

土壤蒸气提取将由真空泵产生负压驱使空气流经过污染的土壤孔隙，使土壤进行解吸并夹带有机组分流向抽气井，抽气井产生真空，形成一个压力或浓度梯度，最终在地上完成处理。很多情况下在污染土壤中也安装若干空气注射井来增加压力梯度和空气流速。随着这项技术的快速发展，另一项技术空气喷射（air sparging）与土壤蒸气提取技术（AS/SVE）的结合成为目前污染土壤及地下水修复的常用手段。

12.2.1.1　汽油污染土壤蒸汽提取技术应用实例

从1989年3月到1990年5月，位于马萨诸塞州东南部的一家汽车加油站采用土壤蒸气提取技术修复污染土壤，该地区采用这项技术回收泄漏到土壤中的汽油，同时，处理土壤中的挥发性有机污染物（VOCs）。

通过对地表水质量取样和数据分析得出地下水位的土壤存在严重污染。从1990年10月到1991年1月期间，在有限预算为30 000美元的支持下，污染场地建立并运行空气喷射/土壤蒸汽提取系统（AS/SVE）。利用标准钻井技术，安装了9个直径为2.54 cm的PVC空气喷射井。在深度为4.57~5.79 m处安装了30.48 cm的井屏。此处的地下水水位季节性波动在2.44~3.05 m。工程场地土层深度在6.10 m以下。这些土壤具有无污染，结构优良，虽颗粒大小不一，但以细微土和中等颗粒土为主。这个AS/SVE设备是由一个0.75 kW马力的再生风机（最大容量为166.50 m^3/h），一个定时器控制的1.88 kW的无油往复压气机和一个催化氧化装置（最大容量为169.90 m^3/h）。空气喷射装置流线型设计，由长为0.95 cm的灵活的高压水管，不锈钢球阀和压力调节器组成。

空气喷射系统安装了同时运行的一组（三口）空气注水井以保证在24 h内每口井能有2个4 h的循环。这项操作装配可以使由空气喷射过程产生的优先气流输送的可能性最小化，且能使烃的去除率和能源效率最大化。该空气喷射井系统为了能保持挥发性有机物（VOCs）的最大去除率需要持续交替运行。

在空气喷射系统运行中，测定水流速为5.10~8.35 m^3/h时，压力则维持在0.27~0.41标准大气压的范围。地下水监测结果表明AS/SVE设备的运行对地下水位的影响不明显。在空气喷射运行中，土壤蒸气提取系统最初的排放浓度为931 $\mu L/L$，最终的排放浓度为65 $\mu L/L$。从系统单一操作的运行期记录得出，基线浓度是保持在100~65 $\mu L/L$。

据估计，在测试期间空气喷射/土壤蒸气提取系统，大约能够抽提304.85~335.7 L的汽油，其中31.85~54.60 L的汽油则会直接提供空气喷射系统设备的能源。接下来在1991年1月份系统就停止运转，在1991年1月从监测井中采集地表水水质样本，1991年4月对其进行分析，这些样本历史时期的水质数据仍然存在。实验室分析的结果表明地下水中的总苯系物浓度从50 000 $\mu L/L$减少至不足10 000 $\mu L/L$，而且一直保持下降状态。在现场沿梯度下降不足30 m的地表水样中没有监测到苯系物，这说明空气喷射系统的运行没有引起污染物的横向扩散。基于空气喷射/土壤蒸气提取系统运行后去除速率的估算值和地表水中可溶的挥发性有机物（VOCs）浓度的下降，说明这项工程在有限的经济资源条件下，可以实现去除主要饱和区污染源的目的。

12.2.1.2　五氯酚污染土壤热修复技术应用实例

五氯酚（pentachlorophenol，PCP）作为农药和木材防腐剂曾在世界范围内大量应用，因其对生物体的广谱毒性和诱发突变性被认为是环境中主要的持久性有机污染物（POPs）之一，对PCP在土壤、沉积物和微生物生长介质中的生态毒性和降解的研究一直是国际关注的热点。

中国科学院南京土壤研究所孙磊等人在研究中发现，125℃高压蒸汽灭菌 30 min 后，添加到土壤中的 PCP 在灭菌后的残留率与土壤含水量（0～0.5 g/g）呈显著的负相关（$y=-72.39x+90.882$），$R^2=0.84$。风干土中 PCP 残留率为 97%，而含水量 0.4～0.5 g/g 的土壤中 PCP 的残留率为 60%，在此发现的基础上开展了 PCP 污染土壤的热修复实验，研究结果表明，125℃处理 60 min 后，即使是风干土中也有 33% 的 PCP 以气态挥发，被 NaOH 溶液吸收，且土壤与吸收液中的 PCP 总和与添加的量相吻合。含水量为 0.3 g/g 和 0.6 g/g 的土壤中仅剩下 10% 的 PCP，另外 45% 的 PCP 以气态挥发被 NaOH 吸收，45% 消解。而含水量为 1.2 g/g 的土壤中则有约 25% 的 PCP 残留在土壤中，45% 被 NaOH 吸收，30% 消解。红壤因其黏粒含量高（0.51 g/g），所以渗透性较差。125℃处理的污染土壤中 PCP 的残留量随含水量的增加（0～0.6 g/g）而降低，含水量达到一定程度后，PCP 的残留量又随着土壤含水量的增加（0.6～1.2 g/g）而增加。

为确定在较低温度下加热对有机物污染土壤的修复效果，对污染土壤进行了 80℃的恒温处理。80℃处理 1 h 后，污染土壤中 PCP 的残留量虽然高于 125℃的处理，但是仍有一部分的 PCP 被清除，且含水量同样显著地影响 PCP 的去除效率，其影响的趋势与 125℃的处理一致。80℃处理 1 h 后，风干土中 PCP 的残留量最高，随着含水量的增加（0～0.3～0.6 g/g），PCP 的残留量降低，当含水量继续增加至饱和时（0.6～1.2 g/g），PCP 的残留量反而增加。

对 PCP 污染土壤在不同温度下处理的结果发现，土壤含水量显著影响 PCP 污染土壤的热修复效率，含水量中等时（0.3～0.6 g/g），热修复效率较高，而干土和水饱和的情况下，热修复效率较低。研究结果为 PCP 污染土壤的热修复提供了重要依据。

12.2.2 电动力学修复技术工程应用实例

污染土壤电动修复是 20 世纪 80 年代末兴起的一门修复技术。到目前为止，已有美国、加拿大、德国、荷兰、英国、法国、日本、韩国等近 10 个国家和地区相继开展了该方面的工作，并在包括室内和现场研究方面取得了进展。

Marceau 等研究规模较小的 Cd 污染土壤的电动修复效果。结果表明，经过 3 259 h 的修复后，98.5% 的 Cd 被去除，电能消耗为 159 kW/m；Probstein 等在研究电动修复技术去除有机污染物和重金属污染的改良方式中发现，在电极区周围加入无毒性的清洗液有助于污染物的去除，而且清洗液的 pH 值越高电渗流的流动速度就越快；Lee 等在研究电动修复技术修复铅污染的高岭土时，在实验装置中安装一个回流装置，将阴极室的电解液引入阳极室中以确保操作液能够起到酸碱中和的作用，实验结果表明采用这种方式有助于减缓土壤酸化，从而提高重金属污染物的去除效果，且回流速度越快效果越明显。

12.2.2.1 金属污染电动修复工程应用实例

美国海军航空武器 5 号试验点在加利福尼亚州的穆古角地区。美军环境中心和水道试验站工程研发中心在加利福尼亚州穆古角海军航空武器站点 5 号试验点进行金属污染电动修复的田间示范。穆古角海军航空武器站点 5 号试验点距离洛杉矶西北部约 80 km，面积大约 1 800 hm²。5 号试验点面积很大，电镀和金属加工过程都在这里进行。1947—1978 年，废水池存放的废水来自电镀和金属加工过程的排放。在田间示范之前，进行了大量的实验室试验，评价了穆古角海军航空武器站点 5 号试验点电动修复技术的有效性和可行性。

据调查，当地土壤中铬的浓度高达 25.10 g/kg，镉的浓度高达 1.81 g/kg，这些重金属污染物来源于电镀和金属加工过程排放的废水，这些废水被集中排放到一个废弃的水池中。

当地土壤类型为砂质土壤和沉积物，其中砂粒 85%，砂石 7%，粉粒 6%，黏粒 1%；土壤 pH 值为 5.84，总有机碳为 6.39 g/kg，水力传导性为 0.045 cm/s，阳离子交换量为 3.9。

技术工艺：有 2 个面积为 500 m² 的试验间，一号试验间（记为 1#）是一个人造的狭窄的处理区，包含 2 个旧废水池以及周围的狭径；二号试验间（记为 2#）是一个对地下水和潮汐效应敞开的处理区。但需要特殊说明的是，2 个试验间存在这样的联系：如果 1# 试验间观测到运行上存在问题，2# 试验间将不能运行。

试验间布设及具体运行如下：在 1# 试验间边界周围安装 6.10 m 深的电动的绝缘体板桩围墙，安装高 3.04 m 三排正极和两排负极，起始电流密度为 0.2 mA/cm²；运行 3 个月后，到 1998 年 5 月，测试区面积减少到 250 m²，电流强度从 0.2 mA/cm² 增加到 0.33 mA/cm² 以上。运行 22 周之后，到 1998 年 10 月，田间示范暂时停止。从 1999 年 1 月至 6 月，系统在更小的试验间重新开始运行。

工艺运行时间为 1998 年 3 月至 1999 年 6 月，在工艺运行期间及结束处理后，对多个土壤及孔隙流体样品结果进行分析，这些结果以表明重金属随时间变化的运移情况。1998 年 10 月的观测结果说明铬不断向负极迁移，1999 年 6 月观测结果说明镉不断向地表且向负极方向迁移，铬不断向负极方向迁移。结果表明电动修复技术可以成功地应用到海军航空武器 5 号试验点的田间示范中。在田间修复过程中，电动修复技术提高了该试验地中镉和铬的迁移率。在美国海军航空武器 5 号试验点，对电动修复系统的运行情况要连续检测并且进一步评价对技术性能起限制性的因子。电动修复系统将会提高电解液中三卤甲烷和游离氯的含量，三氯甲烷浓度高达 165 mg/L，丙酮含量达到 200 mg/L，溴二氯甲烷含量达到 8.5 mg/L。

根据美国原子能委员会研究报告显示，在目前发展阶段，该技术在商业上作为可利用技术并没有得到充分开发。在全面商业化之前需要解决一些问题：三卤甲烷的形成；对自然发生离子的影响；预测治理效果的方法；电极设计及它对电场形状和强度的影响；野外条件下决定电极配置的方法。

12.2.2.2 Lasagna 原位电动修复技术工程应用实例

Lasagna 技术是一种最新的原位修复污染土壤技术，用于处理非均匀或低渗透性污染的土壤。原理是在土壤采用多个重叠平行处理区，在土壤介质中加入吸附剂，接触反应剂缓冲剂等，然后通电产生电场使污染物迁移到收集区进行处理。

联合工业（孟山都公司、杜邦和通用电气）与美国能源部和美国环境保护署一起合作，共同开发这项技术，实现其在污染土壤修复的应用。美国的肯塔基州的 Paducah 实际场地被选择用来测试 Lasagna 技术修复效果。

该地区主要的有机污染物是三氯乙烯（TCE），在土壤中的浓度范围在 1 mg/kg 到大约 1 500 mg/kg 之间。在 1995 年，最初一期小范围测试在 Paducah 实际场地进行，此次测试称为第一阶段，目的是了解 Lasagna 技术在实际田间应用情况。这次试验在 5 月份完成，选取一块 3 m×5 m 土地，深度为 5 m。选用活性炭作为处理材料，收集污染土壤中的三氯乙烯。采用这种技术处理该地区污染的土壤，三氯乙烯的去除率最高达到 99%，效果非常好。

第二阶段大规模实地试验才是检测 Lasagna 技术原位修复污染土壤的关键。在 Paducah 实际场地进行第二阶段测试是一大进步，处理地区扩大到 6.4 m×9.2 m，深度大约为 13.7 m（三氯乙烯已经能渗透到这个深度）。因为在该地区有机污染物的溢漏已有 2 年多之久。这种标准化设计以后可以作为更大区域实际进行修复的参考。根据大量的调查和研究表明，零价态的铁屑可以作为反应试剂来修复被三氯乙烯污染的土壤。

处理地区面积为 6.4 m×9.2 m，深度大约为 13.7 m。2 个电极相距 6.3 m，在它们中间插入 3 个处理带；制作电极和 3 个处理带的材料装在一种特殊设计的混凝土空心导管，这种混凝土空心管宽为 51 cm，厚为 5 cm，长为 17 m；它由 4 个宽 12.7 cm×厚 5 cm 小混凝土空心管焊接在一起而构成。混凝土的导管的长度可以使其插入 14 m 深的土壤后还有部分露在地面上。在每个混凝土空心管的上部都固定一个漏斗。制作各部分的材料都会通过水泥搅拌机的混合，之后从漏斗装入管中。

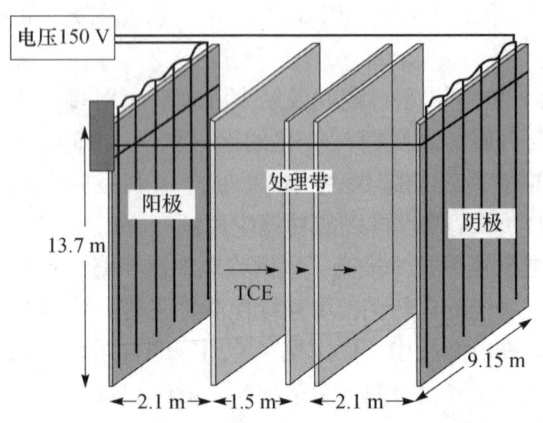

图 12-4　现场装置简图（仿 Sa 等，1999）

每个电极由厚度为 3.8 cm，50/50 的帷幕构成，其中包含大量的铁屑和 Loresco 焦炭。这些材料安放在 13.7 m 的深度，Loresco 焦炭是一种填充材料，可以起到保护电极的作用；铁屑可以通过氧化作用加快水电解反应，水电解是正极的主要反应。在已装有电极材料的混凝土导管中，每隔 1.5 m 安插 1 个热轧钢条（直径 1.9 cm）深为 12.2 m，一共安放 6 根。它们可以让每个电极并联且通过电缆连接到地面的供电设备。3 个处理带每个厚为 3.8 cm，安放在两个电极之间。第 1 个处理带距正极 2.1 m，第 2 个距第 1 个 1.5 m，第 3 个距第 2 个 0.6 m，这样依次排列（图 12-4）。设置多种空间间隔不但是为了提供不同处理阶段土壤条件的信息而且可以确定最佳的处理空间间隔。用湿高岭土即悬浮在其上的铁屑所组成的泥浆作为处理带的填充物质，高岭土可以使铁屑悬浮液在 14 m 的深处分布均匀，而且可以降低三氯乙烯的损失。处理带使用的铁屑为 8～50 目，BET 面积为 1.6 m²/g，还掺有 3% 的碳。实际铁屑悬浮液的含量为 1.61 g/cm³。电极和处理带所使用的材料全都是对环境无害的，在处理后会被留在原处。

Lasagna 技术的实施最主要考虑的因素是其对环境的干扰和成本，通过对处理后的土壤的调查研究，修复效果跟污染土壤的位置有关，在处理带周围的土壤，三氯乙烯的去除率在 95%～99%。在实施成本方面，典型污染的土壤从深度 4.6～13.7 m，处理成本费用大约为 59～105 美元/m³。Lasagna 技术第一次大规模在实地全面配置实施土壤修复，效果证明其修复污染土壤的可靠性。

12.2.3 固定化/稳定化技术工程应用实例

固定化/稳定化（solidification/stabilization，S/S）技术包含了 2 层含义：固定化是指利用固化剂物质（水泥等）与土壤中的污染物包被在一起，使污染物不能流动或呈固态存在，进而使污染物处于相对稳定的状态。固定化不考虑固定化剂或固定化的污染物之间是否发生化学反应；稳定化是将有害污染物转化成低毒性、低迁移能力及低溶解性的物质，从而达到降低污染效果的目的。用于稳定化处理的反应剂有磷酸盐、硫化物和碳酸盐等化合物。

早在 20 世纪 50 年代，固定化/稳定化技术就被广泛应用到处理工业废弃物和修复土壤污染。在加拿大，这项技术一直作为治理污染土壤的主要手段。现在美国已有 180 个超级基金项目是关于污染土壤的固定化/稳定化研究。美国环境保护署曾称固化/稳定化技术是处理有毒有害废弃物的最佳技术。

Jaarsveld 等研究了 Pb、Cu 对粉煤灰制成的土聚水泥物理化学性质的影响，发现土聚水泥是通过化学键合作用和物理裹限作用把污染物固化的，而且金属离子的半径越大，固化的效果越好，越不容易被滤出；徐建中等以粉煤灰为主要原材料，合成了一系列含有重金属的地聚合物，对各地聚合物试样进行了毒性滤取程序检验 Cu^{2+}，Zn^{2+}，Pb^{2+}，Cd^{2+}，Cr^{3+} 和 Ni^{2+} 在地聚合物中的固化效果。试验结果表明，地聚合物对上述重金属有很好的固化效果。

固定化/稳定化技术可以处理多种复杂污染物，实施时间一般为 3～6 个月，其费用低廉且加工设备易于转移，形成的固体毒性降低，稳定性增强；在固体中的微生物不易生长，结块结构不易被破坏等优点。常用的材料有无机黏结物质（水泥、石灰等），有机黏结剂（沥青等热塑性材料），热硬化有机聚合物（尿素、酚醛塑料和环氧化物等），玻璃质物质。由于技术和成本方面考虑，水泥和石灰等无机材料被广泛应用于固化/稳定化技术。

12.2.3.1 重金属污染土壤固定化/稳定化技术应用实例

在美国超级基金项目的支持下，重金属污染土壤的原位固定修复已经得到广泛应用，美国威斯康星州的马尼托奥克河的一段受重金属严重污染的底泥曾采用原位固定修复技术处理。Meegoda 采用了硅土作为黏合剂，对铬污染土壤进行固定化修复，结果土壤淋滤液中六价铬的浓度从试验前的大于 30 mg/L 降低到 5 mg/L 以下。邵涛等人研究表明，膨润土对铬化合物的吸附机理主要在于蒙脱石的阳离子的交换吸附特性。Wheeler 报道将水泥、炉渣和石灰混合物加入污染土壤中，搅拌均匀凝固之后，形成一个大石块，将污染土壤包埋在其中。Nissen 发现添加 0.5% 和 1.0% 的沸石在 90 d 内可显著降低污泥中可移动的 Zn，同时也显著降低土壤中重金属向黑麦草的迁移。Haidouti 得出天然沸石占土重 5% 时，紫花苜蓿茎和根中 Hg 浓度分别减少了 86.0% 和 55.4%，黑麦草中减少了 84.2% 和 58.2%。Zorpas 等研究了沸石在污泥腐熟过程中吸附重金属的情况，结果发现随着混合物中天然沸石含量（0～30%）的增加，腐熟后混合物中重金属的浓度明显减少，沸石吸附了污泥中交换态和碳酸盐结合态的重金属。

中国地质大学张莹采用层状硅酸盐矿物固定化污染土壤中的汞，并在固定动力学、酸改性和热改性等方面展开了大量的研究工作，研究结果表明土壤本身对汞有着很好的固定稳定化能力，在含汞 30～135 mg/kg 时浸出液浓度低于《危险废物鉴别标准—浸出毒性鉴别》（GB 5085.3—2007）要求的 0.1 mg/L；1 200 mg/kg 以下时，固定稳定化率高于 90%；在

900 mg/kg 时土壤的固定稳定化能力达到饱和；在汞浓度较高的条件下，土壤对硝酸汞的固定稳定化能力大于氯化汞。3 种层状硅酸盐矿物对汞的吸附迅速，在 150 min 时达到平衡，其吸附对准二级动力学模型拟合良好，吸附过程由多种反应综合控制。3 种矿物对汞都有较好的吸附能力，吸附量随着平衡浓度的增加而增加，最大吸附量分别为，蛭石 8.72 mg/g，蒙脱石 6.97 mg/g，高岭土 6.32 mg/g。投加矿物后土壤浸出液的浓度迅速下降，降低了 60%，随着投加量的增加，浸出液浓度不断降低。3 种矿物经过酸改性后，最大吸附量有了明显的提高，酸改性对蒙脱石的影响最大；随着酸浓度的增大，最大吸附量均随之提高；在酸浓度 1.10 mol/L 时最大吸附量出现回落；而蒙脱石和高岭土的回落比蛭石要明显偏大。3 种矿物经过热改性，其最大吸附量都有了明显的增加，其中蒙脱石最大吸附量的增加最大，蛭石次之，高岭土的提高最小。蛭石和蒙脱石的最大吸附量都在 300～350℃时上升，随后下降，在 600℃时下降加速，高岭土的吸附量从 300℃时开始稳定下降，下降幅度不大。因此，层状硅酸盐对汞有极好的吸附能力，并且由于层状硅酸盐属于成土矿物，不会构成二次污染，同时广泛存在，且价格低廉，具有很好的经济效益，将其应用于土壤汞污染有着良好的前景。

12.2.3.2 稳态废弃物污染土壤固定化/稳定化技术应用实例

美国纽约人工钓鱼礁地区曾应用固定化/稳定化技术处理该地区垃圾废弃物以及污染的土壤，美国纽约曾经开展了一个项目，调查稳态废弃物作为人工钓鱼礁建筑材料而产生的环境后果。该地区使用一种波兰水泥石灰黏合剂作为固化材料，用来处理煤炭燃烧垃圾，这些垃圾被粘成块后放入 40 m 深的海水中。垃圾在 8 年后被回收，通过扫描电镜、EDAX 以及衍射仪检测分析，其被分解为能量、化学物质及矿物质。通过其他调查，结果表明一些垃圾被暴露在淡水中经过一年被分解，垃圾能量基本不受影响，沉淀作用和溶蚀作用过程以 8 年 10 mm 到 20 mm 的边界渗透速度运动。并且可以得出，由于垃圾暴露于淡水中一年表现出的表面明显软化，这可能使垃圾降解最小化。

12.2.3.3 化学药品污染土壤固定化/稳定化技术应用实例

美国海军建设中心（NCBC）坐落于密西西比州的格尔夫比特地区，占地 440 hm^2，在 1968 年和 1977 年，一种名为"Agent Orange"的化学药品大量贮存在这里，这种化学药品含有二恶英成分。由于泄漏和溢出，这种化学药品在水力的作用下，污染了当地大片潮湿土壤和水源并且呈网状扩散。当地采用固定化/稳定化技术，以水泥为胶凝固化材料，大约处理 75 000 t 污染沉积物，经过处理后的污染沉积物被用作铺设大型设备停车场场地的地基材料。

12.2.3.4 重金属和有机化合物混合污染土壤固定化/稳定化技术应用实例

在英国西德雷顿，靠近希思罗机场附近的地区原来是一个化工厂，其污染物混合了重金属和有机化合物等，铅和铜浓度高达 3 000 mg/kg，矿物油和总石油烃的含量分别为 2 000 mg/kg 和 9 000 mg/kg。该地区采用原位固定化/稳定化试处理污染土壤，工程处理 14 m^3 区域的土壤，使用一种土壤混合螺旋钻，这种钻可以打破土层使土壤与固化材料充分混合，利用土壤混合螺旋钻可以混合 7 种不同的固化材料如水泥，石灰等。处理后土壤在以后每隔一段时间进行钻心取样，对其浸出效应、毒性、UCS 等的测定，结果表明这种处理方法在 5 年后依然有效，并没有严重的恶化的迹象。

12 土壤污染修复的工程实例

这一次采用固定化/稳定化技术成功修复了希思罗机场地区的污染土壤，在1997年固定化/稳定化技术在西德雷顿地区又被用于修复土壤和地下水的有机物污染。

西德雷顿地区大约7 200 m³，最初是一个涂料工厂的位置。当地的房产建筑管理协会需要这块土地重新开发用于房屋建设。该地区曾使用土壤蒸气抽取技术除去大部分深处在3.5~4 m的烃类污染，在填筑土、砂子和砂砾上面覆盖伦敦黏土。后来发现并没有消除所有的污染，在土壤和地下水中的烃类化合污染物的含量仍然很高。

通过填埋处理污染的土壤，其成本高、对环境造成损害，并且要处理3 000 m³的土壤根本就是不切实际，因此这种方法被否定。原位土壤洗涤也被否定，由于其高成本，虽然比填埋处理低。生物修复由于其技术层面要求较高，成功的工程实例较少，所以也不能在该地区应用。

最后，以水泥为固化材料的固定化/稳定化技术被认为是可行性最强的修复手段。

采用改进的中空螺旋钻将泥浆与土壤混匀。这种螺旋钻起初向下钻探，利用螺旋叶片穿透土层，到达指定位置反方向旋转，通过装有固化材料圆柱形中空管向土壤中注射固化剂粉末或浆液，同时充分混合。这种设计可以避免挖出的泥沙石头被带到土壤表面。

采用3种不同的处理方法在现场区域来应对不同程度的污染。处理3个严重污染地区采用水泥浆和亲有机物的黏土组成的固化材料，与区域土壤混合，形成网络重叠的圆柱。在污染区域周边用水泥和膨润土混合泥浆，构建出一道不能渗透的防渗墙。这样做是为了防止受污染的地下水流到环境易受到破坏的地区。在污染地带设置2个相对渗透的"截面墙"，由土壤和柱撑黏土浆组成。这两个"截面墙"像化学滤网一样，当污染的地下水流过时，污染物就会被截住，也就说只有干净的水可以流到另一侧。在2个月左右一共有4 500个直径为600 mm和900 mm水泥柱被安放，安装一个需要2~3 min，总投入为25万英镑。

整个处理过程完毕后，对处理后混合土壤-水泥浆样品进行检测，其中滤出液中全部石油烃污染化合物和BTEX污染物（苯、甲苯、乙苯、二甲苯）的浓度较低，符合处理要求。通过处理后2年对地下水进行检测，也表明这种方法是成功的。

现在我国虽然在固化剂方面已经有了20多项专利，但是对于污染土壤的固定化/稳定化技术工程实例还需要借鉴外国的经验与相关技术。新型添加剂和固化剂的研发成为这一技术的重要部分，也是固定化/稳定化技术应用到实际的基础。

12.3 化学修复技术工程应用实例

相对于物理修复，污染土壤的化学修复技术发展较早，其技术也较为成熟。对于重金属污染的土壤，化学方法是利用改良剂与重金属之间的化学反应从而对污染土壤中的重金属进行固定、分离提取等；对于土壤中的有机污染物，通过溶剂洗脱、热脱附、吸附和浓缩等物理化学过程可以将有机化合物从土壤中去除，从而修复有机污染土壤。化学修复是一种传统的土壤修复方法，有着多种优势，但往往涉及需要昂贵的经济投入，而在具体应用时存在一定的局限，由于新材料、新试剂的发展，它仍在不断发展。目前应用较为广泛的化学修复技术主要有土壤化学淋洗技术、原位化学氧化修复技术、化学脱卤技术以及农业改良措施等。

12.3.1 土壤淋洗技术工程应用实例

土壤淋洗修复技术适用范围广、见效快、处理容量大,应用前景广阔。对于重金属污染的土壤,该方法主要利用化学或生物试剂来增强重金属在土壤中的移动性,并通过化学洗脱的方式集中处理淋洗液或浸提液,从而去除重金属。常用的化学试剂有 EDTA,DTPA,无机酸、小分子有机酸和表面活性剂等;对于有机污染物污染土壤,该方法是用水或含有某些能够促进土壤环境中污染物溶解或迁移的化学试剂注入被污染的土壤中,然后从土壤中提取浸提液,进而将浸提液与污染物分离,从而修复污染土壤,所以表面活性剂是常用的污染土壤清洗剂。目前超临界提取土壤中污染物也是一项受到广泛关注的土壤污染修复方法。Alonso 等研究了萃取温度、固态粒子大小、溶剂组成等对碳氢化合物提取效率的影响,被提取的溶液将用活性炭进行处理。

12.3.1.1 重金属污染土壤的淋洗修复技术工程实例

1992 年 1 月,美国佛罗里达州坦帕市的 Alternative Remedial Technologies 公司运用土壤淋洗工程技术,对一处位于费城以南大约 48 km 处的乡村地区的原工业废弃物回收利用处理现场实施修复,主要污染物为 Cr、Cu、Ni 等重金属污染物。该修复现场面积为 40 468.6 m², 在 1971—1974 年,该地区曾是 KOP(King of Prussia)科技公司进行废弃回收利用的项目现场,现场内有包括 6 个氧化塘在内的一系列废弃物回收利用设施。污泥等工业废弃物在这里经加工转化为建材或其他用途的材料,并进行交易。在设备运行期间,大约有 567.8 m³ 的酸性或碱性的工业废弃物或污泥被处理。但项目未能如愿进行,1974 年 KOP 公司停止了设备的运行。

1990 年,一份决议通过了该地区的土壤修复措施方案,决定由 Alternative Remedial Technologies 公司在这一地区开展全面的土壤淋洗修复工程,并具体规定了处理标准。从 1993 年 6 月 28 日到 1993 年 10 月 10 日,该现场的 19 200 t 受到 Cu、Cr、Ni 等重金属污染的土壤及污泥接受了土壤淋洗技术的修复。对这一区域受污染的土壤中重金属污染物的浓度进行调查,分别从临近氧化塘的表层土壤、次表层土壤以及沉积物中取样测定,发现各污染物的最高浓度铬为 8 010 mg/kg, 铜为 9 070 mg/kg, 镍为 387 mg/kg。土壤中污染物的平均浓度为铬 660 mg/kg, 铜 860 mg/kg, 镍 330 mg/kg。样品分析结果还表明,该地区土壤中还存在微量低浓度的挥发性或半挥发性有机污染物。

1992 年 1 月,Alternative Remedial Technologies 公司利用该地区的土壤样品,进行了该地区实施土壤淋洗技术修复的可行性研究,研究结果表明,采用土壤淋洗技术可有效地治理该地区的土壤污染。1992 年 7 月,在荷兰进行了一次演示运行,来自 KOP 公司污染现场的 164 t 污染土壤及污泥在全尺寸的处理器中接受了修复处理。这次演示运行的结果进一步支持了前期可行性研究的结论,证明利用土壤淋洗修复技术可以使修复后土壤满足 ROD 规定的净化标准的要求水平。

为了进行大规模的修复治理,Alternative Remedial Technologies 公司将土壤淋洗处理装置吞吐量调控在 25 t/h,土壤淋洗处理装置由水力旋流器、调节器和泡沫浮选池等部分组成。处理后的清洁土壤回填到处理现场,而泥饼将作为一种无毒无害的废弃物进行异位处理。工作性能数据显示,处理后产物中 11 种重金属污染物含量符合标准要求。表 12-10 为

表 12-10　处理效果数据　　　　　　　　　　　　单位：mg/kg

污染物质	净化标准	处理前平均含量	处理后平均含量
As	190	1	0.31
Be	485	20	1.9
Cd	107	0.56	0.64
Cr	483	660	73
Cu	3 571	860	110
Pb	500	22	3.9
Hg	1	0.09	0.09
Ni	1 935	330	25
Se	4	0.36	0.36
Ag	5	0.69	0.65
Zn	3 800	150	16

处理后土壤中污染物平均含量与净化标准规定含量的对比。

在美国，这是土壤淋洗修复技术工程首次应用于污染现场，项目结束后，该地区土壤质量恢复到了自然状态。

12.3.1.2　溶液浸提技术修复多氯联苯（PCB）污染土壤工程实例

1993 年 10 月 23 日，美国海军部长批准了美国海军环境指导计划在北岛空军基地和佛罗里达州的梅波特港实施。美国海军环境指导计划的最初目的是要在海军基地寻求一种创新的方法来治理环境问题。1994 年 6 月，美国 Terra-kleen 公司的 PCB 溶液浸提技术在这里进行了小规模现场试验评估，这次现场试验的主要目标是要检验这一技术在去除土壤中 PCB 的有效性。早在 1993 年 10 月，该公司已在圣地亚哥、加利福尼亚和阿拉斯加等 3 个不同地区进行了这一溶液浸提技术的治理土壤污染的可行性研究。土壤污染物 PCB 一向很难去除，而且治理费用昂贵，Terra-kleen 公司试图通过这一溶剂浸提技术更加经济有效的解决土壤PCB 去除过程中所遇到的种种问题。

Terra-kleen 溶液浸提技术是一种分批工艺，利用专利配方的溶剂从土壤浸提分离污染物，这一技术也可以浓缩污染物，在进行最终处理前尽可能地减少有毒有害污染物的量。该处理系统包括 5 个浸提罐，1 个沉降罐，1 个微量过滤装置，1 个溶剂净化站，1 个清洁溶剂贮藏罐以及 1 个真空抽提系统。

处理后土壤经 EIA 和 GC 法检测，结果表明，在可行性实验和小规模现场试验中，土壤中 PCB 浓度在 17～640 mg/kg 范围内，PCB 去除效率在 95%～99%。其处理效果能够达到有毒物质控制议案中关于 PCB 浓度 2 mg/kg 的标准。

小规模实验的成功已促使这项技术受到美国海军的重视。目前，这一技术已经修复了大约 20 000 m³ 受 PCB 和二恶英污染的土壤和沉积物，处理费用大致为 165～600 美元/t，与传统处理技术相比，可节省海军和纳税人 5 000 万美元。

12.3.1.3　溶液浸提技术修复石油污染土壤实例

土壤的石油污染已经成为一个严重的全球性环境问题，天津理工大学的廉景燕等对有机溶剂脱附法处理高浓度石油污染土壤进行了研究。

在室温下，用不同的溶剂对石油污染土壤进行洗脱 10 min 后，测定土样中的含油量，并计算溶剂的脱附效果。洗脱效果如表 12-11 所示，几种溶剂中三氯甲烷对土壤中油分的脱除效果最好，正己烷和复合溶剂 TU-A 的脱油效果次之，这 3 种溶剂的 1 次脱油率都达到了 90% 以上。

表 12-11　不同溶剂的脱油率　　　　　　　　　　　　　　　　　　　　　　%

三氯甲烷	正己烷	复合溶剂	乙酸乙酯	丙酮	无水乙醇
96.08	92.16	92.20	84.31	80.39	66.67

采用复合溶剂 TU-A 对污染土壤进行脱附，考察温度对脱油率的影响，随着温度的升高，脱油率不断上升，但是变化不太明显，说明温度对脱油率的影响比较小。故可选室温作为含油土壤的脱附洗涤温度。在室温、脱附 10 min 的条件下，考察溶剂用量对脱除效果的影响。准确称取 10 g 含油土样加入不同体积的溶剂，溶剂用量分别为 20、40、60、80 mL，相应的液固比（V/m，mL/g）为 2∶1、4∶1、6∶1、8∶1，分别测定其脱油率，结果表明溶剂用量对土壤中油分脱除的影响较大，脱油率随着溶剂用量的增大而不断上升，特别是在低溶剂用量时变化比较明显，当溶剂用量超过 60 mL 后脱油率的变化趋于平缓。这主要是因为随着溶剂用量的增加，液固两相接触面积增加、浓度梯度增大，使土壤的脱油率增加。土壤中油分的脱附过程很快就达到了平衡，在 20 min 后，脱油率基本没有发生明显的变化。在温度为室温、溶剂用量 80 mL，洗涤时间 20 min 的条件下，1 次洗涤的脱油率达到了 96%，再次洗脱后脱油率可达到 98%。由此可以看出，在较优条件下，洗脱 1 次后土样中的含油量已经很低，洗脱 2 次后含油量进一步降低。因此，复合溶剂 TU-A 具有价格低廉、洗脱效果好的优点。

12.3.2　原位化学氧化技术工程应用实例

原位化学氧化技术是在污染区的不同深度钻井，将氧化剂注入土壤中，通过氧化剂与污染物的混合、反应使污染物降解或导致形态的变化。最常用的氧化剂是 K_2MnO_4、H_2O_2 和 O_3 等，在田间最常用的是 Fenton 试剂，是一种加入铁催化剂的 H_2O_2 氧化剂。该方法主要用来修复被油类、有机溶剂、多环芳烃、PCP、农药以及非水溶态氯化物等污染物污染的土壤。

12.3.2.1　原位化学氧化技术修复长残留有机污染物应用实例

由 Los Angeles Regional Water Quality Control 董事会承担，对位于加利福尼亚州拉米拉达市的 USG 公司的小规模试验现场进行原位化学氧化技术修复，所针对的污染物为 TCE 和 1，1-DCE。

现场蓄水层沉积物主要是由带有黏土和黏质粉土的细泥沙和砂质粉土组成。蓄水层具有相对较高的渗透系数，可达 5.4 m/d。该地区地下水流向为东北方向，其自身水力梯度为 0.033 m/m，渗透速率为 0.051 m/d。洛杉矶区域水质管理委员会把受到影响的地下水蓄水层视为潜在的饮用水资源。蓄水层的厚度大约为 7.5 m。

由被 TCE 及 1，1-DCE 所污染的地下水所形成的污染域，大概出现在 24.32～31.92 m

bgs 的位置。整个污染域的区域面积大约为 5 110 m²。该小规模试验只在整个污染域上很小一部分区域展开，大约只有 127.74 m²，以检验原位化学氧化技术的修复效果。前处理中，TCE 的最高水平达到 450 μg/L，而 1,1-DCE 达到 700 μg/L。

在加利福尼亚州拉米拉达市，开展一个区域性小规模试验，利用一个独立的地下水井来示范高锰酸钾做氧化剂处理受污染的冲积蓄水层的修复效果，所修复的蓄水层区域位于一所工业厂区地下。这是在洛杉矶盆地地区开展的第一个原位化学氧化修复项目。这一小规模试验分 6 次，向一个独立的注射井里注射 5% 的高锰酸钾溶液，每次注射 5.7 m³ 的溶液。通过水质变化的现场测量以及试验室检测高锰酸盐离子等手段，大概确定了影响半径的范围为 10.7 m，而在实际处理过程中，将处理范围的半径增加了 4.6 m 以便产生水力梯度。在为期 6 个月的监测期里，11 个原有的水井将被用作监测井。现场测量地下水电导率、氧化还原电位、浊度以及颜色等，以此作为评价氧化剂高锰酸盐是否弥散和消耗的依据。

注射了高锰酸钾之后，地下水中 TCE 以及 1,1-DCE 浓度有明显的下降，降解率在 86%～100%。小规模试验进行的前 70 d，在距独立注射井最近的 3 个检测井中的 TCE 浓度均降低到检出限以下（<1.0 μg/L）。在接下来的 90 d，距注射井 14～15 m 的 3 个额外建造的监测井中 TCE 浓度也开始明显降低，最多的从 450 μg/L 降到 65 μg/L。有 5 个井中观测到了较好的 1,1-DCE 处理效果。其中一口井中浓度由 270 μg/L 降至检出限以下，另一口井中由 700 μg/L 降至 19 μg/L。在监测了 12 个月之后，发现 2 种污染物含量没有出现回升现象。

该现场试验处理费用大概为 160 000 美元。由于这一小规模试验的成功开展，全方位的以高锰酸钾为氧化剂的原位化学氧化技术项目将在这一地区进行，预计处理费用大约为 200 000 美元。

12.3.2.2 原位化学氧化技术修复石油污染工程应用实例

在宾夕法尼亚州费城市郊，一处废弃加油站现场，宾夕法尼亚环境保护部以 O_3 作为氧化剂，对这一地区开展污染土壤的修复项目。

这一地区过去曾是巴克斯郡的一个加油站。现场土壤由粉砂组成，粉砂下层是破碎的片岩和页岩。附近的公共壕沟中被检测出有石油烃蒸气污染。污染物已渗入到附近的溪水中。需治理的土壤大约为 8 876.5 m³。

该项目主要目标是通过技术处理，减少该区域烃类污染物的溶解量和吸附量以促进降解。宾夕法尼亚环保部批准通过了一种土壤修复体系，运用这一技术体系，可以通过利用土壤气体抽除法以及蒸气处理方法同时处理土壤包气带中的土壤污染物和地下水污染物，需注入 ≤3.2 kg/d 的 O_3 气体。在修复进行过程，需要测定众多参数以确保修复工程奏效。这些参数包括用活性炭罐收集的石油废气，电导率，DO，pH 值，温度，溶解的 O_3 气体以及地下水中溶解的石油烃含量水平。由于这一地区污染物质具有挥发性和可生物降解性，因此考虑运用土壤气体抽除法和臭氧鼓泡搅拌。这一修复系统包括在安装 20 个臭氧鼓泡搅拌井和 17 个土壤气体抽除井，分别安装于 6 m 深处和 2.7 m 深处。整个修复项目起始于 2000 年 5 月 2 日，至 2000 年 8 月 1 日完成修复。

地下水的臭氧鼓泡搅拌明显减少了水中溶解的石油烃含量，在污染区的浓度平均减少了

87%。修复完成后所有从现场获取的土壤样品中污染物含量都低于宾夕法尼亚环保部特定场地土壤标准。2000年1月,在完成了一轮地下水样本检测工作后,该项目的最终净化方案被宾夕法尼亚环保部批准通过。

这一项目的处理费用一共约225 000美元,其中包括现场调查,修复方案设计,审批,系统设施建设,技术项目开展以及修复后现场样本监测的费用在内。

12.3.2.2 原位化学氧化技术修复砷污染土壤应用实例

近年来,不少研究利用聚合的(非稳定的)零价铁颗粒物进行环境修复。由于其颗粒尺寸小、比表面积大和反应活性较高,这些纳米材料已经在修复受污染土壤和地下水方面显现出巨大优势。中国科学院生态环境研究中心与美国奥本大学联合研究了稳定化的零价Fe,FeS,Fe_3O_4纳米颗粒在土壤中的固砷作用,总体目标就是检测稳定后的纳米颗粒降低土壤中砷生物可利用性和滤出性的有效性。首先制备了3种经水溶性淀粉稳定后的纳米颗粒物(Fe,FeS,Fe_3O_4),然后在实验室中将其用于处理两种代表性的砷污染土壤,并考察了Fe/As摩尔比和反应时间对处理效果的影响。

证明了3种稳定后的铁系纳米颗粒,尤其是Fe_3O_4,能十分有效地降低土壤中砷的生物可利用性和滤出性,进而减轻了砷潜在的毒害作用。砷的生物可利用性和滤出性随着Fe/As摩尔比的增加快速降低。当用Fe_3O_4在Fe/As摩尔比为100∶1条件下处理受污染土壤,反应进行到3 d后果园土壤中砷的浓度就降低了58%,靶场土壤中砷浓度降低了67%。Fe^0和FeS纳米颗粒同样显示出了不同程度的砷吸附能力,但是在成本和环境友好方面不如Fe_3O_4。3 d和7 d的试验效果没有明显的差别,证明纳米材料的反应速度很快。因为果园土壤中的铁含量较低而砷滤出性较高,所以本研究中的处理方法更适用于果园土壤。除了能高效吸附砷以外,稳定后的纳米颗粒还易于在土壤中传输和保存。结果证明,稳定后的纳米颗粒是土壤原位固砷的有效材料,尤其适用于砷含量高而铁含量低的土壤。

12.3.3 化学脱卤技术工程应用实例

使用化学试剂进行脱卤作用的一个例子是APEG过程。在该过程使用的化学试剂是碱金属的氢氧化物,通常是氢氧化钾。在美国的纽约州,曾采用化学脱卤技术和热处理技术对一处PCBs污染的土壤进行处理。土壤中PCBs的含量在0.18~1.26 mg/kg,利用脱卤试剂进行脱卤处理,处理后土壤中的PCBs含量降至0.043 mg/kg。

近些年来,零价金属作为一种有效脱卤的还原剂逐渐受到人们的关注。有研究表明,纳米金属铁颗粒能有效转化多种环境污染物,具有降解对象广泛,降解效率高且稳定性好等优势,因此成为了化学脱卤技术的重要研究方向。

目前利用纳米铁颗粒处理有机卤化物的研究大多数还处于实验室研究阶段,只有Elliott等以及Glazier等曾经做过几个中试研究。

12.3.3.1 纳米金属铁颗粒原位修复应用实例

在美国北卡罗来纳州的研究三角园的一处工业/科研基地展开,现场位于达拉谟郡次盆地中西部地带。小规模试验具体步骤可分为4个部分:设置注射井和监测井;中试开始前对注射井和监测井中水样进行分析;试验启动,注入纳米铁颗粒,同时连续监测各种参数,包括流速、水位、ORP、溶氧、pH 值、电导、温度等;监测注入后各参数变化情况。

注射井和监测井的选择要充分考虑中试地点的水文地质条件,包括该地点所处的地质带、岩层结构、地下水流向分布情况、水力渗透系数等,并根据一些水力学数据判断影响地下水流的主要因素。该区地下水在这一地区随水力分水岭大体上呈放射状流淌。在基岩部位,地下水流受地形结构制约。地下水流受到地层渗透系数自然变化的影响,这一变化在这一地区进行的抽水实验的边界分析中表现出来。这一试验中的导水率大概为 1.0×10^{-3} cm/s,但导水率会随深度增加而减小。监测井一般设置 3 个,若地形平坦,可沿着地下水流向在注射井的下游等距离设置;若地形有起伏(如地下水流是辐射状分布的),可根据地形设置在必要的地方。

纳米铁颗粒注射井(BNP-4)架设在浅基岩层上,距污染源点大约 38 m 处。下游监测井(BNP-3 和 BNP-2)分别被架设在距注射井以北 6.6 m 和东北方向 13 m 的地方。距注射井东北方向 19 m 处的原监测井(GW-4)作为第 3 监测点。

纳米金属铁颗粒与饮用水混合,以泥浆悬浮液的形态原位注入注射井,注入过程中均有电子仪器连续监测流速和水位等参数。注射的总量为 6 m³,泥浆悬浮液中纳米金属铁颗粒的浓度为 1.9 g/L,共注入纳米铁颗粒 11.2 kg,注射速率为 0.6 g/m。

因为纳米铁颗粒的注入量是由试验场所的受污染程度所决定的,所以,注入前应进行相应的水样分析。此项目在注射前,分别从注射井以及 3 个监测井以及 2 个原监测井中采集地下水样进行分析,以提供注射前地下水中化学物质背景数据。这些数据参数包括 VOCs,重金属,氯化物等。结果发现所有的氯化有机物均可被快速完全降解,主要产物为乙烷,合成的纳米铁颗粒可在土壤和水环境中维持 6~8 周的活性。这表明利用纳米铁颗粒修复污染土壤及地下水是可行的。

试验结果显示,通过对水样的监测发现,投入纳米颗粒后,水样中的 PCE、TCE、DCE 等物质均可在 6 周内降至地下,同时没有发现 VC 浓度的增长。此外,体系中的氧化还原电位随着纳米铁颗粒的加入有一个下降,在注射井中,可降到 -700 mV,在监测井中可降到 -500 mV。在监测井中 ORP 的下降会有一个延迟,考虑到纳米铁颗粒在地层中的迁移过程,这个延迟是合理的。

12.3.3.2 纳米双金属粒子(Fe/Pd)修复技术应用实例

Elliott 等在新泽西的特伦顿一处制造业污染现场进行了中试试验,该试验应用纳米双金属粒子(Fe/Pd)针对受 TCE 以及其他含氯脂肪族烃污染的地下水进行修复。纳米双金属粒子采用重力进料的方式进入注射井,其直径为 100~200 nm,这种纳米粒子非常适合于快速降解可氧化还原的污染物质,并且在地下具有理想的移动性和扩散性。2 d 大约有 1.7 kg 的纳米粒子被投入到试验地区。试验结果表明,即使投加很少量的纳米粒子,三氯乙烯的降解率也可高达 96%。修复现场所得到的数据与前期实验室实验结果一致,该技术能够快速脱氯,去除污染土壤中的含氯化合物。反应过程中,反应体系中的氧化还原电位会有所下降,而 pH 值会有所升高,这是因为反应时水中部分 H^+ 被还原为 H_2 造成了 H^+ 的减少,pH 值的升高。

12.3.4 农业改良措施工程应用实例

改良材料包括有多种金属氧化物、黏土矿物、有机质、高分子聚合材料、生物材料、石灰等无机材料和还原物质（如多硫碳酸盐和硫酸亚铁）等。该方法具有技术简便，取材容易，费用低廉等诸多优点，是一种适合于我国农村的实用技术。

12.3.4.1 矿物修复污染农田土壤工程应用实例

Geevor 矿位于英格兰西南部的康沃县（Cornwall County）兰站城（Lands End）的 Pendeen 和 Trewallard 村之间。该现场原为铜锡矿，其开采历史超过了 2 000 年，并于 1990 年关闭。经过实地勘测和分析，该项工程选取了 3 块试验田和 1 块对照田进行了研究，4 块试验田的特征如下。

试验田 A：对照田（未进行修复的原始矿山土地）。地表坡度为 20°～25°；土质呈黑色（含有机质），存在许多已死亡的植物根系，土壤疏松，无地表植被。

试验田 B：表土剥离。1994 年剥离污染表土约 15 cm；地表裸露，多石粒，土质呈黑色（仍含有机质），有一些死亡植物的根系，但比试验田 A 要少；地表坡度为 20°～25°；无地表植被。

试验田 C：使用矿物进行修复（蒙脱石与土壤比为 1∶30）。1995 年 9 月，使用工业矿物蒙脱石作为改良剂进行矿物修复；地表坡度为 20°～25°；土质呈黑色，有许多死亡植物根系，地表疏松，与试验田 B 类似；地表植被覆盖率约 50%以上。

试验田 D：新土覆盖。从工业城市 Penzence 运来新土覆盖在污染土地上；地表坡度 20°；土质呈黄色，石粒含量较高，有机质较少，较之试验田 B 和试验田 C 有更多的黏土，植被较少。

为了考察各种修复技术的修复效果，对 4 块试验田进行了土壤取样分析以进行比较，测试了土壤的物理、化学特性，其中重金属含量及酸碱性为分析测试重点。

采用筛分的方法分析颗粒粒径的分布特征，结果见表 12-12。实验结果表明，新土覆盖的试验田 D 石粒含量最高，对照田 A 石粒含量最低（石粒的标准为 10 cm 以上）。

表 12-12 粒径分布和石粒含量

粒径大小（mm）	试验田 A（%）	试验田 B（%）	试验田 C（%）	试验田 D（%）
4～10	5.77	8.37	4.26	18.47
2～4	9.42	12.70	12.91	9.36
0.4～2	38.34	33.63	40.65	30.26
0.075～0.4	28.23	25.01	23.93	11.62
<0.075	15.33	14.85	11.28	7.43
石粒含量（≥10）	2.91	5.44	6.96	30.28

试验田中土壤含水量测定结果如图 12-5 所示，如图 12-5 试验田 D 含水量最低，对照田 A 含水量最高，达 58.8%，这与石粒含量的数据相一致，对照田 A 中小粒径颗粒较多，石粒含量较少，持水性能较好，重金属离子与酸性离子活动强烈，致使土壤污染严重。

12 土壤污染修复的工程实例

土壤 pH 值和电导率是土壤重要的化学特性。检测结果见表 12-13、图 12-6，可以看出，污染土壤呈强酸性，pH 值在 3 左右。未采用任何修复措施的污染土地对照田，pH 值最低；采取表土剥离修复措施修复的试验田土壤 pH 值较低，仍呈强酸性，这说明该措施未能达到修复目的；用新土覆盖的修复技术，使试验田中污染土地呈中性，效果最好；采用工业矿物作为改良剂的修复技术也取得了较好的效果，使 pH 值从 3 变为 5.26。采用 5∶1 水土比例的浸出液作电导测定，可

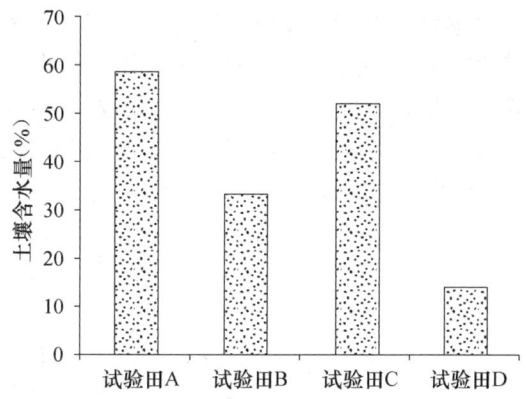

图 12-5　试验田土壤含水量（仿 Xie et al，1999）

以看出，未采用任何修复措施的对照田具有最大的 EC 值，反映了其有最高的可溶性盐含量。但所有的 EC 值均较适宜植物生长。

表 12-13　试验田土壤化学特性及重金属含量　　　　　　　　　　　　单位：μg/g

重金属	试验田 A	试验田 B	试验田 C	试验田 D	临界值
Cu	1 088.68	838.83	1 021.93	37.74	130
Zn	14.79	3.39	12.10	7.25	300
Fe	4 186.46	2 160.41	1 910.54	174.54	
Mn	3.89	8.06	46.36	166.33	
Pb	166.52	47.24	68.47	28.62	500
Cd	0	0	0.05	0.1	3
Ca	80.15	45.42	2 921.25	1 514.65	
Mg	35.63	29.65	117.31	167.48	
K	78.16	85.17	142.15	200.04	
pH 值	3.34	3.4	5.26	6.94	
EC	227	122	97	164	（土壤∶水分＝1∶5）

注：仿 Xie et.al，1999。

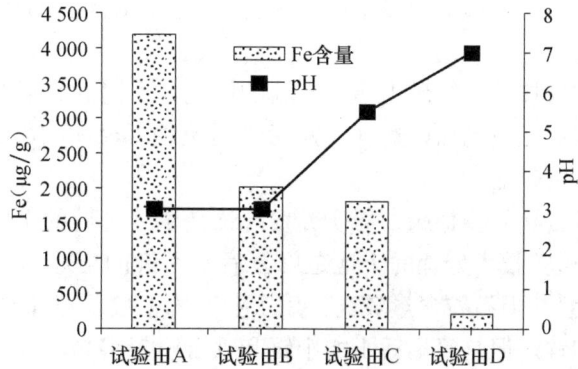

图 12-6　试验田中 Fe 含量与 pH 值（仿 Xie et.al，1999）

本研究采用 AAS 原子吸收仪测试分析了各试验田土壤中重金属的含量（见表 12-13），结果表明铜污染最严重的为试验田 A（图 12-7），超出土壤临界值 9 倍以上；使用新土覆盖该技术处理后的试验田修复效果最好，污染程度降至最低，几乎没有污染；使用工业矿物作为改良剂的修复技术能明显去除 Fe 和 Pb，但对 Cu 和 Zn 的去除效果并不明显，土壤中 Cu 和 Zn 的含量仍较高。

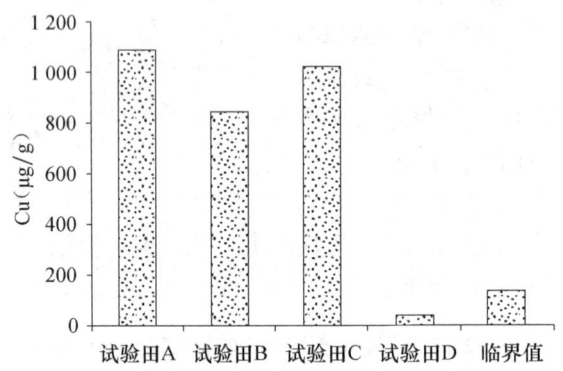

图 12-7　试验田中 Cu 含量（仿 Xie $et.al$，1999）

土壤铁含量是反映土壤酸性的重要指标，铁含量高的土壤通常呈酸性。对照田 A 的铁含量最高（见图 12-6），因此土壤酸性也最高；表土剥离技术能大大降低铁含量，可将铁的含量约减少至初始值的一半，但铁的含量仍然较高且 pH 值较低；新土覆盖技术可以有效治理污染土壤，使土壤铁的含量和 pH 值都正常；使用工业矿物作为改良剂的修复技术能够去除污染土壤中的铁，虽然该方法略好于表土剥离技术，但其铁含量仍较高。通常，试验田 C 也呈酸性，但测定其 pH 值已升高至 5.26，这主要是由于改良剂降低了从强酸溶液中去除金属阳离子的能力和增加了 H^+ 的交换能力，也表明矿物改良剂的使用能净化污染土壤的孔隙水和提高 pH 值。矿物含钙量高也是 pH 值升高的一个重要因素。

新土覆盖试验田和工业矿物治理的试验田都含有植物生长所需的大量的营养物质且植被覆盖率高于其他试验田。使用工业矿物作为改良剂的试验田 C 植被覆盖率最大，而对照田 A 和表土剥离技术处理的试验田 B 几乎都没有植被。这一结果表明矿物改良剂能加快金属污染地区的自然植被修复。

运用不同的土壤改良技术进行矿山污染土壤的修复，不同的修复方法的修复效果和适用范围各有不同，应根据实际情况加以选择。铜污染是英国 Geevor 矿山的最主要污染，土壤中铜含量是临界值的 9 倍以上。

表土剥离技术可以去除一些金属，但研究发现该技术处理后的土地金属含量仍较高，且 pH 值较低。只有新土覆盖技术处理的土地是修复后不污染的土地，即低的金属含量、中性 pH 值、较多的养分含量，但石粒含量较高。用工业矿物修复污染土地技术可以明显去除铁和铅，也去除部分铜和锌。但是复垦后土壤中铜和铁含量仍很高。该技术的最大效果是有效地降低了土壤 pH 值、提高了养分含量和植被覆盖率。试验研究表明：新土覆盖技术和用工业矿物修复技术是较有效的方法。

12.3.4.2 间套作技术修复污染土壤应用实例

间作套种是我国传统农业的精髓之一，选择适当的植物形成间套作复合体系，实现对污染土壤的边修复边生产，不失为一条土壤修复的新途径。

华南农业大学的黑亮等人针对广州等地城市污泥重金属 Zn 超标的特点，采用间套作栽培模式处理的方法，将超富集重金属的植物东南景天和低累积作物玉米套种在污泥上，在减少污泥重金属的同时，使污泥稳定化和获得合格的农产品。

玉米和东南景天套种的小区试验结果显示，单种和套种对同种植物的产量无显著影响。而单种或者套种的超富集东南景天的产量都比非富集东南景天高，差异显著。这可能是由于污泥中 Zn 等重金属含量比较高，对非富集东南景天的生长造成一定的毒害，导致其长势不如耐重金属的超富集东南景天。

与玉米套种的超富集东南景天的 Zn、Cd 含量比其单种时含量高，差异显著（表 12-14）。其中，Zn 含量达 9 910 mg/kg，是单种的 1.5 倍，这有利于收获的超富集东南景天后续处理，回收植株内重金属。而 Cu 的含量，非富集东南景天高于超富集东南景天，套种的非富集东南景天比单种有所增加，但不显著。

表 12-14　不同种植处理东南景天中重金属的含量　　　　　单位：mg/kg

植物处理	Zn	Cu	Cd
超富集东南景天	6538.3±264.9 b	8.6±0.6 b	8.6±0.1 b
非富集东南景天	421.9±38.8 e	12.7±0.5 a	0.8±0.03 c
套种超富集东南景天	9910.3±446.7 a	8.6±0.7 b	15.4±1.1 a
套种非富集东南景天	421.2±0.9 c	13.1±0.3 a	0.9±0.01 c

注：数据是平均值±标准误（$n=3$）。根据 Duncan 氏检验，同列中不同字母表示不同种植处理具有显著差异（$P<0.05$）。
引自黑亮等，2007。

植物处理前后污泥重金属含量测定结果显示（表 12-15），经处理后的污泥 Zn、Cu 含量与新鲜污泥相比都有显著下降，但 Cd 含量在处理前后无显著差异。综合 Zn、Cu、Cd 这 3 个重金属指标，玉米和超富集东南景天的套种降低污泥重金属污染的效果较好，经过 2~3 次植物处理后 Zn 可低于 1 000 mg/kg。空白（无植物）小区内的污泥可能由于雨水的淋洗，Zn、Cu、Cd 含量也比新鲜污泥低。污泥经植物处理后，大肠杆菌的数量均比新鲜污泥有显著下降，超富集东南景天与玉米套种的处理最低，为 180 MPN/g，其次为空白（无植物）对照，非富集东南景天与玉米套种的处理为 280 MPN/g，且这 3 个处理均低于加拿大国家堆肥标准（CANCCME/BNQ 0413-200）建议的 1 000 MPN/g 的要求。经植物处理后，水蕹种子发芽系数均高于国际上的 50%的可接受水平，这说明经处理后的污泥对水蕹发芽和根系伸长的抑制作用大大减少，其生物稳定性得到显著改善。水分含量由新鲜污泥的 838.2 g/kg 降至植物处理后的 600 g/kg 左右，最低的是玉米和超富集东南景天套种处理，为 574.9 g/kg，且各个处理之间的差异显著。污泥的 pH 值经过处理后均有降低趋势，这可能与植物在生长期间根系分泌的一些有机酸类物质有关。上述结果表明，经过处理后，污泥重金属 Zn、Cu 的含量都有所降低，且其农业利用所要求的生物稳定性基本达到。

表 12-15 处理前后污泥重金属、水分含量和生物学特性的变化

处理	Zn (mg/kg)	Cu (mg/kg)	Cd (mg/kg)	含水量 (g/kg)	大肠杆菌 (MPN/g)	GI (%)	pH 值
新鲜污泥	1 391.2±20.1 a	233.7±2.2 a	6.5±0.2 a	838.2 a	4.7×104 a	60.9 b	7.0 a
空白（无植物）	1 219.0±46.3 b	199.2±4.5 b	5.6±0.1 a	635.6 c	270 c	75.2 a	5.5 cd
玉米	1 273.9±25.4 b	203.4±8.7 b	5.9±0.2 a	598.7 d	860 c	88.5 a	5.4 d
超富集东南景天	1 259.4±27.6 b	202.0±3.6 b	5.7±0.1 a	655.4 b	2 000 b	89.0 a	6.1 b
非富集东南景天	1 256.0±50.7 b	192.2±3.2 b	6.2±0.5 a	662.1 b	2 400 b	83.5 a	5.9 bc
玉米＋超富集东南景天	1 203.8±30.7 b	197.3±1.6 b	5.7±0.1 a	574.9 e	180 c	77.4 a	5.6 cd
玉米＋非富集东南景天	1 251.5±34.9 b	206.9±2.4 b	5.8±0.2 a	608.0 d	280 c	79.1 a	5.4 d

注：数据是平均值±标准误（$n=3$）。根据 Duncan 氏检验，同列中不同字母表示不同种植处理具有显著差异（$P<0.05$;）；GI：Germination index，即水堇种子发芽系数。

引自黑亮等，2007。

超富集东南景天较适合与低累积经济作物如玉米套种，将二者直接种植在重金属污染的污泥上，产量未受明显影响，而且与单种超富集东南景天相比，套种超富集东南景天提取重金属的效率明显提高，可缩短植物处理污泥所需的时间，同时可收获符合一定卫生标准的农产品，是一种创新的绿色组合模式。

间套作体系能充分挖掘光能、水源、热量等自然资源的潜力，充分利用空间和时间，因此多种植物组合修复污染土壤是一条行之有效的新途径。我国植物资源丰富，根据减少植物吸收重金属，提高植物提取重金属，促进对有机污染的降解等不同目的选择更多的适当的植物组成间套作体系是今后的一个方向。间套作体系修复污染土壤时，植物间的交互作用机理（包括地上和地下）还不清楚，这方面的研究需要加强。在实际应用中，对相关的农业措施（如施肥、种植密度等）也需要研究。

12.3.4.3 Envirobond™ 技术修复污染土壤应用实例

美国石头山环境修复服务有限公司开发了 Envirobond™ 技术，这是一项通过降低重金属在污染土壤中的移动性而将其除去的方法。1998 年 9 月，该技术在美国国家环境保护局超基金创新技术项目的评估认可下，于俄亥俄州 Rosebille 2 个受铅污染的场地上开展了土壤性能改良技术修复工程的评估示范。2 个场地其中一处为陶瓷工厂另一处为拖车停放场。

美国石头山环境修复服务有限公司宣称 Envirobond™ 技术可以与存在于污染土壤、污泥、金属矿渣中的重金属结合，降低其移动性。该技术的处理过程可以将重金属污染物从其淋溶态转变为稳定态和无害的金属络合物。在该技术的络合反应过程中，有至少 2 个的非金属离子配位体作用于一个金属离子，形成一个杂环。因该项技术能够有效地降低重金属的移动性，经其处理后，源污染区域的毒性渗滤测试结果可低于规定的标准值，从而减小环境和人类健康的暴露风险。

在实施 Envirobond™ 技术前后，分别从修复现场的土壤中采样分析，以评估该项技术的处理效果是否能够达到示范项目的预期目标。这一项目主要 2 个主要目标和 4 个次要目标。

主要目标有：首先，评估利用该技术对铅污染土壤的处理是否能够达到资源保护和修复法案（RCRA）以及有害废物及土壤废弃物修正法案（HSWA）中规定的可选择性一般处理标准（UTS）。该标准对铅污染的规定，在毒性渗滤测试中铅浓度不高于 7.5 mg/L，或不

高于未经处理的土壤浸提液中铅浓度的10%,则视为处理效果达标。其次,根据Solubility/Bioaccessibility Research Consortium规定的铅和砷可生物降解性判断的试管实验方法的定义,评估该技术是否能够降低25%或更多的土壤中铅的可生物降解性能。4个次要目标分别为评估处理后土壤的长期化学稳定性,证明该技术不会增加公众的铅污染健康暴露风险,报道应用该技术前土壤中地质物理学状况和化学状况,报道该项技术的设计参数。

现场修复结果表明,在停工的陶瓷工厂场地上,土壤中铅浓度从382 mg/L下降到1.4 mg/L,降幅高达99%,已达到标准要求。由于拖车停放厂场地土壤中铅浓度处理前后均未达到检出限,所以其数据没有用来进行评估。处理后的土壤减少了12%的铅的生物可利用性能。这并未达到标准的要求,这一标准是非常难以达到的,有重新修订的可能,因为标准化的测试步骤中消化土壤样品所采用的是强酸,其浓度远远超过人体胃酸所能达到的pH值。

经Envirobond™技术处理后的土壤,表现出一定的化学稳定性,对修复后土壤的长期化学稳定性和修复效果进行监测,在11项分析项目中,淋溶试验、铅形态顺序提取、阳离子代换量等大部分测试结果证明该技术具有较为稳定的土壤修复效果。然而其余有一些分析项目,如pH值、Eh值、硝酸盐铅、总磷酸盐铅等的分析数据却显示出了该技术修复效果的不足之处。通过来自这次评估示范项目的数据,以及来自美国石头山环境修复服务有限公司和其他渠道的数据进行经济分析,以此来检验Envirobond™技术全方位修复应用的方案中12项经费项目,该方案中共处理了4 046.8 m²范围内的617 m³的铅污染土壤,经计算,处理费用大概为土壤54美元/m³。

思考题

1. 试比较生物修复、物理修复和化学修复在工程应用中的优缺点。
2. 在有机污染土壤的微生物修复中需要哪些步骤?
3. 设计一个采用化学方法修复重金属污染土壤的方案。

推荐读物

土壤污染形成机理与修复技术. 孙铁珩. 科学出版社,2005.
生态修复. 周启星. 中国环境科学出版社,2006.
污染土壤生物修复理论基础与技术. 李法云. 化学工业出版社,2006.

参考文献

陈文清,侯伶龙,等. 2009. 根际微生物促进下鱼腥草对镉的富集作用 [J]. 四川大学学报(工程科学版),41 (2):120-124.

程国玲,培军. 2007. 油污染土壤的植物与微生物修复技术 [J]. 环境工程学报,1 (6):92-95.

程荣,王建龙,等. 2006. 纳米金属铁降解有机卤化物的研究进展 [J]. 化学进展,18 (1):93-99.

丁娟,罗坤,等. 2007. 三株白腐菌产锰过氧化物酶活性及其对多环芳烃的降解 [J]. 环境污染与治理,29 (9):656-660.

丁克强,骆永明,等. 2004. 利用改进的生物反应器研究不同通气条件下土壤中菲的降解 [J]. 土壤学报,41 (2):245-251.

房妮, 俱国鹏. 2006. 多环芳烃污染土壤的微生物修复研究进展 [J]. 安徽农业科学, 34 (7): 1425-1426.

冯凤玲. 2005. 污染土壤物理修复方法的比较研究 [J]. 山东省农业管理干部学院报, 21 (4): 135-136.

高世珍. 植物微生物联合修复多氯联苯污染沉积物的初步研究 [D]. 内蒙古农业大学硕士论文, 2010.

何翊, 魏巍, 等. 2004. 石油污染土壤菌根修复技术研究 [J]. 石油与天然气化工, 33 (3): 217-219.

洪坚平. 2005. 土壤污染与防治 [M]. 2版. 北京: 中国农业出版社.

黄顺红. 2009. 铬渣堆场铬污染特征及其铬污染土壤微生物修复研究 [D]. 中南大学博士论文.

江春玉, 盛下放, 等. 2008. 一株铅镉抗性菌株WS34的生物学特性及其对植物修复铅镉污染土壤的强化作用 [J]. 环境科学学报, 28 (10): 1961-1969.

蒋小红, 喻文熙, 等. 2006. 污染土壤的物理/化学修复 [J]. 环境污染与防治, 28 (3): 210-214.

可欣, 张毓, 等. 2010. Cr污染土壤原位固定化修复技术研究进展 [J]. 沈阳航空工业学院学报, 27 (2): 73-76.

李春荣, 王文科, 等. 2007. 石油污染土壤的生态效应及修复技术研究 [J]. 环境科学与技术, 30 (9): 4-6.

李春荣, 王文科, 等. 2008. 石油污染土壤的生物修复技术研究 [J]. 土壤, 40 (5): 824-827.

李法云, 曲向荣, 等. 2006. 污染土壤生物修复理论基础与技术 [M]. 北京: 化学工业出版社.

廉景燕, 杜永亮, 等. 2008. 有机溶剂脱附法处理高浓度石油污染土壤的研究 [J]. 现代化工, 28 (8): 60-62.

林君锋, 杨江帆, 等. 2005. 污染土壤动电修复技术研究动态 [J]. 江西农业大学学报, 27 (1): 134-138.

刘茵, 孔凡美, 等. 2004. 丛枝菌根真菌对紫羊茅福吸收与分配的影响 [J]. 环境科学学报, 24 (6): 1122-1127.

罗雪梅, 何孟常, 等. 2007. 微生物对土壤与沉积物吸附多环芳烃的影响 [J]. 环境科学, 28 (2): 261-266.

骆永明. 2009. 污染土壤修复技术研究现状与趋势 [J]. 化学进展, 21 (2/3): 558-565.

梅祖明, 袁平凡, 等. 2010. 土壤污染修复技术探讨 [J]. 上海地质, 31: 128-132.

欧阳威, 刘红, 等. 2006. 高羊茅对微生物强化修复石油污染土壤影响的研究 [J]. 环境污染治理技术与设备, 7 (1): 94-97.

邵涛, 姜春梅. 1999. 膨润土对不同价态铬的吸附研究 [J]. 环境科学研究, 12 (6): 47-49.

佘玮. 2010. 苎麻对重金属吸收和积累特征及福胁迫响应基因表达研究 [D]. 湖南农业大学博士论文.

孙磊, 蒋新, 等. 2004. 五氯酚污染土壤的热修复初探 [J]. 土壤学报, 41 (3): 462-465.

孙铁珩, 李培军, 等. 2005. 土壤污染形成机理与修复技术 [M]. 北京: 科学出版社.

孙约兵, 周启星, 等. 2009. 三叶鬼针草幼苗对镉污染的耐性及其吸收积累特征研究 [J]. 环境科学, 30 (10): 3029-3035.

陶雪琴, 卢桂宁, 等. 2007. 降解多环芳烃的微生物的分离鉴定方法及应用 [J]. 化工环保, 27 (5): 431-43.

王春明, 李大平, 等. 2007. 4株多环芳烃降解菌的分离与鉴定 [J]. 应用与环境生物学报, 13 (4): 546-550.

王海峰, 赵保卫, 等. 2009. 重金属污染土壤修复技术及其研究进展 [J]. 环境科学与管理, 34 (11): 15-20.

王永强, 蔡信德, 等. 2009. 多金属污染农田土壤固化/稳定化修复研究进展 [J]. 广西农业科学, 40

(7): 881-888.

王玉红. 2006. 紫花苜蓿对有机农药DDT污染土壤的修复研究 [D]. 南京林业大学硕士论文.

徐建中, 周云龙, 等. 2006. 地聚合物水泥固化重金属的研究 [J]. 建筑材料学报, 9 (3): 341-346.

杨晓磊, 陆贻通, 等. 2007. 多环芳烃荧蒽降解菌的筛选鉴定及降解性研究 [J]. 科技通报, 23 (1): 46-51.

杨卓. 2009. Cd、Pb、Zn污染潮褐土的植物修复及其强化技术研究 [D]. 河北农业大学博士论文.

于瑞莲, 胡恭任. 2008. 采矿区土壤重金属污染生态修复研究进展 [J]. 中国矿业, 17 (2): 40-44.

张长波, 罗启仕, 等. 2009. 污染土壤的固化/稳定化处理技术研究进展 [J]. 土壤, 41 (1): 8-15.

张丛, 夏立江. 污染土壤生物修复技术 [M]. 北京: 中国环境科学出版社. 2000, 288-291.

张璐. 2007. 微生物强化重金属污染土壤植物修复的研究 [D]. 湖南大学硕士论文.

张莹. 2010. 层状硅酸盐矿物用于污染土壤中汞的固定稳定化研究 [D]. 中国地质大学硕士论文.

周东美, 邓昌芳. 2003. 重金属污染土壤的电动修复技术研究进展 [J]. 农业环境学报, 22 (4): 505-508.

周启星, 宋玉芳. 2004. 污染土壤修复原理与方法 [M]. 北京: 科学出版社.

周启星, 魏树和, 等. 2006. 生态修复 [M]. 北京: 中国环境科学出版社.

张美一, Wang Yu, 等. 2009. 稳定化的零价Fe, FeS, Fe_3O_4纳米颗粒在土壤中的固砷作用机理 [J]. 科学通报, 54 (23): 3637-3644.

黑亮, 吴启堂, 等. 2007. 东南景天和玉米套种对Zn污染污泥的处理效应 [J]. 环境科学, 28 (4): 852-858.

Al-TABBAA A, EVANS C W. 2003. Deep soil mixing in the UK: geoenvironmental research and recent applications [J]. Land Contamination and Reclamation, 11 (1): 1-14.

Al-TABBAA A, EVANS C W, WALLACE C J. 1998. Pilot in situ auger mixing treatment of a contaminated site. Part 2: site trial [J]. Proceedings of the Institution of Civil Engineers, Geotechnical Engineering, 131: 89-95.

Al-TABBAA A, BOES N. 2002. Pilot in situ auger mixing treatment of a contaminated site. Part 4: behaviour at five years [J]. Proceedings of the Institution of Civil Engineers, Geotechnical Engineering, 155: 187-202.

Al-TABBAA A, EVANS, C W. 1998. Pilot in situ auger mixing treatment of a contaminated site. Part 1: treatability study [J]. Proceedings of the Institution of Civil Engineers, Geotechnical Engineering, 131: 52-59.

CHEKOL T, VOMGH L R, CHANEY R L. 2004. Phytoremediation of Polychlorinated biphenylcontaminated soils: the rhizosphere effect [J]. Environment International, 30: 799-804.

CLIFFORD K H. 1998. Mechanisms of multicomponent evaporation during soil varpor venting [J]. J. Environ. Eng, 124: 504-512.

DEWAELE P J, REARDON E J, DAYAL R. 1991. Permeability and porosity changes associated with cement grout carbonation [J]. Cement and Concrete Research, 21: 441-454.

ELLIONTT D, ZHANG W. 2001. Field assessment of nanoparti-cles for groundwater treatment [J]. Environ. Sci. Technol., 35: 4922-4926.

FLYNN G B, SCRUDATO R J, GANNON J E. 1985. Suitability of coal-waste blocks in the freshwater environment of Lake Ontario. In: Duedall IW, Kester DR, Park PK (eds) Wastes in the oceans, Energy waste in the ocean [J]. John Wiley & Son, New York, 4: 651-665.

FRANK U. 1995. Remediation of low permeability subsurface formations by fracturing enhancement of soil vapor ext raction [J]. J. Hazard. Mater. , 40: 191-201.

GLAIER R R, VENKATAKRISHNAN F, GHEORGHIU L, WALATA R, NASH, and ZHANG W. 2003. Nanotechnology takes root [J]. Civil Engineering, 73 (5): 64-69.

HOCKLEY D E. VAN DER SLOOT H A. 1991. Long-term processes in a stabilised coal-waste block exposed to seawater [J]. Environmental Science and Technology, 25: 1408-1414.

IDRIS R, TRIFONOVA R, PUSCHENREITER M, et al. 2004. Bacterial communities associated with flowering plants of the Ni *hyperaccumulator thlaspi goesingense* [J]. Applied and Environmental Microbiology, 70: 2667-2677.

JAARSVELD J G S V, DEEVENTER J S J V. 1999. The effect of metal contaminants on the formation and properties of wastebased geopolymers [J]. Cement and Concrete Research, 29 (8): 1892-1900.

KESTER D R, KETCHUM B H, DUEDALL I W, et al. 1983. Dredged material disposal in the ocean [M]. New York: John Wiley and Sons.

LEE H H, YANG J W. 2000. A new method to control electrolytes pH by circulation system in electrokinetic soil remediation [J]. Journal of HazardousMaterials, 77: 227-240.

MARCEAU P, BROQUET P. 1999. Electrokinetic remediation of cadmium-spiked clay medium. Pilot test [J]. Geochemistry, 328: 37-43.

MEEGODA J N, KAMOLPORNWIJIT W, VACCARI D A. 1993. Remediation of chromium-contaminated soils, bench scale investigation [J]. Practice periodical of hazardousToxic Radioact Waste Manage, 3 (3): 124-131.

MEHMANNABAZ R, PRASHER S O, AHMAD D. 2002. Rhizospheric effects of alfalfa on biotransformation of polychlorinated biphenyls in a contaminated soil augmented with Sinorhizobium meliloti [J]. Process Biochemistry, 37: 955-963.

MICHAEL C, MARLEY, DAVID J HAZEBROUCK, MATTHEW T WALCH. 1992. The Application of In Situ Air Sparing as an Innovative Soils and Ground Water Remediation Technology [J]. Spring GWMR, 137-145.

NISSEN L R, LEPP N W, EDWARDS R. 2000. Synthetic zeolites as amend ments for sewagesludge-based compost [J]. Chemosphere, 41: 263-269.

PROBSTEIN R E, and HICKS R E. 1993. Removal of contaminants from soils by electricfields [J]. Science, 260: 498-503.

RAHMANK S M, MURTHY M A V. 2005. Stabilization of chromium by reductase enzyme treatment [J]. London: Taylor and Francis, 3: 347-355.

SA V HO, P. WAYNE SHERIDAN, CHRISTOPHER J, et al. 1995. Integrated in situ Soil Remediation Technology-The Lasagna Process [J]. Environ. Sci. Tech. , 29 (10): 2528-2534.

THE INTERSTATE TECHNOLOGY & REGULATORY COUNCIL IN SITU CHEMICAL OXIDATION TEAM. 2005. Technical and Regulatory Guidance for In Situ Chemical Oxidation of Contaminated Soil and Groundwater [S].

UNITED STATES ENVIRONMENTAL PROTECTION AGENCY. 1995. Terra-Kleen Solvnt Extraction Technology. National Service Center for Environmental Publications [S].

WANG S H, CUTRIGHT T J. 2002. Biodegradability of aged pyrene and phenanthrene in a natural soil [J]. Chemosphere, 47 (9): 891-899.

WEIGAND H, GEMEINHARDT C, MARB C. 2005. Stabilising inorganic contaminants in soils: Considerations for the use of smart additives// Al-Tabbaa A, Stegemann J. Stabilisation/Solidification Treatment and Remediation: Advances in S/S for Waste and Contaminated Land. London: Taylor and Francis, 357-363.

WHEELER P. 1995. Leach repellent [J]. Ground Engng, 28: 20-22.

XIE H P, TAD S GOLOSINSKI. 1999. Mining Science and technology [M]. Netherland: A. A. Balkema Rotterdam.

ZHOU Q, MILESTONE N B, HAYES M. 2005. A new cement system for waste immobilization-calcium sulfoaluminate cement system // Al-Tabbaa A, Stegemann J. Stabilisation/Solidification Treatment and Remediation: Advances in S/S for Waste and Contaminated Land. London: Taylor and Francis, 79-85.